韓国語能力試験
合格対策講座3

改訂新版 NEW

TOPIK

II

3級～6級
聞き取り・作文編

李昌圭 著

白帝社

第1章 聞き取り編（1）・第2章 聞き取り編（2）・第3章 聞き取り編（3）・第5章 模擬試験編／聞き取りの 音声の入手方法

❶ スマホかパソコンで、インターネット・ブラウザを起動し、
白帝社 NEW TOPIK Ⅱ 聞き取り・作文編 改訂新版と検索、または下記のダウンロードサイトにアクセスしてください。

https://www.hakuteisha.co.jp/news/42315.html

＊スマホからは、QR コードをスキャンしてください。

A **音声ダウンロード**ページが開きます。

「青字の項目」を選択するとダウンロードできます。＊ファイルは zip形式で圧縮された形でダウンロードされます。スマホにダウンロードして再生する場合は、別途解凍アプリが必要な場合があります。

＊アプリについては、こちらをご覧ください。→

B **ストリーミング**でも音声を聞くことができます。

音声ダウンロードページのBの「赤字の項目」を選択すると音声が再生されます。ダウンロードは不要です。

❷ **スマホでストリーミング再生**　ストリーミングが可能な箇所には，それぞれQRコードが印刷されています。

例：第1章　1イラストとグラフ選択問題（50 ページ）
スマホでスキャンするとすぐに音声が再生されます。
＊インターネットに接続可能な環境でご利用ください。

▲音声はこちら

韓国語能力試験（TOPIK）Ⅱ 合格のために

まえがきにかえて

「TOPIK Ⅱを受験したいけれど、どのように勉強したらいいのかわからない」という声をよく耳にします。当初1級～6級までの各級別に出題されていたTOPIKは、2006年からは3級と4級を統合して中級に、5級と6級を統合して上級に改編され、さらに2014年からは中級（3級・4級）と上級（5級・6級）が統合してTOPIK Ⅱとして改編されました。その結果、従来の3級から6級までの4つの試験が一つの試験として実施されることになり、出題の範囲も極めて広くなっています。当然、受験者にとっては試験準備のポイントがつかみにくく、どのように勉強すればいいかという疑問や戸惑いの声が上がっています。

本書はこのような現状を踏まえて、中級から上級までの幅広い受験者が **TOPIK Ⅱ**の**聞き取りと作文**の出題内容と学習ポイントをおさえ、効率的な試験準備ができるように、詳細な試験内容の分析と実戦的な練習問題及び合格資料で構成しました。構成における特長は次のようにまとめられます。

❶ **過去問を詳細に分析して出題内容を類型別に体系的に整理。**
出題内容と傾向、学習すべき内容が体系的に分かります。

❷ **問題類型別に重要な学習ポイントをまとめて「合格資料」として提示。**
問題別の類型と傾向、頻出語句、選択肢、文法事項などが一目で分かります。

❸ **実戦的な練習問題を類型別にまとめて本試験の出題順に提示。**
類型別にまとめた豊富な練習問題と資料を実戦的に練習できます。

❹ **約5時間分の本試験と同じ実戦的な聞き取り用音声を収録。**
韓国現地の声優によって収録された実戦的な音声で繰り返し練習でき、聴解力が鍛えられます。

本書で提示された様々な類型の問題を解くことによって、TOPIK Ⅱの聞き取りと作文問題の出題内容と学習事項を的確に把握し、本試験に備えることができるはずです。本試験の練習・対策用として、また学習成果の総合的な確認用として大いに活用してください。

みなさんのさらなる韓国語力の向上とTOPIK Ⅱ各級の合格を願います。

李　昌圭

目次

第1章 聞き取り編（1）中級レベル

第2章 聞き取り編（2）中上級レベル

第3章 聞き取り編（3）上級レベル

第4章 作文編

目次

第5章 模擬試験編

第6章 聞き取り台本

第7章 解説編

❖練習用正答チェックシート

合格資料

韓国語能力試験Ⅱ受験にあたって

韓国語能力試験（TOPIK）とは

❶ **対象**：韓国語を母語としない世界の韓国語学習者を対象としている。日本では春季（4月）と夏季（7月）、秋季（10月）の年3回実施される。

❷ **目的**：韓国語の効果的な学習方法の提示と成果の測定、また韓国の大学への留学、企業などへの就業に際して必要な韓国語能力の測定、評価に活用することが目的とされる。

❸ **主管**：韓国の教育科学技術（日本の文科省に該当）部傘下の国立国際教育院が試験の出題、採点などの試験全般を管理している。

❹ **内容**：TOPIKⅠとTOPIKⅡに分けて実施し、得点によって1級〜6級までに等級が判定される。TOPIKⅠは聞き取り30問と読解40問で試験を実施し、得点によって1級と2級に判定する。TOPIKⅡは1限に聞き取り50問と作文4問、2限に読解50問で試験を実施し、得点によって3級と4級（中級）、5級と6級（上級）に判定する仕組みになっている。

TOPIKⅡ等級別評価内容

等級		評価基準
中級	3級	・日常生活で困ることなく、様々な公共施設の利用と社会的な関係維持に必要な基本的なことばを使うことができる。 ・日常の具体的な素材は勿論、自分に身近な社会的素材について理解し、表現することができる。 ・文語と口語の基本的な違いが区別・理解でき、使うことができる。
	4級	・公共施設の利用と社会的な関係維持に必要なことばや、一般的な仕事をこなすのに必要なことばも一定程度使うことができる。 ・ニュースや新聞記事の中の平易な内容が理解でき、一般的で社会的、抽象的な素材を理解し、使うことができる。 ・よく使われる慣用的な表現と代表的な韓国文化に対する理解をもとに社会的、文化的な内容を理解して使うことができる。

等級		評価基準
上級	5級	・専門分野での研究や業務遂行に必要な言語機能をある程度遂行することができる。 ・「政治、経済、社会、文化」の全般にわたって馴染みのない素材についても理解して使うことができる。 ・格式体や非格式体の表現と口語体、文語体の表現を適切に区別して使うことができる。
	6級	・専門分野での研究や業務遂行に必要なことばを比較的正確で流暢に駆使できる。 ・「政治、経済、社会、文化」の全般において馴染みのない話題についても話ができる。ネイティブスピーカーのレベルには及ばないが、問題なく話題に対応できる。

試験概要

❶ **実施時期**：日本国内では4月、7月、10月の年3回実施される。

❷ **合格発表**：検定日から約3カ月後、成績通知書が郵送される。
また試験から約1か月後に国立国際教育院のHP（www.topik.go.kr）の「나의 시험 정보」→「성적확인」のページで成績が確認できる。成績は発表日から2年間有効。
※国立国際教育院成績確認HP：（受験回・受験番号・生年月日の入力が必要）
http://www.topik.go.kr/usr/cmm/subLocation.do?menuSeq=2110303

❸ **TOPIKⅡ（中・上級）試験の構成と配点**

時限	試験区分	時間	形式	問題数	配点	配点合計
1限	聞取り	60分	四択	50問	100	200
	作文	50分	記述式	4問	100	
※1限後30分休憩						
2限	読解	70分	四択	50問	100	100

❹ **TOPIKⅡの合格基準：**聞き取りと作文、読解の合計300点満点中、次の得点基準で3級～6級までの合格が判定される。

TOPIKⅡ各級別合格点（300点満点中）				
等級	3級	4級	5級	6級
合格点	120点以上	150点以上	190点以上	230点以上

※得点合計119点以下は3級に不合格となる。問題領域別の落第点はなく、合計点のみで合格級が判定される。

❺ **TOPIKⅡの試験時間**

時限	試験科目	入室時間	開始	終了
1	聞き取り・作文	12：30	13：00	14：50
2	読解	15：10	15：20	16：30

願書の入手

❶ 日本地域の試験実施機関である「韓国教育財団」のホームページからダウンロードして入手できる。
【http://www.kref.or.jp/moushikomi】

申込の方法・期間

❶「韓国教育財団」のホームページからインターネットで申し込むか、上記の事務局に願書を郵送して申し込む。またコンビニの店頭端末を利用して申し込むこともできる。申し込み方法の詳細は上記の「韓国教育財団」のHPで確認できる。
❷ 検定日の約3カ月前から約2カ月前の間に申し込める。
❸ 試験会場は願書に記載されている全国主要都市の検定会場から自分の希望する会場が選択できる。

試験内容

▶ TOPIKⅡ 聞き取り（50問／60分／100点満点）

問題No.	問題の指示文	問題数	配点
1～20番までは、問題文は1回だけ放送される。主に中級レベルの問題が出題される。			
1～3	※다음을 듣고 알맞은 그림을 고르십시오.	3	2
4～8	※다음 대화를 잘 듣고 이어질 수 있는 말을 고르십시오.	5	2
9～12	※다음 대화를 잘 듣고 여자가 이어서 할 행동으로 알맞은 것을 고르십시오.	4	2
13～16	※다음을 듣고 내용과 일치하는 것을 고르십시오.	4	2
17～20	※다음을 듣고 남자의 중심 생각을 고르십시오.	4	2
21～50番までは、問題文は2回ずつ放送される。 21～36番までは、主に中上級レベルの問題が出題される。			
21～22	※다음을 듣고 물음에 답하십시오. 21. 남자의 중심 생각으로 맞는 것을 고르십시오. 22. 들은 내용으로 맞는 것을 고르십시오.	2	2
23～24	※다음을 듣고 물음에 답하십시오. 23. 남자는 무엇을 하고 있는지 맞는 것을 고르십시오. 24. 들은 내용으로 맞는 것을 고르십시오.	2	2
25～26	※다음을 듣고 물음에 답하십시오. 25. 남자의 중심 생각으로 맞는 것을 고르십시오. 26. 들은 내용으로 맞는 것을 고르십시오.	2	2
27～28	※다음을 듣고 물음에 답하십시오. 27. 남자가 여자에게 말하는 의도를 고르십시오. 28. 들은 내용으로 맞는 것을 고르십시오.	2	2
29～30	※다음을 듣고 물음에 답하십시오. 29. 남자는 누구인지 맞는 것을 고르십시오. 30. 들은 내용으로 맞는 것을 고르십시오.	2	2
31～32	※다음을 듣고 물음에 답하십시오. 31. 남자의 생각으로 맞는 것을 고르십시오. 32. 남자의 태도로 맞는 것을 고르십시오.	2	2

33～34	※다음을 듣고 물음에 답하십시오. 33. 무엇 대한 내용인지 맞 는 것을 고르십시오. 34. 들은 내용으로 맞는 것을 고르십시오.	2	2
35～36	※다음을 듣고 물음에 답하십시오. 35. 남자는 무엇을 하고 있는지 맞는 것을 고르십시오. 36. 들은 내용으로 맞는 것을 고르십시오.	2	2
37～50番までは、主に上級レベルの問題が出題される。			
37～38	※다음은 교양 프로그램입니다. 잘 듣고 물음에 답하십시오. 37. 여자의 중심 생각으로 맞는 것을 고르십시오. 38. 들은 내용과 일치하는 것을 고르십시오.	2	2
39～40	※다음은 대담입니다. 잘 듣고 물음에 답하십시오. 39. 이 대화 앞의 내용으로 알맞은 것을 고르십시오. 40. 들은 내용과 일치하는 것을 고르십시오.	2	2
41～42	※다음은 강연입니다. 잘 듣고 물음에 답하십시오. 41. 남자의 중심 생각으로 맞는 것을 고르십시오. 42. 들은 내용과 일치하는 것을 고르십시오.	2	2
43～44	※다음은 다큐멘터리입니다. 잘 듣고 물음에 답하십시오. 43. 이 이야기의 중심 내용으로 맞는 것을 고르십시오. 44. ～에 대한 설명으로/이유로 맞는 것을 고르십시오.	2	2
45～46	※다음은 강연입니다. 잘 듣고 물음에 답하십시오. 45. 들은 내용과 일치하는 것을 고르십시오. 46. 여자가 말하는 방식으로 가장 알맞은 것을 고르십시오.	2	2
47～48	※다음은 대담입니다. 잘 듣고 물음에 답하십시오. 47. 들은 내용과 일치하는 것을 고르십시오. 48. 남자가 말하는 방식으로 가장 알맞은 것을 고르십시오.	2	2
49～50	※다음은 강연입니다. 잘 듣고 물음에 답하십시오. 49. 들은 내용과 일치하는 것을 고르십시오. 50. 여자의 태도로 가장 알맞은 것을 고르십시오.	2	2
全50問	４択式／５０問×２点＝１００点満点、試験時間：６０分		

▶ TOPIKⅡ 作文（4問/50分/100点満点）

問題No.	問題の指示文	問題数	配点
51~52	※다음을 읽고 ㉠과 ㉡에 들어갈 말을 한 문장씩 쓰십시오.	2	10
53	※グラフや資料を提示してそれに関する内容の説明や自身の見解を200~300字でまとめる問題が出題される。 41回例）다음은 '글쓰기 능력을 향상시키는 방법'에 대해 교사와 학생을 대상으로 실시한 설문 조사입니다. 그래프를 보고, 조사 결과를 비교하여 200~300자로 쓰십시오.	1	30
54	※다음을 주제로 하여 600~700자로 글을 쓰십시오. 47回例）'칭찬은 고래도 춤추게 한다'는 말처럼 칭찬에는 강한 힘이 있습니다. 그러나 칭찬이 항상 긍정적인 영향을 주는 것은 아닙니다. 아래의 내용을 중심으로 칭찬에 대한 자신의 생각을 쓰십시오. ・칭찬이 미치는 긍정적인 영향은 무엇입니까? ・부정적인 영향은 무엇입니까? ・효과적인 칭찬의 방법은 무엇입니까?	1	50
全4問	記述式／4問（10点×2+30点+50点）=100点満点、試験時間：50分		

※試験の内容や試験関連事項は変わることがあります。
受験に際しては「韓国教育財団」の韓国能力試験HPで最新の情報を確認して下さい。

☞ http://www.kref.or.jp/examination/topik

▶ TOPIK試験会場が開設される地域・都市

・札幌、仙台、 山形
・東京、横浜、埼玉、千葉、茨城、山梨
・長野、富山、新潟、石川
・静岡、名古屋
・京都、大阪、神戸、岡山
・香川、高知
・広島、島根、下関
・福岡、北九州、大分、熊本、鹿児島、長崎

※試験会場の最新情報は申し込み時に「韓国教育財団」のHPで確認できます。

▶ TOPIK6級の合格者は「通訳案内士試験」の筆記試験（韓国語）が免除されます。
☞日本政府観光局（JINTO）HP：http://www.jnto.go.jp/jpn/

◆【第7章　解説編】PDFファイル　ダウンロードサービスのご案内◆

第7章　解説編（295ページから397ページ）をPDFファイルでダウンロードしてご利用いただけます。

第1章　聞き取り編（1）
第2章　聞き取り編（2）
第3章　聞き取り編（3）
第4章　作文編
第5章　模擬試験編

に出題されているすべての問題の正答と日本語訳などの解説が【第7章　解説編】に掲載されています。ダウンロードして必要なページをプリントしたり、タブレット上で開いて使用すれば、問題と解説の情報を同時に開示することができ、より学習効果が高まります。ぜひご利用ください。

【第7章　解説編】のPDFファイル　ダウンロードページ
https://www.hakuteisha.co.jp/news/n48459.html

第1章
聞き取り編
(1)

中級レベル

聞き取り問題（1）

① 出題類型と内容

TOPIKⅡの聞き取り問題は全５０問で出題される。この章で取り上げる**本試験1番～20番**までの問題は**中級の3級～4級レベル**の問題で構成されている。**問題文の読み上げは1回だけ放送**される。放送が1回だけなので先に選択肢を読んで選択肢の内容を手掛かりにポイントを絞って聞かなければならない。

区分	本試験1番～20番までの問題類型と内容 ※【　】の中の数字は本試験での問題番号	問題数と配点
1	イラストとグラフを選ぶ問題　【1～3】 対話文を聞いて文の内容に合うイラストを選ぶ問題が2問と、説明文を聞いて文の内容に合うグラフを選ぶ問題が1問の構成で出題される。	3問×2点
2	対話の続きの話を選ぶ問題　【4～8】 対話を聞いて、その対話の続きの話としての適切なものを選ぶ。	5問×2点
3	対話後の女性の行動を選ぶ問題　【9～12】 対話文を聞いて、その対話の後に女性が取ると思われる行動は選ぶ。	4問×2点
4	文の内容と一致するものを選ぶ問題　【13～16】 対話や案内文を聞いて、その内容と一致するものを選ぶ。	4問×2点
5	男性の中心となる考えを選ぶ問題　【17～20】 対話文を聞いて、対話の中で男性の中心となる考えはどれかを選ぶ。	4問×2点
※5つの問題類型、問題総数２０問、配点各2点で出題。		

② 問題類型別分析と対策

問題類型1　イラストとグラフを選ぶ問題

対話を聞いてその対話の状況や内容に合うイラストを選ぶ問題が2問、アンケート調査結果などを聞いてその内容に該当するグラフを選ぶ問題が1問出題される。【本試験1～3番】。問題文の読み上げは1回のみである。

選択肢のイラストとグラフからは、①誰と誰が、どこで、何をしてるか、②何を調べるアンケート調査なのかがおおよそ読み取れる。聞き取り試験で共通して言えることだが、選択肢を先に読んでそこから読み取れた情報をもとに特に注意して聞くべき問題文の内容を想定しておくことは正解肢を見つけるうえで非常に重要なプロセスである。

類題1　※다음을 듣고 알맞은 그림을 고르십시오. (각 2점)

放送

남자 : 지금 화장실에 갔다 와도 돼요?
여자 : 버스가 곧 출발하니까 빨리 갔다 오세요.
저쪽에 신문 파는곳이 보이죠. 그 옆이에요.

①

②

③

④

正解　③

解説　※次を聞いて適切なイラストを選びなさい。(各2点)

男性：いまトイレに行ってきてもいいですか。

女性：バスがまもなく出発するから早く行ってきてください。
　　　あそこに新聞を売っているところが見えますよね。そこの隣です。

類題2

放送

여자: 아직 멀었어요?

남자: 아뇨, 조금만 더 올라가면 정상이에요.
　　　힘들면 좀 쉬었다 갈까요?

여자: 그렇게 해요. 다리가 좀 아파요.

①

②

③
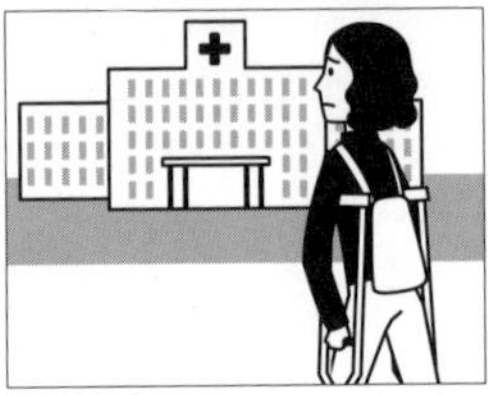

④

正解 ①

解説

女性：まだ遠いですか。

男性：いいえ、もう少し登れば頂上です。
　　　辛かったら少し休んで行きましょうか。

女性：そうしましょう。ちょっと足が痛いです。

類題3

放送

남자 : 과거 5년 동안의 교통사고를 분석한 결과, 설 연휴 기간의 하루 평균 교통사고 발생건수는 평소보다 줄었으나 교통사고 의 부상자와 사망자는 평소보다 오히려 증가하는 것으로 나타났습니다. 설 연휴 동안에는 가족단위로 이동을 하면서 동승한 사람이 다치는 비율이 높아지기 때문입니다.

①

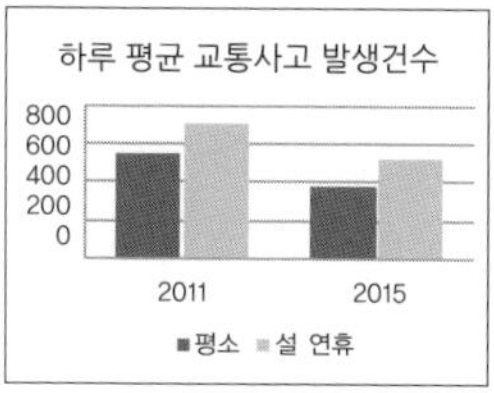

②

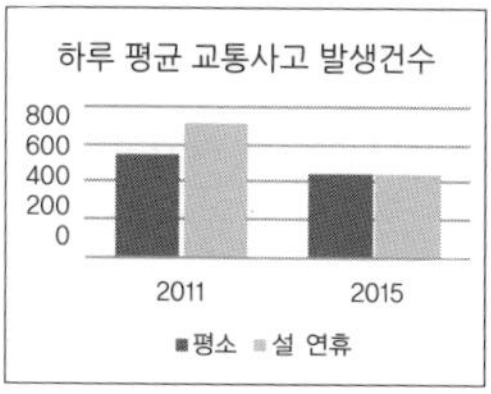

③

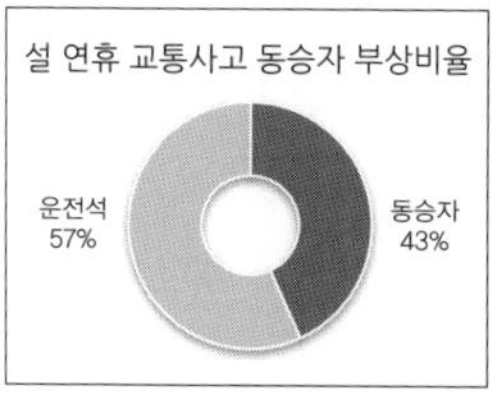

④

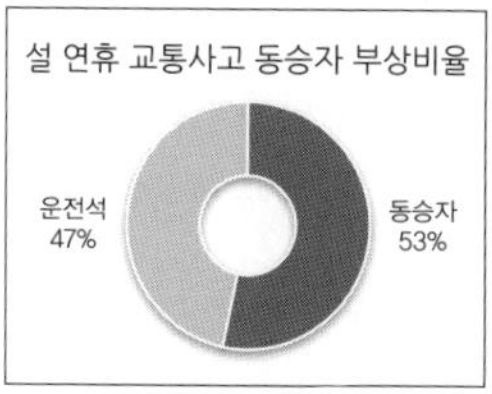

正解 ④

解説

男性：過去５年間の交通事故を分析した結果、正月連休期間の一日平均交通事故の発生件数は平日より減りましたが、交通事故による死傷者は平日よりむしろ増加していることがわかりました。正月連休の間は家族単位での移動が多いので同乗した人が怪我をする比率が高くなるからです。

✏グラフの問題は選択肢①②が棒グラフか折れ線グラフ、③④が円グラフの組み合わせで出題されることが多い。正解肢を見つけるためにはまず選択肢①と②のグラフの情報の異同、③と④のグラフの情報の異同を把握しておかなければならない。つまり左右のグラフでは何かが増加しているか減少しているか、比率は多いか少ないかなどの対立的な情報が提示されるので、その情報に基づいて注意して聞くべき情報をしっかり把握した上で問題文の放送を聞くのが良い。

合格資料 1 既出の「イラスト選択」の問題文例

※1) 以下、既出問題のレベルと内容の確認に活用すること。 ※2) 解説は296ページへ

既出	問題文
41回	여자 : 민수 씨, 이거 여기에 심을 거예요? 남자 : 네. 조금만 더 파면 되니까 잠깐만 들고 계세요. 여자 : 알았어요. 그런데 다 심고 나면 물 좀 많이 줘야겠어요.
37回	여자 : 어? 비밀번호 맞게 눌렀는데 왜 안 열리지? 남자 : 제가 한번 해 볼게요. 정말 안 되네요. 여자 : 고장 났나 봐요. 제가 가서 경비 아저씨 불러 올게요.
36回	남자 : 수미 씨, 여기예요. 여행은 즐거웠어요? 여자 : 네, 그런데 비행기를 오래 타서 그런지 좀 피곤하네요. 많이 기다렸어요? 남자 : 아니에요. 가방 이리 주세요. 제가 들게요.
35回	여자 : 이거 좀 봐 주실래요? 옷에 커피를 쏟았어요. 남자 : 어디 좀 볼까요? 음……, 세탁하면 깨끗해질 거예요. 언제까지 해 드리면 돼요? 여자 : 내일까지 해 주세요.
34回	남자 : 여보, 스웨터는 옷장 서랍에 넣을까요? 여자 : 아니요. 위쪽 옷걸이에 걸어 주세요.
33回	남자 : 여보, 이 그림 위치가 어때요? 여기에 걸면 돼요? 여자 : 아니요. 조금만 내려 주세요. 좀 높은 것 같아요. 남자 : 그럼, 여기쯤?
32回	여자 : 어, 어디에서 음악 소리가 들려요. 남자 : 저기 공원에서 공연을 하나 봐요. 우리도 구경하러 가요.
31回	여자 : 어떻게 하다가 이렇게 다쳤어요? 남자 : 계단에서 넘어졌는데 크게 다치진 않았어요. 여자 : 다행이네요. 얼른 퇴원하셔야죠.
30回	여자 : 사람도 많은데 그냥 걸어갈까요? 남자 : 6층까지 가야 하는데 힘들지 않겠어요? 여자 : 기다리는 시간이 오래 걸릴 것 같은데요. 그냥 계단으로 가요.
29回	여자 : 열쇠가 어디 갔지? 퇴근해야 하는데 차 열쇠가 안 보이네. 남자 : 그래요? 음(잠시 후), 아, 여기 있어요. 여자 : 아, 그 밑에 떨어져 있었네요.

28回	여자 : 노트북, 그렇게 무릎 위에 놓고 쓰면 안 돼. 화상 입을 수도있대. 남자 : 잠깐 쓰는 건데, 화상까지 입겠어? 여자 : 그래도 거기 탁자 위에 올려놓고 써.
27回	남자 : 수미 씨, 여기에서 뭐 해요? 스케이트 더 안 타요? 여자 : 아까 넘어진 데가 아파서 좀 쉬고 있었어요. 남자 : 그래요? 그럼 좀 쉬어요. 전 한 바퀴 더 돌고 올게요.
26回	여자 : 여기 잠깐 앉았다 가요. 남자 : 그래요. 미술관이 생각보다 꽤 넓네요. (감탄하며) 오, 이렇게 보니까 작품들도 새롭게 보이는데요. 여자 : 그렇죠? 서서 볼 때와는 다른 거 같아요.
25回	여자 : 불이 나가서 그러는데 전구 좀 갈아 주세요. 남자 : 그래요. 그럼 이 의자 좀 잡아 줄래요? 여자 : 네. 그럴게요. 조심해서 하세요.
24回	여자 : 저, 이 앞 버스 정류장에서 지갑을 주웠는데요. 이거 주인 좀 찾아주세요. 남자 : 아, 네. 이 신고서를 좀 써 주세요. 성함하고 연락처, 물건을 주운 시간과 장소, 적어 주시고요. 밑에 서명해 주세요.
23回	남자 : 자, 이제 손 놓는다. 손잡이 잘 잡고 앞만 보고 가야 돼. 여자 : 어, 놓지 마! 넘어질 것 같아. 남자 : 내가 뒤에서 따라갈 테니까 걱정하지 마.
22回	여자 : 이 방은 창문도 크고 아주 좋네요. 남자 : 마음에 드세요? 가구도 다 있어서 아주 편할 거예요. 여자 : 네. 그럼 이 방으로 할게요.
21回	여자 : 오랜만에 등산을 해서 그런지 힘드네요. 정상까지 얼마나 남았어요? 남자 : 30분 정도는 더 가야 돼요. 잠시 쉬었다 가요. 자, 이 물도 좀 드시고요.
20回	여자 : 저, 여기 남은 음식 좀 싸 주시겠어요? 남자 : 네, 손님. 잠깐만 기다려 주십시오.
19回	여자 : 죄송합니다만 박물관 안으로는 카메라를 가지고 들어가실 수 없습니다. 남자 : 그럼 이 카메라는 어떻게 하죠? 여자 : 저희가 보관해 드릴 테니까 나가실 때 찾으러 오세요.

18回	남자 : 와, 재미있겠다. 우리 이거 탈까요? 여자 : 저렇게 높이 올라가는 건 좀 무서운데……. 남자 : 그럼 저건 어때요? 아이들도 많이 타는데요.
17回	여자 : 기다리는 사람이 너무 많네요. 다음에 보러 올까요? 남자 : 여기까지 왔으니까 보고 가요. 저 이 영화 아주 보고 싶었어요.
16回	여자 : 어, 드라마 할 시간이네. 축구 그만 보면 안 돼? 경기도 거의 다 끝났잖아. 남자 : 5분밖에 안 남았는데, 이거 끝까지 보고 드라마 보자.
15回	남자 : 자, 여기 보세요. 하나, 둘, 셋! (펑!) 다 됐습니다. 여자 : 언제 찾으러 오면 되나요?

合格資料 2 既出の「グラフ選択」の問題文例

※1) 収録された既出の問題文の台本は各回の一部である。　※2) 解説は298ページへ

既出	問題文
41回	남자 : 여러분, 혹시 비행기를 이용하면서 짐이 없어지거나 늦게 도착한 적이 있으십니까? 한 보고서에 따르면 2006년부터 2014년까지 비행기 수하물 사고 수는 2010년에 최고였다가 감소하고 있습니다. 사고 종류로는 짐이 늦게 도착하는 지연 사고가 가장 많았고 가방 안의 물건이 깨지는 파손 그리고 분실이 각각 그 뒤를 이었습니다.
37回	남자 : 30대 여성을 대상으로 화장품 구매 장소를 조사한 결과 화장품 전문 매장을 가장 많이 이용하는 것으로 나타났습니다. 그 다음으로는 백화점과 대형 마트가 뒤를 이었는데 백화점 이용객은 지난해에 비해서 크게 줄어든 것으로 조사되었습니다.
36回	남자 : 대학생을 대상으로 대학 교육을 받으려는 목적을 조사한 결과 '좋은 직업을 갖기 위해' 라는 응답이 가장 많았으며 '능력 계발' 과 '지식 습득' 이 뒤를 이었습니다. 이는 진학률은 높아졌지만 취업률은 낮아지는 현실에 대한 학생들의 고민을 반영하는 것으로 보입니다.
35回	남자 : 스마트폰 사용자가 많아지면서 모바일 쇼핑 이용객이 급격히 증가한 것으로 나타났습니다. 20대가 가장 많이 이용하는 것으로 나타났으며 10대가 그 뒤를 이었습니다. 여전히 컴퓨터로 쇼핑을 하는 사람들이 많지만 앞으로 모바일 쇼핑 이용객이 더 늘 것으로 예상됩니다.

問題類型2 対話の続きの話を選ぶ問題

対話を聞いて男性、または女性がその対話の続きとして話すのに適切なものは何かを選ぶ問題が5問出題される。【本試験4～8番】。

この形式の問題は、対話の最後の文章の内容がわかるとその次に続く対話の内容が推定しやすい場合が多い。対話全体の流れと選択肢の内容を把握しながら、特に対話の最後の文に注意して聞くようにしよう。

既出 41回 放送	※다음 대화를 잘 듣고 이어질 수 있는 말을 고르십시오. (각 2점) 남자 : 이 선생님, 바둑 대회 신청은 많이 들어왔습니까? 여자 : 아니요, 원장님. 학생들한테 신청서를 나눠 줬지만 아직까지 는 많지 않은데요. 남자 : ______________________. ① 그럼 언제쯤 신청서가 완성될까요? ② 그래요? 대회가 잘 끝나서 다행이군요. ③ 그래요? 학생들이 신청을 많이 했군요. ④ 그럼 기간이 좀 남았으니까 기다려 볼까요?
正解	④
解説	※次の対話をよく聞いてその続きとして適切なことばを選びなさい。(各2点) 男性：イ先生、囲碁大会の参加申し込みは多いですか。 女性：いいえ、院長。学生たちに申込書を配りましたが、まだ多くないですね。 男性：______________________。 ① では、いつ頃申込書が完成されるのでしょうか。 ② そうですか。大会が無事に終わって良かったですね。 ③ そうですか。学生たちがたくさん申し込みましたね。 ④ では、締切までまだ時間がありますから待ってみましょうか。

合格資料 3 既出の「対話の続きの話選択」の問題文例

※1) 収録された既出の問題文は各回の一部である。　※2) 正答は298ページへ

既出	問題文
37回	남자 : 수진 씨, 다음 주부터 봉사 활동 간다면서요? 여자 : 네. 꼭 해 보고 싶었던 일이라 휴가를 냈어요. 남자 : ______________________. ① 정말 좋은 기회니까 잘 쉬고 와요. ② 그렇게 하고 싶어하는 줄 몰랐어요. ③ 특별히 휴가를 낼 만큼 바빴나 봐요. ④ 그래도 가기로 한 건데 잘 해 보세요.
36回	여자 : 가족들하고 캠핑 가고 싶었는데 이것저것 사야 할 게 너무 많아서 못 갔어. 남자 : 텐트같이 캠핑에 필요한 물건들이 다 갖춰진 데가 있다던데? 여자 : ______________________. ① 그래? 텐트만 사면 되겠네. ② 그래도 자세히 알아봐야겠다. ③ 그래? 미리 알았으면 좋았을걸. ④ 그래도 텐트는 치기 힘들겠다.
35回	여자 : 저, 갑자기 비가 와서 그러는데 요즘도 우산 빌려 주세요? 남자 : 어쩌죠? 우산 대여 서비스가 지난달부터 중단되었습니다. 우산을 반납하는 분들이 너무 적어서 서비스를 계속하기가 힘들어서요. 여자 : ______________________. ① 신청서만 쓰면 빌릴 수 있어서 참 편해요. ② 빌려가는 사람들이 생각보다 적었나 봐요. ③ 우산은 내일 출근하는 길에 갖다 드릴게요. ④ 필요할 때 빌릴 수 있어서 좋았는데 아쉽네요.
34回	남자 : 과장님, 게시판에 붙일 안내문 다 만들었습니다. 여자 : 어디 한번 볼까요? 음……, 괜찮네요. 남자 : ______________________.

	① 게시판은 확인해 보셨어요? ② 안내문을 만들어 줄 수 있어요? ③ 그럼 이대로 게시판에 붙일까요? ④ 안내문을 언제쯤 완성할 수 있어요?
33回	여자 : 김 대리, 부탁한 회의 자료는 잘 되고 있어요? 남자 : 거의 끝나 가는데요. 지금 드려야 하나요? 여자 : ________________________________. ① 금방 끝낼 수 있을 거예요. ② 아직 시작도 못 하셨겠네요. ③ 회의 전까지만 주시면 돼요. ④ 부탁하신 일은 벌써 끝냈어요.
32回	남자 : 여기 맞아? 아무래도 이 길이 아닌 것 같아. 여자 : 그러게. 이 지도가 잘못됐나 봐. 어떡하지? 남자 : ________________________________. ① 이쪽 길로 조금만 더 가면 돼. ② 내 생각에도 여기가 맞는 것 같아. ③ 지도를 보면 금방 찾을 수 있을 거야. ④ 저기 지나가는 사람한테 한번 물어보자.
31回	여자 : 실내 공기가 좀 답답한 것 같아요. 남자 : 그래요? 그럼 창문 좀 열어 놓을까요? 여자 : ________________________________. ① 아니요, 제가 닫을게요. ② 네, 잠깐만 열어 주세요. ③ 아니요, 열지 않았을 거예요. ④ 네, 다음부터는 열어 놓을게요.
30回	여자 : 민수가 웬일로 결석을 다 했지? 남자 : 연락도 없이 안 온 적이 없었는데. 여자 : ________________________________. ① 연락도 안 했는데 어떻게 왔지? ② 수업에 빠졌으니까 잘 모를 거야. ③ 바쁜 일이 있어서 결석을 자주 해. ④ 무슨 일이 있는지 한번 전화해 볼까?

29回	남자 : 늦게까지 일하니까 배가 좀 고프네요. 1층 매점 아직도 문 열었을까요? 여자 : 보통 열 시까지 하니까 열었겠죠? 남자 : ______________________. ① 그러면 먹을 것 좀 사 올게요. ② 그러니까 오늘은 일찍 문 닫아요. ③ 그런데 문을 닫아서 그냥 왔어요. ④ 그래서 아까 라면하고 물을 샀어요.
28回	남자 : (전화 톤으로) 서울 식당이죠? 좀 전에 거기서 점심 먹고, 가방을 두고 온 거 같은데요. 혹시 거기 까만색 가방 없어요? 여자 : 아, 네. 여기 있습니다. 남자 : ______________________. ① 그럼 다음에 또 오세요. ② 여기에서 기다리면 되겠죠? ③ 그럼 이따가 저녁에 찾으러 갈게요. ④ 죄송한데 한번 찾아봐 주시겠어요?
27回	남자 : (전화를 받으며) 여보세요. 박준우입니다. 여자 : 박준우 님, 안녕하세요. 여기 한국안과인데요. 오늘 두 시로 예약하셨잖아요. 그런데 혹시 내일로 예약을 바꿔 주시면 안 될까요? 의사 선생님께 갑자기 일이 생겨서요. 남자 : ______________________. ① 불편을 드려서 정말 죄송합니다. ② 선생님께 메모를 남겨 드릴까요? ③ 예약이 많아서 오래 기다려야 됩니다. ④ 내일은 제가 시간이 없는데 어떻게 하죠?
26回	남자 : 강 실장, 이번 신입 사원들은 어때요? 잘 배우고 있어요? 여자 : 열심히 하고는 있는데 아직은 좀 서툴러요. 남자 : ______________________. ① 하나씩 잘 가르쳐 봐요. ② 다른 회사로 옮기려고요. ③ 입사 시험에 또 떨어졌어요. ④ 드디어 첫 월급을 받았군요.

25回

여자 : 저, 보일러를 켜 놔도 따뜻해지지가 않아서요. 지난번에 고쳤는데 또 그러네요.
남자 : 아, 그러세요? 그러면 저희가 지금 방문해도 되겠습니까?
여자 : ______________________.

① 이제 보일러를 켜도 된대요.
② 너무 오래돼서 그런가 봐요.
③ 수리가 끝나는 대로 빨리 갈게요.
④ 외출을 해야 해서 오후가 좋겠어요.

24回

여자 : 아저씨, 여기 셔츠에 뭐가 좀 묻었는데 세탁하면 없어질까요?
남자 : 어디 봅시다. 글쎄요, 이거 세탁을 해 봐야 알겠는데요. 어쩌면 안 없어질 수도 있겠어요.
여자 : ______________________.

① 이런 건 세탁소에 가도 안 해 줄 텐데요.
② 새로 산 거니까 꼭 지워 주셨으면 좋겠어요.
③ 깨끗하게 안 될 줄 알았는데 정말 다행이네요.
④ 나중에 세탁기로 빨 테니까 신경 안 써도 돼요.

23回

여자 : 어제 하루 종일 집 보러 다녔는데 마음에 드는 집이 없더라고요.
남자 : 요즘 이사철이라 집 구하기 쉽지 않다던데요.
여자 : ______________________.

① 그러니까 조금 기다렸다가 가세요.
② 그러니까 집을 빨리 알아보면 돼요.
③ 그래서 집을 못 구할까 봐 걱정이에요.
④ 그래서 이제 마음 편하게 잘 수 있겠네요.

22回

남자 : 와, 요즘 이 영화가 인기가 많다더니 극장이 정말 복잡하네요.
여자 : 정말 그렇네요. 표를 사려면 한참 걸리겠어요.
남자 : ______________________.

① 끝나는 대로 바로 알려 주세요.
② 영화가 시작된 지 한참 됐어요.
③ 미리 예매를 해 둘걸 그랬어요.
④ 인기 있는 영화니까 걱정 마세요.

問題類型3 対話の後に女性が取る行動を予測する問題

対話を聞いて、その対話が終わった後、女性が取るであろう行動を選ぶ問題が４問出題される。【本試験９～１２番】。対話文の放送前に先に選択肢を読んで対話の主題は何か、対話が行われている場所はどこなのかなどを予想しておく。問題の性格上、正答につながる重要な内容は対話文の後半にあることが多い。つまり、男性、または女性が最後に話したことばに女性の次の行動を予測する最も重要な情報が含まれているのでこの最後の部分を集中して聞くようにしよう。

既出 37回

※다음 대화를 잘 듣고 여자가 이어서 할 행동으로 알맞은 것을 고르십시오. (각 2점)

放送

여자 : 민수 씨, 차가 좀 흔들리는 것 같아요.
남자 : 너무 빨라서 그런 거 아닐까요? 속도를 좀 줄여 봐요.
여자 : 마찬가지예요. 카센터에서 점검한 지 얼마 안 됐는데…….
아무래도 세워야겠어요.
남자 : 조금 더 가면 휴게소가 나올 거예요. 혹시 바퀴에 문제가 있는지 내려서 제가 확인해 볼게요.

① 차의 속도가 빠른지 확인한다.
② 차에서 내려 바퀴 상태를 본다.
③ 카센터에 들러서 차를 점검한다.
④ 휴게소로 들어가서 차를 세운다.

正解 ④

解説

※次の対話をよく聞いて女性が次に取る行動として適切なものを選びなさい。(各2点)

女性：ミンスさん、車がちょっと揺れているような気がします。
男性：高速だからじゃないですか。スピードを少し落としてみてください。
女性：変わらないんです。整備工場で点検してもらったばかりなのに……。やはり止めたほうが良さそうです。
男性：もう少し行くとサービスエリアです。もしかしてタイヤに問題があるのかどうか降りて私が確認してみます。

	① 車のスピードが速すぎるか確認する。 ② 車から降りてタイヤの状態を確認する。 ③ 整備工場に寄って車を点検する。 ④ サービスエリアに行って車を止める。

合格資料 4 既出の「対話後の女性の行動選択」の問題文例

※1) 収録された既出の問題文は各回の一部である。 ※2) 解説は300ページへ

既出	問題文
41回	여자 : 너무 졸리다. 아직 읽어야 될 책도 많은데……. 남자 : 졸리면 기숙사에 들어가서 일찍 자고 아침에 일어나서 하든지……. 여자 : 전 아침잠이 많아서 일찍 못 일어나요. 잠 좀 깨게 잠깐 나가서 산책 해야겠어요. 들어올 때 커피라도 사 올까요, 선배? 남자 : 아니야, 됐어. 좀 전에 마셨어. ① 책을 읽는다. ② 커피를 산다. ③ 산책을 한다. ④ 기숙사에 간다.
37回	남자 : 김 실장님, 신제품 설명회 준비는 잘 돼 가요? 여자 : 네, 그런데 설명회 자료가 아직 도착 안 했어요. 안내를 도와줄 사람도 좀 부족하고요. 남자 : 그럼, 자료 제작 회사에 전화 한번 해 보세요. 저는 도와줄 아르바이트 학생을 구할 수 있는지 알아볼게요. 여자 : 네, 그래요. 그럼 이따가 다시 봐요. ① 안내를 도와줄 학생을 알아본다. ② 필요한 인원을 정확하게 조사한다. ③ 설명회 자료 제작 회사에 전화한다. ④ 직원을 만나러 설명회 장소에 간다.
36回	여자 : 저희 집 커튼을 좀 바꾸려고 하는데요. 남자 : 이쪽으로 와서 보세요.책자에도 많이 있으니까 좀 보시고요. 여자 : 음……. 가게에는 딱히 마음에 드는 게 없어서 책자를 좀 봐야겠네요. 남자 : 그럼 앉아서 천천히 보세요. 마음에 드는 거 있으시면 댁으로 가져 가서 달아 드릴게요.

	① 책자에서 커튼을 고른다. ② 집에서 거실 커튼을 단다. ③ 커튼을 사러 가게에 간다. ④ 커튼을 사서 집에 가져간다.
35回	남자 : 강 선생님, 이번 현장학습은 어디로 가면 좋을까요? 여자 : 음……, 안전 교육 체험관이 어때요? 지진과 같은 자연재해를 체험 해 보면 학생들한테도 유익할 거예요. 남자 : 그게 좋겠네요. 구체적으로 어떤 프로그램이 있는지 알아봐야겠어요. 위치도 알아보고요. 여자 : 위치는 제가 알아봐 드릴게요. 남자 : 정말요? 고마워요, 강 선생님. 그럼 저는 자세한 일정을 짜야겠어요. ① 현장학습 일정을 짠다. ② 자연재해를 체험해 본다. ③ 체험관의 위치를 알아본다. ④ 체험관의 프로그램을 확인한다.
34回	여자 : 빨리 와. 우리 공연 시작이 몇 시지? 남자 : 7시 시작이니까 아직 시간 좀 있어. 여자 : (시계를 보는 듯, 잠시 후) 그러네. 근데 우리 좌석은 어디야? 남자 : 좌석은 표를 받아 봐야 알 수 있어. 여자 : 그럼 얼른 가서 표부터 받자. 남자 : 표는 내가 받아올 테니까 넌 가서 마실 것 좀 사 와. 여자 : 그래. 그럼 조금 이따가 공연장 입구에서 만나자. ① 표를 받는다. ② 마실 것을 산다. ③ 좌석을 확인한다. ④ 공연장 입구로 간다.
33回	남자 : 내일 체육대회 준비는 어떻게 되고 있어? 내가 뭐 할 일 없어? 여자 : 이것저것 정리하고는 있는데 생각보다 일이 많네. 체육관에 가서 운동기구도 가져와야 하고 상품도 사야 하고……. 남자 : 운동 기구는 내가 가져올게. 근데 점심 식당은 예약됐어? 여자 : 그건 다 됐어. 그럼 운동 기구 좀 부탁해. 난 바로 상품 사러 간다. 남자 : 알겠어. ① 상품을 산다. ② 체육관에 간다. ③ 식당에 연락한다. ④ 할 일을 정리한다.
32回	여자 : 거기 기숙사 사무실이죠? 다음 학기 기숙사 신청 기간이 언제부터 예요? 남자 : 월요일부터 신청 기간이었어요. 여자 : 그래요? 그럼 아직 방이 남아 있는지 확인할 수 있을까요?

	남자 : 네, 남아 있습니다. 홈페이지 가셔서 신청서 작성하시면 입금 안내 메일이 갈 거예요. 여자 : 알겠습니다. 감사합니다. ① 신청서를 작성한다. ② 기숙사비를 입금한다. ③ 신청 기간을 확인한다. ④ 방이 남았는지 알아본다.
31回 ※男性の行動	남자 : 저, 기타 반은 어디로 가면 되나요? 여자 : 기타 반요? 그거 취소됐는데 연락 못 받으셨어요? 신청 인원이 열 명 이하면 수업이 열리지 않거든요. 문자 메시지로 연락을 다 드렸는데 착오가 있었나 봐요. 죄송합니다. 남자 : 그렇군요. 그럼 수업료는 환불해 주시는 거죠? 여자 : 네. 혹시 카드로 결제하셨나요? 남자 : 아니요, 현금으로 했는데요. 여자 : 그럼 신분증 좀 보여 주시겠어요? 바로 처리해 드릴게요. ① 수업료를 결제한다. ② 문자 메시지를 보낸다. ③ 여자에게 신분증을 낸다. ④ 여자에게서 수업료를 받는다.
30回	여자 : 음, 양파, 당근은 다 씻었고……. 재료는 다 준비됐네. 남자 : 응. 재료 준비는 거의 다 끝난 것 같아. 이제 뭐부터 하지? 음, 난 양파를 썰어야겠다. 그동안 넌 당면을 삶을래? 여자 : 당면? 채소부터 볶아야 하는 거 아니야? 남자 : 아니야. 당면부터 삶는 게 맞아. 요리책에서 봤거든. 여자 : 그래? 알았어. ① 양파를 썬다. ② 당면을 삶는다. ③ 채소를 볶는다. ④ 요리책을 살펴본다.
29回 ※男性の行動	남자 : 이 바지가 마음에 드는데요. 이거보다 한 사이즈 큰 거 없어요? 여자 : 죄송하지만 찾으시는 사이즈는 다 나가고 저희 매장에는 없는데요. 주문서에 주소를 써 주시면 택배로 보내 드릴게요. 아니면 다른 걸로 한번 보시겠어요? 남자 : 아니요. 입어 본 것 중에 그게 제일 마음에 드니까 그걸로 주문할게요. 여자 : 그러시겠어요? 잠깐만 기다리세요. 주문서 갖다 드릴게요. ① 다른 바지를 입어 본다. ② 바지를 받을 주소를 쓴다. ③ 바지의 사이즈를 확인한다. ④ 마음에 드는 바지를 찾아본다.

28回 ※男性の 行動	남자 : 여보세요, 수미 씨. 지금 어디예요? 여자 : 네, 영호 씨. 도서관 거의 다 왔어요. 남자 : 그래요? 그런데 도서관에 자리가 없어서 다른 데로 가야 될 거 같아요. 여자 : 아, 시험 기간이라서 그런가 보죠? 그러면 필요한 책 대출해서 빈 강의실이나 조용한 커피숍에서 공부할까요? 영호 씨는 어디가 좋아요? 남자 : 그럼 제가 책을 찾아 놓고 있을 테니까 일단 여기로 오세요. 어디로 갈지는 만나서 얘기해요. 여자 : 네. 도착하면 연락할게요.
	① 근처 커피숍으로 간다. ② 빈 강의실을 찾아본다. ③ 필요한 책을 대출한다. ④ 여자의 연락을 기다린다.
27回	남자 : 부장님. 말씀하신 기획안요, 어느 정도 준비됐는데요. 출력해서 드릴까요? 여자 : 이메일로 보내 주세요. 지금은 메일만 확인하고 자세한 검토 의견은 출장 가서 줘야 될 것 같아요. 출장 준비하느라고 좀 바빠서요. 남자 : 네, 알겠습니다. 그런데 부장님, 출장 가 계신 동안 기획안 보고는 어떻게 할까요? 여자 : 출장 가서도 연락은 주고받을 수 있으니까 이메일이나 전화로 보고해 주세요. 그런데 기획안은 보냈나요? 남자 : (키보드 두드리는 소리) 네, 지금 막 보냈습니다.
	① 기획안 자료를 출력한다. ② 기획안에 대해 보고한다. ③ 남자가 보낸 이메일을 확인한다. ④ 기획안에 대한 검토 의견을 준다.
26回 ※男性の 行動	여자 : 아, 진짜 차 너무 밀린다. 버스 타지 말고 지하철 탈걸 그랬어. 남자 : 그러게 말이야. 혹시 사고라도 난 거 아닐까? 약속에 늦을 거 같은데 어떻게 하지? 여자 : 몇 시에 만나기로 했어? 남자 : 세 시. (잠시 후) 늦는다고 연락부터 해야겠다. 어? 내 휴대 전화가 어디에 있지? 안 가져왔나? 여자 : 없어? 그럼 우선 내 걸로 해 봐.
	① 다른 버스를 탄다. ② 지하철로 갈아탄다. ③ 친구에게 전화를 한다. ④ 휴대 전화를 찾으러 간다.

25回 ※男性の行動	여자 : 민수 씨, 이번 행사요, 몇 개국에서 몇 명이나 참가하죠? 남자 : 총 12개국, 35명이 참가할 예정입니다. 여자 : 그럼 먼저 해외에서 오시는 분들 항공료부터 계산해 보세요. 그리고 항공료 지급할 때 참가자들이 내야 하는 서류가 뭔지 안내하는 메일도 보내고요. 중요한 행사니까 실수하지 않도록 신경 쓰시고 이전 자료도 잘 살펴보세요. 남자 : 네. 잘 처리하도록 하겠습니다. ① 이전 행사 자료를 찾아본다. ② 참가자들의 항공료를 알아본다. ③ 항공료 지급에 필요한 서류를 받는다. ④ 행사 참가자들에게 안내 메일을 보낸다.
24回	여자 : 저기요. 좀 추워서 그러는데 에어컨 좀 꺼 주시겠어요? 남자 : 손님, 죄송하지만 그냥 온도를 조금 올려 드리면 안 될까요? 다른 손님들께서는 덥다고 하셔서요. 여자 : 그래도 이쪽으로 오는 바람이 너무 강해서 못 있겠어요. 남자 : 그럼 자리를 다른 쪽으로 옮겨 드릴까요? 드시던 차하고 커피는 제가 그쪽으로 옮겨다 드릴게요. 여자 : 네. 그리고 따뜻한 물도 한 잔 갖다 주세요. 남자 : 네, 저쪽으로 가시지요. ① 에어컨의 온도를 조금 높인다. ② 바람의 방향을 다른 쪽으로 바꾼다. ③ 음료를 옮기려는 자리로 가져다 준다. ④ 다른 쪽에 좋은 자리가 있는지 확인한다.

※実施回によっては対話後に男性が取る行動を選ぶ問題形式としても出題されている。

問題類型4　文の内容と一致するものを選ぶ問題

対話や案内文、説明文、インタビューなどを聞いて、その内容と一致するものはどれかを選ぶ問題が4問出題される。【本試験 13 ～ 16 番】。文全体だけでなく細部に至るまで内容を正しく理解しているかが試される問題である。先に選択肢を通してどういう題材や内容の問題なのか、どの内容を重点的に聞けばよいかを予測しておいてから問題文を聞くようにしよう。

既出 41 回

放送

※다음을 듣고 내용과 일치하는 것을 고르십시오. (각 2점)

남자 : 선생님께서는 퇴직하신 후에 지역 문화재를 알리는 일을 하고 계시는데요. 특별히 이 일을 하게 된 계기가 있으신가요?

여자 : 저는 30년 동안 교직에 있으면서 역사를 가르쳤습니다. 퇴직하고 어떻게 노후를 보낼까 고민하고 있었어요. 그런데 아들이 제 경험을 살려 보라며 이 일을 적극 권했습니다. 그래서 지난달부터 일요일마다 문화센터에서 우리 지역 문화재를 소개하는 강의를 하고 있죠.

① 여자의 아들은 이 일을 하는 것에 반대했다.
② 여자는 30년 동안 문화재 알리는 일을 했다.
③ 여자는 퇴직하기 전부터 이 일을 하고 있었다.
④ 여자는 지역 문화 센터에서 매주 강의를 한다.

正解　④

解説

※次を聞いて内容と一致するものを選びなさい。(各2点)

男性：先生は退職した後に地域の文化財を知らせる仕事をしていらっしゃいますが、特にこの仕事をするようになったきっかけでもあったのですか。

女性：私は 30 年間教員として歴史を教えていました。退職してからどのように老後を過ごすか悩んでいました。その時息子が私の経験を活かしてみたらどうかとこの仕事を積極的に勧めてくれました。それで先月から日曜日ごとにカルチャーセンターでこの地域の文化財を紹介する講義をしています。

	① 女性の息子はこの仕事をするのを反対した。 ② 女性は 30 年間文化財を知らせる仕事をした。 ③ 女性は退職する前からこの仕事をしていた。 ④ 女性は地域の文化センターで毎週講義をしている。

合格資料 5 既出の「文の内容一致選択」の問題文例

※1) 収録された既出の問題文は各回の一部である。　※2) 解説は303ページへ

既出	問題文
37 回	여자 : 시장님, 시청연수원을 시민을 위한 문화 공간으로 바꾸는 공사가 진행 중인 것으로 아는데요. 소개 좀 부탁드립니다. 남자 : 네, 시청연수원은 시설이 낡아서 몇 년간 비워 두었던 곳입니다. 그래서 재건축을 계획하면서 시민들의 생각을 알아봤더니 문화 공간으로 사용하자는 의견이 많았습니다. 앞으로 이곳은 공연장이나 행사장으로 활용할 계획입니다. 다음 달이면 우리 시에도 새로운 문화 공간이 탄생하는 것이죠.
	① 이곳은 오래된 문화 공간이다. ② 이곳은 시민들이 직접 사용하고 있다. ③ 이곳은 다음 달에 새로 문을 열 계획이다. ④ 이곳은 시장을 위한 공간으로 바뀔 것이다.
36 回	여자 : (딩동댕) 안내 말씀 드리겠습니다. 저희 회사 에너지 절약을 위해서 사원 여러분의 협조 부탁드립니다. 사무실의 난방 온도는 18도를 유지해 주시고, 점심시간에는 사용하지 않는 전기 제품은 꺼 주시기 바랍니다. 밤 9시 이후에는 엘리베이터가 운행되지 않으니 이 점 착오 없으시기 바랍니다. (딩동댕)
	① 밤에는 난방 기구를 사용할 수 없다. ② 9시 이후에는 모든 전기 제품을 끈다. ③ 사무실은 일정 온도를 유지해야 한다. ④ 점심시간에는 엘리베이터가 운행되지 않는다.
35 回	남자 : 다음은 작년 말 인기를 끌었던 앙코르 발레 공연 소식입니다. 이 공연은 한 예술고등학교 교사들로 이루어진 무용단이 어린이들을 위

	해 준비한 발레인데요. 어린이들이 재미있게 볼 수 있도록 무용수들이 동물 복장을 하고 나와 춤을 춥니다. 여기에 노래도 더해져 아이들의 이해를 돕고 있습니다. 휴일 나들이로 온 가족이 함께 관람하시는 것도 좋을 것 같습니다. ① 이 공연은 어른들을 위해 기획되었다. ② 이 공연에는 어린이들이 무용수로 나온다. ③ 공연 중에 내용 이해를 돕는 노래가 나온다. ④ 이 발레 공연은 이번에 처음 하는 공연이다.
34回	여자 : 백화점 세일인데 물건이 별로 많지 않네. 오늘이 첫날인데…. 남자 : 지난번 세일 때는 안 그랬는데, 저녁 시간에 와서 그런가? 여자 : 더 일찍 올 걸 그랬다. 마음에 드는 옷은 다 큰 사이즈만 남았어. ① 백화점은 오늘까지 세일을 한다. ② 두 사람은 아침 일찍 백화점에 왔다. ③ 지난번 세일 때는 물건이 많지 않았다. ④ 여자는 마음에 드는 옷을 살 수 없었다.
33回	남자 : 제주민속촌에서는 겨울 방학 동안 겨울철 전통 음식을 만들어서 먹어 보는 행사를 합니다. 특히 전통 음식의 재료는 민속촌 안에서 제주 도민들이 직접 기른 농산물이 사용되는데요. 제주도의 전통 음식을 옛날 방식 그대로 만들어 보기 때문에 의미 있는 행사가 될 것입니다. ① 이 행사에서는 전통 음식의 재료를 소개한다. ② 이 행사에서는 전통 음식을 직접 만들 수 있다. ③ 민속촌에서는 농산물을 키워 보는 체험을 한다. ④ 민속촌에서는 사계절 전통 음식을 먹을 수 있다.
32回	남자 : 최근 발레를 다룬 뮤지컬 '백조'의 주인공 역할에 실제 발레리나가 캐스팅되어 화제가 되고 있죠? 오늘은 그 주인공 국립발레단의 김소연 씨를 만나 보겠습니다. 김소연 씨는 지난 15년간 국립발레단의 무용수로서 국내 발레를 이끌어 왔는데요. 이제 뮤지컬이라는 새로운 장르에 도전하는 그녀의 삶과 예술관을 잠시 후 2부에서 들려 드리겠습니다. ① 김소연 씨는 주로 해외 무대에서 활동하고 있다. ② 2부에서는 국립발레단 소속의 무용수가 나올 것이다.

	③ 뮤지컬의 주인공 역할에 유명한 배우가 캐스팅되었다. ④ 15년 전 김소연 씨는 뮤지컬 배우에 도전한 적이 있다.
31回	남자 : 돌아다니지 말고 가만히 앉아서 좀 읽어. 정신이 하나도 없다. 여자 : 이렇게 읽어야 내용도 정리가 잘되고 기억에 오래 남는단 말이야. 오빠도 뭔가 계속 생각할 때 손가락 움직이잖아. ① 남자는 집중할 때 손가락을 움직인다. ② 남자는 여자에게 책을 읽어 주고 있다. ③ 여자는 남자 때문에 서서 책을 읽는다. ④ 여자는 남자가 돌아다녀서 집중이 안 된다.
30回	남자 : 이사는 잘 끝났죠? 여자 : 네. 짐이 많지 않아서 빨리 끝났어요. 그런데 이사 후에도 신경 써야 할 게 많네요. 할 일들을 정리해 두었는데도 정신이 없어요. 전화랑 인터넷도 연결해야 하고요. 남자 : 저도 정리가 다 될 때까지 한 달은 걸렸던 것 같아요. ① 남자는 한 달 전에 이사를 했다. ② 여자는 이사 시간이 길어 힘들었다. ③ 여자는 해야 할 일들이 많아 정신이 없다. ④ 남자는 이사 후에 정리할 일이 많지 않았다.
29回	남자 : 우리 몸은 여름과 겨울 중 언제 에너지를 더 많이 사용할까요? 보통 땀을 많이 흘리는 여름이라고 생각하는 분들이 많습니다. 그런데 오히려 추운 겨울에 에너지를 더 많이 사용합니다. 추위로 체온이 내려가면 우리 몸은 체온을 올리려고 근육을 움직여 열을 만드는데요. 바로 이 과정에서 에너지가 사용되기 때문입니다. ① 에너지가 없어도 체온을 올릴 수 있다. ② 땀을 흘리면 많은 에너지를 사용하게 된다. ③ 체온이 내려가면 몸의 근육을 움직여서 열을 낸다. ④ 날씨가 더울수록 몸은 더 많은 에너지를 사용한다.
28回	남자 : 개는 인간보다 훨씬 빠르고 정확하게 사물을 구별하는데요. 어떻게 그렇게 할 수 있는 걸까요? 그건 인간보다 100만 배나 뛰어난 후각 덕분입니다. 그래서 개는 500미터 이상 떨어져 있는 사물도 냄새로 구별할 수 있다고 하네요. 냄새는 공기 중을 떠다니는데 개의 코는 항상 젖어 있어서 냄새를 오래 잡아 둘 수 있습니다. 그래서 냄새를 잘 맡는 거죠.

	① 개의 후각은 인간의 후각에 비해 떨어진다. ② 개는 코가 젖어 있기 때문에 냄새를 잘 맡는다. ③ 개가 냄새를 맡을 수 있는 거리는 500m 이내이다. ④ 개의 코는 공기 중을 떠다니는 냄새를 잡아 두지 못한다.
27回	여자 : 잠시 안내 말씀 드리겠습니다. 저희 한국마트는 개점 10주년을 맞이하여 사은 행사를 진행하고 있습니다. 물건을 오만 원 이상 사신 고객에게는 추첨을 통해 김치 냉장고, 전자레인지, 청소기 등의 선물을 드립니다. 참여를 원하시는 분은 상품을 구입할 때 받으신 응모권에 이름과 전화번호를 써서 고객 센터 앞 응모함에 넣으시면 됩니다. 여러분의 많은 참여를 바랍니다.
	① 응모권은 고객 센터에 내면 된다. ② 김치 냉장고를 사면 선물을 준다. ③ 한국마트는 문을 연 지 십 년이 되었다. ④ 물건을 사기만 하면 응모권을 받을 수 있다.
26回	남자 : 아이들은 졸릴 때 눈을 많이 비비죠? 졸음과 눈은 어떤 관계가 있을까요? 우리 몸은 자는 동안 에너지를 적게 쓰기 위해 체온을 떨어뜨립니다. 그래서 잠들기 직전 일시적으로 많은 혈액이 손과 발 그리고 눈으로 이동해 열을 밖으로 보내게 되죠. 이때 눈에서 열이 나기 시작하면 눈의 활동이 둔해지고 눈물의 양이 감소합니다. 그러면 눈을 자주 깜빡이게 되고 자꾸 비비게 되는 겁니다.
	① 눈에서 열이 나면 눈을 자꾸 깜빡인다. ② 눈을 자꾸 비비면 눈물의 양이 줄어든다. ③ 잠들기 전에 손과 발의 온도가 떨어진다. ④ 혈액이 눈으로 이동하면 눈물이 많이 난다.
25回	남자 : 육상 선수는 종목에 따라 경기 전에 특별히 신경을 쓰는 부분이 다른데요. 마라톤을 하는 장거리 선수들은 열량이 높은 음식을 충분히 먹어 몸속에 에너지를 만들어 둡니다. 그래야 끝까지 힘을 낼 수 있기 때문이죠. 반면 100미터 달리기와 같이 단거리를 뛰는 선수들은 경기가 다가올수록 호흡 훈련에 많은 시간을 투자하는데요. 일정한 거리를 숨을 쉬지 않고 달리면서 짧은 시간에 강한 힘을 내는 연습을 합니다.
	① 단거리 선수는 숨을 멈추고 달리는 훈련을 한다.

	② 장거리 선수는 음식에 특별히 신경을 쓰지 않는다. ③ 단거리 선수는 짧은 시간에 집중적인 훈련을 한다. ④ 장거리 선수는 힘을 모아 달리는 연습을 주로 한다.
24回	남자 : 항상 물에 젖어 있는 곳이 있습니다. 습기가 많아서 습지라고 부르는데요. 요즘 이곳에 대한 관심이 높아지고 있습니다. 습지에 사는 다양한 식물들이 환경에 좋은 영향을 미치기 때문이지요. 습지 식물들은 비를 잘 빨아들입니다. 그래서 홍수를 예방하는 효과가 있습니다. 또한, 습지 식물들이 호흡할 때 내보내는 좋은 공기는 근처의 공기를 깨끗하게 해 주기도 합니다.
	① 습지는 비를 흡수해 홍수를 예방한다. ② 습지에 대한 관심이 최근에 약간 줄었다. ③ 습지 식물은 공기가 깨끗해야 살 수 있다. ④ 습지 식물은 물이 충분하지 않아도 잘 자란다.
23回	여자 : 사과가 몸에 좋은 과일이라는 것은 알고 계시죠? 그런데 늦은 밤에 사과를 자주 먹는 것은 좋지 않다고 합니다. 보통 밤에는 음식물이 소화가 다 된 후라서 위 속이 비어 있게 되는데요. 그때 신맛이 위를 자극하게 되기 때문이지요. 그래서 위가 아프거나 배탈이 날 수도 있습니다.
	① 밤에 사과를 먹으면 신맛이 많이 느껴진다. ② 위가 안 좋은 사람은 사과를 안 먹는 것이 좋다. ③ 배탈이 났을 때에는 사과를 자주 먹는 것이 좋다. ④ 밤에 사과를 자주 먹으면 건강에 좋지 않을 수 있다.
22回	남자 : 남극과 북극은 어떻게 다를까요? 남극은 아주 두꺼운 얼음으로 덮인 큰 대륙입니다. 그렇지만 북극은 바다 위에 떠 있는 얼음 덩어리죠. 남극과 북극은 얼음산의 모양도 조금 다른데요. 북극이 훨씬 뾰족뾰족합니다. 남극과 북극은 추운 건 마찬가지지만 북극이 남극보다 덜 춥습니다. 바닷물로 둘러싸여 있기 때문이죠.
	① 북극은 얼음으로 덮여 있는 대륙이다. ② 남극은 바다 위에 떠 있는 얼음 섬이다. ③ 남극과 북극의 얼음산 모양은 비슷하다. ④ 북극은 바닷물 때문에 남극보다 춥지 않다.
21回	남자 : '걷기 운동'하면 특별한 방법 없이 걷기만 하면 된다고 생각하는 분

	이 많은데요. 제대로 된 방법과 자세로 걷지 않으면 운동 효과를 보기 어렵다고 합니다. 걸을 때는 평소보다 약간 빠른 속도로 걸어야 합니다. 그리고 발뒤꿈치, 발바닥, 발가락의 순으로 땅에 닿아야 합니다. 고개는 약간 들고 눈은 15m 앞을 봅니다. 허리는 똑바로 펴고 양팔을 자연스럽게 앞뒤로 흔드는 것이 좋습니다.
	① 평소와 같은 속도로 걸어야 한다. ② 걸을 때는 발뒤꿈치부터 땅에 닿아야 한다. ③ 고개를 똑바로 하고 바로 앞을 보고 걸어야 한다. ④ 걸을 때는 양팔을 곧게 펴고 앞뒤로 크게 흔들어야 한다.
20回	남자 : 아침에는 저녁보다 키가 크다는 것을 알고 계십니까? 사람의 뼈 사이에는 뼈를 연결하는 물렁한 부분이 있습니다. 서서 활동하는 낮에는 머리의 무게 때문에 이 부분이 눌리는데 밤에 누워 있으면 원래대로 펴지게 되지요. 그래서 아침과 저녁의 키에는 차이가 있는 것입니다.
	① 낮동안 서서 활동하면 키가 커진다. ② 저녁과 비교해 보면 아침에 키가 더 크다. ③ 서 있을 때보다 누워 있을 때가 뼈에 더 좋다. ④ 키가 커지고 싶은 사람은 오래 서 있는게 좋다.
19回	남자 : 선생님께서는 현재 전 세계의 어린이들에게 도움을 주고 계시는데요. 처음에 이 일을 어떻게 시작하게 되셨습니까? 여자 : 5년 전쯤 신문을 보다가 가난으로 학교를 그만두게 된 학생의 기사를 읽게 되었어요. 어릴 때 제 생각이 나서 도와줬는데, 제 마음이 아주 행복해지더라고요. 그래서 매년 한두 명씩 더 돕게 되었고, 그렇게 하다 보니 지금은 이렇게 다른 나라의 아이들한테까지 도움을 주게 됐습니다.
	① 여자는 어릴 때 친구들을 도와준 적이 있다. ② 여자는 외국에 사는 아이들도 도울 예정이다. ③ 여자는 신문을 보고 아이들을 돕기 시작했다. ④ 여자는 5년 전에 돈이 없어 학교를 그만두었다.
18回	여자 : 어, 여기에 공원이 생겼네요. 남자 : 한 달 전만 해도 공사하고 있었으니까 생긴 지 얼마 안 됐을 거예요. 우리 들어가 봐요. 여자 : 와, 나무가 많아서 그런지 공기가 참 맑네요. 근처에 공원이 없어서

	산책을 잘 못했는데 이제 자주 할 수 있겠어요.
	① 여자는 이 공원에 처음 왔다. ② 남자는 산책하러 공원에 자주 간다. ③ 이 공원은 생긴 지 한 달이 넘었다. ④ 이 공원은 사람이 많아 산책하기 불편하다.
17回	여자 : 이 과장님, 조금 전에 어떤 사람이 와서 이 상자를 전해 달라고 했습니다. 남자 : 그래요? 메모는 없었어요? 여자 : 메모는 없었고요, 이따가 직접 전화하겠다고 했어요. 남자 : 어떻게 생겼어요? 여자 : 음, 키가 좀 크고 안경을 썼는데 학생 같았어요.
	① 이 과장을 찾아온 사람은 메모를 남겼다. ② 이 과장을 찾아온 사람은 물건을 놓고 갔다. ③ 이 과장을 찾아온 사람은 키가 큰 학생이다. ④ 이 과장은 자신을 찾아온 사람에게 연락해야 한다.
16回	여자 : 여기는 동양화하고 서양화를 같이 전시해 놨네요. 동서양의 그림을 한 곳에서 볼 수 있어서 그런지 그림의 특징이 더 잘 보이는 것 같아요. 남자 : 정말 볼 만하죠? 사람들이 좋다고 할 때는 다 이유가 있다니까요. 이렇게 오길 잘한 것 같아요.
	① 남자는 여자가 오자고 해서 이 전시회에 왔다. ② 이 전시회는 사람들에게 별로 알려지지 않았다. ③ 여자는 이곳에 대해 사람들에게 들은 적이 있다. ④ 이곳에서는 동서양의 그림을 동시에 감상할 수 있다.
15回	여자 : 인천국제공항 여권 안내소에서는 오는 7월부터, 급하게 여권을 연장하거나 재발급해야 하는 분들을 위해 '긴급 여권 발급 서비스'를 실시합니다. 이 서비스는 평일 오전 아홉 시부터 오후 다섯 시까지만 이용 가능하며, 서비스 신청을 하실 때에는 기존 여권과 항공권, 그리고 사진 두 매를 가지고 오셔야 합니다.
	① 이 서비스를 야간에도 받을 수 있다. ② 이 서비스는 7월 한 달 동안 실시된다. ③ 이 서비스는 여권을 안 가져왔을 때 이용한다. ④ 여권 유효 기간을 공항에서도 연장할 수 있다.

問題類型5　男性の中心となる考えを選ぶ問題

対話文を聞いてその対話の内容について男性はどのように考えているか、重視している考えは何かを選ぶ問題が4問出題される。【本試験 17～20 番】。

対話文の中で男性は相手の意見に同意しているか反対しているか、対話の主題についてどういう考えを示しているかなどをよく把握しなければならない。男性が示す考え方を問う問題なので女性が示す意見と混同しないように注意する。

<table>
<tr><td>既出
41回

放送</td><td>※다음을 듣고 남자의 중심 생각을 고르십시오. (각 2점)

여자 : 어휴, 이것 좀 봐. 아까 지하철에서 내 앞에 서 있던 사람 때문에 긁혔지 뭐야. 가방을 꼭 그렇게 뒤로 메야 돼?
남자 : 그러게 말이야. 배낭 가방을 메고 다니는 사람들은 조심할 필요가 있어. 대중교통을 이용할 때는 가방을 돌려서 앞으로 안는다든지 아니면 다리 밑이나 선반 위에 두면 좋잖아.

① 대중교통을 자주 이용하도록 해야 한다.
② 대중교통을 이용할 때는 불편해도 참아야 한다.
③ 대중교통 안에서는 다른 사람에게 피해를 주면 안 된다.
④ 대중교통에서 물건을 잃어버리지 않도록 잘 챙겨야 한다.</td></tr>
<tr><td>正解</td><td>③</td></tr>
<tr><td>解説</td><td>※次を聞いて男性の中心となる考えを選びなさい。(各2点)

女性：あら、これ見て。さっき地下鉄で私の前に立っていた人のせいで引っかかれちゃったわ。リュックをあんな風に背負わなくてもいいのに。
男性：そうだよね。リュックを背負っている人は注意しなくちゃいけないね。バスや電車を利用するときはリュックを前に回して抱えるとか、足元や棚の上に置けば良いと思うんだけど。

① 公共交通機関をよく利用するようにしなければならない。
② 公共交通機関を利用するときは不便でも我慢しなければならない。
③ 公共交通機関の中では他人に迷惑をかけてはいけない。
④ 公共交通機関でものを無くさないようによくチェックしなければならない。</td></tr>
</table>

合格資料 6 既出の「男性の中心となる考え選択」の問題文例

※1) 収録された既出の問題文は各回の一部だけである。　※2) 解説は307ページへ

既出	問題文
41回	여자 : 아직도 공중전화가 있네. 난 이제 없어진 줄 알았는데……. 남자 : 무슨 소리야. 급할 때 써야 하는데 없으면 안 되지. 휴대 전화가 없는 사람도 있을 텐데. 여자 : 꼭 필요할 때는 다른 사람에게 휴대 전화를 빌리면 되지, 누가 공중전화를 쓰겠어? 남자 : 그래도 빌려 쓸 수 없는 상황도 있을 수 있잖아.
	① 공중전화의 설치를 늘려야 한다. ② 휴대 전화 사용 시간을 줄여야 한다. ③ 휴대 전화가 있으면 급할 때 사용할 수 있다. ④ 공중전화는 급할 때 필요하므로 없애면 안 된다.
37回	여자 : 단장님께서는 청소년을 위한 국악 공연을 하고 계시는데요. 특별히 청소년을 위한 공연을 하시는 이유가 있으신가요? 남자 : 네. 요즘 청소년들은 국악을 지루하다고만 생각하는 것 같습니다. 그래서 청소년들이 국악을 쉽게 접하고 즐기게 하는 것이 필요한데요. 대중가요를 국악에 맞게 편곡해서 연주하거나 청소년들이 직접 전통 악기를 연주할 수 있는 기회를 주는 것이죠. 이렇게 해서 국악에 대한 편견을 깨는 것이 중요한 것 같습니다. 그래서 앞으로도 청소년을 위한 공연은 계속 할 생각입니다.
	① 청소년을 대상으로 국악 교육을 해야 한다. ② 청소년을 위한 국악 공연이 많아져야 한다. ③ 청소년들에게 전통 악기를 연주할 기회를 주어야 한다. ④ 청소년들이 갖고 있는 국악에 대한 태도를 바꾸어야 한다.
36回	남자 : 수미 씨, 요즘 왜 컴퓨터 학원에 안 다녀요? 여자 : 이 정도면 충분한 것 같아서요. 지금 아는 것만 잘 활용해도 컴퓨터 못해서 힘들 일은 없을 것 같고요. 그런데 굳이 학원을 더 다닐 필요가 있나 싶더라고요. 남자 : 그래도 뭐든 좀 깊이 배우는 게 좋지 않을까요? 특히 요즘은 경쟁 사회에서는요. 전문성이 강해질수록 경쟁력이 되잖아요.

	① 컴퓨터를 꼭 학원에서 배울 필요는 없다. ② 컴퓨터를 더 배워 두면 경쟁력이 커진다. ③ 컴퓨터는 자기가 필요한 만큼만 배우면 된다. ④ 컴퓨터 학원은 자격증을 딸 때까지 가야 한다.
35回	여자 : 김영재 선생님은 전통 그대로의 한복만 만드시는 걸로 유명한데요. 특별한 이유가 있나요? 남자 : 전 한복의 대중화보다는 전통 한복의 아름다움을 지키는 게 중요하다고 봅니다. 현대 한복은 화려한 색과 실용적인 디자인으로 한복을 대중화하는 데 기여했지요. 하지만 한복의 가장 중요한 요소는 과하지 않은 색과 선입니다. 이런 고유의 특징이 빠진다면 진짜 한복이 아닌 거죠. ① 전통 한복의 특징을 지키는 것이 중요하다. ② 화려한 디자인의 한복은 대중화가 어렵다. ③ 전통 한복의 색과 선은 표현하기가 까다롭다. ④ 한복의 대중화를 위해 색과 디자인을 바꿔야 한다.
34回	여자 : 요즘 상담을 받기 위해 전문가를 찾는 사람들이 많은데요. 상담을 받아도 확실한 해결 방법을 듣지 못해서 시간만 낭비한 것 같다고 말하는 분들도 있습니다. 남자 : 물론 상담을 통해 확실한 해결 방법을 찾는 것도 중요할 것입니다. 그렇지만 누군가에게 자신의 고민을 풀어 놓을 수 있고, 또 그것을 잘 들어주는 사람이 있다고 느끼는 것만으로도 상담의 효과는 충분하다고 봅니다. ① 상담을 받을 때는 전문가를 찾아가야 한다. ② 상담으로 고민을 해결하려면 시간이 걸린다. ③ 확실한 해결 방법을 상담에서 얻을 수 있다. ④ 고민을 이야기하기만 해도 상담의 효과가 있다.
33回	여자 : 요즘은 인기 있는 영화를 많은 영화관에서 상영하니까 좋은 것 같아요. 어디서든 쉽게 볼 수 있잖아요. 남자 : 그렇긴 한데 사람들이 다양한 영화를 볼 기회는 많이 줄어들었어요. 극장들이 같은 영화만 상영하면 인기는 없지만 작품성이 있는 영화는 보기 어렵죠. ① 극장에서는 여러 영화를 상영해야 한다.

	② 작품성이 있는 영화를 많이 봐야 한다. ③ 요즘은 작품성이 있는 영화가 줄어들었다. ④ 인기 있는 영화를 쉽게 볼 수 있어서 좋다.
32回	여자 : 부장님, 다음 달 출장에 신입 사원을 데리고 가도 될까요? 현지 사정도 익히고 거래처 직원들도 알아 두면 좋을 것 같은데요. 남자 : 신입 사원한테 해외 출장은 아직 무리 아닐까요? 더구나 이번 출장에는 중요한 계약이 달려 있잖아요. 그냥 현지 사정도 잘 알고 거래처 사람들도 잘 아는 이 대리하고 같이 가는 게 좋겠어요. ① 신입 사원에게 출장에 관한 교육을 시켜야 한다. ② 계약을 성공시키려면 거래처 직원을 데려가야 한다. ③ 중요한 출장이므로 업무를 잘 아는 사람과 가야 한다. ④ 현지 업무를 파악하기 위해 출장을 자주 다녀야 한다.
31回	여자 : 기획팀에서는 회의를 서서 한다면서요? 남자 : 네. 얼마 전부터 시작했는데 좋던데요. 서서 하니까 오랫동안 하기 어렵잖아요. 그러니까 딴생각도 안 하고 집중해서 의견도 더 적극적으로 말하게 돼요. 회의의 질도 높아지는 것 같고요. ① 서서 하는 회의를 더 자주 해야 한다. ② 서서 회의를 하면 회의에 더 집중할 수 있다. ③ 회의 시간에는 서로의 생각을 잘 표현해야 한다. ④ 회의에 적극적으로 참여할 수 있는 방법이 필요하다.
30回	여자 : 목표로 한 시간만큼 운동을 하기가 쉽지 않은데요. 선생님, 계획한 시간만큼 운동할 수 있는 좋은 방법은 없을까요? 남자 : 네, 운동은 혼자 하는 것보다는 다른 사람과 같이 하는 것이 더 좋습니다. 운동을 같이 하는 사람이 있으면 그 사람을 의식하게 되기 때문에 운동 시간도 길어지지요. 특히, 상대방이 자신보다 운동을 잘하면 자신도 잘하고 싶은 마음에 더 열심히 하게 되고요. ① 운동을 잘하려면 목표를 갖는 것이 중요하다. ② 상대방을 의식하며 운동하면 오래 하기 어렵다. ③ 운동을 할 때는 다른 사람과 같이 하는 것이 좋다. ④ 효과적으로 운동을 하려면 계획한 시간을 지켜야 한다.

第1章　練習用正答チェックシート

✎ 練習問題を解きながら正答チェック用に使用してください。複数回練習ができるようにコピーをして使用することをお勧めします。

問題番号	正答チェック欄	問題番号	正答チェック欄
❶	イラストとグラフ選択問題	7	[1]　[2]　[3]　[4]
1	[1]　[2]　[3]　[4]	8	[1]　[2]　[3]　[4]
2	[1]　[2]　[3]　[4]	9	[1]　[2]　[3]　[4]
3	[1]　[2]　[3]　[4]	10	[1]　[2]　[3]　[4]
4	[1]　[2]　[3]　[4]	11	[1]　[2]　[3]　[4]
5	[1]　[2]　[3]　[4]	12	[1]　[2]　[3]　[4]
6	[1]　[2]　[3]　[4]	13	[1]　[2]　[3]　[4]
7	[1]　[2]　[3]　[4]	14	[1]　[2]　[3]　[4]
8	[1]　[2]　[3]　[4]	15	[1]　[2]　[3]　[4]
9	[1]　[2]　[3]　[4]	16	[1]　[2]　[3]　[4]
10	[1]　[2]　[3]　[4]	17	[1]　[2]　[3]　[4]
11	[1]　[2]　[3]　[4]	18	[1]　[2]　[3]　[4]
12	[1]　[2]　[3]　[4]	19	[1]　[2]　[3]　[4]
13	[1]　[2]　[3]　[4]	❸	対話後の女性の行動選択問題
14	[1]　[2]　[3]　[4]	1	[1]　[2]　[3]　[4]
15	[1]　[2]　[3]　[4]	2	[1]　[2]　[3]　[4]
16	[1]　[2]　[3]　[4]	3	[1]　[2]　[3]　[4]
❷	対話の続きの話選択問題	4	[1]　[2]　[3]　[4]
1	[1]　[2]　[3]　[4]	5	[1]　[2]　[3]　[4]
2	[1]　[2]　[3]　[4]	6	[1]　[2]　[3]　[4]
3	[1]　[2]　[3]　[4]	7	[1]　[2]　[3]　[4]
4	[1]　[2]　[3]　[4]	8	[1]　[2]　[3]　[4]
5	[1]　[2]　[3]　[4]	9	[1]　[2]　[3]　[4]
6	[1]　[2]　[3]　[4]	10	[1]　[2]　[3]　[4]

練習用正答チェックシート

問題番号	正答チェック欄	問題番号	正答チェック欄
11	[1] [2] [3] [4]	16	[1] [2] [3] [4]
12	[1] [2] [3] [4]	17	[1] [2] [3] [4]
13	[1] [2] [3] [4]	18	[1] [2] [3] [4]
14	[1] [2] [3] [4]	19	[1] [2] [3] [4]
15	[1] [2] [3] [4]	5	男性の中心となる考え選択問題
16	[1] [2] [3] [4]	1	[1] [2] [3] [4]
17	[1] [2] [3] [4]	2	[1] [2] [3] [4]
18	[1] [2] [3] [4]	3	[1] [2] [3] [4]
19	[1] [2] [3] [4]	4	[1] [2] [3] [4]
4	文の内容一致選択問題	5	[1] [2] [3] [4]
1	[1] [2] [3] [4]	6	[1] [2] [3] [4]
2	[1] [2] [3] [4]	7	[1] [2] [3] [4]
3	[1] [2] [3] [4]	8	[1] [2] [3] [4]
4	[1] [2] [3] [4]	9	[1] [2] [3] [4]
5	[1] [2] [3] [4]	10	[1] [2] [3] [4]
6	[1] [2] [3] [4]	11	[1] [2] [3] [4]
7	[1] [2] [3] [4]	12	[1] [2] [3] [4]
8	[1] [2] [3] [4]	13	[1] [2] [3] [4]
9	[1] [2] [3] [4]	14	[1] [2] [3] [4]
10	[1] [2] [3] [4]	15	[1] [2] [3] [4]
11	[1] [2] [3] [4]	16	[1] [2] [3] [4]
12	[1] [2] [3] [4]	17	[1] [2] [3] [4]
13	[1] [2] [3] [4]	18	[1] [2] [3] [4]
14	[1] [2] [3] [4]	19	[1] [2] [3] [4]
15	[1] [2] [3] [4]		

1 イラストとグラフ選択問題

▶▶▶本番の試験での問題間隔は約12秒です。ここでは音声再生ソフトの一時停止を利用して間隔を適宜調整しながら聞いてください。問題文の読み上げは1回だけです。

▲音声はこちら

※ 다음을 듣고 알맞은 그림을 고르십시오.
[次を聞いて適切なイラストを選びなさい。]

01-01
1.

①

②

③

④

01-02
2.

①

②

③

④

▶ 台本はp.240、解説はp.309

01-03
3.

①

②

③

④

01-04
4.

①

②

③

④

▶解説はp.310

01-05

5.

①
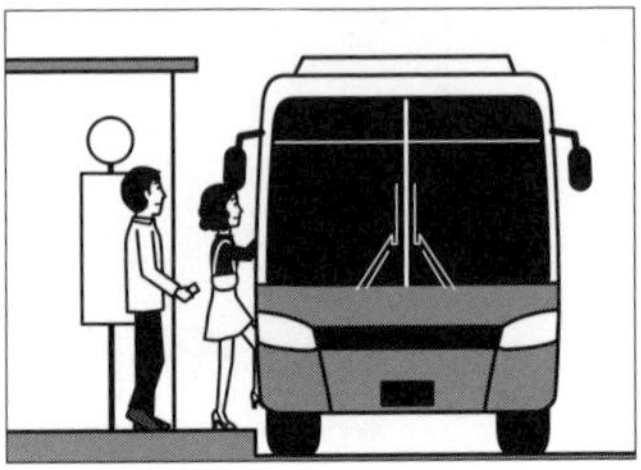

②

③

④

01-06

6.

①

②

③

④

▶ 台本はp.240、解説はp.310

01-07

7.

①

②

③

④

01-08

8.

①

②

③

④

▶解説はp.310

01-09

9.

①

②

③

④

01-10

10.

①

②

③

④

▶ 台本はp.241、解説はp.310

01-11

11.

①

②

③

④

01-12

12.

①

②

③

④

▶解説はp.311

1 イラストとグラフ選択問題

01-13

13. ①

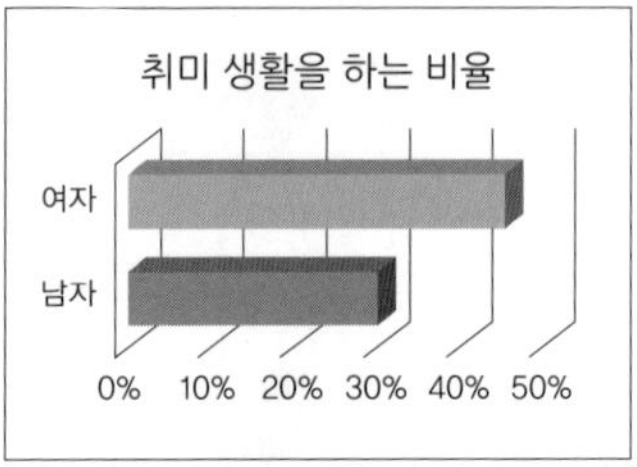

②

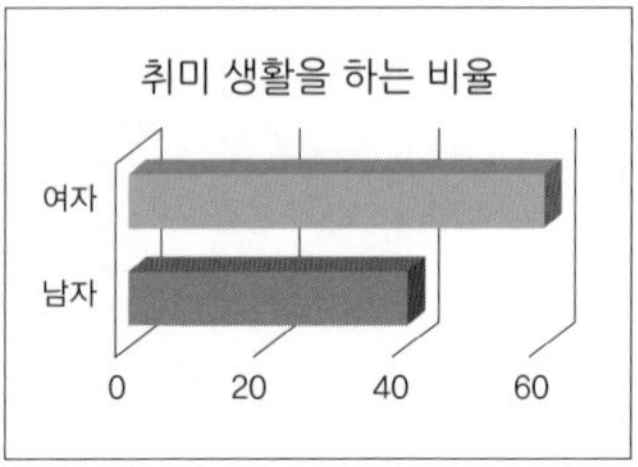

③

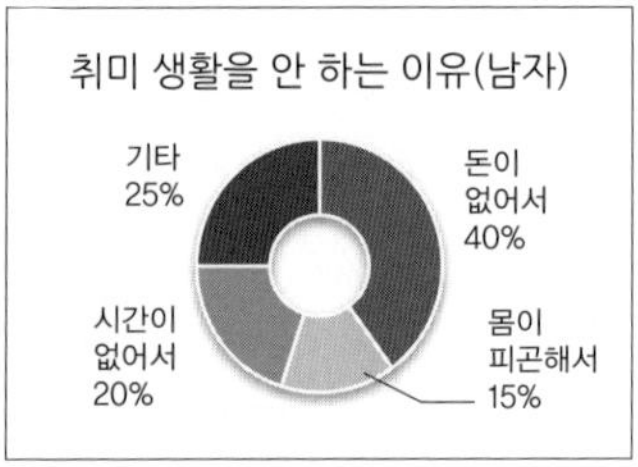

④

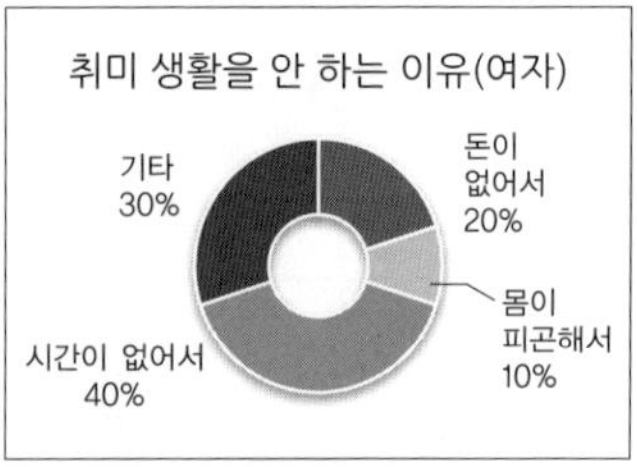

01-14

14. ①

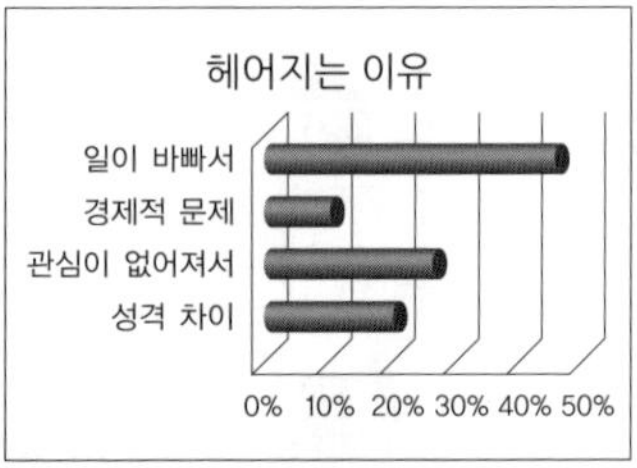

②

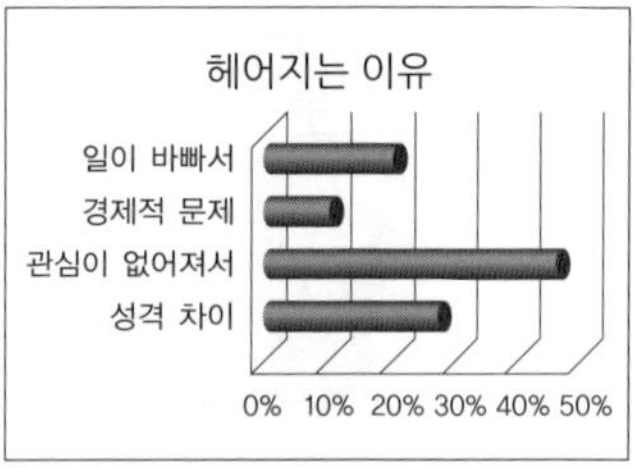

③

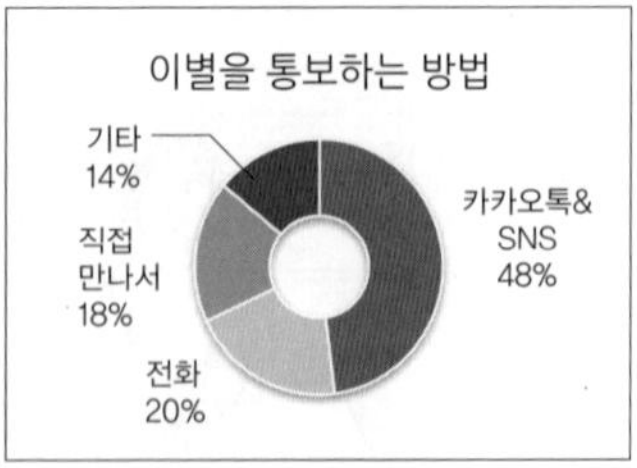

④

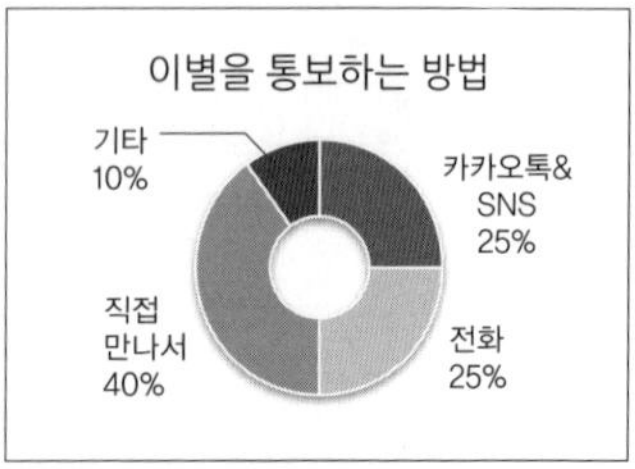

▶ 台本はp.241、解説はp.311

01-15

15. ①

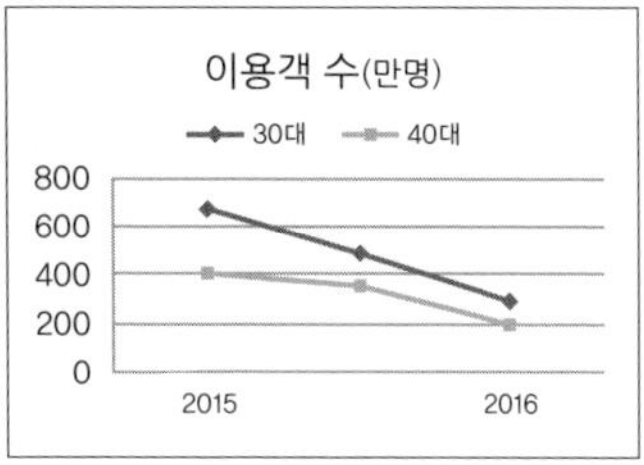

②

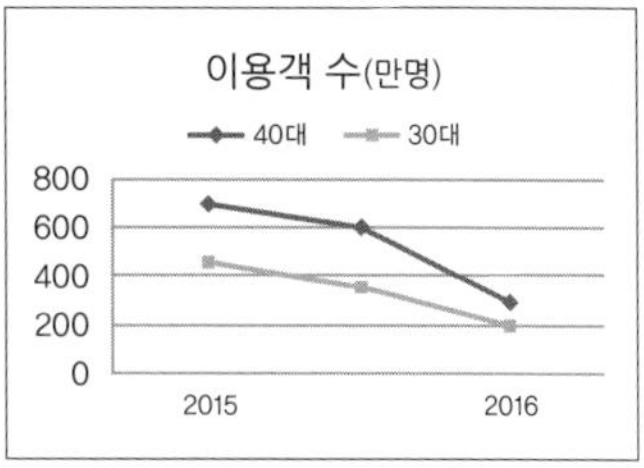

③

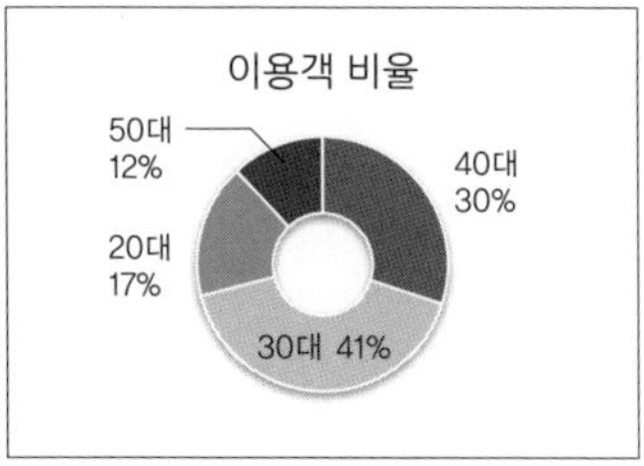

④

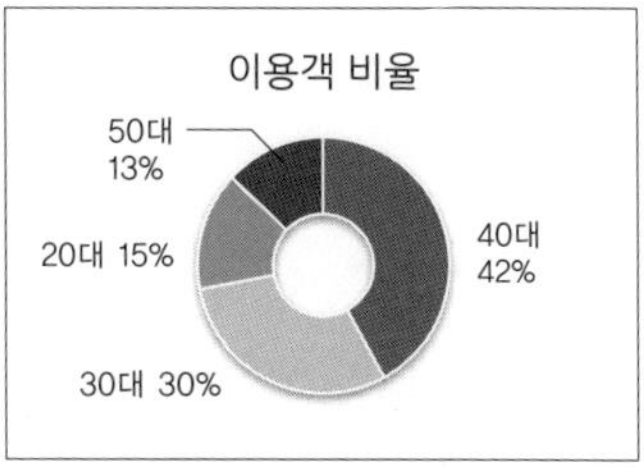

01-16

16. ①

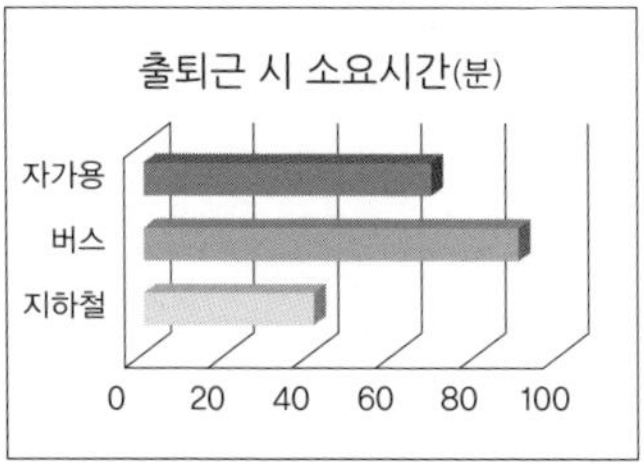

②

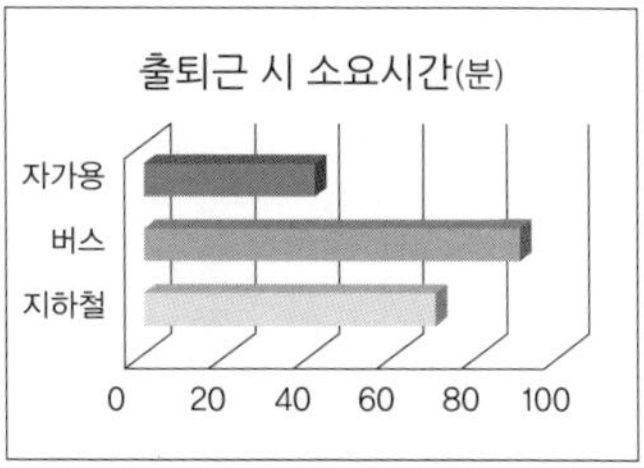

③

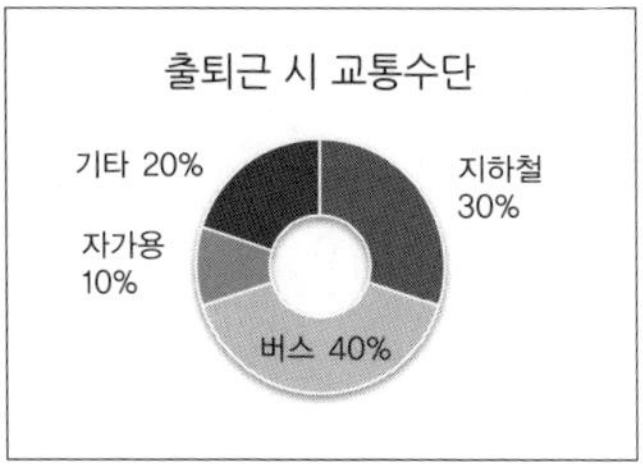

④

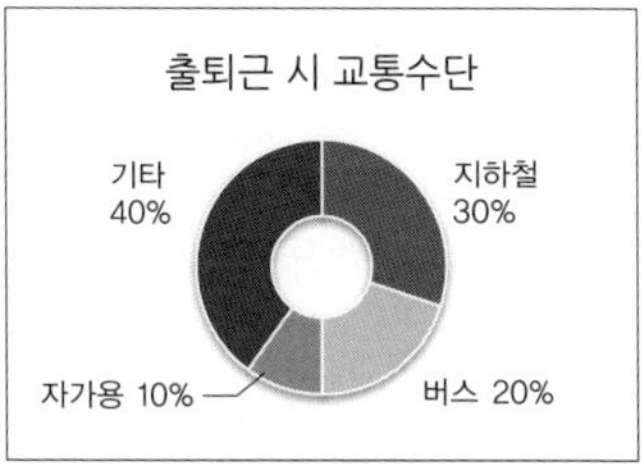

▶解説はp.311

2 対話の続きの話選択問題

▲音声はこちら

▶▶▶本番の試験での問題間隔は約12秒です。ここでは音声再生ソフトの一時停止を利用して間隔を適宜調整しながら聞いてください。問題文の読み上げは1回だけです。

※ 다음을 대화를 잘 듣고 이어질 수 있는 말을 고르십시오.
[次の対話をよく聞いてその続きとして適切なことばを選びなさい。]

01-17
1. ① 그럼 친구들하고 먹고 올게요.
② 그럼 돌아올 때 김밥을 사 올게요.
③ 기다릴 테니까 빨리 끝내세요.
④ 잠깐이면 끝낼 수 있을 거예요.

01-18
2. ① 그럼 세탁소에 맡기도록 하세요.
② 난 또 얼룩이 질까 봐 걱정을 했어요.
③ 찾아보면 쉽게 뺄 수 있을 것 같아요.
④ 그럼 없애지 말고 남겨 두세요.

01-19
3. ① 길이 막혀서 버스를 못 탔어요.
② 갑자기 급한 일이 생겨서요.
③ 무슨 일이 있었는지 저도 정말 궁금해요.
④ 저도 즐거운 시간을 보내서 기뻤어요.

01-20
4. ① 그럼 준구 씨가 학교를 그만둘 거예요?
② 그래요? 그럼 두 사람한테 안부 전해 주세요.
③ 그래서 영민 씨는 도서관에서 공부만 하는군요.
④ 그래요? 그럼 제가 잘못 들었군요.

▶台本はp.242、解説はp.312

01-21 **5.** ① 그래도 다행이네요. 시골에서 느긋하게 쉴 수 있어서….
② 그러나 연휴 땐 길이 막히기 마련이에요.
③ 그래서 이제부터 연휴엔 기차를 타기로 했어요.
④ 그래도 연휴엔 여행을 가야지요.

01-22 **6.** ① 아무래도 전화가 고장 난 것 같아요.
② 급한 일이 생겼으니까 우리끼리 먼저 갑시다.
③ 어쩔 수 없네요. 좀 더 기다려 보기로 하죠.
④ 일을 하고 있으면 전화를 못 할 거예요.

01-23 **7.** ① 그럼 무슨 선물을 사겠어요?
② 그럼 다음에는 꼭 참석하세요.
③ 그럼 유학 가서 꼭 만나기로 해요.
④ 그럼 그 친구한테 미안하다고 전해 줘요.

01-24 **8.** ① 미안해요. 시끄러운 데는 저도 싫어요.
② 물론이죠. 시간 있으면 언제든지 놀러 갈게요.
③ 그럼 민영 씨에게 이사 갔다고 전해 주세요.
④ 죄송해요. 그날은 집에 친구가 놀러 오기로 했어요.

01-25 **9.** ① 그럼 메모 좀 전해 주시겠어요?
② 그럼 수업이 끝날 때까지 기다리시겠어요?
③ 그럼 전화를 끊어도 될까요?
④ 그럼 수업을 들어도 될까요?

▶解説はp.313

2 対話の続きの話を選ぶ問題

01-26
10. ① 그럼 회의에서 보고하세요.
② 그럼 이따가 회의에서 만나기로 해요.
③ 이 일은 서둘러야 할 것 같습니다.
④ 잠깐이면 되니까 이걸 보십시오.

01-27
11. ① 일이 바쁠 때는 누구나 안색이 안 좋아요.
② 안색이 안 좋으니까 병원에 가 보세요.
③ 잠만 자지 말고 적당히 일을 해야지요.
④ 일도 좋지만 잠은 충분히 자야지요.

01-28
12. ① 지금은 이것보다 큰 게 없어요.
② 그럼 이걸 좀 더 크게 해 드릴게요.
③ 큰 건 없으니까 좀 작은 걸로 바꿔 드릴게요.
④ 큰 건 마음에 안 들 것 같아요.

01-29
13. ① 하루만 묵을 거예요.
② 식사는 밖에서 하겠어요.
③ 이틀 동안 예약을 할 거예요.
④ 그럼 빈 방 하나 주세요.

01-30
14. ① 감사합니다. 다음에 또 이용해 주세요.
② 도착하면 전화로 알려 드리겠습니다.
③ 콜라도 같이 보냈으니까 좀 더 기다리세요.
④ 아까 출발했습니다. 곧 도착할 거예요.

▶台本はp.243、解説はp.314

01-31 **15.** ① 오후에 좌석이 없으면 다음 주에 출발하겠습니다.
② 어른이 한 명뿐인데도 예약이 안 돼요?
③ 그럼 오전에 갈 테니까 예약해 놓으세요.
④ 그럼 그날 오전에는 자리가 있어요?

01-32 **16.** ① 작년에 한 달 동안 영국에 갔다 왔어요.
② 오래간만에 외국에 갔다 왔어요.
③ 삼 년 동안 미국에 가 있었어요.
④ 한국에 온 지 벌써 삼년이 됐네요.

01-33 **17.** ① 늦게까지 정말 수고했어요.
② 일도 좋지만 다음부터는 주의하세요.
③ 지각하지 말고 일찍 쉬세요.
④ 새벽까지 만든 자료를 잃어버리면 어떡해요?

01-34 **18.** ① 새벽이라서 피해가 적었겠네요.
② 그래요? 다친 사람은 없대요?
③ 그럼 창고를 새로 지어야겠네요.
④ 빈 창고라서 다행이었네요.

01-35 **19.** ① 가방 안에 학생증이 들어있어요.
② 까만색인데 손잡이에 곰 인형이 달려 있어요.
③ 그럼 내일 다시 한번 올게요.
④ 네모난 가방인데 좀 보여 주세요.

▶解説はp.315

3 対話後の女性の行動選択問題

▲音声はこちら

▶▶▶本番の試験での問題間隔は約12秒です。ここでは音声再生ソフトの一時停止を利用して間隔を適宜調整しながら聞いてください。問題文の読み上げは1回だけです。

※ 다음 대화를 잘 듣고 여자가 이어서 할 행동으로 알맞은 것을 고르 십시오.
[次の対話をよく聞いて女性が次に取る行動として適切なものを選びなさい。]

01-36
1. ① 군대에 간다는 것을 모두에게 알린다.
② 송별회를 하자고 친구들에게 연락한다.
③ 민수에게 시간이 있는지 물어본다.
④ 모두가 모여서 식사할 장소를 알아본다.

01-37
2. ① 병원에 가서 진찰을 받는다.
② 무슨 약이 좋은지 약국에 물어 본다.
③ 약을 먹고 나을 때까지 쉰다.
④ 통증이 저절로 나을 때까지 기다린다.

01-38
3. ① 역 앞에서 기다린다.
② 음식점으로 이동한다.
③ 모두에게 도착 시간을 알린다.
④ 10분 후에 식사를 시작한다.

01-39
4. ① 선배들 주소록을 작성한다.
② 자료 발송 준비를 한다
③ 왕복 엽서를 사러 간다.
④ 출석자에 맞춰 파티 준비를 한다.

▶台本はp.244、解説はp.316

5. ① 김 과장을 찾으러 복사실로 간다.
② 김 과장과 만난 시간을 물어본다.
③ 남자에게 복사실이 어딘지 확인한다.
④ 남자에게 김 과장의 자리를 확인한다.

6. ① 바지를 줄였는지 확인한다.
② 줄인 바지를 찾으러 간다.
③ 내일 입을 거라고 전화한다.
④ 아들이 찾으러 간다고 연락한다.

7. ① 건강을 해쳐서 진찰을 받는다.
② 보고서를 다 썼는지 확인한다.
③ 보고서를 제출하러 간다.
④ 일찍 집에 가서 잠을 잔다.

8. ① 몇 명이 오는지 이메일을 체크한다.
② 음식을 몇 명분 준비할지 알아본다.
③ 전화로 송년회에 올 사람을 확인한다.
④ 음식점에 전화해서 예약을 한다.

9. ① 신분증을 건네고 도장을 찍는다.
② 통장 신청용지를 내놓는다.
③ 신분증과 도장을 꺼내 놓는다.
④ 신청서를 작성하러 간다.

▶解説はp.317

3 対話後の女性の行動選択問題

01-45

10. ① 민영이에게 개인적인 문제를 상담한다.
② 남자에게 고민을 털어놓는다.
③ 동아리나 취직에 문제가 있는지 알아본다.
④ 민영이를 만나 이야기를 들어 본다.

01-46

11. ① 학생과에 공고 내용을 물어본다.
② 원서를 받으러 학생과에 간다.
③ 국비유학생 선발 공고를 보러 간다.
④ 학생과에 가서 원서를 작성한다.

01-47

12. ① 장소에 대해 여행사와 자세히 협의한다.
② 연수 장소를 눈에 잘 띄도록 크게 쓴다.
③ 왜 외국에서 하는가에 대해 알기 쉽게 쓴다.
④ 교육 내용에 대해 보다 자세히 적는다.

01-48

13. ① 잘못 달린 단추를 고쳐 준다.
② 같은 옷으로 교환해 준다.
③ 영수증을 다시 돌려준다.
④ 옷값을 환불해 준다.

01-49

14. ① 강의 자료를 나눠 준다.
② 급하게 해야 할 것을 전한다.
③ 강의에 늦은 이유를 전한다.
④ 학생들에게 자료를 읽어 준다.

▶台本はp.246、解説はp.319

01-50
15. ① 랜케이블을 뺐다가 다시 끼운다.
② 모뎀을 교환해 달라고 한다.
③ 고객센터에 다시 전화한다.
④ 모뎀의 전원 어댑터를 뺀다.

01-51
16. ① 구입 비용을 지불한다.
② 수리업체에 연락한다.
③ 프린터를 새로 주문한다.
④ 남자에게 새 것을 사오게 한다.

01-52
17. ① 업체에 전화한다. 〈既出 41 回〉
② 주문서를 확인한다.
③ 재료를 창고로 옮긴다.
④ 빠진 재료를 알려 준다.

01-53
18. ① 직원 교육 일정을 짠다. 〈既出 36 回〉
② 특강 강사를 모시러 간다.
③ 특강했던 강사에게 연락한다.
④ 교육 받을 장소를 알아본다.

01-54
19. ① 침대의 사진을 찍는다. 〈既出 35 回〉
② 가게로 침대를 가져간다.
③ 침대를 만든 회사에 연락한다.
④ 중고 가게에 가서 침대를 산다.

▶解説はp.320

4 文の内容一致選択問題

▲音声はこちら

▶▶▶本番の試験での問題間隔は約12秒です。ここでは音声再生ソフトの一時停止を利用して間隔を適宜調整しながら聞いてください。問題文の読み上げは1回だけです。

※ 다음을 듣고 내용과 일치하는 것을 고르십시오.
[次を聞いて内容と一致するものを選びなさい。]

01-55
1. ① 모든 남자들은 안정된 직장이 아니면 취직을 안 한다.
② 여자들은 남자들에 비해 비교적 취직에 유리하다.
③ 아이들을 키우면서 일하는 중년 여성이 늘고 있다.
④ 여자들은 구직 때 안정된 직장만을 고집하지 않는 편이다.

01-56
2. ① 일에 집중이 안 될 때는 낮잠을 자야 한다.
② 낮잠을 자면 피로는 풀리지만 건강에 좋지 않다.
③ 적당한 낮잠은 일의 능률을 높여주는 효과가 있다.
④ 피로 회복에는 낮잠 자는 시간이 길면 길수록 효과적이다.

01-57
3. ① 회사 일이 바빠서 스트레스를 많이 받고 있다.
② 소화가 안 되고 두통도 심하면 스트레스를 받는다.
③ 스트레스로 병이 나면 마음껏 휴식을 취해야 한다.
④ 일이 적성에 안 맞아서 스트레스를 많이 받는다.

01-58
4. ① 지하철 안에서는 독서를 하는 사람이 많다.
② 지하철 안에서 스마트폰을 사용하는 사람이 많다.
③ 스마트폰 때문에 차 안의 환경이 많이 달라졌다.
④ 차 안에서는 할 수 없이 스마트폰에 열중하게 된다.

▶台本はp.248、解説はp.322

01-59 **5.** ① 광고를 통해 다른 상품의 장단점을 알 수 있다.
② 광고를 통해 상품에 대한 정보도 알 수 있다.
③ 물건을 잘 사려면 광고는 믿어서는 안 된다.
④ 요즘은 광고를 통한 거짓 정보가 많다.

01-60 **6.** ① 남자는 올해부터 담배를 완전히 끊었다.
② 여자는 담배를 끊기가 힘들다는 것을 경험했다.
③ 남자는 여자 앞에서 담배를 안 피우기로 약속했다.
④ 여자는 남자가 금연을 한다는 것을 처음부터 믿지 않았다.

01-61 **7.** ① 열차 운행이 중단되면 역무원에게 환불을 요청해야 한다.
② 열차 운행이 중단되면 바로 다른 교통 수단을 이용해야 한다.
③ 열차 운행이 중단되면 환불을 받을 수도 있다.
④ 급할 때는 역무원에게 다른 교통 수단을 소개 받는다.

01-62 **8.** ① 공공 장소에서는 휴대 전화를 끄는 것이 좋다.
② 벨소리가 시끄럽게 울려서 피해를 입은 적이 있다.
③ 휴대전화는 편리하지만 다른 사람에게 피해를 많이 준다.
④ 공공의 장소에서는 매너를 지켜 휴대전화를 사용해야 한다.

01-63 **9.** ① 말을 안 들을 때는 엄하게 야단을 쳐야 한다.
② 자녀와 함께 보내는 시간이 많아야 한다.
③ 가끔 공책을 검사하여 잘못을 지적하는 것이 좋다.
④ 자녀에게 관심을 보이고 같이 뭔가를 해 보는 것이 좋다.

▶解説はp.323

4 文の内容一致選択問題

01-64
10. ① 볼일이 있는 사람은 미리 화장실에 가는 게 좋다.
② 공연이 시작되면 휴대 전화는 끄고 봐야 한다.
③ 좌석 이동은 공연 시작 10분 전까지 끝내야 한다.
④ 미리 볼일을 보고 공연 시작 10분 전까지 착석해야 한다.

01-65
11. ① 등산은 좋은 점은 막연히 건강에 좋다는 점이다.
② 등산은 심호흡으로 신체의 노폐물이 배출되기 때문에 좋다.
③ 인간의 노폐물은 몸으로 40%,호흡으로 약40%가 배출된다.
④ 신체의 노폐물은 약40%가 호흡으로 배출된다.

01-66
12. ① 11일보다 12일 아침이 더 추울 것이다.
② 11일보다 12일이 약간 더 포근할 것이다.
③ 12일은 구름이 많고 어두워서 운전자들은 주의해야 한다.
④ 13일은 길이 미끄러우므로 운전자들은 주의해야 한다.

01-67
13. ① 무더울 때는 전기 사용이 급증하니까 절약해 써야 한다.
② 무더울 때는 지역별로 정전을 실시할 가능성이 많다.
③ 무더울 때는 에어컨보다 선풍기를 사용하는 것이 좋다.
④ 무더울 때는 다리미나 세탁기를 사용해서는 안 된다.

01-68
14. ① 길이 막혀서 곳곳에서 교통사고가 발생하고 있다.
② 내일 아침까지 많은 눈이 내릴 것으로 보인다.
③ 눈이 많이 올 때는 차보다 지하철을 이용하는 게 낫다.
④ 미끄러운 눈길 때문에 사고가 나서 길이 막혔다.

▶台本はp.250、解説はp.325

01-69 **15.** ① 수돗물은 안 나와서 불편하다.
② 시설 점검은 두 시간 동안 진행될 것이다.
③ 점검하는 동안은 계단 이용이 안된다.
④ 불편한 점은 관리사무실에 연락하면 된다.

01-70 **16.** ① 껌을 씹으면 정신이 산만해진다.
② 껌을 씹는 것은 긴장을 줄이기 위해서이다.
③ 경기 중에는 큰 소리를 지르면 안 된다.
④ 선수들은 경기 중에는 늘 흥분하게 마련이다.

01-71 **17.** ① 열차의 분위기는 현대적이다. 〈既出 35 回〉
② 10년 전부터 카페를 운영하였다.
③ 기차역과 열차를 카페로 바꿨다.
④ 카페 손님은 주민들이 대부분이다.

01-72 **18.** ① 복사기 대여 기간은 최대 1년이다. 〈既出 37 回〉
② 복사기가 고장 나면 수리를 해 준다.
③ 복사기 대여는 편리하지만 비경제적이다.
④ 복사기를 빌리면 관리비는 본인 부담이다.

01-73 **19.** ① 남자는 어머니의 블라우스를 산 적이 있다. 〈既出 41 回〉
② 남자는 오늘 어머니와 백화점에 갔다 왔다.
③ 여자는 상품권을 선물로 드리고 싶어 한다.
④ 여자는 오늘 어머니 선물을 사러 갈 것이다.

▶解説はp.326

5 男性の中心となる考え選択問題

▲音声はこちら

▶▶▶本番の試験での問題間隔は約12秒です。ここでは音声再生ソフトの一時停止を利用して間隔を適宜調整しながら聞いてください。問題文の読み上げは1回だけです。

※ 다음을 듣고 남자의 중심 생각을 고르십시오.
[次を聞いて男性の中心となる考えを選びなさい。]

01-74

1. ① 회사에 두 군데나 합격이 되어서 부담스럽다.
② 취직이 힘드니까 마음에 안 들어도 참는 게 좋다.
③ 엄마가 월급이 많은 회사에 가라고 해서 고민이다.
④ 하고 싶은 일을 할 수 있는 곳에 취직하고 싶다.

01-75

2. ① 어려운 일은 서로 도와야 한다.
② 혼자서 할 수 없으면 그만둬야 한다.
③ 자기 일은 자기가 하도록 해야 한다.
④ 필요할 때는 남의 힘도 빌려야 한다.

01-76

3. ① 방값이 좀 비싸도 시끄럽지 않은 곳이 좋다.
② 술집 근처처럼 시끄러운 곳은 하숙집으로서는 안 좋다.
③ 하숙집 방은 쌀 뿐만 아니라 넓고 깨끗해야 한다.
④ 방값이 싸면서 넓고 조용한 방이 좋다.

01-77

4. ① 남에게 불쾌감을 주지 않도록 조심해야 한다.
② 영화관에서 과자를 먹는 것을 금지해야 한다.
③ 영화를 보면서 팝콘을 먹는 것 정도는 허용해도 괜찮다.
④ 영화를 볼 때는 휴대전화는 꺼 두어야 한다.

▶ 台本はp.252、解説はp.328

01-78 **5.** ① 보증금이 싸고 작은 아파트를 찾고 있다.
② 방값이 싸고 요리를 할 수 있는 곳을 찾고 있다.
③ 친구하고 같이 살 좋은 하숙집을 구하고 있다.
④ 역에서 가깝고 음식을 해 먹을 수 있는 방을 찾고 있다.

01-79 **6.** ① 밥도 못 먹고 고생만 해서 집에서 쉬고 싶다.
② 꽃구경은 사람들이 적을 때 가는 것이 좋다.
③ 주말은 사람이 많으니까 피하는 것이 좋다.
④ 사람들이 많은 공원에 간 것을 후회하고 있다.

01-80 **7.** ① 어린이날에 부모가 고생하는 것을 아이들은 모른다.
② 어린이날은 아이와 함께 쉴 수 있어서 부모들도 기쁘다.
③ 어린이날은 사실은 부모들에겐 여러가지로 부담스럽다.
④ 어린이날은 부모도 아이처럼 즐겨야 한다.

01-81 **8.** ① 동물을 학대하는 동물원은 없애야 한다.
② 야생 동물에게 먹이를 주면 안 된다.
③ 동물은 자연 속에서 생활하도록 해야 한다.
④ 동물원은 동물과의 교류를 통해 즐거움을 준다.

01-82 **9.** ① 아이들에게 자연을 가르치는 것은 중요하다.
② 아이들은 친구들과 어울려 노는 시간도 필요하다.
③ 아이들에게는 운동보다 자연을 맛보게 하는 것이 좋다.
④ 아이들은 매주 아빠와 같이 있으면 피곤하다.

▶解説はp.329

5 男性の中心となる考え選択問題

01-83
10. ① 소극적인 성격 탓에 회화 실력이 늘지 않아 고민이다.
② 무슨 공부든 교실에서 하는 것만으로는 부족하다.
③ 외국어는 듣기보다 말하기가 어려운 법이다.
④ 친구를 많이 사귈 수 있도록 성격을 고치고 싶다.

01-84
11. ① 나이가 많은 선배들과는 이야기하기가 부담스럽다.
② 선배들에게는 여러가지 상담을 할 수 있어서 좋다.
③ 후배들은 무슨 이야기든지 잘 들어주기 때문에 편하다.
④ 후배들이 무슨 말이든지 할 수 있도록 편하게 대한다.

01-85
12. ① 서점이 많으면 사람도 몰리니까 오히려 장사가 잘된다.
② 책방은 전문적인 분야가 있어야 살아남을 수 있다.
③ 유명한 책방은 따로 광고를 안 해도 장사가 잘된다.
④ 책방이 몰려 있으면 경쟁이 심해서 장사가 힘들다.

01-86
13. ① 사랑과 자유는 행복하기 위해서는 모두 중요하다.
② 행복하게 살려면 사랑도 중요하지만 자유가 더 중요하다.
③ 사랑하는 사람이 있어야 행복할 수 있다.
④ 마음껏 사랑할 자유가 없다면 행복하다고 할 수 없다.

01-87
14. ① 시장 영업에 영향을 주는 슈퍼마켓 건설을 반대한다.
② 슈퍼마켓이 생기면 시장 상인들의 피해가 클 것이다.
③ 상인들이 반대하건 말건 슈퍼마켓은 계획대로 건설될 것이다.
④ 슈퍼마켓이 생기면 지역도 발전하고 장보기도 편해질 것이다.

▶ 台本はp.254、解説はp.330

01-88
15. ① 옛날에 읽었던 책을 처분할 때는 주의해야 한다.
② 방이 좁더라도 책을 처분하는 것은 좋지 않다.
③ 읽지 않는 책은 빨리 처분하는 것이 좋다.
④ 추억이 남아 있는 책은 좀처럼 버리기 어렵다.

01-89
16. ① 낚시 때 잡은 고기를 그냥 놓아주는 것은 반대다.
② 낚시는 마음이 내키지 않아서 하고 싶은 생각이 없다.
③ 낚시는 좋아하는 사람들끼리 가는 게 좋다.
④ 낚시를 할 때는 고기를 조심해서 다뤄야 한다.

01-90
17. ① 역사 드라마는 시청률에 의존한다. 〈既出 37 回〉
② 역사 드라마는 사실 전달이 중요하다.
③ 역사 드라마는 역사 공부 자료가 된다.
④ 역사 드라마는 작가의 의도대로 제작된다.

01-91
18. ① 번역할 때는 한국의 정서를 반영해야 한다. 〈既出 41 回〉
② 번역은 원작의 표현을 그대로 옮겨야 한다.
③ 주인공의 성격에 중점을 두고 번역해야 한다.
④ 번역가는 높은 수준의 어휘력을 갖춰야 한다.

01-92
19. ① 웃음으로 서로의 관계를 회복해야 한다. 〈既出 36 回〉
② 화해하고 싶으면 먼저 나를 되돌아봐야 한다.
③ 상대방의 웃음을 보면 화해를 먼저 해야 한다.
④ 화해하려면 상대방의 행동을 미리 살펴야 한다.

▶解説はp.332

第2章
聞き取り編
(2)

中上級レベル

聞き取り問題（2）

① 出題類型と内容

TOPIKⅡの聞き取り問題全５０問中、この章で取り上げる**本試験21番～36番**までの形式の問題は**4級～5級の中上級レベル**の問題で構成されている。問題文1つに2問ずつの組み合わせで出題され、主に問題文の内容を正しく理解しているかが問われる。**問題文の読みは2回放送**される。

区分	本試験21番～36番までの問題類型と内容 ※【　】の中の数字は本試験での問題番号	問題数と配点
1	文の内容把握問題（1）　【21～22】/【25～26】 問題文を聞いて、①男性の中心となる考えを把握する問題1問と、②内容一致を選択する問題1問の組み合わせ。	4問×2点
2	文の内容把握問題（2）　【23～24】/【35～36】 問題文を聞いて、①男性は何をしているかを把握する問題1問と、②内容一致を選択する問題1問の組み合わせ。	4問×2点
3	文の内容把握問題（3）　【27～28】/【29～30】 ▶問題文を聞いて、①男性（女性）の話す意図を把握する問題1問と、②内容一致を選択する問題1問の組み合わせ。 ▶問題文を聞いて、①男性の職業を把握する問題1問と、②内容一致を選択する問題1問の組み合わせ。	4問×2点
4	文の内容把握問題（4）　【31～32】/【33～34】 ▶問題文を聞いて、①男性の考えを把握する問題1問と、②男性の主題に対する態度を把握する問題1問の組み合わせ。 ▶問題文を聞いて、①文の主題を把握する問題1問と、②内容一致を選択する問題1問の組み合わせ。	4問×2点
※ 6つの問題類型に、問題総数16問、配点合計32点。		

❷ 問題類型別分析と対策

問題類型　文の内容を把握しているかを確認する問題

本試験21番～36番までの問題はすべて問題文一つに2問ずつの組み合わせで出題される。この範囲の問題は8つの問題文に各2問ずつの16問の4級と5級の中上級レベルの問題で構成されている。問題文の読みはこの21番問題からは2回ずつ放送される。

問題項目は多い順にまとめると次のような構成になっている。内容一致、男性の考えや行動、意図、態度、職業などを問う形式で出題され、問題文の内容を正しく理解・把握しているかが問われる。

区分	問題項目	問題数
❶	問題の対話文の内容と一致するものを選ぶ問題 ▶들은 내용으로 맞는 것을 고르십시오.	7問
❷	男性の中心となる考えを選ぶ問題 ▶남자의 중심 생각으로 맞는 것을 고르십시오.	3問
❸	男性は何をしているか男性の行動の内容を把握する問題 ▶남자는 무엇을 하고 있는지 맞는 것을 고르십시오.	2問
❹	男（女）性が女（男）性に話す意図は何かを選ぶ問題 ▶남자가 여자에게 말하는 의도를 고르십시오.	1問
❺	男性は何をしている人なのか職業を把握する問題 ▶남자는 누구인지 맞는 것을 고르십시오.	1問
❻	対話の主題について男性は同意・支持・批判・反対のどのような態度を示しているか把握する問題 ▶남자의 태도로 맞는 것을 고르십시오.	1問
❼	文の主題を把握する問題 ▶무엇에 대한 내용인지 맞는 것을 고르십시오.	1問

この範囲の問題を出題順番に沿って示すと、以下のような質問項目との組み合わせで構成されている。

【21~22】の問題

※ 다음을 듣고 물음에 답하십시오. (각 2점)

次を聞いて問いに答えなさい。(各2点)

21. 남자의 중심 생각으로 맞는 것을 고르십시오.

男性の中心となる考えとして正しいものを選びなさい。

22. 들은 내용으로 맞는 것을 고르십시오.

聞いた内容として正しいものを選びなさい。

⇒問題文は対話文の形式で出題される。**21番**は対話文に出てくる男性は話題に対してどのように考えているかその中心となる考えを選ぶ問題、**22番**は対話の内容と一致するものを選ぶ問題で構成されている。

【23~24】の問題

※ 다음을 듣고 물음에 답하십시오. (각 2점)

次を聞いて問いに答えなさい。(各2点)

23. 남자는 무엇을 하고 있는지 고르십시오.

男性は何をしているかを選びなさい。

24. 들은 내용으로 맞는 것을 고르십시오.

聞いた内容として正しいものを選びなさい。

⇒問題文は対話文の形式で出題される。**23番**は対話の中で男性は何をしているか、つまり何を紹介、推薦、説明、点検、確認、問い合わせ、提案、協力、準備、予想、主張、勧誘、要求、強調、報告などをしているかを問う問題、**24番**の問題は対話の内容と一致するものを選ぶ問題で構成されている。

【25~26】の問題

※ 다음을 듣고 물음에 답하십시오. (각 2점)

次を聞いて問いに答えなさい。(各2点)

25. 남자의 중심 생각으로 맞는 것을 고르십시오.

男性の中心となる考えとして正しいものを選びなさい。

26. 들은 내용으로 맞는 것을 고르십시오.

聞いた内容として正しいものを選びなさい。

⇒問題文はインタビュー文の形式で出題される。**25番**はインタビューを受けた男性が質問された話題に対してどのように考えているかを問う問題、**26番**はインタビュー文の内容と一致するものを選ぶ問題で構成されている。

【27~28】の問題

※ 다음을 듣고 물음에 답하십시오. (각 2점)
次を聞いて問いに答えなさい。(各2点)

27. 남자가 여자에게 말하는 의도를 고르십시오.
男性が女性に話す意図を選びなさい。

28. 들은 내용으로 맞는 것을 고르십시오.
聞いた内容として正しいものを選びなさい。

⇒問題文は対話文の形式で出題される。**27番**は対話の中で男性（女性）が女性（男性）に話す意図は何かを選ぶ問題、**28番**は問題文の内容と一致するものを選ぶ問題で構成されている。**27番**は問われているのが女性の意図か男性の意図か混同しないように問題の指示文をしっかり確認してから聞かなければならない。

【29~30】の問題

※ 다음을 듣고 물음에 답하십시오. (각 2점)
次を聞いて問いに答えなさい。(各2点)

29. 남자는 누구인지 맞는 것을 고르십시오.
男性は何をする人か正しいものを選びなさい。

30. 들은 내용으로 맞는 것을 고르십시오.
聞いた内容として正しいものを選びなさい。

⇒問題文は対話文の形式で出題される。**29番**は対話に出てくる男性(または女性)は、選手、監督、審判、漫画家、画家、デザイナー、批評家、視聴者、製作者、管理人、解説者、俳優、学者などのように、具体的にどのような職業、立場の人なのかを選ぶ問題、**30番**は対話の内容と一致するものを選ぶ問題で構成されている。

【31~32】の問題

※ 다음을 듣고 물음에 답하십시오. (각 2점)
次を聞いて問いに答えなさい。(各2点)

31. 남자의 생각으로 맞는 것을 고르십시오.
男性の考えとして正しいものを選びなさい。

32. 남자의 태도로 맞는것을 고르십시오.

男性の態度として正しいものを選びなさい。

⇒問題文は対話文の形式で出題される。**31番**は対話の中で表れる男性の意見は何かを問う問題、**32番**は対話の話題に対して男性はどういう態度を示しているか、つまり、批判、反対、支持、同意、反論、主張、提案、問題提起、責任追及、同調、無視など、どのような態度を示しているかを把握する問題で構成されている。

【33~34】の問題

※ 다음을 듣고 물음에 답하십시오. (각 2점)

次を聞いて問いに答えなさい。(各2点)

33. 무엇에 대한 내용인지 맞는 것을 고르십시오.

何についての内容なのか正しいものを選びなさい。

34. 들은 내용으로 맞는 것을 고르십시오.

聞いた内容として正しいものを選びなさい。

⇒問題文は講演文の形式で出題される。**33番**は講演は何についての話なのかそのテーマ·内容を選ぶ問題、**34番**は講演の内容と一致するものを選ぶ問題で構成されている。

【35~36】の問題

※ 다음을 듣고 물음에 답하십시오. (각 2점)

次を聞いて問いに答えなさい。(各2点)

35. 남자는 무엇을 하고 있는지 고르십시오.

男性は何をしているかを選びなさい。

36. 들은 내용으로 맞는 것을 고르십시오.

聞いた内容として正しいものを選びなさい。

⇒問題文は祝辞やあいさつ文の形式で出題される。**35番**は祝辞やあいさつ文の中で取り上げた話題に対してどういう姿勢を示しているか、つまり、何について説明、調査、分析、評価、要求、主張、力説などをしているかを把握する問題、**36番**の問題は問題文の内容と一致するものを選ぶ問題で構成されている。

1 【21～22】の問題例

既出 41回

※다음을 듣고 물음에 답하십시오. (각 2점)

放送

남자 : 이 과장님, 곧 추석인데요. 추석 행사 기획은 어떻게 됐습니까? 이번 추석은 작년보다 빨라서 미리 준비해야 합니다.

여자 : 이번에도 작년처럼 추석 한 달 전부터 선물 세트를 열 개 사면 하나를 더 주는 행사를 진행할까 하는데요. 작년에 고객들의 반응이 꽤 괜찮았거든요.

남자 : 그 행사는 작년뿐만 아니라 몇 년째 하고 있는 행사 아닙니까? 올해도 똑같이 하지 말고 새로운 행사를 기획해 보세요.

여자 : 네, 알겠습니다. 다음 주까지 준비해서 말씀드리겠습니다.

21. 남자의 중심 생각으로 맞는 것을 고르십시오.
① 매년 고객들의 반응을 살펴야 한다.
② 이벤트 행사 준비는 빠를수록 좋다.
③ 반응이 좋은 행사는 반복하는 것이 좋다.
④ 전과 다른 새로운 행사를 기획해야 한다.

22. 들은 내용으로 맞는 것을 고르십시오.
① 여자는 새로운 행사를 기획했다.
② 작년 추석에 한 행사는 효과적이었다.
③ 남자는 다음 주까지 보고를 해야 한다.
④ 올해도 작년과 같은 행사를 할 것이다.

正解 21. ④　22. ②

解説

※次を聞いて問いに答えなさい。（各2点）

男性：イ課長、まもなく秋夕（チュソク）ですが、秋夕のイベント企画はどうなりましたか。今年の秋夕は去年より早いので早めに準備しなければなりません。

女性：今年も去年のように秋夕の1カ月前から贈り物セットを10個買ってもらうともう1個サービスするイベントを進めようかと思っています。去年顧客の方々の反応がかなりよかったので。

男性：それは去年だけでなく何年か続けてやっているイベントでしょう。今年も同じにしないで新しいイベントをを企画してみてください。

女性：はい、分かりました。来週までに準備してご報告します。

21. 男性の中心となる考えとして正しいものを選びなさい。
① 毎年顧客の反応を調べなければならない。
② イベントの準備は早ければ早いほど良い。
③ 反応の良いイベントは繰り返しやったほうが良い。
④ 以前と違う新しいイベントを企画しなければならない。

22. 聞いた内容として正しいものを選びなさい。
① 女性は新しいイベントを企画した。
② 去年の秋夕に実施したイベントは効果的だった。
③ 男性は来週まで報告しなければならない。
④ 今年も去年と同じイベントを実施するつもりだ。

✏問題文は対話文の形式で出題される。21番は対話文に出てくる男性は話題に対してどのように考えているか、どのような意見を持っているかを問う問題で、男性の中心となる考えは男性の最後の発言に含まれていることが多い。対話の後半の男性の発言に特に注意して聞くようにしよう。

2 【23～24】の問題例

既出37回

放送

※다음을 듣고 물음에 답하십시오. (각 2점)

남자 : 구청이죠? 공원 앞에 있는 야외무대를 사용하고 싶은데 어떻게 신청하나요?

여자 : 어떤 행사인가요? 야외무대에서 물건을 팔거나 상품을 홍보하는 경우에는 사용할 수 없습니다.

남자 : 네, 알고 있습니다. 자선 단체에서 하는 나눔 행사입니다. 무대 행사는 잠깐 하고 주로 사람들에게 홍보물을 나눠 줄 건데요.

여자 : 그래요? 그런 목적이라면 신청 가능해요. 신청 양식은 구청 홈페이지에서 내려 받으시면 됩니다. 행사 후에는 주변을 깨끗이 정리해 주셔야 합니다.

23. 남자는 무엇을 하고 있는지 고르십시오.
① 야외무대 위치에 대해 알아보고 있다.
② 야외무대 사용에 대해 문의하고 있다.
③ 야외무대에서 행사 진행을 도와주고 있다.
④ 야외무대에서 상품 홍보를 준비하고 있다.

24. 들은 내용으로 맞는 것을 고르십시오.
① 야외무대는 구청에서 관리한다.
② 행사 신청서는 자선 단체에 제출한다.
③ 행사 후 주변 청소는 구청에서 해 준다.
④ 자선 단체가 물건을 파는 행사를 하려고 한다.

正解 23. ②　24. ①

解説 ※次を聞いて問いに答えなさい。(各2点)

男性：区役所ですか。公園の前にある野外舞台を使いたいのですが、どのように申し込めばいいですか。
女性：どのようなイベントでしょうか。野外舞台で商品の販売や宣伝をする場合には使うことができません。
男性：はい、分かっています。慈善団体で実施する分かち合いのイベントです。舞台イベントを少しだけして主に人々に広報資料を配るものです。
女性：そうですか。そういう目的なら申し込みは可能です。申込書の様式は区役所のホームページからダウンロードできます。イベントの後は周辺をきれいに片づけていただきます。

23. 男性は何をしているのか選びなさい。
① 野外舞台の位置について聞いている。
② 野外舞台の使用について問い合わせている。
③ 野外舞台でイベントの進行を手伝っている。
④ 野外舞台で商品の広報を準備している。

24. 聞いた内容で当たることを選んでください。
① 野外舞台は区役所で管理する。
② イベントの申込書は慈善団体に提出する。
③ イベントの後、周辺の掃除は区役所でしてくれる。
④ 慈善団体がものを売るイベントをしようとしている。

合格資料 7 既出の23番問題選択肢の語句例

23番問題の選択肢は、対話の中で男性は何をしているのか、つまり何を紹介、説明、確認、問い合わせ、提案、主張などをしているかを問う形で構成されている。

가능성, 개선, 개선방안, 경험, 계획, 과정, 기능, 내용, 느낌, 대상, 문제점, 반응, 방법, 비용, 사용, 서비스, 성과, 시설, 역할, 원리, 위치, 이용, 장소, 장점, 전문화, 종류, 진행, 필요성, 홍보, 활동, 활용 방안, 효과	+에 대해 ~ 고 있다 +을/를 ~ 고 있다

- ~에 대해 문의하고 있다.
- ~에 대해 묻고 있다.
- ~에 대해 설명하고 있다.
- ~에 대해 알아보고 있다.
- ~에 대해 이야기하고 있다.
- ~에 대해 전망하고 있다.
- ~에 대해 홍보하고 있다.
- ~와/과 비교하고 있다.
- ~을/를 강조하고 있다.
- ~을/를 권하고 있다.
- ~을/를 도와주고 있다.
- ~을/를 말하고 있다.
- ~을/를 문의하고 있다.
- ~을/를 밝히고 있다.
- ~을/를 보고하고 있다.
- ~을/를 분석하고 있다.
- ~을/를 설명하고 있다.
- ~을/를 소개하고 있다.
- ~을/를 알려 주고 있다.
- ~을/를 요구하고 있다.
- ~을/를 요청하고 있다.
- ~을/를 전망하고 있다.
- ~을/를 점검하고 있다.
- ~을/를 제시하고 있다.
- ~을/를 제안하고 있다.
- ~을/를 주장하고 있다.
- ~을/를 준비하고 있다.
- ~을/를 추천하고 있다.
- ~을/를 평가하고 있다.

3 【25～26】の問題例

既出36回

放送

※다음을 듣고 물음에 답하십시오. (각 2점)

> 여자 : 마라톤 중 가장 어렵다는 아마존 정글 마라톤을 완주하고 온 김동진 씨를 만났습니다. 이런 어려운 도전을 하신 이유가 무엇입니까?
>
> 남자 : 제 한계를 시험해 보고 싶어서 아마존으로 떠났습니다. 정글 마라톤은 완주한 사람이 손에 꼽힐 정도입니다. 그곳에서의 육체적, 정신적 고통은 말로 표현할 수 없을 정도였지만 그때 느낀 기쁨과 감동은 그 무엇과도 바꿀 수 없는 것이었습니다. 그런데 완주보다 더 잘했다고 생각하는 것이 있는데요. 그것은 도전하고 싶은 일이 생겼을 때 바로 행동으로 옮긴 것이었습니다. 망설였다면 도전하지 못했을 것이고 이런 성취감도 느끼지 못했을 겁니다.

25. 남자의 중심 생각으로 맞는 것을 고르십시오.
 ① 시작한 일은 끝까지 해내야 한다.
 ② 마음먹었을 때 바로 실천해야 한다.
 ③ 자신의 한계를 알아야 도전할 수 있다.
 ④ 고난을 극복하려면 강한 정신력이 필요하다.

26. 들은 내용으로 맞는 것을 고르십시오.
 ① 남자는 정글을 최고의 마라톤 장소로 꼽았다.
 ② 남자는 마라톤 선수들을 통해 많은 것을 배웠다.
 ③ 남자는 고통이 심해서 마라톤을 중간에 포기했다.
 ④ 남자는 아마존에서 자신의 의지를 시험하고 싶었다.

正解 25. ②　26. ④

解説

※次を聞いて問いに答えなさい。(各2点)

> 女性：マラソンの中で一番厳しいというアマゾンジャングルマラソンを完走して来たキム・ドンジンさんです。このような厳しい(マラソンに)挑戦をなさった理由は何ですか。
>
> 男性：私の限界を試してみたくてアマゾンに行きました。ジャングルマラソンは完走した人は数えるほどしかいません。そこでの肉体

的、精神的な苦痛は言葉で言い表せないほどでしたが、あの時感じた喜びと感動は何にも代えがたいものでした。ところが完走よりもっとよくやったと思っていることがあります。それは挑戦したいことができた時すぐ行動に移したということです。ためらっていたら挑戦することはできなかったと思いますし、このような達成感も味わうことはできなかったと思います。

25. 男性の中心となる考えとして正しいものを選びなさい。
① 始めたことは最後までやり遂げなければならない。
② やると決めた時にすぐ実行しなければならない。
③ 自分の限界が分からないと挑戦できない。
④ 苦難を乗り越えるには強い精神力が必要だ。

26. 聞いた内容として正しいものを選びなさい。
① 男性はジャングルを最高のマラソンの場所としてあげた。
② 男性はマラソン選手たちを通じて多くのことを学んだ。
③ 男性は苦しすぎてマラソンを途中で棄権した。
④ 男性はアマゾンで自分の意志を試したかった。

4 【27~28】の問題例

既出
35回

放送

※다음을 듣고 물음에 답하십시오. (각 2점)

여자 : 너도 어제 그 경기 봤지? 심판이 판정을 잘못해서 메달을 놓친 선수 있잖아. 난 아직도 그 선수의 눈물을 잊을 수가 없어.
남자 : 어, 나도 봤는데 정말 안타깝더라.
여자 : 그런데 심판이 잘못 본 거니까 재심을 해야 하는 거 아냐? 신문하고 뉴스에도 온통 그 얘기뿐이던데.
남자 : 이미 끝난 경기를 가지고 재심을 할 수 있을까? 잘못된 판정도 경기의 일부니까 억울하더라도 받아들일 수밖에 없을 것 같아.
여자 : 잘못은 심판이 했는데 피해는 선수가 보는 건 말도 안 돼. 난 그 선수가 메달을 되찾으면 좋겠어.

27. 여자가 남자에게 말하는 의도를 고르십시오.
① 경기 결과를 전달하기 위해
② 재심에 대한 동조를 얻기 위해
③ 판정에 대한 책임을 묻기 위해
④ 억울한 마음을 위로 받기 위해

28. 들은 내용으로 맞는 것을 고르십시오.
① 어제 경기를 할 때 선수가 작은 잘못을 했다.
② 선수는 경기 결과를 듣고 기쁨의 눈물을 흘렸다.
③ 잘못된 판정이 있었지만 선수는 메달을 목에 걸었다.
④ 심판의 잘못된 판정에 대한 기사가 많이 보도되었다.

正解 27. ② 28. ④

解説 ※次を聞いて問いに答えなさい。（各2点）

女性：あなたも昨日その試合を見たでしょう。審判が判定を間違ってメダルを逃した選手がいるじゃない。私はまだその選手の涙が忘れられない。

男性：うん、僕も見たけど、本当にかわいそうだったよ。

女性：だから審判が間違ったわけだから判定を見直すべきだと思うのよ。新聞とニュースももっぱらその話で持ち切りだったけど。

男性：すでに終わった試合なのに判定の見直しができるかな。間違った判定も試合の一部だから悔しくても受け入れるしかないと思うよ。

女性：ミスは審判がしたのに被害は選手がこうむるなんてとんでもない話だわ。私はその選手がメダルを取り戻してほしい。

27. 女性が男性に話す意図を選びなさい。
① 試合の結果を伝えるために
② 判定の見直しに対する賛同を得るために
③ 判定に対する責任を問うため
④ 悔しい気持ちを慰めてもらうために

28. 聞いた内容として正しいものを選びなさい。
① 昨日試合をする時に選手が小さなミスをした。
② 選手は試合の結果を聞いてうれし涙を流した。
③ 間違った判定があったけれども、選手はメダルを首にかけた。
④ 審判の誤った判定に対する記事が数多く報道された。

合格資料 8 既出の27番問題選択肢の語句例

27番問題の選択肢は、対話の中で男性(女性)が女性(男性)に話す意図は何か、つまり何を説明、確認、依頼、勧誘、批判するためなのかなどを問う形で構成されている。

결과, 기증, 동조, 마음, 방법, 이유, 입학, 조언, 중요성, 지지, 참여, 책임, 필요성, 활동, 효과	+을/를 ~기 위해

- ~에 대한 책임을 묻기 위해
- ~을/를 강조하기 위해
- ~을/를 권유하기 위해
- ~을/를 묻기 위해
- ~을/를 부탁하기 위해
- ~을/를 비판하기 위해
- ~을/를 설명하기 위해
- ~을/를 알리기 위해
- ~을/를 얻기 위해
- ~을/를 위로 받기 위해
- ~을/를 전달하기 위해
- ~을/를 주기 위해
- ~을/를 홍보하기 위해
- ~을/를 확인하기 위해

5 【29~30】の問題例

既出 41回

放送

※다음을 듣고 물음에 답하십시오. (각 2점)

여자 : 경기 내내 운동장을 뛰어다니시던데요. 힘들지 않으신가요?

남자 : 네, 정말 힘들지요. 하지만 선수들의 움직임을 정확하게 보고 빨리 판단해야 하기 때문에 뛰어다닐 수밖에 없습니다. 반칙한 선수들에게는 그 자리에서 바로 벌칙을 줘야 경기가 원활하게 진행되니까요.

여자 : 체력뿐만 아니라 순간적인 판단도 중요한 일이군요. 부담감이 크시겠어요.

남자 : 결승전이나 중요한 국제 경기에 들어갈 때는 부담스러운 게 사실입니다. 중요한 순간에 결정을 잘못 내리면 양 팀의 승패가 바뀔 수도 있으니까요. 하지만 큰 실수 없이 무사히 경기를 마

> 쳤을 때는 보람을 느끼기도 합니다.

29. 남자는 누구인지 맞는 것을 고르십시오.

① 축구 선수　　② 축구 감독

③ 축구 경기 심판　　④ 축구 경기 해설가

30. 들은 내용으로 맞는 것을 고르십시오.

① 남자는 벌칙을 주지 않으려고 노력한다.

② 남자는 빠르고 정확한 판단을 해야 한다.

③ 남자는 운동장을 뛰어다니는 것이 부담스럽다.

④ 남자는 중요한 경기에서 뛸 때 보람을 느낀다.

正解　29. ③　30. ②

解説　※次を聞いて問いに答えなさい。(各2点)

> 女性：試合中ずっとグラウンドを走り回っていましたが、大変じゃないでしょうか。
>
> 男性：はい、本当に大変です。しかし選手たちの動きを正確に見て素早く判断しなければならないので走り回るしかありません。反則した選手にはその場ですぐ罰則を与えないと試合はスムーズに進みませんから。
>
> 女性：体力だけでなく瞬間的な判断も重要ですね。精神的にプレッシャーが大きいでしょうね。
>
> 男性：決勝戦や重要な国際試合に入って行く時はプレッシャーを感じるのも事実です。重要な瞬間に判定を間違うと両チームの勝敗が変わる可能性もありますから。しかし大過なく無事に試合を終えた時はやりがいを感じたりします。

29. 男性は何をする人なのか正しいものを選びなさい。

① サッカー選手　　② サッカーの監督

③ サッカーの審判　　④ サッカーの解説者

30. 聞いた内容として正しいものを選びなさい。

① 男性は罰則を与えないように努力する。

② 男性は早くて正確な判断をしなければならない。

③ 男性は運動場を走り回るのが荷が重いと感じている。

④ 男性は重要な試合を担当した時にやりがいを感じる。

合格資料 9 既出の29番問題の選択肢リスト

29番問題の選択肢は、対話に出てくる男性（または女性）はどのような職業·立場の人なのかを選ぶ形で構成されている。

14回：① 모델　② 고객　③ 기자　④ 디자이너

15回：① 생활 설계사　② 언어 치료사
③ 가정문제 상담가　④ 방송 프로그램 진행자

16回：① 면접관　② 취업 준비생　③ 방송사 기자　④ 업체 관계자

17回：① 일반 시민　② 정부관계자　③ 경제 전문가　④ 뉴스진행자

18回：① 소설가　② 대학 교수　③ 서점 직원　④ 도서관 관계자

19回：① 지역사업 전문가　② 창업에 성공한 주부
③ 최근에 창업한 여성　④ 창업지원센터 직원

20回：① 출연자　② 진행자　③ 시청자　④ 비평가

21回：① 시청자　② 평론가　③ 제작자　④ 출연 배우

22回：① 백자 연구가　② 전통문화 학자
③ 한식 요리 전문가　④ 전통 그릇 제작자

23回：① 요리사　② 식당 주인　③ 식당 종업원　④ 식품 매장 직원

25回：① 만화가　② 연극 제작자　③ 책 디자이너　④ 요리 전문가

26回：① 의상 디자이너　② 의류 상가 상인
③ 의류 상가 쇼핑객　④ 의류 상가 관리인

27回：① 소설가　② 여행가　③ 출판사 직원　④ 잡지사 기자

28回：① 만화 영화 번역가　② 만화 영화 제작자
③ 만화 영화 비평가　④ 만화 영화 수집가

29回：① 작가　② 서점 주인　③ 도서관 직원　④ 커피숍 손님

30回：① 공연 관람객　② 뮤지컬 배우　③ 공연 관계자　④ 뮤지컬 연출가

31回：① 정신과 의사　② 지하철 승객　③ 직업 상담사　④ 지하철 운행 기사

32回：① 기자　② 소설가　③ 시청자　④ 드라마 작가

33回：① 기자　② 음악가　③ 체조 선수　④ 체조 감독

34回：① 기자　② 가게 주인　③ 손님　④ 전문 요리사

35回：① 교육 전문가　② 정부 관계자　③ 정책 연구가　④ 진로 상담가

36回：① 동양화가　② 전통 공예가　③ 나무 조각가　④ 전시회 기획자

37回：① 문화재를 복원하는 사람　② 문화재를 관리하는 사람
③ 문화재를 해설하는 사람　④ 문화재를 발굴하는 사람

41回：① 축구 선수　② 축구 감독　③ 축구 심판　④ 축구 해설가

47回：① 라면을 개발하는 사람　② 라면을 광고하는 사람
③ 라면을 판매하는 사람　④ 라면을 홍보하는 사람

6 【31～32】の問題例

既出37回

放送

※다음을 듣고 물음에 답하십시오. (각 2점)

여자 : 실업 문제에 대한 여러 가지 대안들을 말씀해 주셨는데요. 시간제 일자리를 늘리는 게 지금으로서는 최선이라고 생각합니다.

남자 : 네, 물론 시간제 일자리를 늘리는 게 당장은 효과가 있겠지만 근본적인 문제를 해결하기는 어렵다고 봅니다. 오히려 더 큰 문제를 가져올 수도 있고요.

여자 : 어떤 문제가 생길 수 있는지 구체적으로 말씀해 주시겠습니까?

남자 : 시간제 일자리를 늘리면 그만큼 신규 채용의 폭은 줄어들 수밖에 없습니다. 그렇게 되면 정규직을 원하는 사람들에겐 오히려 취업문이 좁아져 실업 문제가 더 심각해질 수도 있습니다.

31. 남자의 생각으로 맞는 것을 고르십시오.
① 정규직을 늘리면 실업 문제를 해결하기 어렵다.
② 신규 채용의 폭을 줄여 실업 문제를 해결 할 수 있다.
③ 시간제 일자리는 실업 문제를 해결하는 최선의 방안이다.
④ 시간제 일자리의 확대는 정규직 취업 기회를 감소시킬 수 있다.

32. 남자의 태도로 맞는 것을 고르십시오.
① 구체적인 사례를 들어 주제를 설명하고 있다.
② 객관적인 자료를 통해 자신의 의견을 주장하고 있다.
③ 근거를 들어 상대방의 주장을 부드럽게 반박하고 있다.
④ 상황을 객관적으로 분석하며 상대방 의견을 지지하고 있다.

正解 31. ④ 32. ③

解説 ※次を聞いて問いに答えなさい。(各2点)

女性：失業問題に対するいろいろな代案をおっしゃってくださいましたが、パートタイムの仕事を増やすのが現状としてはベストだと思います。

男性：はい、もちろんパートタイムの仕事を増やすと当面は効果があると思いますが、根本的な問題を解決することは難しいと思います。むしろより大きな問題をもたらす可能性もありますし。

女性：どういう問題が生じるか具体的におっしゃってくださいませんか。

男性：パートタイムの仕事を増やすとその分だけ新規採用の幅は減るしかありません。そうなれば正規雇用を望む人にはむしろ就職口が狭くなって失業問題がより深刻になる可能性もあります。

31. 男性の考えとして正しいものを選びなさい。

① 正規雇用を増やすと失業問題を解決するのが難しくなる。
② 新規採用の幅を減らして失業問題を解決することができる。
③ パートタイムの仕事は失業問題を解決する最善の方法だ。
④ パートタイムの仕事の拡大は正規雇用での就職の機会を減少させる可能性がある。

32. 男性の態度として正しいものを選びなさい。

① 具体的な事例をあげて主題を説明している。
② 客観的な資料を通じて自分の意見を主張している。
③ 根拠を持って相手の主張を柔らかく反論している。
④ 状況を客観的に分析しながら相手の意見を支持している。

合格資料 10 既出の32番問題選択肢の語句例

32番問題の選択肢は、対話に出てくる男性は話題に対してどのような態度を示しているか、どのような態度で臨んでいるかを選ぶ形で構成されている。

- ~결과를 비판하고 있다.
- ~동의를 구하고 있다.
- ~문제를 제기하고 있다.
- ~문제의 책임을 묻고 있다.
- ~반대 의견을 밝힌다.
- ~사실을 명확하게 밝히고 있다.
- ~상대방 의견을 지지하고 있다.
- ~상대방에게 질문하고 있다.
- ~상대방을 설득하고 있다.
- ~상대방의 동조를 구하고 있다.
- ~상대방의 말을 반박하고 있다.
- ~상대방의 의견에 동조하고 있다.
- ~상대방의 의견에 반박하고 있다.
- ~상대방의 의견에 의심을 품고 있다.
- ~상대방의 의견을 받아들이고 있다.

• ~상대방의 잘못을 이야기하고 있다.
• ~상대방의 주장을 반박하고 있다.
• ~상황을 분석하고 있다.
• ~시행을 촉구하고 있다.
• ~에 대해 전망하고 있다.
• ~에 대해 책임을 묻고 있다.
• ~의견에 동의하고 있다.
• ~의견에 지지를 보내고 있다.
• ~입장을 대변하고 있다.
• ~자신의 생각을 주장하고 있다.
• ~자신의 의견을 밝히고 있다.
• ~자신의 의견을 주장하고 있다.
• ~자신의 잘못을 인정한다.
• ~정책을 지지하고 있다.
• ~주장을 펼치고 있다.
• ~주제를 설명하고 있다.
• ~차이점을 드러내고 있다.
• ~타협점을 찾고 있다.
• ~필요성에 공감하고 있다.
• ~해결책을 제시하고 있다.
• ~확대를 염려하고 있다.

7 【33~34】の問題例

既出 36回

放送

※다음을 듣고 물음에 답하십시오. (각 2점)

여자 : 요즘 청결한 환경이나 생활 습관을 강조하는 사람들이 많습니다. 물론 깨끗한 환경에서 지내면 좋지요. 그런데 과연 좋은 점만 있을까요? 지나치게 깨끗해진 환경 때문에 오히려 세균에 대한 면역력을 잃어버리기 쉽지요. 우리 몸은 적당한 세균에 노출되어야 면역력이 길러지는데요. 일례로 태어난 지 2년 이내에 항균 요법을 받은 아이들은 그렇지 않은 아이에 비해 피부병 발병률이 6배 높았다는 연구가 있습니다. 어렸을 때 적당히 먼지를 접촉해야 알레르기를 막아주는 면역력이 생긴다는 거죠. 청결도 중요하지만 조금은 지저분한 곳이 있어도 괜찮은 겁니다.

33. 무엇에 대한 내용인지 맞는 것을 고르십시오.

① 지나친 청결의 문제점
② 피부병 발병의 주요 원인
③ 유아기 생활 습관의 중요성
④ 항균 요법을 통한 질병 예방법

34. 들은 내용으로 맞는 것을 고르십시오.

① 피부병 발병률에 대한 연구가 필요하다.
② 비위생적인 환경은 알레르기의 원인이 된다.
③ 우리 몸에는 적당한 세균이 있는 것이 더 좋다.
④ 환경이 깨끗하면 우리 몸의 면역력이 커진다.

正解　33. ①　34. ③

解説

※次を聞いて問いに答えなさい。(各2点)

女性：最近清潔な環境や生活習慣を強調する人たちが多いです。もちろんきれいな環境で過ごすのは良いことです。しかしそれは果して良いことだけでしょうか。過度にきれいになった環境のせいでむしろ細菌に対する免疫力がなくなりやすくなります。私たちの体は適当な細菌に露出されないと免疫力が付かないのですが、一例として生まれてから 2 年以内に抗菌療法を受けた子供はそうではない子供に比べて皮膚病の発病率が 6 倍高かったという研究 (結果) があります。幼いときに適当にほこりを接触するとアレルギーを抑えてくれる免疫力がつくのだそうです。清潔も大事ですが、少しは汚ないところがあっても良いわけです。

33. 何に対する内容なのか正しいものを選びなさい。

① 過度な清潔の問題点
② 皮膚病発病の主な原因
③ 幼児期の生活習慣の重要性
④ 抗菌療法による疾病の予防法

34. 聞いた内容として正しいものを選びなさい。

① 皮膚病の発病率に対する研究が必要だ。
② 非衛生的な環境はアレルギーの原因になる。
③ 私たちの体には適当な細菌がいたほうが良い。
④ 環境がきれいであれば私たちの体の免疫力は高まる。

8 【35～36】の問題例

既出 35回

放送

※다음을 듣고 물음에 답하십시오. (각 2점)

남자 : 오늘 이렇게 우리 도서관의 역사 전시실 개관을 알리게 되어 기쁩니다. 이 전시실은 조선 시대의 기록 문화를 교육할 목적으로 마련되었습니다. 조선은 세계적으로 가장 많은 기록 자료를 남긴 나라였습니다. 왕도 역사 기록을 볼 수 없었을 만큼 객관적인 기록과 보관에 큰 노력을 기울였습니다. 새로 문을 연 역사 전시실은 조선 시대 역사관과 기록 절차, 보관 방법, 대표적인 역사 자료들을 전시하고 있습니다. 이 공간이 시민들과 청소년들을 위한 역사 교육의 장으로 널리 이용되기를 기대합니다.

35. 남자는 무엇을 하고 있는지 고르십시오.
① 조선 시대 역사서에 대해 설명하고 있다.
② 더 많은 역사 자료 전시를 요청하고 있다.
③ 역사 교육 프로그램의 필요성을 강조하고 있다.
④ 조선 시대 기록 문화 전시의 의의를 밝히고 있다.

36. 들은 내용으로 맞는 것을 고르십시오.
① 조선 시대에 편찬된 역사 자료는 수가 많지 않다.
② 이 전시실에 어린이나 학생들은 입장할 수 없다.
③ 조선 시대에는 왕이 직접 역사를 기록하기도 하였다.
④ 이 전시실에서 역사 기록의 절차에 대해 알 수 있다.

正解

35. ④　36. ④

解説

※次を聞いて問いに答えなさい。(各2点)

男性：今日このように本図書館の歴史展示室のオープンをお知らせすることができてうれしく思います。この展示室は朝鮮時代の記録文化を学ぶ目的で作られました。朝鮮は世界的にも多くの記録資料を残した国でした。王であっても歴史の記録を見ることができないくらい客観的な記録と保管に大きな努力を注ぎました。新しくオープンした歴史展示室は朝鮮時代の歴史観と記録手続き、保管方法や代表的な歴史資料などを展示しています。この空間が市民と青少年たちのための歴史教育の場として広く利用されることを期待しています。

35. 男性は何をしているのか選びなさい。
① 朝鮮時代の歴史書に対して説明している。
② より多くの歴史資料の展示を要請している。
③ 歴史教育プログラムの必要性を強調している。
④ 朝鮮時代の記録文化展示の意義を明らかにしている。

36. 聞いた内容として正しいものを選びなさい。
① 朝鮮時代に編纂された歴史資料は数が多くない。
② この展示室に子供や学生は入場することができない。
③ 朝鮮時代には王が直接歴史を記録することもあった。
④ この展示室で歴史記録の手続きについて学ぶことができる

合格資料 11 既出の35番問題選択肢の語句例

35番問題の選択肢は、あいさつ文の中で男性は何を紹介、説明、力説、強調、主張、報告などをしているかを問う形で構成されている。

가치, 필요성, 도전, 중요성, 신념, 의견, 의의, 자료, 비용, 내용, 과정, 성과, 잘못, 동의, 생각, 문제, 실효성, 어려움, 의미, 준비, 느낌, 경험, 가능성, 문제점, 방법, 방안, 계획, 대상, 필요성, 활동, 역할, 기능, 미래, 주장, 특징, 사례, 여행, 물품, 원리, 사업, 장점, 변화, 방향	+에 대해 ~고 있다 +을/를 ~고 있다

- ~에 대해 감탄하고 있다.
- ~에 대해 공감하고 있다.
- ~에 대해 묻고 있다.
- ~에 대해 비판하고 있다.
- ~에 대해 설명하고 있다.
- ~에 대해 소개하고 있다.
- ~에 대해 알려 주고 있다.
- ~에 대해 역설하고 있다.
- ~에 대해 의심하고 있다.
- ~에 대해 이야기하고 있다.

•～에 대해 자부심을 갖고 있다.
•～에 대해 전망하고 있다.
•～에 대해 질문하고 있다.
•～에 대해 평가하고 있다.
•～에 대해 홍보하고 있다.
•～을/를 강력히 요구하고 있다.
•～을/를 강조하고 있다.
•～을/를 권하고 있다.
•～을/를 다짐하고 있다.
•～을/를 말하고 있다.
•～을/를 반기고 있다.
•～을/를 밝히고 있다.
•～을/를 보고하고 있다.
•～을/를 부탁하고 있다.
•～을/를 분석하고 있다.
•～을/를 비교해서 알려 주고 있다.
•～을/를 설명하고 있다.
•～을/를 소개하고 있다.
•～을/를 수용하고 있다.
•～을/를 알려 주고 있다.
•～을/를 역설하고 있다.
•～을/를 요청하고 있다.
•～을/를 우려하고 있다.
•～을/를 전망하고 있다.
•～을/를 제시하고 있다.
•～을/를 제안하고 있다.
•～을/를 조사하고 있다.
•～을/를 주장하고 있다.
•～을/를 증명하고 있다.
•～을/를 지적하고 있다.
•～을/를 지지하고 있다.
•～을/를 취소하고 있다.
•～을/를 파악하고 있다.
•～을/를 평가하고 있다.
•～을/를 확신하고 있다.
•～와/과 비교하고 있다.
•～에 동의하고 있다.
•～에 반대하고 있다.

第2章　練習用正答チェックシート

✎ 練習問題を解きながら正答チェック用に使用してください。複数回練習ができるようにコピーをして使用することをお勧めします。

問題番号	正答チェック欄		問題番号	正答チェック欄	
❶	文の内容把握問題（1）		❷	文の内容把握問題（2）	
[1]	1	[1]　[2]　[3]　[4]	[1]	1	[1]　[2]　[3]　[4]
	2	[1]　[2]　[3]　[4]		2	[1]　[2]　[3]　[4]
[2]	1	[1]　[2]　[3]　[4]	[2]	1	[1]　[2]　[3]　[4]
	2	[1]　[2]　[3]　[4]		2	[1]　[2]　[3]　[4]
[3]	1	[1]　[2]　[3]　[4]	[3]	1	[1]　[2]　[3]　[4]
	2	[1]　[2]　[3]　[4]		2	[1]　[2]　[3]　[4]
[4]	1	[1]　[2]　[3]　[4]	[4]	1	[1]　[2]　[3]　[4]
	2	[1]　[2]　[3]　[4]		2	[1]　[2]　[3]　[4]
[5]	1	[1]　[2]　[3]　[4]	[5]	1	[1]　[2]　[3]　[4]
	2	[1]　[2]　[3]　[4]		2	[1]　[2]　[3]　[4]
[6]	1	[1]　[2]　[3]　[4]	[6]	1	[1]　[2]　[3]　[4]
	2	[1]　[2]　[3]　[4]		2	[1]　[2]　[3]　[4]
[7]	1	[1]　[2]　[3]　[4]	[7]	1	[1]　[2]　[3]　[4]
	2	[1]　[2]　[3]　[4]		2	[1]　[2]　[3]　[4]
[8]	1	[1]　[2]　[3]　[4]	[8]	1	[1]　[2]　[3]　[4]
	2	[1]　[2]　[3]　[4]		2	[1]　[2]　[3]　[4]

練習用正答チェックシート

問題番号	正答チェック欄		問題番号	正答チェック欄	
3	文の内容把握問題（3）		4	文の内容把握問題（4）	
[1]	1	[1]　[2]　[3]　[4]	[1]	1	[1]　[2]　[3]　[4]
	2	[1]　[2]　[3]　[4]		2	[1]　[2]　[3]　[4]
[2]	1	[1]　[2]　[3]　[4]	[2]	1	[1]　[2]　[3]　[4]
	2	[1]　[2]　[3]　[4]		2	[1]　[2]　[3]　[4]
[3]	1	[1]　[2]　[3]　[4]	[3]	1	[1]　[2]　[3]　[4]
	2	[1]　[2]　[3]　[4]		2	[1]　[2]　[3]　[4]
[4]	1	[1]　[2]　[3]　[4]	[4]	1	[1]　[2]　[3]　[4]
	2	[1]　[2]　[3]　[4]		2	[1]　[2]　[3]　[4]
[5]	1	[1]　[2]　[3]　[4]	[5]	1	[1]　[2]　[3]　[4]
	2	[1]　[2]　[3]　[4]		2	[1]　[2]　[3]　[4]
[6]	1	[1]　[2]　[3]　[4]	[6]	1	[1]　[2]　[3]　[4]
	2	[1]　[2]　[3]　[4]		2	[1]　[2]　[3]　[4]
[7]	1	[1]　[2]　[3]　[4]	[7]	1	[1]　[2]　[3]　[4]
	2	[1]　[2]　[3]　[4]		2	[1]　[2]　[3]　[4]
[8]	1	[1]　[2]　[3]　[4]	[8]	1	[1]　[2]　[3]　[4]
	2	[1]　[2]　[3]　[4]		2	[1]　[2]　[3]　[4]

1 文の内容把握問題（1）

▶▶▶本番の試験での問題間隔は約12秒です。ここでは音声再生ソフトの一時停止を利用して間隔を適宜調整しながら聞いてください。[1]～[4] は本試験21～22番、[5]～[8] は本試験25～26番の問題に対応しています。

▲音声はこちら

02-01

[1] 다음을 듣고 물음에 답하십시오.

1. 남자의 중심 생각으로 맞는 것을 고르십시오.
① 자격증을 따려는 사원에게는 비용을 지원해야 한다.
② 사원의 건강을 챙기는 것이 회사에 도움이 된다.
③ 사원 복지 지원 제도를 적극 활용해 주었으면 한다.
④ 업무 능력보다 자기 계발 능력을 평가해야 한다.

2. 들은 내용으로 알맞은 것을 고르십시오.
① 자격증 때문에 모두 스트레스를 받고 있다.
② 영어를 잘하는 사람은 매달 수당을 받는다.
③ 자기계발비는 업무와 무관한 활동에 쓸 수 없다.
④ 자격증을 따는 것만이 자기계발은 아니다.

02-02

[2] 다음을 듣고 물음에 답하십시오.

1. 남자의 중심 생각으로 맞는 것을 고르십시오.
① 아이의 말에 귀를 기울이고 아이를 신뢰해야 한다.
② 대화를 원한다면 같은 취미를 가져야 한다.
③ 성장기의 아이는 인내심을 갖고 대해야 한다.
④ 부모가 아이 사생활에 간섭하지 말아야 한다.

2. 들은 내용으로 알맞은 것을 고르십시오.
① 딸은 엄마가 자기에게 무관심하다고 생각한다.
② 사춘기의 아이는 성인 취급을 해야 신뢰를 얻는다.
③ 여자는 아이의 말은 듣지 않고 잔소리만 했다.
④ 여자는 딸과 대화가 잘 안돼서 고민하고 있다.

▶ 台本はp.257、解説はp.334

02-03

[3] 다음을 듣고 물음에 답하십시오.

1. 남자의 중심 생각으로 맞는 것을 고르십시오.
   ① 살을 빼려면 과음 과식을 피해야 한다.
   ② 다이어트를 하려면 식습관부터 개선해야 한다.
   ③ 지나친 체중 감량은 건강을 해치므로 조심해야 한다.
   ④ 다이어트는 현실적인 목표를 정해 실행해야 한다.

2. 들은 내용으로 알맞은 것을 고르십시오.
   ① 규칙적인 운동만이 살을 뺄 수 있다.
   ② 아무것도 안 먹으면 오히려 살이 찔 수가 있다.
   ③ 식사를 안 하면 일시적으로 체중이 빠질 수 있다.
   ④ 모든 다이어트는 건강을 해치기 쉽다.

02-04

[4] 다음을 듣고 물음에 답하십시오. 〈既出37回〉

1. 남자의 중심 생각으로 맞는 것을 고르십시오.
   ① 쇼핑몰은 개인 정보를 잘 관리해야 한다.
   ② 쇼핑몰에 가입하면 쉽게 개인 정보가 유출된다.
   ③ 개인 정보 유출을 막으려면 본인이 신경 써야 한다.
   ④ 잘 이용하지 않는 쇼핑몰에는 가입하지 말아야 한다.

2. 들은 내용으로 알맞은 것을 고르십시오.
   ① 여자는 쇼핑몰 가입을 후회하고 있다.
   ② 여자는 쇼핑몰의 비밀번호를 자주 바꿨다.
   ③ 이 쇼핑몰은 개인 정보 유출 사실을 숨겼다.
   ④ 이 쇼핑몰은 개인 정보 없이 가입할 수 있다.

▶解説はp.335

1 文の内容把握問題（1）

02-05

[5] 다음을 듣고 물음에 답하십시오.

1. 남자의 중심 생각으로 맞는 것을 고르십시오.
   ① 자신감이 생기도록 사소한 일이라도 자주 칭찬해 줘야 한다.
   ② 지능보다는 노력하는 자세를 칭찬해 주는 것이 좋다.
   ③ 어릴 때부터 자신감을 키워주는 교육을 해야 한다.
   ④ 어려운 문제를 극복하려면 강한 자신감이 필요하다.

2. 들은 내용으로 맞는 것을 고르십시오.
   ① 지능이 높은 아이는 무슨 일이든 쉽게 포기하지 않는다.
   ② 똑똑하다고 칭찬을 하면 할수록 아이는 똑똑해진다.
   ③ 칭찬을 많이 하면 아이는 무슨 일이든 잘해낼 수 있다.
   ④ 노력하는 아이가 될 수 있도록 칭찬해 주는 것이 좋다.

02-06

[6] 다음을 듣고 물음에 답하십시오.

1. 남자의 중심 생각으로 맞는 것을 고르십시오.
   ① 운동 선수에게만 군대 면제의 특혜를 주어서는 안된다.
   ② 군대 문제는 젊은이들 모두에게 형평성 있게 다루어야 한다.
   ③ 한류 스타도 운동 선수처럼 군대 문제를 대우해 줘야 한다.
   ④ 한류 스타는 군대 내에서의 자유로운 연예 활동을 허용해야 한다.

2. 들은 내용으로 맞는 것을 고르십시오.
   ① 한류스타에게는 군대를 면제해 주는 제도가 없다.
   ② 대중 예술 분야에 대한 차별은 어제오늘의 이야기가 아니다.
   ③ 나라의 이미지를 높인 한류 스타는 군대가 면제된다.
   ④ 저명한 가수나 배우는 군대에 가도 연예 활동이 허용된다.

▶ 台本はp.258、解説はp.336

02-07

[7] 다음을 듣고 물음에 답하십시오.

1. 남자의 중심 생각으로 맞는 것을 고르십시오.
① 발명은 인류의 삶을 바꿀 정도의 것을 만들어 내는데 의의가 있다.
② 일상생활에서 힌트를 얻을 수 있는 작은 발명은 누구나 할 수 있다.
③ 개인이 획기적이고 새로운 발명을 하기가 쉬운 시대가 되었다.
④ 생활 속의 작은 불편을 개선하려는 노력이 발명의 계기가 된다.

2. 들은 내용으로 맞는 것을 고르십시오.
① 남자는 획기적인 발명을 위해 늘 고민하고 있다.
② 남자가 발명한 것에는 특별히 획기적인 새로운 것은 없다.
③ 남자는 기존의 물건을 이용해 값싼 유사 제품을 만들어 낸다.
④ 남자는 발명의 힌트를 얻기 위해 어떤 불편도 마다하지 않는다.

02-08

[8] 다음을 듣고 물음에 답하십시오. 〈既出37回〉

1. 남자의 중심 생각으로 맞는 것을 고르십시오.
① 자기 계발은 계획서 작성이 필요하다.
② 진정한 자기 계발은 스스로 하는 것이다.
③ 자기 평가가 안 좋으면 다시 도전할 수 있다.
④ 자기 계발의 결과에 대한 만족도가 중요하다.

2. 들은 내용으로 맞는 것을 고르십시오.
① 학생들은 스스로 계획서를 작성한다.
② 보고서를 쓰려면 전문가를 만나야 한다.
③ 학교가 학생들의 자기 계발 결과를 평가한다.
④ 학생들은 학기 말에 자기 계발 계획서를 낸다.

▶解説はp.337

2 文の内容把握問題（2）

▲音声はこちら

▶▶▶本番の試験での問題間隔は約12秒です。ここでは音声再生ソフトの一時停止を利用して間隔を適宜調整しながら聞いてください。[1]～[4] は本試験23～24番、[5]～[8] は本試験35～36番の問題に対応しています。

02-09

[1] 다음을 듣고 물음에 답하십시오.

1. 남자는 무엇을 하고 있는지 맞는 것을 고르십시오.
   ① 실내 공기의 안전성에 대해 이야기하고 있다.
   ② 효과적인 환기 방법을 제안하고 있다.
   ③ 실내 오염물질과 환기 시설을 점검하고 있다.
   ④ 실내 공기와 환기에 대해서 설명하고 있다.

2. 들은 내용으로 맞는 것을 고르십시오.
   ① 가끔 공기청정기를 써서 실내 오염을 제거하는 것이 좋다.
   ② 실내 공기는 반드시 환풍기로 순환시켜야 한다.
   ③ 환풍기보다 창문을 열어 환기를 하는 것이 효과적이다.
   ④ 외부보다는 실내 공기가 깨끗하고 안전하다.

02-10

[2] 다음을 듣고 물음에 답하십시오.

1. 남자는 무엇을 하고 있는지 맞는 것을 고르십시오.
   ① 요리 방법에 대해 알아보고 있다.
   ② 요리대회 우승자를 인터뷰하고 있다.
   ③ 요리를 배우게 된 동기를 묻고 있다.
   ④ 요리도 연습이 중요함을 강조하고 있다.

2. 들은 내용으로 맞는 것을 고르십시오.
   ① 대회에서 우승하리라고는 예상하지 못했다.
   ② 요리학교 때 배운 것이 우승에 도움이 되었다.
   ③ 열심히 연습한 만큼 대회에서 우승할 자신이 있었다.
   ④ 요리를 어깨너머로 배운 끝에 일급 요리사가 되었다.

▶台本はp.260、解説はp.339

02-11

[3] 다음을 듣고 물음에 답하십시오.

1. 남자는 무엇을 하고 있는지 맞는 것을 고르십시오.

① 안내와 통역을 할 사람을 추천하고 있다.
② 초청장의 발송에 대해 보고하고 있다.
③ 직장 내의 각 부서에 도움을 요청하고 있다.
④ 설명회 준비를 확인하고 있다.

2. 들은 내용으로 맞는 것을 고르십시오.

① 초청장은 과장의 허락을 받고 발송한다.
② 아직 통역 담당자를 충분히 확보하지 못했다.
③ 외국 회사 관계자가 설명회에 다수 참석할 예정이다.
④ 신제품 설명회까지는 한달 이상 시간이 있다.

02-12

[4] 다음을 듣고 물음에 답하십시오. 〈既出41回〉

1. 남자는 무엇을 하고 있는지 맞는 것을 고르십시오.

① 회의 장소를 추천하고 있다.
② 회의장 시설을 점검하고 있다.
③ 호텔 위치에 대해 알아보고 있다.
④ 회의장을 빌리려고 문의하고 있다.

2. 들은 내용으로 맞는 것을 고르십시오.

① 회의장을 이용하면 음료가 할인된다.
② 대규모 회의장에만 컴퓨터가 설치되어 있다.
③ 100명 이상이 들어갈 수 있는 회의장은 없다.
④ 직접 방문하면 더 자세한 설명을 들을 수 있다.

▶解説はp.340

2 文の内容把握問題 (2)

02-13

[5] 다음을 듣고 물음에 답하십시오.

1. 남자는 무엇을 하고 있는지 맞는 것을 고르십시오.
   ① 초중고 때의 성장을 평가하고 있다.
   ② 목표의식의 결여를 우려하고 있다.
   ③ 토론의 필요성을 역설하고 있다.
   ④ 끊임없는 노력을 강조하고 있다.

2. 들은 내용으로 맞는 것을 고르십시오.
   ① 입학과 동시에 졸업 후의 목표를 찾아야 한다.
   ② 꿈을 이루려면 목표의식을 갖고 노력해야 한다.
   ③ 대학생활의 묘미는 밤새 토론하며 고민하는 것이다.
   ④ 학우들의 길잡이가 되려면 부단한 노력이 필요하다.

02-14

[6] 다음을 듣고 물음에 답하십시오.

1. 남자는 무엇을 하고 있는지 맞는 것을 고르십시오.
   ① 직원들의 노력을 요구하고 있다.
   ② 수상을 위해 협조를 요청하고 있다.
   ③ 직원들의 노고에 감사하고 있다.
   ④ 수상 과정을 설명하고 있다.

2. 들은 내용으로 맞는 것을 고르십시오.
   ① 좋은 재료와 좋은 맛이 모범 식당의 선정 기준이다.
   ② 엄선된 재료로 정성껏 조리해온 것이 수상 이유다.
   ③ 식당은 음식 맛을 강조하기보다 좋은 재료를 써야 한다.
   ④ 부산에서는 시장이 깨끗한 식당을 골라 상을 주고 있다.

▶ 台本はp.261、解説はp.341

[7] 다음을 듣고 물음에 답하십시오.

02-15

1. 남자는 무엇을 하고 있는지 맞는 것을 고르십시오.
   ① 환경 오염 방지를 위한 적극적인 노력을 촉구하고 있다.
   ② 환경 오염 방지의 필요성에 대해 공감하고 있다.
   ③ 환경 오염 방지를 위한 실천 계획을 밝히고 있다.
   ④ 환경 오염 방지에 대한 인식 부족을 비판하고 있다.

2. 들은 내용으로 맞는 것을 고르십시오.
   ① 환경 오염 예방에 공감하는 사람은 많지 않다.
   ② 환경 오염 예방이 가능하다고 믿는 사람은 많지 않다.
   ③ 환경 오염이 심각하다고 인식하는 사람은 많지 않다.
   ④ 실제로 환경 오염 방지를 위해 애쓰는 사람은 많지 않다.

[8] 다음을 듣고 물음에 답하십시오. 〈既出41回〉

02-16

1. 남자는 무엇을 하고 있는지 맞는 것을 고르십시오.
   ① 연기의 가치를 평가하고 있다.
   ② 능력의 필요성을 역설하고 있다.
   ③ 끊임없는 도전을 강조하고 있다.
   ④ 기회의 중요성을 주장하고 있다.

2. 들은 내용으로 맞는 것을 고르십시오.
   ① 감독은 계속 도전하는 배우들을 찾는다.
   ② 자신의 개성에 맞는 배역을 기다려야 한다.
   ③ 재학 중에는 다양한 오디션 과정을 거친다.
   ④ 기회를 잡으려면 거절의 고통을 견뎌야 한다.

▶解説はp.342

3 文の内容把握問題 (3)

▶▶▶本番の試験での問題間隔は約12秒です。ここでは音声再生ソフトの一時停止を利用して間隔を適宜調整しながら聞いてください。[1]～[4] は本試験27～28番、[5]～[8] は本試験29～30番の問題に対応しています。

▲音声はこちら

02-17

[1] 다음을 듣고 물음에 답하십시오.

1. **남자가 여자에게** 말하는 의도를 고르십시오.
   ① 해외 이전에 대한 지지를 부탁하기 위해
   ② 합리적인 경영에 대한 조언을 주기 위해
   ③ 공장의 해외 이전의 필요성을 강조하기 위해
   ④ 원가 절감의 중요성을 설명하기 위해

2. 들은 내용으로 맞는 것을 고르십시오.
   ① 공장을 이전할 때는 직원도 모두 옮겨야 한다.
   ② 해외로 공장을 옮기면 운송비를 절감할 수 있다.
   ③ 회사를 살리려면 직원을 감축할 필요가 있다.
   ④ 공장의 해외 이전은 경영을 어렵게 할 수도 있다.

02-18

[2] 다음을 듣고 물음에 답하십시오.

1. **남자가 여자에게** 말하는 의도를 고르십시오.
   ① 전자 결재의 편리함을 설명하기 위해
   ② 기존의 결재 방식의 비효율성을 지적하기 위해
   ③ 결재 방식의 변경에 따른 비용 절감을 강조하기 위해
   ④ 전자 결재 방식을 도입할 것을 권유하기 위해

2. 들은 내용으로 맞는 것을 고르십시오.
   ① 전자 결재는 편리한 반면 유지 비용이 적게 든다.
   ② 전자 결재 방식은 프로그램 구축이 단순하다.
   ③ 결재 방식의 변경으로 예상외의 비용이 발생할 수도 있다.
   ④ 전자 결재는 보안에 취약한 것이 약점이다.

▶ 台本はp.263、解説はp.344

02-19

[3] 다음을 듣고 물음에 답하십시오.

1. 남자가 여자에게 말하는 의도를 고르십시오.

① 종교인에 대한 소득세 반대 서명을 받기 위해
② 종교인에 대한 세금 면제를 비판하기 위해
③ 목사들의 경제적 어려움을 강조하기 위해
④ 종교인의 세금 면제 필요성을 설명하기 위해

2. 들은 내용으로 맞는 것을 고르십시오.

① 종교인은 종교 활동 이외의 수입은 많지 않다.
② 남자는 작은 교회를 하나 운영하고 있다.
③ 종교 활동을 통해 돈벌이를 하는 사람이 많다.
④ 여자는 종교인의 세금 부과에 찬성하고 있다.

02-20

[4] 다음을 듣고 물음에 답하십시오. 〈既出41回〉

1. 남자가 여자에게 말하는 의도를 고르십시오.

① 정장 대여를 이용하게 하기 위해
② 정장 기증 단체의 활동을 홍보하기 위해
③ 정장 기증에 참여할 것을 권유하기 위해
④ 장학금 대여가 필요한 이유를 설명하기 위해

2. 들은 내용으로 맞는 것을 고르십시오.

① 남자는 정장을 기증해 본 적이 있다.
② 기증된 정장은 무료로 빌릴 수 있다.
③ 정장을 기증하기 전에 세탁해야 한다.
④ 여자는 정장이 없어서 빌리려고 한다.

▶解説はp.345

3 文の内容把握問題（3）

02-21

[5] 다음을 듣고 물음에 답하십시오.

1. 남자는 누구인지 고르십시오.

① 직업 상담사

② 식품 전문가

③ 병원 의사

④ 요리 전문가

2. 들은 내용으로 맞는 것을 고르십시오.

① 음식은 충분히 익혀 먹는 것이 좋다.

② 식중독은 수분만 섭취하면 저절로 낫는다.

③ 음식 보관은 냉장고에 의존하면 안 된다.

④ 조리기구는 충분히 가열해서 사용해야 한다.

02-22

[6] 다음을 듣고 물음에 답하십시오.

1. 남자는 누구인지 고르십시오.

① 과일매장 직원

② 요리 전문가

③ 정신과 전문의

④ 영양관리사

2. 들은 내용으로 맞는 것을 고르십시오.

① 과일을 주식으로 하면 피부 미용과 건강에 좋다.

② 과일은 곡류, 육류와 더불어 균형있게 섭취해야 한다.

③ 과일은 빈혈 증상을 개선하는데 도움을 준다.

④ 과일은 인체에 필요한 영양분을 골고루 갖추고 있다.

▶ 台本はp.265、解説はp.346

02-23

[7] **다음을 듣고 물음에 답하십시오.**

1. 남자는 누구인지 고르십시오.
   ① 연극 제작자
   ② 직업 상담사
   ③ 진로 상담 교원
   ④ 아동상담 전문가

2. 들은 내용으로 맞는 것을 고르십시오.
   ① 공부를 강요하면 아이는 공부를 더 안 하게 된다.
   ② 정기적으로 아이들의 스트레스를 해소시켜야 한다.
   ③ 아이가 스스로 공부를 할 수 있게 돕는 것이 좋다.
   ④ 부모와 대화를 많이 하는 아이가 공부를 잘한다.

02-24

[8] **다음을 듣고 물음에 답하십시오.** 〈既出37回〉

1. 남자는 누구인지 고르십시오.
   ① 문화재를 복원하는 사람
   ② 문화재를 관리하는 사람
   ③ 문화재를 해설하는 사람
   ④ 문화재를 발굴하는 사람

2. 들은 내용으로 맞는 것을 고르십시오.
   ① 문화재 수리는 작가에게 책임이 있다.
   ② 문화재 수리는 반복되는 교체 작업이다.
   ③ 문화재 수리는 원형을 훼손하지 않아야 한다.
   ④ 문화재 수리는 손상되지 않게 관리하는 것이다.

▶解説はp.347

4 文の内容把握問題（4）

▲音声はこちら

▶▶▶本番の試験での問題間隔は約12秒です。ここでは音声再生ソフトの一時停止を利用して間隔を適宜調整しながら聞いてください。[1]～[4] は本試験31～32 番、[5]～[8] は本試験33～34番の問題に対応しています。

02-25

[1] 다음을 듣고 물음에 답하십시오.

1. 남자의 생각으로 맞는 것을 고르십시오.

① 학생들이 취직에 유리한 강의에 몰리는 것은 당연하다.

② 취업이 안 되는 것은 본인에게도 절반의 책임이 있다.

③ 대학은 학문적인 면에서의 인재 양성이 중요하다.

④ 취업율을 높일 수 있도록 실무적인 수업을 늘려야 한다.

2. 남자의 태도로 맞는 것을 고르십시오.

① 취업에 대한 대학생들의 견해를 분석하고 있다.

② 상대방의 의견에 일부 동의하고 있다.

③ 대학생들의 수강 태도를 지지하고 있다.

④ 요즘 대학의 현실을 비판하고 있다.

02-26

[2] 다음을 듣고 물음에 답하십시오.

1. 남자의 생각으로 맞는 것을 고르십시오.

① 제복 착용을 하면 개성과 취향을 살릴 수 없다.

② 제복 착용으로 소속감을 높여 줘야 한다.

③ 제복으로 직원 여부를 쉽게 구별하도록 해야 한다.

④ 개성을 살리도록 제복의 디자인을 바꿔야 한다.

2. 남자의 태도로 맞는 것을 고르십시오.

① 상대방의 의견에 일부 반론하고 있다.

② 제복 착용의 이점에 대해 일부 동의하고 있다.

③ 제복 착용에 대해 의문을 제기하고 있다.

④ 제복 착용에 대해 소극적으로 지지하고 있다.

▶ 台本はp.266、解説はp.349

[3] 다음을 듣고 물음에 답하십시오.

02-27

1. 남자의 생각으로 맞는 것을 고르십시오.
   ① 대중이 연예인의 사생활에 관심이 많은 것은 어쩔 수 없다.
   ② 연예인은 대중이 궁금해하는 것을 밝힐 필요가 있다.
   ③ 연예인의 사생활은 보통 사람들과는 다를 수밖에 없다.
   ④ 연예인의 사생활은 알려고 할 필요가 없다.

2. 남자의 태도로 맞는 것을 고르십시오.
   ① 연예인들의 생각을 대변하고 있다.
   ② 상대방의 의견에 일부 반대하고 있다.
   ③ 상대방의 의견에 대해 반박하고 있다.
   ④ 대중들의 심정에 동조하고 있다.

[4] 다음을 듣고 물음에 답하십시오. 〈既出41回〉

02-28

1. 남자의 생각으로 맞는 것을 고르십시오.
   ① 담뱃값 인상은 흡연율 감소에 도움이 된다.
   ② 금연은 흡연자들 스스로의 참여가 가장 중요하다.
   ③ 흡연율 감소를 위해서 더 강력한 정책이 필요하다.
   ④ 상담 센터보다 담뱃값 인상이 더 효과적인 정책이다.

2. 남자의 태도로 맞는 것을 고르십시오.
   ① 연구 결과를 비판하고 있다.
   ② 금연 정책을 지지하고 있다.
   ③ 흡연자들의 입장을 대변하고 있다.
   ④ 상대방의 의견에 일부 동의하고 있다.

▶解説はp.350

4 文の内容把握問題 (4)

02-29

[5] 다음을 듣고 물음에 답하십시오.

1. 무엇에 대한 내용인지 맞는 것을 고르십시오.
   ① 회사 시설의 개방을 검토하는 이유
   ② 회사 시설의 유용한 활용 계획
   ③ 주차장과 체육실의 개방 효과
   ④ 회사 시설의 활용상의 문제점

2. 들은 내용으로 맞는 것을 고르십시오.
   ① 인근 주민은 야간에만 체육실을 이용할 수 있다.
   ② 인근 주민은 시간에 관계없이 주차장을 이용할 수 있다.
   ③ 체육실을 이용하는 주민에게는 이용료를 받을 예정이다.
   ④ 회사 시설은 인근 주민에 한해 무료로 개방한다.

02-30

[6] 다음을 듣고 물음에 답하십시오.

1. 무엇에 대한 내용인지 맞는 것을 고르십시오.
   ① 해외 여행에서의 실패 경험담
   ② 나라마다 문화와 풍습이 다른 이유
   ③ 여행지 풍습의 사전 학습의 필요성
   ④ 해외 여행과 트러블 예방법

2. 들은 내용으로 맞는 것을 고르십시오.
   ① 풍습을 몰라서 실수하는 것도 해외 여행의 즐거움이다.
   ② 서양 문화권을 여행할 때는 오해를 사지 않도록 주의해야 한다.
   ③ 동양과 서양의 문화와 풍습의 차이를 이해해야 한다.
   ④ 여행을 즐기려면 여행지의 문화나 풍습을 알아두는 것이 좋다.

▶ 台本はp.268、解説はp.351

02-31

[7] 다음을 듣고 물음에 답하십시오.

1. 무엇에 대한 내용인지 맞는 것을 고르십시오.
① 경제력과 혼인율의 상관 관계
② 젊은이들이 중시하는 결혼조건
③ 조건 중시의 결혼관의 문제점
④ 올바른 결혼관에 대한 교육의 필요성

2. 들은 내용으로 맞는 것을 고르십시오.
① 결혼 조건으로 경제력이 중시되는 것에 공감한다.
② 상대방의 조건을 놓고 저울질 하는 것은 당연하다.
③ 결혼 조건이 경제력에 치우치는 것 같아 섭섭하다.
④ 결혼을 앞둔 젊은이들의 현실적인 선택을 존중한다.

02-32

[8] 다음을 듣고 물음에 답하십시오. 〈既出37回〉

1. 무엇에 대한 내용인지 맞는 것을 고르십시오.
① 성공과 실패가 결정되는 시기
② 인생을 배우며 성장하는 과정
③ 결과보다 과정이 중요한 이유
④ 실패가 가져오는 긍정적 변화

2. 들은 내용으로 맞는 것을 고르십시오.
① 물은 끓는 순간에도 에너지를 품고 있다.
② 성공과 실패는 변화의 정도에 달려 있다.
③ 시작 단계에서부터 성공을 준비해야 한다.
④ 결정적인 순간에 힘을 발휘하면 성공한다.

▶解説はp.352

第3章 聞き取り編 (3)

上級レベル

聞き取り問題（3）

① 出題類型と内容

TOPIKⅡの聞き取り問題全50問中、この章で取り上げる**本試験37番～50番**までの形式の問題は**5級～6級の上級レベル**の問題で構成されている。問題文1つに2問ずつの組み合わせで出題され、主に問題文の内容を正しく理解しているかが問われる。**問題文の読みは2回ずつ放送**される。

区分	本試験37番～50番までの問題類型と内容 ※【　】の中の数字は本試験での問題番号	問題数と配点
1	文の内容把握問題（1）　【37～38】/【41～42】 問題文を聞いて、①男性、または女性の中心となる考えを把握する問題1問と、②内容一致を選択する問題1問の組み合わせ。	4問×2点
2	文の内容把握問題（2）　【39～40】/【43～44】 ▶問題文を聞いて、①対話の前の話の内容はどれかを選択する問題1問と、②内容一致を選択する問題1問の組み合わせ。 ▶問題文を聞いて、①問題文の中心内容を把握する問題1問と、②内容一致を選択する問題1問の組み合わせ。	4問×2点
3	文の内容把握問題（3）　【45～46】/【47～48】 問題文を聞いて、①内容が一致するものを選択する問題1問と、②女性、または男性の話し方（態度）として適当なものを選択する問題1問の組み合わせ。	4問×2点
4	文の内容把握問題（4）　【49～50】 問題文を聞いて、①内容が一致するものを選択する問題1問と、②女性の主題に対する態度（話し方）を把握する問題1問の組み合わせ。	2問×2点
※ 5つの問題類型に、問題総数14問、配点合計28点。		

❷ 問題類型別分析と対策

問題類型 文の内容を把握しているかを確認する問題

本試験37番〜50番までの問題はすべて問題文1つに2問ずつの組み合わせで出題される。この範囲の問題は7つの問題文に各2問ずつの14問の5級と6級の上級レベルの問題で構成されている。問題文の読みは2回ずつ放送される。

問題項目は多い順にまとめると次のような構成になっている。内容一致、男性、または女性の考えや態度、問題文の中心内容、特定の物事の説明、対話文の前の内容などを問う形式で出題され、問題文の内容を正しく把握、理解しているかが問われる。

区分	問題項目	問題数
❶	問題文と内容が一致するものを選ぶ問題 ▶ 들은 내용으로 맞는 것을 고르십시오.	6問
❷	男性の中心となる考えを選ぶ問題 ▶ 남자의 중심 생각으로 맞는 것을 고르십시오.	2問
❸	講演や対談の中で男（女）性は分析・紹介・説明・提示・要求・提起など、どのような方式で話しているかを把握する問題 ▶ 여자(남자)가 말하는 방식으로 가장 알맞은 것을 고르십시오.	2問
❹	問題文の対話を聞いて、その対話の前に話していたであろう内容として適切なものは何かを選ぶ問題 ▶ 이 대화 앞의 내용으로 알맞은 것을 고르십시오.	1問
❺	問題文の中心内容はどれかを選択する問題 ▶ 이 이야기의 중심 내용으로 맞는 것을 고르십시오.	1問
❻	問題文に出てくる物事の説明として適切なものを選ぶ問題 ▶ OOO에 대한 설명으로 맞는 것을 고르십시오.	1問
❼	対話の主題に対して女性は楽観・期待・失望・憂慮など、どのような態度を示しているか把握する問題 ▶ 여자의 태도로 가장 알맞은 것을 고르십시오.	1問

この範囲の問題を出題順番に沿って示すと、以下のような質問項目との組み合わせで構成されている。

【37～38】の問題

※ 다음은 교양 프로그램입니다. 잘 듣고 물음에 답하십시오.

次は教養プログラムです。よく聞いて問いに答えなさい。

37. 여자의 중심 생각으로 맞는 것을 고르십시오.

女性の中心となる考えとして正しいものを選びなさい。

38. 들은 내용과 일치하는 것을 고르십시오.

聞いた内容と一致するものを選びなさい。

⇒問題文は司会者の質問に答える教養プログラムの形式で出題され、幅広い知識が求められるテーマのものが取り上げられる。 **37番**は司会者の質問に答える形で女性（または男性）が話そうとしていることは何か、その中心的な内容·考え方を把握する問題、**38番**は問題文の内容と一致するものを選ぶ問題で構成されている。

【39～40】の問題

※ 다음은 대담입니다. 잘 듣고 물음에 답하십시오.

次は対談です。よく聞いて問いに答えなさい。

39. 이 대화 앞의 내용으로 알맞은 것을 고르십시오.

この対話の前の内容として適切なものを選びなさい。

40. 들은 내용과 일치하는 것을 고르십시오.

聞いた内容と一致するものを選びなさい。

⇒問題文は対談の形式で出題される。**39番**はこの対話の前に話されていた内容は何だったかを問題文で示された対話の文脈から、または対話の一部分から推論して選ぶ問題、**40番**は対談の内容と一致するものを選ぶ問題で構成されている。

【41～42】の問題

※ 다음은 강연입니다. 잘 듣고 물음에 답하십시오.

次は講演です。よく聞いて問いに答えなさい。

41. 남자의 중심 생각으로 맞는 것을 고르십시오.

男性の中心となる考えとして正しいものを選びなさい。

42. 들은 내용과 일치하는 것을 고르십시오.

聞いた内容と一致するものを選びなさい。

⇒問題文は講演文の形式で出題される。**41番**は講演で男性（または女性）が話そうとしていることは何か、その中心となる考え方を把握する問題、**42番**は講演の内容と一致するものを選ぶ問題で構成されている。

【43～44】の問題

※ 다음은 다큐멘터리입니다. 잘 듣고 물음에 답하십시오.

次はドキュメンタリーです。よく聞いて問いに答えなさい。

43. 이 이야기의 중심 내용으로 맞는 것을 고르십시오.

この話の中心内容として正しいものを選びなさい。

44. ○○○에 대한 설명으로 맞는 것을 고르십시오.

○○○に対する説明として正しいものを選びなさい。

＊ ○○○의 이유로 맞는 것을 고르십시오.

○○○の理由として正しいものを選びなさい。

⇒問題文はドキュメンタリーの形式で出題される。**43番**はナレーターが読んでいる内容の中で最も重要視している中心となる内容を把握する問題、**44番**は問題文に出てくる物事に対する説明として適切なものを選ぶ問題で構成されている。44番は試験回によっては、「○○○의 이유로 맞는 것을 고르십시오.」のように文中の事柄に対する理由を問う形式としても出題される。

【45～46】の問題

※ 다음은 강연입니다. 잘 듣고 물음에 답하십시오.

次は講演です。よく聞いて問いに答えなさい。

45. 들은 내용과 일치하는 것을 고르십시오.

聞いた内容と一致するものを選びなさい。

46. 여자가 말하는 방식으로 가장 알맞은 것을 고르십시오.

女性の話し方として最も適切なものを選びなさい。

＊ 여자의 태도로 가장 알맞은 것을 고르십시오.

女性の態度として正しいものを選びなさい。

⇒問題文は講演の形式で出題される。**45番**は講演の内容と一致するものを選ぶ問題、**46番**は女性（または男性）が講演で話している話の仕方は内容を分析・究明しているのか、紹介・説明・提示・要求・提起しているのかなど、どのような方式で話しているのかを把握する問題で構成されている。46番は試験回によっては、「여자(남자)의 태도로 가장 알맞은 것을 고르십시오.」のように文の主題に対して女性（または男性）が示している態度を問う形式としても出題される。

【47~48】の問題

※ 다음은 대담입니다. 잘 듣고 물음에 답하십시오.

次は対談です。よく聞いて問いに答えなさい。

47. 들은 내용과 일치하는 것을 고르십시오.

聞いた内容と一致するものを選びなさい。

48. 남자가 말하는 방식으로 가장 알맞은 것을 고르십시오.

男性が話す方式として最も適切なものを選びなさい。

* 남자의 태도로 가장 알맞은 것을 고르십시오.

男性の態度として正しいものを選びなさい。

⇒問題文は対談の形式で出題される。**47番**は対談の内容と一致するものを選ぶ問題、**48番**は女性（または男性）が対談で話す話の仕方は内用を分析・究明しているのか、紹介・説明・提示・要求・提起しているのかなど、どのような方式で話しているかを把握する問題で構成されている。48番は試験回によっては、「남자(여자)의 태도로 가장 알맞은 것을 고르십시오.」のように対談の主題に対して男性（または女性）が示している態度を問う形式としても出題される。

対談の場合、問われている話の仕方が男性のほうなのか女性のほうなのか混同しないように問題の指示文をしっかり確認してから聞かなければならない。

【49~50】の問題

※ 다음은 강연입니다. 잘 듣고 물음에 답하십시오.

次は講演です。よく聞いて問いに答えなさい。

49. 들은 내용과 일치하는 것을 고르십시오.

聞いた内容と一致するものを選びなさい。

50. 여자의 태도로 가장 알맞은 것을 고르십시오.

女性の態度として最も適切なものを選びなさい。

* 여자가 말하는 방식으로 가장 알맞은 것을 고르십시오.

女性の話し方として最も適切なものを選びなさい。

⇒問題文は講演の形式で出題される。**49番**は講演の内容と一致するものを選ぶ問題、**50番**は講演の主題に対して女性（または男性）はどのような態度を示しているか、つまり、楽観、期待、失望、憂慮、批判、反対、支持、同意、反論、主張、提案、問題提起、責任追及、同調、無視など、どのような態度を示しているかを把握する問題で構成されている。50番は試験回によっては、「여자가 말하는 방식으로 가장 알맞은 것을 고르십시오.」のように、女性（または男性）が講演で話している話の仕方はどのような方式、態度で話しているかを問う形式としても出題される。

1 【37～38】の問題例

既出
37回

※[37～38] 다음은 교양 프로그램입니다. 잘 듣고 물음에 답하십시오. (각 2점)

放送

남자 : 오늘은 한영수 박사님을 모시고 '빗물연구소' 에서 어떤 일을 하는지 이야기를 들어 보겠습니다. 박사님, 시작해 주시죠.

여자 : 저희 '빗물연구소' 가 뭘 하는 곳인지 모르는 분들이 많은데요. '빗물연구소' 에서는 아주 간단하면서도 친환경적인 일을 합니다. 바로 빗물을 깨끗한 물로 만드는 일이죠. 빗물은 저장할 공간과 정화 시설만 갖추면 소중한 자원이 됩니다. 정화된 빗물은 식수나 생활용수로 다양하게 사용되고 있습니다. 의미 없이 버려졌던 빗물이 우리 생활에서 없어서는 안 될 중요한 존재가 된 거죠.

37. 여자의 중심 생각으로 맞는 것을 고르십시오.
① '빗물연구소' 는 빗물을 가치 있게 만든다.
② '빗물연구소' 에 대해 모르는 사람들이 많다.
③ 빗물을 자원으로 만드는 과정은 간단하다.
④ 빗물을 자원으로 만들려면 시설이 필요하다.

38. 들은 내용과 일치하는 것을 고르십시오.
① 빗물이 깨끗하다면 정화 과정을 생략해도 된다.
② '빗물연구소' 의 활동은 환경 보전과도 관련이 있다.
③ 빗물은 정화 과정을 거쳐도 식수로 사용할 수 없다.
④ 아직 정화된 빗물의 사용은 다양하지 않은 수준이다.

正解　37. ①　38. ②

解説　※次は教養プログラムです。よく聞いて問いに答えなさい。(各2点)

男性：今日はハン・ヨンス博士をお招きして「雨水研究所」ではどのような仕事をしているのかを伺いたいと思います。先生、お願いします。

女性：私どもの「雨水研究所」が何をしているところなのか知らない方が多いですが、「雨水研究所」ではとても簡単なエコフレンドリーな仕事をしています。つまり雨水をきれいな水にする仕事です。

雨水は溜めておく空間と浄化施設さえ取り揃えれば大事な資源になります。浄化された雨水は飲み水や生活用水など様々な用途で使われています。何の価値もなく捨てられていた雨水が私たちの生活でなくてはならない重要な存在になったわけです。

37. 女性の中心となる考えとして正しいものを選んでください。
① 「雨水研究所」は雨水を価値あるものにする。
② 「雨水研究所」に対して知らない人が多い。
③ 雨水を資源にする過程は簡単だ。
④ 雨水を資源にしようとすると施設が必要だ。

38. 聞いた内容と一致するものを選びなさい。
① 雨水がきれいであれば浄化の過程を省いても良い。
② 「雨水研究所」の活動は環境保全とも関連がある。
③ 雨水は浄化の過程を経ても飲み水として使うことができない。
④ まだ浄化された雨水の使い道は多様ではないレベルだ。

✏ 問題文は対談の形式で出題される。37 番は対談に出てくる女性は話題に対してどのように考えているか、どのような意見を持っているかを問う問題である。女性の中心となる考えは女性の最後の発言に含まれていることが多い。対談の後半の女性の発言に特に注意して聞くようにしよう。

2 【39～40】の問題例

既出 41 回

放送

※[39～40] 다음은 대담입니다. 잘 듣고 물음에 답하십시오. (각 2점)

여자 : 다리를 어깨 너비로 벌리고 가슴을 활짝 편 자세가 척추 건강에 많은 도움이 되고 있는 것 같은데요. 박사님, 이밖에 어떤 효과가 있습니까?

남자 : 네, 웅크린 자세와 달리 가슴을 편 자세는 스트레스 호르몬의 분비량을 줄이고 남성 호르몬의 분비량을 늘립니다. 이러한 남성 호르몬의 변화로 우리 신체는 위험을 감수하려는 특성을 보이는데요. 이 때문에 적극적이고 자신감이 넘치는 사람으로 보이게 된다는 겁니다. 당당하고 힘을 느낄 수 있는 사람이 되는 거죠. 실제로 이런 자세가 업무의 성과를 높이거나 면접시

험의 합격률에도 영향을 미치는 것으로 나타났습니다. 자세는 많은 투자를 하지 않고도 쉽게 자신을 변화시킬 수 있는 비법인 거죠.

39. 이 대화 앞의 내용으로 알맞은 것을 고르십시오.
① 가슴을 편 자세는 업무 실적을 올린다.
② 가슴을 편 자세는 신체 건강에 도움이 된다.
③ 가슴을 편 자세는 능동적인 행동을 유발한다.
④ 가슴을 편 자세는 호르몬의 분비량을 변화시킨다.

40. 들은 내용과 일치하는 것을 고르십시오.
① 웅크린 자세는 위험에 맞서려는 자세이다.
② 가슴을 편 자세는 남성 호르몬과 관계가 없다.
③ 웅크린 자세는 스트레스 호르몬의 분비량을 줄인다.
④ 가슴을 편 자세는 면접시험에 긍정적 영향을 미친다.

正解 39. ② 40. ④

解説 ※次は対談です。よく聞いて問いに答えなさい。(各2点)

女性：足を肩幅ぐらいに広げて胸をぱっと広げた姿勢が脊椎の健康に多く役立っているようですが、この他にどんな効果がありますか。

男性：はい、体をすくめた姿勢と違い、胸を広げた姿勢はストレスホルモンの分泌量を減らして男性ホルモンの分泌量を増やします。このような男性ホルモンの変化で私たちの体は危険を甘受しようとする特性を見せますが、このために積極的で自信感溢れる人に見えるようになるのだそうです。堂々としていて力を感じさせる人になるわけです。実際このような姿勢が仕事の成果を高めたり面接試験の合格率にも影響を及ぼしたりすることがわかりました。姿勢は多くの投資をしなくても簡単に自分を変化させることができる秘法であるわけです。

39. この対話の前の内容として適切なものを選びなさい。
① 胸を広げた姿勢は業務実績を高める。
② 胸を広げた姿勢は体の健康に役に立つ。
③ 胸を広げた姿勢は能動的な行動を誘発する。
④ 胸を広げた姿勢はホルモンの分泌量を変化させる。

40. 聞いた内容と一致するものを選びなさい。
① 体をすくめた姿勢は危険に立ち向かおうとする姿勢だ。
② 胸を広げた姿勢は男性ホルモンと関係がない。
③ 体をすくめた姿勢はストレスホルモンの分泌量を減らす。
④ 胸を広げた姿勢は面接試験に肯定的な影響を及ぼす。

✏問題文は対談の形式で出題される。39 番はこの対話の前に話されていた内容は何だったかを推論する問題である。問題文で示された対話の文脈から、または対話の一部分を手がかりに前で話した内容を推測することができる。この例題では質問者の女性が冒頭で話した部分が前で話された内容を示すヒントになっているが、このように冒頭の質問者側の発言に前で話した内容、またはヒントが示されることが多い。話の全体の流れを理解しながら冒頭の質問者の発言に特に注意して聞く必要がある。

3 【41～42】の問題例

既出
36 回

放送

※[41~42]다음은 강연입니다. 잘 듣고 물음에 답하십시오.(각 2점)

남자 : 여러분, '모나리자 미소의 법칙' 을 들어본 적이 있나요? 과학자들의 분석에 따르면 '모나리자의 미소' 에는 83%의 행복감에 17% 정도의 두려움과 분노도 담겨 있다고 합니다. 이를 '모나리자 미소의 법칙' 이라고 하는데요. 이 비율이 모나리자를 사랑받게 하는 이유라고 합니다. 우리의 삶도 마찬가지인 것 같습니다. 기쁨과 슬픔, 행복과 불행이 적절히 조화를 이루는 삶이 결국 완전한 행복에 이를 수 있게 하는 길인 거죠. 슬픔과 괴로움 같은 부정적인 감정들은 좌절에 빠지게 하는 게 아니라, 오히려 현실감을 유지하게 하여 궁극적으로는 행복감을 느낄 수 있게 하는 힘이 됩니다.

41. 남자의 중심 생각으로 맞는 것을 고르십시오.
① 완전한 행복을 위해 슬픔을 이겨야 한다.
② 완전한 행복을 위해 조금은 불행한 것도 좋다.
③ 완벽한 행복을 위해 괴로운 일을 잊어야 한다.
④ 완벽한 행복을 위해 행복감의 유지가 필요하다.

42. 듣은 내용과 일치하는 것을 고르십시오.
① 부정적 감정들은 좌절감에 빠지게 한다.
② 분노의 감정이 없어야만 행복감을 느낀다.
③ 모나리자의 미소는 완전한 행복을 보여 준다.
④ 슬픔은 현실감을 잃지 않게 하는 요소로 작용한다.

正解 41. ②　　42. ④

解説 ※次は講演です。よく聞いて問いに答えなさい。(各2点)

> 男性：みなさん、「モナリザの微笑の法則」を聞いたことがありますか。科学者らの分析によると「モナリザの微笑」には 83% の幸福感に 17% 程度の不安と怒りも含まれていると言います。これを「モナリザの微笑の法則」と言いますが、この割合こそモナリザが愛される理由だと言われています。私たちの人生も同じようです。喜びと悲しみ、幸せと不幸が適切に調和を成す人生が結局完全な幸せに到達できる道だと言えます。悲しみと苦しみのような否定的な感情は挫折感に陥らせるのではなく、むしろ現実感を維持させることによって究極的には幸福感を感じるようにする力になります。

41. 男性の中心となる考えとして正しいものを選びなさい。
① 完全な幸せのために悲しみに勝たなければならない。
② 完全な幸せのために少しは不幸なことも良い。
③ 完璧な幸せのために辛いことを忘れなければならない。
④ 完璧な幸せのために幸福感の維持が必要だ。

42. 聞いた内容と一致することを選んでください。
① 否定的な感情は挫折感に陥るようにする。
② 怒りの感情があれば幸福感を感じることはできない。
③ モナリザの微笑は完全な幸せを見せてくれる。
④ 悲しみは現実感を失わないようにする要素として作用する。

✏問題文は講演の形式で出題される。41 番は講演者が講演の中で伝えようとする中心的な内容は何かを把握する問題である。多くの場合講演者が言おうとする中心的な内容は話の最後の発言に含まれていることが多い。話の全体の流れを理解しながら後半の発言に特に注意して聞く必要がある。

4【43～44】の問題例

既出 41回

※[43～44] 다음은 다큐멘터리입니다. 잘 듣고 물음에 답하십시오. (각 2점)

放送

남자 : (다큐멘터리 톤으로) 여기 보이는 이 유리구슬은 신라 시대의 지배층이 사용한 목걸이에 달려 있던 것이다. 자세히 살펴보면 놀랍게도 지름 1.8센티미터의 이 작은 유리구슬 안에 사람의 얼굴이 새겨져 있다. 그런데 신라인의 얼굴은 아니다. 코와 눈, 피부 등이 매우 이국적이다. 그 당시 신라에는 유리 제작 기술이 발달하지 않았는데 그럼 이 구슬은 어디에서 온 것일까? 우리는 그 출처를 찾아 나섰다. 그리고 마침내 동남아시아의 한 섬에서 비슷한 유리구슬을 찾았다. 이것이 바로 그것이다. 구슬 안의 얼굴과 제작 기법이 모두 신라에서 발견된 유리구슬과 같다. 1500년 전 이곳의 구슬이 신라로 전해졌던 것이다. 우리는 이 작은 유리구슬에서 그 옛날 신라가 5300km나 떨어진 나라와 교역을 했다는 증거를 발견할 수 있었다.

43. 이 이야기의 중심 내용으로 맞는 것을 고르십시오.

① 신라 시대에는 다양한 계급이 존재했다.
② 신라 시대에는 다른 문화권과 교류가 있었다.
③ 신라 시대에는 문화를 중시하는 사상이 있었다.
④ 신라 시대에는 유리 제작 기술이 크게 발달하였다.

44. 유리구슬에 대한 설명으로 맞는 것을 고르십시오.

① 이 유리구슬은 신라에서 만들어졌다.
② 이 유리구슬은 상위 계층이 사용했다.
③ 이 유리구슬의 크기는 사람 얼굴만 하다.
④ 이 유리구슬에 신라인의 모습이 새겨져 있다.

正解　43. ②　44. ②

解説

※次はドキュメンタリーです。よく聞いて問いに答えなさい。(各2点)

男性：ここに見えるこのガラス玉は新羅時代の支配層が使った首飾りについていたものだ。詳しく見てみると驚いたことに直径 1.8 センチメートルのこの小さなガラス玉の中に人の顔が刻まれている。

ところが新羅人の顔ではない。鼻と目、肌などが非常に異国的だ。その当時新羅はガラスの製作技術が発達していなかった。ではこの玉はどこから来たのだろうか。私たちはその出処を探しに出かけた。そしてついに東南アジアのある島で同じようなガラス玉を見つけた。これがまさにそれである。玉の中の顔と製作技法がすべて新羅で発見されたガラス玉と同じだ。1500 年前にこちらの玉が新羅に伝わったのである。私たちはこの小さいガラス玉からあの昔の新羅が 5300km も離れた国と交易をしたという証拠を見つけることができた。

43. この話の中心内容として正しいものを選びなさい。
① 新羅時代には多様な階級が存在した。
② 新羅時代には他の文化圏と交流があった。
③ 新羅時代には文化を重視する思想があった。
④ 新羅時代にはガラス製作の技術が大きく発達した。

44. ガラス玉に対する説明として正しいものを選びなさい。
① このガラス玉は新羅で作られた。
② このガラス玉は上流階級 (の人たち) が使った。
③ このガラス玉の大きさは人の顔ぐらいの大きさだ。
④ このガラス玉に新羅人の姿が刻まれている。

✏問題文はドキュメンタリーの形式で出題される。43 番はナレーターが読んでいる内容の中で最も中心となる内容を把握する問題、44 番は問題文に出てくる物事に対する説明として適切なものを選ぶ問題で構成されている。44 番は試験回によっては、「○○○의 이유로 맞는 것을 고르십시오.」のように文中の事柄に対する理由を問う形式としても出題される。既出例には以下のようなものがある。

47 回：많은 주요 도시가 판의 경계에 있는 이유로 맞는 것을 고르십시오.
37 回：비무장지대가 생태계를 회복할 수 있었던 이유로 맞는 것을 고르십시오.
36 回：수컷 해마가 배를 부풀리는 이유로 맞는 것을 고르십시오.
35 回：겨울철 둠벙에 물이 없는 이유로 맞는 것을 고르십시오.
※このような問題の場合、選択肢は、「〜기 때문에」、「〜(으)려고」のように理由を説明する表現で構成される。

5 【45~46】の問題例

既出41回

放送

※[45~46] 다음은 강연입니다. 잘 듣고 물음에 답하십시오. (각 2점)

여자 : 한 해 지구 상에 지진이 몇 번 발생할까요? (잠시 후) 50만 번이나 일어납니다. 우리는 잘 느끼지 못하지만요. 인간은 인류 역사가 시작될 때부터 계속 지진을 겪어 왔고 몇몇 큰 지진들은 인류 역사를 바꿔 놓기도 했죠. 그중에서 1755년 리스본 대지진은 과학적 연구가 이루어진 최초의 지진이라는 점에서 의미가 있습니다. 그때 처음으로 지진 상황을 파악하기 위한 조사가 실시됐거든요. 과학적인 해석을 시도한 거죠. 대지진 이후 사람들은 무기력하게 쓰러져 있던 것이 아니라 오히려 그 지진을 통해 원인을 찾으려고 노력했어요. 그런 노력이 지진학의 탄생을 가져왔고 현재 우리는 지진을 적극적으로 대비할 수 있게 된 것입니다.

45. 들은 내용과 일치하는 것을 고르십시오.
① 지진은 드물게 발생하는 자연재해이다.
② 대지진 이후에 인간은 무기력에 빠졌다.
③ 지진에 대한 사람들의 인식은 바뀌지 않았다.
④ 대지진 이전에는 과학적 조사를 하지 않았다.

46. 여자가 말하는 방식으로 가장 알맞은 것을 고르십시오.
① 지진 발생의 원인을 규명하고 있다.
② 지진학의 연구 성과를 분석하고 있다.
③ 지진학의 유래에 대해 소개하고 있다.
④ 지진 발생 과정을 단계별로 설명하고 있다.

正解 45. ④ 46. ③

解説

※次は講演です。よく聞いて問いに答えなさい。(各2点)

女性：一年間に地球上で地震が何回発生するでしょうか。50万回も起きます。私たちはあまり感じませんが、人間は人類の歴史が始まって以来ずっと地震を経験して来ましたし、いくつかの巨大地震は人類の歴史を変えたこともあります。その中で1755年のリスボン大地震は科学的な研究が行われた最初の地震という点で意味があります。その時初めて地震状況を把握するための調査が実施されました。科学的な解釈を試みたわけです。大地震以降人々は無気力に倒れていたわけではなく、むしろその地震を通じて原因を見つけようと努力しました。そのような努力が地震学の誕生をもたらして、現在私たちは地震に積極的に備えることができるようになったのです。

45. 聞いた内容と一致するものを選びなさい。

① 地震は珍しく発生する自然災害だ。
② 大地震以降、人間は無気力に陥った。
③ 地震に対する人々の認識は変わらなかった。
④ 大地震以前は科学的調査をしなかった。

46. 女性が話す方式として最も適切なものを選びなさい。

① 地震発生の原因を究明している。
② 地震学の研究成果を分析している。
③ 地震学の由来について紹介している。
④ 地震発生の過程を段階別で説明している。

✏問題文は講演の形式で出題される。46 番は講演の内容の全体を理解した上で、、講演者が話の内容に対してどのような姿勢で臨んでいるか、伝えようとしているかを把握する問題である。試験回によっては、「남자 (여자)의 태도로 가장 알맞은 것을 고르십시오.」のような問題指示文で出題される。 ☞「合格資料 12」参照

合格資料 12 既出の46番・48番問題選択肢の語句例

46番と48番問題の選択肢は、講演者と対談者は演題や対談の主題に対してどのよう姿勢、態度で臨んでいるか、またはどのような話の仕方をしているかを選ぶ形で構成されている。

- ~검토를 요구하고 있다.
- ~결과를 분석하고 있다.
- ~결과를 비판하고 있다.
- ~과정을 설명하고 있다.
- ~내용을 분류하고 있다.
- ~동의를 구하고 있다.

- ~문제를 제기하고 있다.
- ~문제점을 예측하고 있다.
- ~문제점을 진단하고 있다.
- ~반론을 제기하고 있다.
- ~방향을 제시하고 있다.
- ~부작용을 설명하고 있다.
- ~사실을 명확하게 밝히고 있다.
- ~신뢰성을 증명하고 있다.
- ~에 기대를 걸고 있다.
- ~에 대해 논리적으로 분석하고 있다.
- ~에 대해 반성하고 있다.
- ~에 대해 소개하고 있다.
- ~에 대해 전망하고 있다.
- ~에 대해 책임을 묻고 있다.
- ~에 우려를 나타내고 있다.
- ~원인을 규명하고 있다.
- ~을/를 강조하고 있다.
- ~을/를 기대하고 있다.
- ~을/를 밝히고 있다.
- ~을/를 분석하고 있다.
- ~을/를 설득하고 있다.
- ~을/를 전망하고 있다.
- ~을/를 제기하고 있다.
- ~을/를 제시하고 있다.
- ~을/를 제안하고 있다.
- ~을/를 주장하고 있다.
- ~을/를 증명하고 있다.
- ~을/를 촉구하고 있다.
- ~을/를 추천하고 있다.
- ~을/를 평가하고 있다.
- ~의 상관관계를 설명하고 있다.
- ~의견에 동의하고 있다.
- ~의견에 동조하고 있다.
- ~정책을 지지하고 있다.
- ~주장을 반박하고 있다.
- ~주장을 펼치고 있다.
- ~주제를 설명하고 있다.
- ~해결책을 제시하고 있다.
- ~협조를 요청하고 있다.

6 【47～48】の問題例

既出 41回

※[47～48] 다음은 대담입니다. 잘 듣고 물음에 답하십시오. (각 2점)

放送

여자 : 우리 시가 그동안 성공적으로 치렀던 다양한 국제 행사는 지역 발전의 원동력이었습니다. 그 행사들을 준비하면서 풍부한 도시 기반 시설을 갖출 수 있었죠. 우리 시의 인지도도 높일 수 있었고요. 거기에다 이번 국제 박람회까지 개최하게 된다면 우리 시는 세계적인 도시로 우뚝 설 수 있을 텐데요. 어떻게 하면 우리 시가 박람회 개최 도시로 선정될 수 있을까요?

남자 : 박람회를 유치하기 위해서는 기존과 다른 목적을 설정해야 한다고 봅니다. 과거에는 박람회의 목적을 기반 시설 확충이나 도시 홍보에 두었는데요. 이제는 박람회가 소통과 축제의 장이 되도록 해야 합니다. 초창기의 박람회는 모두가 즐길 수 있는 하나의 재미있는 축제였어요.

다시 초기 박람회의 의미를 찾아야 합니다. 그러기 위해서는 먼저 모두가 공감하고 참여할 수 있는 방안을 모색해야겠지요.

47. 들은 내용과 일치하는 것을 고르십시오.
① 이 도시는 사회 기반 시설이 부족하다.
② 이 도시는 국제 행사를 개최한 경험이 없다.
③ 이 도시는 국제 박람회 개최를 희망하고 있다.
④ 이 도시의 박람회 개최 목적은 도시 홍보에 있다.

48. 남자가 말하는 방식으로 가장 알맞은 것을 고르십시오.
① 사업의 추진 방향을 제시하고 있다.
② 사업 내용의 검토를 요구하고 있다.
③ 사업 추진 방식에 반론을 제기하고 있다.
④ 사업 실행 방법의 타당성을 증명하고 있다.

正解　47. ③　48. ①

解説　※次は対談です。よく聞いて問いに答えなさい。(各2点)

女性：本市がこれまで成功裏に執り行った様々な国際行事は地域発展の原動力でした。その行事を準備しながら豊かな都市基盤施設を揃えることができました。本市の認知度も高めることができました。それに今回の国際博覧会まで開催できるようになれば本市は世界的な都市としての地位を確立することができると思いますが、どうすれば本市が博覧会の開催都市に選定できるでしょうか。

男性：博覧会を誘致するためには既存と違う目的を設定しなければならないと思います。過去には博覧会の目的を基盤施設の拡充や都市の広報に置きましたが、これからは博覧会が疎通と祭りの場になるようにしなければなりません。草創期の博覧会はみんなが楽しめる一種の楽しい祭りでした。再び初期の博覧会の意味を取り戻さなければなりません。そうするためにはまずみんなが共感して参加できる方策を模索しなければならないと思います。

47. 聞いた内容と一致するものを選びなさい。

① この都市は社会基盤施設が足りない。
② この都市は国際行事を開催した経験がない。
③ この都市は国際博覧会の開催を希望している。
④ この都市の博覧会開催の目的は都市の広報にある。

48. 男性が話す方式として最も適切なものを選びなさい。

① 事業の推進方向を提示している。
② 事業内容の検討を要求している。
③ 事業の推進方式に反論を提起している。
④ 事業の実行方法の妥当性を証明している。

✏問題文は対談の形式で出題される。48 番は対談の内容の全体を理解した上で、対談者が話の内容に対してどのような姿勢で臨んでいるか、伝えようとしているかを把握する問題である。試験回によって、「남자(여자)의 태도로 가장 알맞은 것을 고르십시오.」のような問題指示文で出題されたり、「여자(남자)가 말하는 방식으로 가장 알맞은 것을 고르십시오.」のように内容を話す方式を問う問題指示文で出題されたりしている。選択肢は内容の具体例に即した主張、分析、紹介、証明、提案、提起などを示す形で出題されている。☞「合格資料 12」参照

7 【49～50】の問題例

既出 37回

放送

※[49～50] 다음은 강연입니다. 잘 듣고 물음에 답하십시오. (각 2점)

남자 : 여기 모이신 분들은 전통 건축물에 관심이 많으신 걸로 아는데요. 여러분이 생각하는 한국 건축의 아름다움은 무엇입니까? 저는 자연과의 동화라고 생각합니다. 지금 보여 드리는 사진은 불국사의 석축입니다. 불국사 건축에는 신라 최고의 기술력이 동원되었는데요, 저는 불국사 건축의 백미를 이 석축에서 찾았습니다. 석축은 말 그대로 돌로 쌓은 벽인데요. 이 석축을 고르게 쌓으려면 울퉁불퉁한 자연석을 반듯하게 가공해야 합니다. 그런데 사진을 자세히 보시면 자연석을 가공하지 않고 대신 그 위에 올린 장대석을 자연석에 맞춰 다듬은 것을 알 수 있습니다. 이런 공법은 다른 나라에서는 찾아볼 수 없는 한국 건축만의 특징입니다. 자연을 거스르지 않고 동화되려는 모습, 이것이 제가 생각하는 한국 건축의 아름다움입니다.

49. 들은 내용과 일치하는 것을 고르십시오.
① 불국사의 석축은 자연석을 다듬어서 만들었다.
② 남자가 생각하는 한국 건축의 백미는 불국사다.
③ 석축이 특별한 이유는 자연과 동화됐기 때문이다.
④ 불국사의 석탑과 같은 기법은 외국에서도 찾을 수 있다.

50. 남자의 태도로 가장 알맞은 것을 고르십시오.
① 전통 건축물 보존의 중요성을 강조하고 있다.
② 자연친화적인 건축미를 예를 통해 설명하고 있다.
③ 불국사의 건축 공법을 재현을 통해 분석하고 있다.
④ 전통 건축 방식이 현대에 계승되기를 희망하고 있다.

正解　49. ③　50. ②

解説　※次は講演です。よく聞いて問いに答えなさい。(各2点)

男性：ここに集まった方々は伝統建築物に関心が高いと思いますが、皆さんが考えている韓国建築の美しさは何でしょうか。私は自然との同化だと思います。今お見せしている写真は仏国寺の石壁です。仏国寺の建築には新羅最高の技術力が動員されました。私は仏国寺建築の白眉をこの石壁で見つけました。石壁は文字通り石で積んだ壁ですが、この石壁を均等に積もうとするとデコボコした自然石をまっすぐに加工しなければなりません。しかし写真を細かく見ると自然石を加工しないで、代わりにその上にあげた長方形の石材を自然石に合わせて整えたことが分かります。このような工法は他の国では見られない韓国建築だけの特徴です。自然に逆わないで同化されようとする姿、これが私が思う韓国建築の美しさです。

49. 聞いた内容と一致するものを選びなさい。
① 仏国寺の石壁は自然石の形を整えて築いた。
② 男性が思う韓国建築の白眉は仏国寺だ。
③ 石壁が特別な理由は自然と同化されたからだ。
④ 仏国寺の石塔のような技法は外国でも見られる。

50. 男性の態度として最も適切なものを選びなさい。
① 伝統建築物保存の重要性を強調している。
② 自然親和的な建築美を、例を挙げて説明している。
③ 仏国寺の建築工法を、再現を通じて分析している。
④ 伝統建築の方法が現代に継承されることを希望している。

✏問題文は講演の形式で出題される。50 番は講演の主題に対して女性（または男性）は、楽観、期待、失望、憂慮、批判、反対、支持、同意、反論、主張、提案、問題提起、責任追及、同調、無視など、どのような態度を示しているか、話し方をしているかを把握する問題である。

合格資料 13 既出の50番問題選択肢の語句例

50番問題の選択肢は、講演の中で講演者は主題に対して、楽観、期待、失望、憂慮、批判、反対、支持、同意、反論、主張、提案、説明、力説、強調、報告など、どのような態度を示しているか、どのような話し方をしているかを問う形で構成されている。

- ~에 대해 감탄하고 있다
- ~에 대해 결론을 끌어내고(유도하고) 있다.
- ~에 대해 공감하고 있다.
- ~에 대해 동의를 구하고 있다.

• ~에 대해 반성하고 있다.
• ~에 대해 부정하고 있다.
• ~에 대해 비판하고 있다.
• ~에 대해 알아보고 있다.
• ~에 대해 역설하고 있다.
• ~에 대해 우려하고 있다.
• ~에 대해 의심하고 있다.
• ~에 대해 자부심을 갖고 있다.
• ~에 대해 판단을 요구하고 있다.
• ~에 대해 평가하고 있다.
• ~을/를 강력히 요구하고 있다.
• ~을/를 강조하고 있다.
• ~을/를 기대하고 있다.
• ~을/를 낙관하고 있다.
• ~을/를 반기고 있다.
• ~을/를 밝히고 있다.
• ~을/를 보고하고 있다.
• ~을/를 분석하고 있다.
• ~을/를 비판하고 있다.
• ~을/를 설명하고 있다.
• ~을/를 소개하고 있다.
• ~을/를 수용하고 있다.
• ~을/를 역설하고 있다.
• ~을/를 염원하고 있다.
• ~을/를 요청하고 있다.
• ~을/를 우려하고 있다.
• ~을/를 전망하고 있다.
• ~을/를 제기하고 있다.
• ~을/를 제시하고 있다.
• ~을/를 제안하고 있다.
• ~을/를 주장하고 있다.
• ~을/를 증명하고 있다.
• ~을/를 지적하고 있다.
• ~을/를 지지하고 있다.
• ~을/를 촉구하고 있다.
• ~을/를 파악하고 있다.
• ~을/를 평가하고 있다.
• ~을/를 확신하고 있다.
• ~을/를 희망하고 있다.

第3章　練習用正答チェックシート

✎ 練習問題を解きながら正答チェック用に使用してください。複数回練習ができるようにコピーをして使用することをお勧めします。

問題番号	正答チェック欄					問題番号	正答チェック欄				
❶	文の内容把握問題（1）					❷	文の内容把握問題（2）				
[1]	1	[1]	[2]	[3]	[4]	[1]	1	[1]	[2]	[3]	[4]
	2	[1]	[2]	[3]	[4]		2	[1]	[2]	[3]	[4]
[2]	1	[1]	[2]	[3]	[4]	[2]	1	[1]	[2]	[3]	[4]
	2	[1]	[2]	[3]	[4]		2	[1]	[2]	[3]	[4]
[3]	1	[1]	[2]	[3]	[4]	[3]	1	[1]	[2]	[3]	[4]
	2	[1]	[2]	[3]	[4]		2	[1]	[2]	[3]	[4]
[4]	1	[1]	[2]	[3]	[4]	[4]	1	[1]	[2]	[3]	[4]
	2	[1]	[2]	[3]	[4]		2	[1]	[2]	[3]	[4]
[5]	1	[1]	[2]	[3]	[4]	[5]	1	[1]	[2]	[3]	[4]
	2	[1]	[2]	[3]	[4]		2	[1]	[2]	[3]	[4]
[6]	1	[1]	[2]	[3]	[4]	[6]	1	[1]	[2]	[3]	[4]
	2	[1]	[2]	[3]	[4]		2	[1]	[2]	[3]	[4]
[7]	1	[1]	[2]	[3]	[4]	[7]	1	[1]	[2]	[3]	[4]
	2	[1]	[2]	[3]	[4]		2	[1]	[2]	[3]	[4]
[8]	1	[1]	[2]	[3]	[4]	[8]	1	[1]	[2]	[3]	[4]
	2	[1]	[2]	[3]	[4]		2	[1]	[2]	[3]	[4]

練習用正答チェックシート

問題番号		正答チェック欄	問題番号		正答チェック欄
3	文の内容把握問題 (3)		4	文の内容把握問題 (4)	
[1]	1	[1]　[2]　[3]　[4]	[1]	1	[1]　[2]　[3]　[4]
	2	[1]　[2]　[3]　[4]		2	[1]　[2]　[3]　[4]
[2]	1	[1]　[2]　[3]　[4]	[2]	1	[1]　[2]　[3]　[4]
	2	[1]　[2]　[3]　[4]		2	[1]　[2]　[3]　[4]
[3]	1	[1]　[2]　[3]　[4]	[3]	1	[1]　[2]　[3]　[4]
	2	[1]　[2]　[3]　[4]		2	[1]　[2]　[3]　[4]
[4]	1	[1]　[2]　[3]　[4]	[4]	1	[1]　[2]　[3]　[4]
	2	[1]　[2]　[3]　[4]		2	[1]　[2]　[3]　[4]
[5]	1	[1]　[2]　[3]　[4]			
	2	[1]　[2]　[3]　[4]			
[6]	1	[1]　[2]　[3]　[4]			
	2	[1]　[2]　[3]　[4]			
[7]	1	[1]　[2]　[3]　[4]			
	2	[1]　[2]　[3]　[4]			
[8]	1	[1]　[2]　[3]　[4]			
	2	[1]　[2]　[3]　[4]			

1 文の内容把握問題（1）

▶▶▶本番の試験での問題間隔は約12秒です。ここでは音声再生ソフトの一時停止を利用して間隔を適宜調整しながら聞いてください。[1]～[4]は本試験37～38番、[5]～[8]は本試験41～42番の問題に対応しています。

▲音声はこちら

03-01

[1] 다음은 교양 프로그램입니다. 잘 듣고 물음에 답하십시오.

1. 여자의 중심 생각으로 맞는 것을 고르십시오.
① 문학에서 다루는 가치 있는 체험은 누구나 할 수 있는 것이 아니다.
② 직접 다양한 체험을 하지 않고는 좋은 작가가 될 수 없다.
③ 작가란 인간의 다양한 체험을 전할 수 있는 문장력이 요구된다.
④ 작가란 삶의 경험에서 진실을 찾아내는 안목이 있어야 한다.

2. 들은 내용과 일치하는 것을 고르십시오.
① 가치 있는 체험이란 일상적인 삶에서는 경험할 수 없다.
② 일상생활에서 겪은 경험만이 가치 있는 체험이 될 수 있다.
③ 사회나 역사등 인생에 관련된 모든 것을 체험이라고 할 수 있다.
④ 체험을 어떻게 글로 표현하는가가 작가의 최대의 과제이다.

03-02

[2] 다음은 교양 프로그램입니다. 잘 듣고 물음에 답하십시오.

1. 남자의 중심 생각으로 맞는 것을 고르십시오.
① 지식은 물론 육체적인 단련도 병행하는 교육이 돼야 한다.
② 교육은 지식의 습득보다 글쓰기에 중점을 두어야 한다.
③ 현대에도 조선 시대처럼 학생에 배려한 교육이 필요하다.
④ 조선 시대와 같은 계절에 따른 교육과정을 적용해야 한다.

2. 들은 내용과 일치하는 것을 고르십시오.
① 서당의 교육과정은 체력 단련에 대한 배려가 결여돼 있었다.
② 여름에는 이론 공부보다 글쓰기 공부가 좋다고 생각했다.
③ 공부 때문에 체력이 떨어지는 것은 옛날에도 마찬가지였다.
④ 공부 시작 전에 몸을 푸는 데에는 줄넘기가 가장 좋다.

▶台本はp.270、解説はp.354

03-03

[3] 다음은 교양 프로그램입니다. 잘 듣고 물음에 답하십시오.

1. 남자의 중심 생각으로 맞는 것을 고르십시오.
① 곡식은 가축이 아니라 굶고 있는 사람들에게 주어야 한다.
② 질병을 예방하기 위해서는 고기를 먹지 말아야 한다.
③ 지구 온난화 방지를 위해 가축 수를 줄이는 것이 좋다.
④ 육류 소비를 적절히 줄여 환경과 건강을 보호 해야 한다.

2. 들은 내용과 일치하는 것을 고르십시오.
① 가축들도 지구 온난화 요인에 관련이 있다.
② 가축 사료로서 곡물이 풀보다 더 적당하다.
③ 급식에서는 일주일에 한 번 고기 안 먹는 날이 있다.
④ 고기를 안 먹으면 각종 질병이 대부분 자연 치유된다.

03-04

[4] 다음은 교양 프로그램입니다. 잘 듣고 물음에 답하십시오. 〈既出41回〉

1. 여자의 중심 생각으로 맞는 것을 고르십시오.
① 식물화는 식물을 기록할 수 있는 적절한 방식이다.
② 식물세밀화는 식물학에서 큰 역할을 담당하고 있다.
③ 식물학계는 식물의 형태를 식별하는 데 힘써야 한다.
④ 식물의 아름다움을 보여주는 식물화가 많아져야 한다.

2. 들은 내용과 일치하는 것을 고르십시오.
① 식물화와 식물세밀화는 그리는 목적이 다르다.
② 식물세밀화에는 작가의 주관적 감정이 들어 있다.
③ 식물의 형태를 기록하기 위해서 사진을 이용한다.
④ 식물학계에는 무수히 많은 식물세밀화가 존재한다.

▶解説はp.355

1 文の内容把握問題（1）

03-05

[5] 다음은 강연입니다. 잘 듣고 물음에 답하십시오.

1. 남자의 중심 생각으로 맞는 것을 고르십시오.
   ① 은퇴 후의 생활을 즐기려면 취미를 만들어 두어야 한다.
   ② 부부가 우울증을 피하려면 경제적으로 풍족해야 한다.
   ③ 은퇴 후의 남편은 아내의 일에 일체 간섭하지 말아야 한다.
   ④ 부부는 은퇴 후에 더욱 상대를 이해하고 배려해야 한다.

2. 들은 내용과 일치하는 것을 고르십시오.
   ① 경제적 스트레스 때문에 우울증이 되는 남편이 많다.
   ② 부인의 은퇴는 남편의 우울증에 영향을 미치지 않는다.
   ③ 은퇴 부부는 같은 취미 생활을 즐기는 사람이 많다.
   ④ 남편의 간섭이 아내의 우울증에 큰 영향을 미친다.

03-06

[6] 다음은 강연입니다. 잘 듣고 물음에 답하십시오.

1. 남자의 중심 생각으로 맞는 것을 고르십시오.
   ① 역사 학자는 잘못된 역사는 찾아내어 시정해 주어야 한다.
   ② 역사 학자는 개인과 역사는 불가분의 관계로서 인식해야 한다.
   ③ 역사 학자는 역사의 흐름에 대한 바른 시각과 책임을 가져야 한다.
   ④ 역사 학자는 역사에 대한 편견을 지적할 수 있어야 한다.

2. 들은 내용과 일치하는 것을 고르십시오.
   ① 역사의 흐름을 정확하게 파악할 수 있어야 한다.
   ② 잘못된 역사에 대해서는 과감히 수정 해야 한다.
   ③ 역사에 대해서는 다양한 견해가 있을 수 있다.
   ④ 역사를 개인이 객관적으로 판단하기란 어렵다.

▶台本はp.271、解説はp.356

03-07

[7] 다음은 강연입니다. 잘 듣고 물음에 답하십시오.

1. 남자의 중심 생각으로 맞는 것을 고르십시오.
   ① 의사는 환자의 입장을 우선시해야 한다.
   ② 한방과 양방은 서로 배우는 자세가 필요하다.
   ③ 한방과 양방은 병에 따라 치료를 분담해야 한다.
   ④ 한방과 양방은 치료법에 대한 정보를 공유해야 한다.

2. 들은 내용과 일치하는 것을 고르십시오.
   ① 양의학이 아니면 국민의 건강이 보장될 수 없다.
   ② 두통이나 화병은 양방에서는 치료할 수 없다.
   ③ 건강에 도움이 된다면 양방이든 한방이든 상관없다.
   ④ 양방과 한방의 병과 건강에 대한 해석은 같다.

03-08

[8] 다음은 강연입니다. 잘 듣고 물음에 답하십시오. 〈既出41回〉

1. 남자의 중심 생각으로 맞는 것을 고르십시오.
   ① 현재의 상황을 제대로 인식해야 한다.
   ② 심리적 고통에서 빨리 벗어나야 한다.
   ③ 잘못된 결정을 반복하지 말아야 한다.
   ④ 장래성이 있는 사업에 투자해야 한다.

2. 들은 내용과 일치하는 것을 고르십시오.
   ① 콩코드 사업은 투자한 원금을 되찾았다.
   ② 심리적 고통 때문에 잘못된 결정이 지속된다.
   ③ 콩코드 비용은 개발을 시작할 때 드는 비용이다.
   ④ 개발 비용을 정확히 파악하면 손해를 보지 않는다.

▶解説はp.358

2 文の内容把握問題（2）

▶▶▶本番の試験での問題間隔は約12秒です。ここでは音声再生ソフトの一時停止を利用して間隔を適宜調整しながら聞いてください。[1]～[4] は本試験39～40番、[5]～[8] は本試験43～44番の問題に対応しています。

▲音声はこちら

03-09

[1] 다음은 대담입니다. 잘 듣고 물음에 답하십시오.

1. 이 담화 앞의 내용으로 알맞은 것을 고르십시오.
   ① 팬클럽은 비용이 들지 않는 오락 활동이다.
   ② 팬클럽내에서는 본래 회원끼리의 의견 대립이 많다.
   ③ 팬클럽은 취향이 같은 사람들이 모이는 곳이다.
   ④ 팬클럽에서는 정기적으로 모여서 정보를 사고 판다.

2. 들은 내용과 일치하는 것을 고르십시오.
   ① 팬클럽을 기업화하는 것은 문화 발전에 장애가 된다.
   ② 타인의 취향도 인정할 수 있어야 회원에 가입할 수 있다.
   ③ 팬클럽이 거대화되어 구성원들 사이에 연대감이 없어졌다.
   ④ 팬클럽의 발전을 위해서는 성숙한 팬 의식이 있어야 한다.

03-10

[2] 다음은 대담입니다. 잘 듣고 물음에 답하십시오.

1. 이 담화 앞의 내용으로 알맞은 것을 고르십시오.
   ① 새로운 형태의 고전음악이 대중적인 인기를 얻고 있다.
   ② 고전음악과 대중음악의 협연이 긍정적인 것만은 아니다.
   ③ 고전음악과 대중음악의 교류는 오래 전부터 있었다.
   ④ 고전음악과 대중음악의 벽을 허물어야 발전이 가능하다.

2. 들은 내용과 일치하는 것을 고르십시오.
   ① 고전음악과 대중음악은 본래의 가치와 역할은 다르다.
   ② 고전음악도 대중음악의 장점을 받아들여야 한다.
   ③ 음악 발전을 위해서 두 영역의 벽을 허물어야 한다.
   ④ 대중음악도 고전음악과의 결합으로 예술성을 높여야 한다.

▶ 台本はp.273、解説はp.359

[3] 다음은 대담입니다. 잘 듣고 물음에 답하십시오.

03-11

1. 이 담화 앞의 내용으로 알맞은 것을 고르십시오.
   ① 요리는 당연히 여자가 해야 하는 일이었다.
   ② 전문 요리는 남자가 해야 한다는 고정관념이 있다.
   ③ 예전에는 남자들은 거의 요리를 하지 않았다.
   ④ 집에서 요리를 하는 남자들이 늘고 있다.

2. 들은 내용과 일치하는 것을 고르십시오.
   ① 독신 가구의 경우 요리를 잘하는 남자들이 많다.
   ② 맞벌이 부부는 교대로 음식 준비를 하지 않을 수 없다.
   ③ 요리는 당연히 여자 몫이라는 생각이 많이 바뀌고 있다.
   ④ 사회가 변함에 따라 여성에 대한 편견이 사라지고 있다.

[4] 다음은 대담입니다. 잘 듣고 물음에 답하십시오. 〈既出37回〉

03-12

1. 이 담화 앞의 내용으로 알맞은 것을 고르십시오.
   ① 예술 감독에 도전했으나 매번 떨어졌다.
   ② 예술 감독을 꿈꾸며 무대 연출을 전공했다.
   ③ 다른 곳에서 예술 감독을 하다가 포기했다.
   ④ 개인적인 활동 때문에 예술 감독직을 거절했다.

2. 들은 내용과 일치하는 것을 고르십시오.
   ① 여자는 예술가 활동을 그만둔 상태이다.
   ② 여자는 행정적 경험을 살려 일을 하고 있다.
   ③ 여자는 자신이 처음으로 맡은 업무를 끝냈다.
   ④ 여자는 전용 극장 설립이 불가능하다고 생각한다.

▶解説はp.360

2 文の内容把握問題（2）

03-13

[5] 다음은 다큐멘터리입니다. 잘 듣고 물음에 답하십시오.

1. 이 이야기의 중심 내용으로 맞는 것을 고르십시오.
① 반도체는 인간의 뇌를 대신하는 역할을 한다.
② 반도체는 우리의 생활과 불가분의 관계에 있다.
③ 반도체가 일으킨 변혁은 인류에게 큰 충격을 주었다.
④ 반도체는 모든 산업분야에 큰 변혁을 초래하고 있다.

2. 반도체에 대한 설명으로 맞는 것을 고르십시오.
① 반도체의 원료는 검정색 윤이 나는 돌조각이다.
② 반도체는 모래알을 이용해 만들어진다.
③ 반도체는 수천만 개의 부품으로 만들어진다.
④ 반도체는 요술쟁이가 생명과 지혜를 불어넣은 금속판이다.

03-14

[6] 다음은 다큐멘터리입니다. 잘 듣고 물음에 답하십시오.

1. 이 이야기의 중심 내용으로 맞는 것을 고르십시오.
① 거미줄은 신축성이 강할수록 강하다.
② 거미줄은 먹이를 잡기에 적합하게 진화되었다.
③ 거미줄을 통해 자연의 신비를 알 수 있다.
④ 거미줄의 구조는 집을 짓는데 응용할 만하다.

2. 거미줄에 대한 설명으로 맞는 것을 고르십시오.
① 세로 실은 집의 뼈대 역할을 한다.
② 굵기는 머리카락의 십분의 일 정도이다.
③ 가로 실은 방사형으로 뻗어 있다.
④ 테두리 실이 가장 잘 늘어난다.

▶ 台本はp.275、解説はp.362

03-15

[7] 다음은 다큐멘터리입니다. 잘 듣고 물음에 답하십시오.

1. 이 이야기의 중심 내용으로 맞는 것을 고르십시오.
① 식물은 벌이 없으면 수정이 불가능하다.
② 식물은 바람의 도움으로 수정이 이루어진다.
③ 식물은 꽃가루가 가벼울수록 수정이 잘된다.
④ 대기중에 방출된 꽃가루가 화분증을 일으킨다.

2. 풍매화에 대한 설명으로 맞는 것을 고르십시오.
① 소량의 꽃가루로도 수정될 확률이 높다.
② 바람이 셀 때 꽃가루를 다량으로 방출한다.
③ 암술이 꽃가루를 대기중에 방출한다.
④ 방출된 꽃가루가 많을수록 수정 확률이 높아진다.

03-16

[8] 다음은 다큐멘터리입니다. 잘 듣고 물음에 답하십시오.

1. 이 이야기의 중심 내용으로 맞는 것을 고르십시오.
① 국왕은 예와 격식을 차리기 위해 그림을 그렸다.
② 국왕은 취임시 특별한 그림을 완성해야 했다.
③ 국왕은 음양오행과 우주의 변화에 정통해야 한다.
④ 국왕은 배경의 그림을 이용해 특별한 권위를 나타냈다.

2. 〈일월오봉도〉에 대한 설명으로 맞는 것을 고르십시오.
① 일월오봉도는 최종적으로 국왕의 손에 의해 완성된다.
② 일월오봉도는 음양오행을 상징하는 소재를 그린 것이다.
③ 일월오봉도는 국왕이 앉는 의자의 등받이에 새겨진다.
④ 일월오봉도는 국왕의 관 속에 넣기 위해 그려진 그림이다.

▶解説はp.363

3 文の内容把握問題（3）

▶▶▶本番の試験での問題間隔は約12秒です。ここでは音声再生ソフトの一時停止を利用して間隔を適宜調整しながら聞いてください。[1]～[4] は本試験45～46 番、[5]～[8] は本試験47～48番の問題に対応しています。

▲音声はこちら

03-17

[1] 다음은 강연입니다. 잘 듣고 물음에 답하십시오.

1. 들은 내용과 일치하는 것을 고르십시오.
   ① 통계를 통해 응답자들의 의견을 깊이 있게 알 수 있다.
   ② 통계에서 개인의 판단의 근거는 알기 어렵다.
   ③ 통계는 설문 이외의 내용은 유추해서 제시해 준다.
   ④ 설문 양식에 따라 결과가 달라지는 것이 통계의 맹점이다.

2. 여자가 말하는 방식으로 가장 알맞은 것을 고르십시오.
   ① 현대 사회에서의 통계의 중요성을 강조하고 있다.
   ② 통계의 신뢰성에 대해 의문을 제기하고 있다.
   ③ 통계의 한계와 문제점에 대해 설명하고 있다.
   ④ 설문 조사 방식의 개선점을 제안하고 있다.

03-18

[2] 다음은 강연입니다. 잘 듣고 물음에 답하십시오.

1. 들은 내용과 일치하는 것을 고르십시오.
   ① 아인슈타인의 뇌는 일반인의 그것보다 면적이 넓었다.
   ② 아인슈타인의 천재성은 특별한 뇌 구조에 기인한 것이다.
   ③ 아인슈타인의 발견 과정을 동시대 과학자들은 이해 못했다.
   ④ 의학 전문가들은 아인슈타인의 뇌를 특별한 것으로 보지 않는다.

2. 여자가 말하는 방식으로 가장 알맞은 것을 고르십시오.
   ① 아인슈타인의 천재성의 요인을 분석하고 있다.
   ② 아이슈타인의 뇌에 대한 연구 결과를 소개하고 있다.
   ③ 보통 사람과 아이슈타인의 뇌를 비교하며 설명하고 있다.
   ④ 아인슈타인의 선천적 천재성을 강조하고 있다.

▶ 台本はp.277、解説はp.364

03-19

[3] 다음은 강연입니다. 잘 듣고 물음에 답하십시오.

1. 들은 내용과 일치하는 것을 고르십시오.
   ① 과학자는 새로운 학설을 내세울 수 있어야 한다.
   ② 과학자는 절대적인 진리를 발견하려고 한다.
   ③ 민주주의자는 다양한 견해에 귀를 기울인다.
   ④ 민주주의자는 때로 독단과 독선에 빠지기 쉽다.

2. 여자가 말하는 방식으로 가장 알맞은 것을 고르십시오.
   ① 사회의 성장을 위한 바람직한 자세를 제시하고 있다.
   ② 민주주의와 과학의 정신의 유사점에 대해 설명하고 있다.
   ③ 민주주의 정신에 대해 논리적으로 소개하고 있다.
   ④ 과학과 민주주의 정신의 본질을 규명하고 있다.

03-20

[4] 다음은 강연입니다. 잘 듣고 물음에 답하십시오.

1. 들은 내용과 일치하는 것을 고르십시오.
   ① 유권자는 장미빛 공약이 많을수록 열광한다.
   ② 공약이 현실적일수록 당선되기가 힘들다.
   ③ 지키지 못할 공약을 하는 정치인은 많지 않다.
   ④ 후보자의 공약을 잘 살펴서 판단해야 한다.

2. 여자가 말하는 방식으로 가장 알맞은 것을 고르십시오.
   ① 실현 가능성 없는 선거 공약을 비판하고 있다.
   ② 존경 받는 정치인의 자세를 설명하고 있다.
   ③ 공약에 대한 유권자의 안목의 중요성을 강조하고 있다.
   ④ 공정 선거를 위한 유권자의 협조를 요청하고 있다.

▶解説はp.366

3 文の内容把握問題（3）

03-21

[5] 다음은 대담입니다. 잘 듣고 물음에 답하십시오.

1. 들은 내용과 일치하는 것을 고르십시오.
   ① 노후 준비는 은퇴하기 전부터 시작해야 한다.
   ② 노후 준비에서 가장 중요한 것은 돈과 건강이다.
   ③ 퇴직 후에는 취미 생활을 통해 삶을 즐기는 것이 좋다.
   ④ 은퇴를 한다고 해서 일을 아예 그만두는 것은 아니다.

2. 남자가 말하는 방식으로 가장 알맞은 것을 고르십시오.
   ① 노후 준비에 필요한 마음가짐을 소개하고 있다.
   ② 퇴직 후에 직면하는 문제점을 진단하고 있다.
   ③ 노후 준비의 일반적인 형태를 설명하고 있다.
   ④ 은퇴 전에 노후 준비를 할 것을 촉구하고 있다.

03-22

[6] 다음은 대담입니다. 잘 듣고 물음에 답하십시오.

1. 들은 내용과 일치하는 것을 고르십시오.
   ① 타인과의 비교와 경쟁이 경제 발전에 기여했다.
   ② 부나 명예가 삶의 목표인 사람은 많지 않다.
   ③ 진정한 행복은 일과 삶에 만족해야 얻을 수 있다.
   ④ 경제력의 양극화로 먹고 살기 힘든 사람이 늘고 있다.

2. 남자가 말하는 방식으로 가장 알맞은 것을 고르십시오.
   ① 경제력의 양극화 현상을 우려하고 있다.
   ② 생활에 대한 불만족의 배경을 분석하고 있다.
   ③ 진정한 행복을 얻기 위한 방법을 제안하고 있다.
   ④ 삶의 목표가 부의 축적인 사람들을 비판하고 있다.

▶台本はp.279、解説はp.367

03-23

[7] 다음은 대담입니다. 잘 듣고 물음에 답하십시오.

1. 들은 내용과 일치하는 것을 고르십시오.
   ① 천연자원 없이는 경제 발전을 이루기 어렵다.
   ② 경제 발전의 성패는 모두 국민들에 달려 있다.
   ③ 경제 발전을 위해 자원 활용 시스템을 구축해야 한다.
   ④ 국가의 발전을 위해 인적 자원의 발굴과 교육이 시급하다.

2. 남자가 말하는 방식으로 가장 알맞은 것을 고르십시오.
   ① 나라의 발전에 장애가 되는 요소를 진단하고 있다.
   ② 자원의 유무가 경제 발전에 미치는 영향을 분석하고 있다.
   ③ 경제 위기를 초래하는 요인을 설명하고 있다.
   ④ 국가 발전에 있어서 인적 자원의 중요성을 강조하고 있다.

03-24

[8] 다음은 대담입니다. 잘 듣고 물음에 답하십시오. 〈既出36回〉

1. 들은 내용과 일치하는 것을 고르십시오.
   ① 고서에서 알 수 있는 정보는 한계가 있다.
   ② 출간 연대가 오래될수록 가치 있고 귀한 책이다.
   ③ 옛날의 다양한 일상을 보여주는 자료가 부족하다.
   ④ 남자는 사람들이 관심 갖지 않는 책을 연구하고 있다.

2. 남자가 말하는 방식으로 가장 알맞은 것을 고르십시오.
   ① 대중들이 즐겨보던 고서적 발굴을 촉구하고 있다.
   ② 고서적 연구가 나아갈 새로운 방향을 제시하고 있다.
   ③ 고서적의 가치를 설명하며 연구의 의의를 강조하고 있다.
   ④ 고서적의 자료를 근거로 연구의 신뢰성을 증명하고 있다.

▶解説はp.368

4 文の内容把握問題（4）

▶▶▶本番の試験での問題間隔は約12秒です。ここではCDの一時停止を利用して間隔を適宜調整しながら聞いてください。[1]～[4] は本試験49～50番の問題に対応しています。

▲音声はこちら

03-25

[1] 다음을 듣고 물음에 답하십시오.

1. 들은 내용과 일치하는 것을 고르십시오.

① 미국의 벤처기업은 과정에 대한 평가가 높으면 파산하지 않는다.
② 미국에서는 은행이 직접 벤처기업에 투자와 경영 지도를 해 준다.
③ 미국의 창업자들은 작은 벤처캐피털보다 대형 투자은행을 선호한다.
④ 한국의 벤처기업은 한번 실패하면 다시 재기하기가 어렵다.

2. 남자의 태도로 가장 알맞은 것을 고르십시오.

① 미국의 벤처기업의 열정과 패기의 배경을 설명하고 있다.
② 미국의 창업지원 금융 시스템의 조기도입을 주장하고 있다.
③ 젊은이들이 창업하기 쉬운 시급한 환경정비를 촉구하고 있다.
④ 한국의 창업자와 벤처기업의 장래에 대해 우려하고 있다.

03-26

[2] 다음을 듣고 물음에 답하십시오.

1. 들은 내용과 일치하는 것을 고르십시오.

① 사관은 인류의 보편적 원칙에 부합해야 한다.
② 역사적 사실은 시대에 따라 해석을 달리 할 필요가 있다.
③ 다양한 사관이 있어야 역사를 객관적으로 파악할 수 있다.
④ 역사는 미래에 교훈을 줄 수 있도록 해석되어야 한다.

2. 여자의 태도로 가장 알맞은 것을 고르십시오.

① 다양한 사관이 나타나게 되는 배경을 분석하고 있다.
② 당대의 사관이 될 수 있는 조건을 설명하고 있다.
③ 역사적 사실이 왜곡되는 원인과 과정을 규명하고 있다.
④ 역사가 미래에 바르게 계승되도록 촉구하고 있다.

▶ 台本はp.281、解説はp.370

03-27

[3] 다음을 듣고 물음에 답하십시오.

1. 들은 내용과 일치하는 것을 고르십시오.

① 여성의 흡연과 음주는 골다공증을 유발하기 쉽다.
② 중년 남성도 골다공증에 걸릴 위험이 높다.
③ 골다공증의 다음 단계를 골감소증이라고 한다.
④ 전체 남성의 일 할이 골다공증이라는 통계가 있다.

2. 남자의 태도로 가장 알맞은 것을 고르십시오.

① 골다공증에 대한 남성의 무지를 지적하고 있다.
② 남성의 골감소증에 대한 위험성을 경고하고 있다.
③ 남성의 골다공증에 대한 주의와 예방을 촉구하고 있다.
④ 중년 남녀의 골다공증 검사의 필요성을 강조하고 있다.

03-28

[4] 다음을 듣고 물음에 답하십시오. 〈既出41回〉

1. 들은 내용과 일치하는 것을 고르십시오.

① 최근 선거 운동은 개인의 성향을 반영한다.
② 같은 지역 사람들의 정치 성향은 비슷하다.
③ 후보자를 평가할 수 있는 기회가 늘어나고 있다.
④ 유권자는 후보자의 정보를 다각적으로 얻을 수 있다.

2. 여자의 태도로 가장 알맞은 것을 고르십시오.

① 이번 선거 운동의 결과를 낙관하고 있다.
② 선거 운동의 긍정적 변화를 기대하고 있다.
③ 선거를 대하는 유권자의 태도에 실망하고 있다.
④ 새로운 선거 전략의 부작용에 대해 우려하고 있다.

▶解説はp.371

第4章
作文編

作文

① 出題類型と内容

TOPIKⅡの**作文は全4問、51番～54番の問題番号で出題**される。**51～52番**は空所完成、**53番**は資料内容の説明、**54番**はテーマ作文の形式で構成されている。いずれも記述式で語彙力、文法力、表現力が総合的に問われる。

作文の試験時間は50分になっているので、**50分の時間内で答案が作成できるように適切な時間配分を常に意識**して練習しなければならない。

区分	本試験51番～54番までの作文問題の類型と内容	問題数と配点
1	空所完成問題 【51～52】 ①本試験の51番は、招待状、案内文、掲示文、メール、手紙などの実用的な文章が提示され、その文中の空所を完成させる問題、②52番は、説明文が提示され、その文中の空所を完成させる問題で構成。3級～4級水準。答案は各問題5分ずつ10分以内で作成することが望ましい。	2問×10点
2	資料説明問題 【53】 各種統計のグラフ、アンケート調査、話題に対する長短所の比較、分類などの情報が提示され、その情報の内容を200～300字で説明、まとめる問題。4級～5級水準。答案は10～15分以内で作成することが望ましい。	1問×30点
3	テーマ作文問題 【54】 テーマを説明し、含まれるべき内容が提示される。このテーマと含まれる内容に沿って自分の考えを600～700字で論理的にまとめて書く問題。5級～6級水準。答案は20～25分以内で作成することが望ましい。	1問×50点
※３つの問題類型に、問題総数４問、配点合計100点。		

❷ 問題類型別分析と対策

問題類型1 空所完成問題（1）

本試験**51番**の問題は、招待状、案内文、掲示文、メール、手紙などの実用的な文章を提示し、その文中の空所を完成させる形式で出題される。文章の形式と目的によって定型化された表現があるものは覚えておくと役に立つ。どのような形式、内容の文章なのかはタイトルを見ると大体わかるので、このタイトルと空所の前後の文脈をヒントに空所に入るべき情報、全体から見て抜けている情報を推定することができる。また空所の括弧の後の文章符号が句読点で終わっているか疑問符で終わっているかによって、空所に入る文章が叙述文か疑問文かがわかる。

51番で出題される実用的な文章は種類と目的別に大まかに分けると次のようになる。

区分	文の目的・内容
❶ 초대장 招待状	결혼식, 돌잔치, 집들이, 생일, 식사, 각종기념식, 각종대회, 공연, 졸업식, 입학식, 개업식
❷ 안내장, 광고 案内状、広告	모집, 채용, 공모, 모임, 바자회, 전시회, 강좌, 공연, 대회, 이벤트, 판매, 축제, 여행, 입회
❸ 게시문 掲示文	알림, 단수, 운행중지, 금지, 연기, 주의, 경고, 나눔, 드림, 분실, 구함, 동아리모임, 신청
❹ 이메일, 문자 メール	알림, 부탁, 약속, 변경, 취소, 요청, 확인, 양해, 사과
❺ 편지 手紙	인사, 감사, 사과, 부탁
❻ 기타 その他	교환, 환불, 예약취소

合格資料 14 51番問題の答案作成要領

次はTOPIK主管機関である「국립국제교육원(国立国際教育院)」によって公開された51番問題の例題と答案作成要領の要約である。答案作成時に参考にしてもらいたい。

※[51] 다음을 읽고 ㉠과 ㉡에 들어갈 말을 한 문장씩 쓰십시오. (10점)

초대합니다.

한 달 전에 이사를 했습니다.
그동안 집안 정리 때문에 정신이 없었는데 이제 좀 정리가 됐습니다.
그래서 저희 집에서 (㉠). (㉡)?
그 시간이 괜찮으신지 연락 주시면 감사하겠습니다.

正解	㉠ 집들이를 할까 합니다. / 집들이를 할 생각입니다. ㉡ ㅇ월 ㅇ일 ㅇ시에 와 주시겠습니까? / 다음주 ㅇ요일에 시간이 되십니까?
解説	※次を読んで㉠と㉡に入る言葉を1文ずつ書きなさい。(10点) ご招待します。 1カ月前に引っ越しをしました。その後、家の片付で忙しかったのですが、やっと片付きました。というわけで自宅で(㉠引っ越しの食事会を開こうかと思います。/引っ越しの食事会を開く予定です)。(㉡○月○日○時に来ていただけますか。/来週の○曜日にご都合はいかがでしょうか)。その時間で大丈夫なのかご連絡いただければ幸いです。

【答案の作成要領】

❶答案を作成する時は文の前後の内容をよく把握する。**㉠と㉡の前後の文章**をよく読んで内容が正しくつながるようにしなければならない。

❷答案の文を書くときは**中級レベルの表現と文法**を用いなければならない。

❸㉠の場合、文脈に合う「집들이를 하다」という語彙と「-(으)ㄹ까 하다」、「-(으)ㄹ 생각입니다」などの文法を用いて「집들이를 할까 합니다」、「집들이를 할 생각입니다」のように書くと5点がもらえる。㉡の場合、文脈に合う「○월 ○일 ○시」に「오다」、「어떻다」、「시간이 되다」のような表現と「-(으)시겠습니까?」、「-(으)신지요?」などの文法を用いて「○월 ○일 ○시에 와 주시겠습니까?」、「○월 ○일 ○시에 시간이 괜찮으신지요?」のように書くと5点もらえる。

❹文脈に合う答案を書いたとしても**初級レベルの文法**を用いた場合は**減点**になる。

❺**文脈に合わない**表現や文法を用いて書くと**減点**になる。

❻㉠の場合、**初級レベルの文法**である「-고 싶다」、「-(으)ㄹ 것이다」などを用いたり、的確でない文法「-기로 하다」などを用いて文を作ると**減点**になる。㉡の場合、**非**

格式体の文法「-(으)ㄴ가요?」、「-아/어요」などを用いて文を作ると**減点**になる。
❼**綴り方が正しくないと減点**になる。
❽生活でよく接する広告文や案内文などを読んで、どのような内容で構成されているか、どのような表現と文法が使われているか覚えておくと役に立つ。

既出 41回

※[51] 다음을 읽고 ㉠과 ㉡에 들어갈 말을 한 문장씩 쓰십시오. (10점)

받는 사람 : 이 재정(korteach@hk.edu)
제　　목 : 선생님, 샤오밍입니다.
이재정 선생님께
안녕하세요? 샤오밍입니다.
지난주에 댁으로 초대해주셔서 감사합니다.
선생님 덕분에 재미있는 시간을 보냈습니다.
이번에는 (㉠).
다음 주 월요일과 수요일 중에 언제가 좋으십니까?
저는 (㉡).
편하신 오후 시간을 말씀해 주시면 감사하겠습니다.
샤오밍 올림

正解

51. ㉠ 제가 선생님을 집으로 초대하고 싶습니다
　㉡ 오후에는 / 언제든지 다 괜찮습니다

解説

※次を読んで㉠と㉡に入る言葉を1文ずつ書きなさい。(10点)

宛　先 : イ・チェジョン (korteach @ hk.edu)
タイトル : 先生、シャオミンです。
イ・チェジョン先生へ
こんにちは。シャオミンです。
先週はご自宅に招待していただき、有難うございました。
おかげさまで楽しい時間を過ごすことができました。
今度は (㉠私の方で先生を自宅にご招待したいと思います)。
来週の月曜日と水曜日の中でどちらのほうが (ご都合が) よろしいですか。
私は (㉡午後は / いつでも両方とも大丈夫です)。
ご都合の良い午後の時間を教えていただければ有難いです。
シャオミン拝

既出 37回

※[51] 다음을 읽고 ㉠과 ㉡에 들어갈 말을 한 문장씩 쓰십시오. (10점)

> 모 집
>
> 태권도 동아리 '태극' 입니다.
> 이번에 (㉠).
> 신입 회원은 태권도에 관심 있는 학생이면 누구나 환영합니다.
> (㉡)?
> 그래도 걱정하지 마십시오.
> 처음부터 천천히 가르쳐 드립니다.
> 다음 주 금요일까지 학생 회관 201호에서 신청하십시오.

正解

51. ㉠ 새로 신입 회원을 모집하려고 / 뽑으려고 합니다.
㉡ 태권도를 처음 배우십니까 / 태권도가 처음이십니까
태권도를 잘 모르십니까

解説

※次を読んで㉠と㉡に入る言葉を1文ずつ書きなさい。(10点)

> 募　集
>
> テコンドーサークル「テグク(太極)」です。
> この度は(㉠新たに新入会員を募集します)。
> 新入会員はテコンドーに興味のある学生なら誰でも歓迎します。
> (㉡テコンドーを初めて習いますか / が初めてですか
> / テコンドーを知らないですか)。
> でも心配しないでください。
> 最初からゆっくりお教えします。
> 来週の金曜日までに学生会館の 201 号室でお申し込みください。

✏ **51 番問題の解答の要領は、**❶まず案内文か掲示文か、招待状かメールかなど文章の種類を確認したうえで、❷タイトルをヒントに文を書いた目的を把握する。❸文を書いた目的がわかれば空所の前後の文を読んで文脈を把握し、❹空所に入るべき情報、全体の流れからみて抜けている情報を推定して書き込む。❺大抵の場合、㉠の部分は目的の説明を、㉡の部分は読み手に伝えたいこと、依頼したいこと、意向の確認などをするものが多い。接続語や副詞をヒントに前後の文脈に合う文を推定するようにする。**答えは 5 分以内で書くことが望ましい。**

合格資料 15 実用的な文章でよく用いられる定型表現

区分		定型表現例
1	感謝・歓迎	①~아/어 주셔서 감사합니다 / 고맙습니다. ②~을/를 환영합니다
		•여러모로 신경 써 주셔서 감사합니다. •모임에 참석해 주셔서 감사합니다. •문의해 주셔서 감사합니다. •방문해 주셔서 감사합니다. •찾아주셔서 고맙습니다 •도와주셔서 감사합니다. •바쁘신데도 불구하고 이렇게 와 주셔서 감사합니다. •사용해 주셔서 감사합니다. •입학/ 입사/ 방문을 환영합니다.
2	おわび	①~아서/어서 죄송합니다 / 미안합니다
		•이용에 불편을 드려 죄송합니다. •폐를 끼쳐 드려서 죄송합니다. •갑자기 통보해 드려 죄송합니다. •팬 여러분께 심려를 끼쳐드려 죄송합니다.
3	要望・依頼	①~아/어 주시기 바랍니다. / ~아/어 주십시오. ②~아/어 주시면 고맙겠습니다 / 감사하겠습니다. ③~아/어 주셨으면 합니다. / ~아/어 주시면 좋겠습니다. ④~을/를 부탁드립니다. ⑤~아/어 주시겠습니까?
		•신속히 결과를 알려주시기 바랍니다. •이력서를 보내 주시기 바랍니다 •전화로 연락주시기 바랍니다. •메시지를 확인해 주시기 바랍니다. •관리인의 안내를 따라 주시기 바랍니다. •연락해 주셨으면 합니다. •도와주시면 감사하겠습니다. •견본을 보내 주시면 고맙겠습니다. •자세히 알려 주시면 좋겠습니다. •많은 이용 부탁드립니다. •고객 여러분의 주의를 부탁드립니다.

		•우산꽂이를 이용하여 주십시오 •정해진 판매처에서 구매해 주십시오.
4	意向の確認	①~(으)ㄹ 수 있을까요? / 있나요? ②~(으)실 수 있을까요? ③~아/어도 될까요? / 되겠습니까? ④~이/가 괜찮으세요? / ~이/가 좋으세요?
		•도움을 받을 수 있을까요? •부탁드릴 수 있을까요? •신청할 수 있나요? •알려 주실 수 있을까요? •사용해도 될까요? •알려도 될까요? •소개해도 되겠습니까? •부탁드려도 되겠습니까? •금요일로 미뤄도 되겠습니까? •몇 시가 괜찮으세요? •언제가 좋으세요?
5	計画・意図	①~(으)려고 합니다. / ~(으)ㄹ 예정입니다. ②~(으)ㄹ까 합니다. / ~(으)ㄹ 생각입니다. ③~고자 합니다.
		•실습생을 모집하려고 합니다. •세미나를 아래와 같이 개최하려고 합니다. •5월 9일 오픈 예정입니다 •아래와 같이 변경될 예정입니다. •6일 오전까지 복구될 예정입니다. •볼 만한 영화를 추천할까 합니다. •한 가지 제안을 할까 합니다. •최선을 다해 도울 생각 입니다. •저는 앞으로도 열심히 최선을 다 할 생각입니다. •설명회를 개최하고자 합니다.
6	可能・許容	①~(으)실 수 있습니다. / ~이/가 가능합니다. ②~(으)면 됩니다.
		•이메일 주소를 입력하시면 확인하실 수 있습니다. •원터치로 개찰기를 통과하실 수 있습니다. •쉽게 검색하실 수 있습니다.

		•사용하는 방법에 대해 알아보실 수 있습니다. •문제 해결을 도와 드릴 수 있습니다. •본인 확인 후 바로 가입하실 수 있습니다. •시설명을 클릭하시면 바로 예약 하실수 있습니다.
7	禁止・不可	①~(으)면 안 됩니다. / ~지 마십시오 / ~지 마세요. ②~(으)실 수 없습니다.
		•여기서는 담배를 피우면 안 됩니다. •함부로 쓰레기를 버리면 안됩니다. •신을 신고 집 안에 들어가면 안 됩니다. •직접 손으로 만지지 마십시오. •동물에게 먹이를 주지 마십시오. •사진 촬영은 하실 수 없습니다. •이 프로그램은 이용하실 수 없습니다.
8	必要・義務	①~아/어야 합니다. ②~(으)셔야 합니다.
		•반드시 청구서 앞, 뒷면을 작성해야 합니다. •교통 규칙을 준수해야 합니다. •테이블로 안내 할 때까지 기다리셔야 합니다. •이메일 주소는 반드시 쓰셔야 합니다.
9	婉曲・遠回し	①~(으)ㄹ 것 같습니다. ②~기(가) ~(으)ㄹ 것 같습니다.
		•이해가 잘 되는 것 같습니다. •강의만 잘 들어도 합격은 할 수 있을 것 같습니다. •기간 연장은 어려울 것 같습니다. •평가를 내리기가 어려울 것 같습니다. •사정으로 인해 참석이 힘들 것 같습니다.
10	伝聞	①~다고 합니다.　③~냐고 합니다. ②~자고 합니다.　④~라고 합니다.
		•도서관은 여섯 시에 문을 연다고 합니다. •금요일까지 신청을 받는다고 합니다. •시간이 괜찮으냐고 물어 봤습니다. •마감이 언제까지냐고 확인해 봤습니다. •식사 한번 같이 하자고 했습니다. •한번 놀러 오라고 합니다. •빨리 제출하라고 합니다.

合格資料 16 実用的な文章でよく用いられる語彙

区分		関連語彙
1	招待	초대하다, 초대장/안내장을 보내다, 축하하다, 참석하다, 집들이, 돌잔치, 생일잔치, 결혼식, 기념식, 졸업식, 입학식, 참석하다, 축하하다, 감사하다
2	案内・募集	알림, 공고, 알리다, 전하다, 모집하다, 공모, 관심이 있다, 신청하다, 신청서, 이력서, 응모 서류, 신청 자격, 신청 기간, 날짜. 마감하다, 이메일, 전자우편, 우편, 제출하다, 가입하다, 지원하다, 참가하다, 문의하다, 방문하다, 환영하다, 접수하다, 선착순, 회원, 동아리, 자원봉사자, 인턴, 직원, 전시회, 심사, 종류, 연령 제한, 남녀불문, 지원자, 초보자, 경험자
3	利用	시설/수영장/주차장/렌터카/도서관을 이용하다, 요금을 내다, 빌리다, 반납하다, 반납일, 연체하다, 연체료
4	大会	주최자, 참가자, 개최하다, 열리다, 참가하다/참석하다, 준비하다, 발표하다, 종목, 진행, 순서, 사회자, 참가팀, 우승하다
5	観覧	전시회, 방송국, 미술관, 박물관, 영화관, 극장, 매표소, 입장료, 입장권, 관람객, 방청객, 시청자, 예매하다, 전시기간, 상영기간, 개막일, 개봉일
6	求人・提供	무료, 드리다, 제공하다, 원하다. 필요로 하다, 찾다, 구하다, 구함, 궁금하다, 문의하다, 연락처, 연락하다
7	変更・取消し 交換・払戻し	약속, 일정, 바꾸다, 변경하다, 취소하다, 연기하다, 교환하다, 환불하다, 환불/교환이 가능/불가능하다, 영수증
8	警告	위험하다, 금지되다, 주의하다, 조심하다, 위반하다, 지키다, 당부하다, 법에 의해, 규칙에 따라, 벌금, 처벌
9	故障	고장, 고장이 나다, 멈추다, 문제가 생기다, 사용이 가능하다, 사용할 수 없다, 점검하다, 수리하다, 고치다, 맡기다
10	紛失	분실물, 분실물센터, 잃어버리다, 찾다, 가지고 있다, 보다, 보관하다. 연락하다, 사례하다
11	手紙、メール	○○○에게/께, ○○○드림, ○○○올림

問題類型2 空所完成問題 (2)

本試験 **52 番**の問題は、短い説明文を提示し、その文中の空所を完成させる形式で出題される。空所は2カ所あって、❶ 前の空所は論理的に前の部分とつながっている内容が、❷ 後ろの空所は空所の前に提示される副詞によって前の部分と並列、対照、理由、推測、判断、否定などの関係にある内容が入る場合が多い。文全体の内容を把握し、文脈に合う適切な内容を空所に書き入れる力が求められる。文章は説明文なので答えを書くときは格式体の「**한다**体」で書かなければならない。

合格資料 17 52番問題の答案作成要領

次はTOPIK主管機関である「**국립국제교육원**(国立国際教育院)」によって公開された52番問題の例題と答案作成要領の要約である。答案作成時に参考にしてもらいたい。

<table>
<tr><td colspan="2">※[52] 다음을 읽고 ㉠과 ㉡에 들어갈 말을 한 문장씩 쓰십시오. (10점)</td></tr>
<tr><td colspan="2">'칭찬은 고래도 춤추게 한다' 는 말이 있다. 몸집이 큰 고래도 칭찬을 하면서 훈련을 시키면 사람들 앞에서 멋진 쇼를 보여주게 된다. 이는 아이들 교육에서도 마찬가지다. 아이들을 기르면서 (㉠). 그러므로 (㉡).</td></tr>
<tr><td>模範答案</td><td>㉠ 칭찬을 하면 잘 성장할 것이다.
㉡ 아이들에게 칭찬을 자주 하는 것이 좋다.</td></tr>
<tr><td>解説</td><td>※次を読んで㉠と㉡に入る言葉を1文ずつ書きなさい。(10点)</td></tr>
<tr><td></td><td>「褒めれば鯨も踊らせることができる」と言うことばがある。図体の大きい鯨も褒めながら訓練をさせると人々の前ですばらしいショーを見せてくれるようになる。これは子供の教育でも同じだ。子供を育てながら(㉠褒めるとよく成長するはずだ)。だから(㉡子供をよく褒めるのが良い)。</td></tr>
<tr><td colspan="2">【答案の作成要領】
❶答案を作成する時は文の前後の内容をよく把握する。㉠と㉡の前後の文章をよく読んで内容が正しくつながるようにする。
❷答案の文を書くときは中級レベルの表現と文法を用いる。
❸㉠の場合、文脈に合う「칭찬을 하다」と「잘 성장하다」という表現と「-(으)면 -(으)ㄹ 것이다-」という文法を用いて「칭찬을 하면 잘 성장할 것이다」のように書くと5点がもらえる。</td></tr>
</table>

㉡の場合、文脈に合う「아이들에게 칭찬을 자주 하다」という表現に「-(으)ㄴ/는 것이 좋다」という文法を用いて「아이들에게 칭찬을 자주 하는 것이 좋다.」のように書くと5点もらえる。

❹文脈に合う答案を書いたとしても**初級レベルの文法**を用いた場合は**減点**になる。

❺**文脈に合わない表現や文法**を用いて書くと**減点**になる。

❻**綴り方が正しくないと減点**になる。

❼多様なジャンルの文を読んで内容をどのように展開させているのか、文と文をどのようにつなげているのか、それぞれの**接続語**はどのような機能をするのかなどを覚えておくと役に立つ。

既出37回

※[52] 다음을 읽고 ㉠과 ㉡에 들어갈 말을 한 문장씩 쓰십시오. (10점)

어려운 일이 생겼을 때 그 일을 대하는 우리의 태도는 크게 두 가지이다. (㉠). 다른 하나는 어려워서 불가능하다고 포기하는 것이다. 그런데 긍정적인 결과를 기대할수록 좋은 결과를 얻을 확률이 높다. 반대로 (㉡). 그러므로 우리는 시련이나 고난이 닥쳤을 때일수록 더욱 긍정적으로 생각할 필요가 있다.

模範答案

52. ㉠ 하나는 아무리 어려워도 절대 포기하지 않는 것이다.
하나는 가능하다는 믿음을 가지고 긍정적인 결과를 기대하는 것이다
㉡ 부정적으로 생각하면 좋은 결과를 얻기 어렵다.
부정적인 생각을 하면 좋은 결과를 얻을 확률이 낮다.

解説

※次を読んで㉠と㉡に入る言葉を1文ずつ書きなさい。(10点)

困難にぶつかったとき、それに対処する我々の態度は大きく2つに分けられる。(㉠1つはいくら困難なことであっても絶対あきらめないことだ / 1つは可能だという信念を持って肯定的な結果を期待することだ)。他の1つは難しくて不可能だとあきらめることだ。ところが肯定的な結果を期待するほど良い結果が得られる確率が高い。反対に(㉡否定的に考えると良い結果が得られにくい / 否定的な考えに囚われると良い結果が得られる確率は低い)。だから我々は試練や苦難にぶつかったときであればあるほどもっと肯定的に考える必要がある。

既出 41

※[52] 다음을 읽고 ㉠과 ㉡에 들어갈 말을 한 문장씩 쓰십시오. (10점)

> 머리는 언제 감는 것이 좋을까? 사람들은 보통 아침에 머리를 감는다. 그러나 더러워진 머리는 감고 자야 머릿결에 좋기 때문에 (㉠). 그런데 젖은 머리로 자면 머릿결이 상하기 쉽다. 따라서 (㉡). 만약 머리를 말리기 어려우면 아침에 감는 것이 더 낫다.

模範答案

52. ㉠ 머리는 저녁에 감는 것이 좋다.
㉡ 자기 전에 머리를 말리고 자야 한다.

解説

※次を読んで㉠と㉡に入る言葉を1文ずつ書きなさい。(10点)

> 髪はいつ洗うのが良いか。人々は普通朝髪を洗う。しかし汚くなった髪は洗ってから寝たほうが髪の毛に良いので(㉠髪は夜洗ったほうが良い)。しかし、濡れた髪のまま寝ると髪の毛が傷みやすい。したがって(㉡寝る前に髪を乾かして寝なければならない)。もし髪を乾かすのが難しければ朝洗ったほうがむしろ良い。

✏ 52番問題の解答の要領は、

❶まず**最初の文章に注目**する。文全体の内容を理解するのに必要な情報と、空所㉠に入る内容に必要な情報が含まれていることが多い。上記の文章では冒頭の「머리는 언제 감는 것이 좋을까?」という文全体の内容の方向性を示し、空所㉠に入るべき内容のヒントになる。**空所の前後の文の内容を確認**した上で文脈に合う答えを書く。

❷空所㉡もまず空所の前後の文の内容を確認する。特に**空所の前にある接続語に注意**して答えを書く。接続語の意味・役割によって、前の部分と並列、対照の関係にある文になるか、理由、推測、判断、否定などの関係にある文になるかが判断できる。この問題では空所㉠と空所㉡の前後にある「그러나, 그런데, 따라서, 만약」の4つの接続語が前後の文との関係が逆接か順接か、理由か仮定かの判断につながるヒントになる。

❸**答えは「한다体」の文章で綴りに注意して書く**。5分以内に答えを書くことが望ましい。

合格資料 18　52番の問題文によく出る接続語

区分		接続語
1	結果	그래서, 그러므로, 그러니까, 따라서, 그렇기 때문에, 그래야
2	反対・対比	그러나, 그런데, 그렇지만, 하지만, 오히려, 반대로, 반면에
3	並列・追加	그리고, 또, 또한, 게다가
4	仮定	혹시, 만약/만약에
5	要約・換言	즉, 곧, 다시 말하면, 바꾸어 말하면
6	譲歩	그래도
7	転換	그런데, 그러면, 아무튼, 어쨌든
8	理由	왜냐하면

合格資料 19　「한다体」の作り方

「한다体」は日本語の「ダ・デアル体」に相当する文体の俗称で叙述文で用いられる。「한다体」の仕組みは簡単だが、学習者にとってはよく間違われる個所でもある。作文でミスをしないように「한다体」の語尾の接続要領をもう一度確認しておこう。

❶ 動詞の母音語幹・ㄹ語幹・語尾「-(으)시-」には語尾「ㄴ다」、子音語幹には語尾「-는다」が結合する。

・ 動詞の母音語幹・ㄹ語幹・-(으)시- ＋**ㄴ다**

건너다（渡る）⇨ 건너 ＋ **ㄴ다** ⇨ 건넌**다**

만들다（作る）⇨ 만드 ＋ **ㄴ다** ⇨ 만든**다**

・ 動詞の子音語幹 ＋**는다**

쌓다（積む）⇨ 쌓 ＋ **는다**

씻다（洗う）⇨ 씻 ＋ **는다**

호랑이도 제 말 하면 온**다**.

낮말은 새가 듣고 밤말은 쥐가 듣**는다**.

소포는 일주일 후에 도착한**다**.

❷ 形容詞の語幹には語尾「-다」が結合する。

・ 形容詞の語幹 ＋**다**

귀엽다（かわいい）⇨ 참 귀엽 ＋ **다**　　부럽다（うらやましい）⇨ 아주 부럽 ＋ **다**

바람은 아직도 쌀쌀하**다**.
가을이 너무 짧아서 아쉽**다**.

❸ 先語末語尾「-았-/-었-、-겠-」には語尾「-다」が結合する。

- 用言＋ -았-/-었-、-겠- ＋**다**

짧다（短い）⇨ 짧 ＋ **았** ＋ **다**　　　　줄다（減る）⇨ 줄 ＋ **었** ＋ **다**

지도를 보고 약속 장소를 찾**았다**.
어제 시골에서 할머니가 오**셨다**.
꿈을 좇는 사람이 되**겠다**.

❹ 名詞には「-이다」が結合する。

- 名詞 ＋**이다**/ 名詞 ＋**였다**/ **이었다**
- 작가（作家）⇨ 유명한 작가 ＋ **(이)다**　　　시골（田舎）⇨ 고향은 시골 ＋ **이다**

딸은 엄마를 닮는 법**이다**.
부산은 한국에서 제일 큰 항구 도시**(이)다**.
해외여행은 이번이 처음**이었다**.
길고 지루한 회의**였다**.

注意1　①否定の補助用言「않다」は動詞の後では動詞、形容詞の後では形容詞として活用をする。②「있다, 없다」は「있는다, 없는다」にならないように注意する。

① 우리 집에서는 아무도 커피를 마시**지 않는다**.（動詞）
아직 날씨가 덥**지 않다**.（形容詞）

② 많은 불안을 느끼고 있는다.（×）　⇨ 많은 불안을 느끼고 **있다**.（○）
달라진 것은 아무것도 없는다.（×）⇨ 달라진 것은 아무것도 **없다**.（○）

注意2　先語末語尾「-(으)시-」も動詞に結合すると動詞、形容詞に結合すると形容詞と同じく活用する。

할머니는 안경을 쓰**신다**.
우리 회사 사장님은 참 부지런하**시다**.

注意3　「한다体」では「저/ 저희」と表現しないで「나/ 우리」と表現する。

저는 동생보다 키가 작다.（×）⇨ **나**는 동생보다 키가 작다.（○）

合格資料 20 「한다体」の練習

※次の下線部を「한다体」に直しなさい。

☞正答は373ページへ

1. 어제부터 머리가 아파요.
⇨

2. 저는 장미꽃을 좋아해요.
⇨

3. 고양이를 두 마리 길러요.
⇨

4. 그날 처음으로 만났어요.
⇨

5. 피곤할 때는 음악을 들어요.
⇨

6. 지금은 원룸에서 혼자 살아요.
⇨

7. 그곳은 경치가 정말 아름다워요.
⇨

8. 저는 매일 열 시에 잡니다.
⇨

9. 제일 먼저 간 곳은 불국사였습니다.
⇨

10. 버스보다 지하철이 빨라요.
⇨

11. 아무도 담배를 피우지 않아요.
⇨

12. 6월말부터 여름 방학이 시작돼요.
⇨

13. 그 사실을 전혀 몰랐어요.
⇨

14. 요즘은 긴 치마가 유행이에요.
⇨

15. 두 시에 손님이 오세요.
⇨

問題類型3　資料説明問題

本試験**53番**の資料説明問題は、❶ 各種統計のグラフや、アンケート調査のデータ分析、❷ 主題に対する長所・短所の比較、❸ 特定のテーマに対する内容分類のいずれかの形で問題が提示され、そこで示された情報を用いて200～300字で説明、またはまとめる形式で出題される。答案作成は原稿用紙を用いる。分かち書きや文章符号など原稿用紙の書き方を覚えておかなければならない。

答案の作成は、❶ 与えられた問題の情報を把握し、何を書くべきか段階別に計画を立てる。❷ 導入と展開に分けて情報の内容を紹介、説明する形で適切な表現を用いて書く。❸ 次は情報を分析して得られた内容をまとめて結論として書く。自分の意見を書いても良い場合は簡単に自分の考えを付け加える。❹ 最後に、問題で提示された情報内容はすべて書いたか、文と文の連結、文脈は自然な流れで繋がっているかなどをチェックする手順で進める。答案作成時間は10～15分以内が望ましい。

1　データ分析問題の作文要領

資料説明問題では、グラフで示されたデータを分析、説明する形式の問題が最も多く出題されている。このデータ分析問題は、

❶ 一定の調査期間内の商品の売上高やサービスの利用者数の増減などをグラフで示し、その増減の原因や、今後の展望、課題などについて書くもの、

❷ 調査対象に対する商品別、金額別、年度別、男女別、年代別など、様々な数値をグラフで示し、順位を比較して書くもの、

のどちらかの内容で出題される。このデータ分析問題には、導入と展開、まとめの段階別によく使われる定型表現があるので覚えておくと文章を短時間でまとめられる。次にまとめた表現をしっかり練習しておこう。

構成	よく使われる定型表現
導入	調査機関（A）、調査対象（B）、調査内容（C）
	・A에서 B을/를 대상으로 C에 대하여 조사를 실시하였다. AでBを対象にCについて調査を実施した。 ・A에서 C에 대해 실시한 조사 결과에 따르면 AでCについて実施した調査結果によると
展開	接続
	・조사 결과(내용)에 따르면/그에 의하면 調査結果（内容）によると / それによると

展開

増減

・□가/이 □년 □%에서 □%(으)로 증가했다./늘어났다./상승했다.
……が……年……%から……%に増加した / 増えた / 上昇した。

【対比】반면에, 이에 반해, 이와 반대로
半面、 これに反して、 これと反対に

・□는/은 □년 □%에서 □%(으)로 감소했다./줄어들었다./하락했다.
……は……年……%から……%に減少した。/ 減った。/ 下落した。

・□년에는 □(%)에 불과했다.
……年は……（%）に過ぎなかった。

・□년에는 □(%)에 그쳤다./머물렀다.
……年は……（%）にとどまった。

・□년에는 □(%)까지 감소했다./증가했다.
……年は……（%）まで減少した。/ 増加した。

・□년에는 □(%)에 달했다./이르렀다.
……年は……（%）に達した。/ 至った。

【変化】다시, 큰 폭으로, 소폭으로, 지속적으로, 급격히, 두(세)배로
再び、大幅に、 小幅に、 持続的に、 急激に、2（3）倍に

・그러나 □년에는 □(%)(으)로 큰 폭으로 감소했다./증가했다.
しかし……年は……(%) に大幅に減少した。/ 増加した。

・□년에 비해 □배로 증가했음을 알 수 있다.
……年に比べ……倍に増加したことがわかる。

順位の対比

・□이/가 □%(으)로 가장 높은 것으로 나타났다.
……が……%と最も高く現れた。

【対比】반면에, 이와 달리, 이에 반해, 이와 반대로
半面、 これとは違って、これに反して、これと反対に

・□다는 응답이 □%(으)로 가장 높게 나타났다./가장 많았다.
……という回答が……%と最も高く現れた。/ 最も多かった。

順位の羅列

・□이/가 □%(으)로 1위를 차지했다.
……が……%で1位を占めた。

・□이어서 □이/가 □%(으)로 그 뒤를 이었다./2위로 나타났다.
続いて……が……%でその後に続いた。/ 2位に登場した。

<table>
<tr><td rowspan="9">展開</td><td>・다음으로 □%, □%, □%(으)로 나타났다.
次に……%、……%、……%と続いた。
・마지막으로 □은/는 □%(으)로 가장 낮은 것으로 나타났다.
最後に……は……%と最も低い結果となった。
・□와/과 □의 순이었다.
……と……の順位だった。</td></tr>
<tr><td>原因、理由</td></tr>
<tr><td>・□의 원인은 다음과 같다.
……の原因は次の通りである。
・□원인으로 □가지를 들 수 있다.
……の原因として……(1～3)つを挙げることができる。
・첫째, □기 때문이다. 둘째, □에도 원인이 있다.
第一に、……だからである。第二に、……にも原因がある。
・□을/를 증가/감소 원인으로 들 수 있다.
……を増加 / 減少の原因として挙げられる。
・이와 같이 □(으)ㄴ 이유/원인은 □기 때문인 것으로 보인다.
このように……した理由 / 原因は……だからだと思われる。
・□기 위해서라고 응답했다.
……するためだと回答した。</td></tr>
<tr><td>対策、課題</td></tr>
<tr><td>・□을/를 □기 위해서는 다음과 같은 노력이 필요하다.
……を……するためには次のような努力が必要である。
・첫째, □는 것이 필요하다. 다음으로 □도록 노력해야 할 것이다.
第一に、……するのが必要である。次に……するように努力するべきである。</td></tr>
<tr><td>展望、予想</td></tr>
<tr><td>・□(년)에는 □(%)에 이를 것으로/그칠 것으로 예상된다.
……年は……(%)に達する / とどまると予想される。
・□(년)에는 □(%)에 이를/ 그칠 전망이다.
……年は……(%)に達する / とどまる見通しだ。
・이러한 이유로 □(으)ㄹ 전망이다.
このような理由で……する見通しだ。</td></tr>
<tr><td rowspan="2">まとめ</td><td>分析結果</td></tr>
<tr><td>・이러한 조사 결과를 통해서 □다는 것을 알 수 있다.
このような調査結果を通じて……ということがわかる。</td></tr>
</table>

類題

※[53] 다음을 참고하여 ‘시립도서관의 현황’ 에 대한 글을 200~300자로 쓰시오. 단, 글의 제목을 쓰지 마시오. (30점)

*조사기관 : 인주시 도서관 협의회

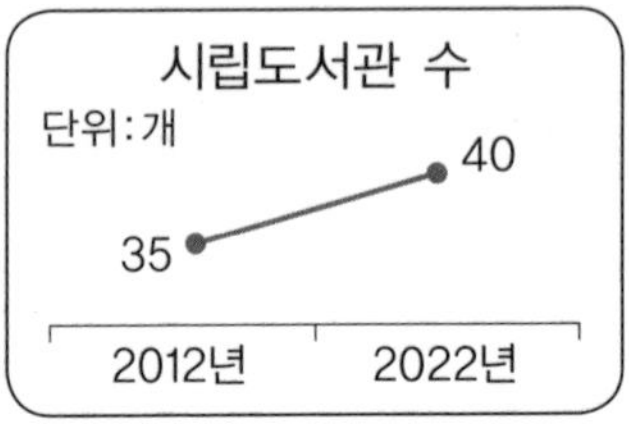

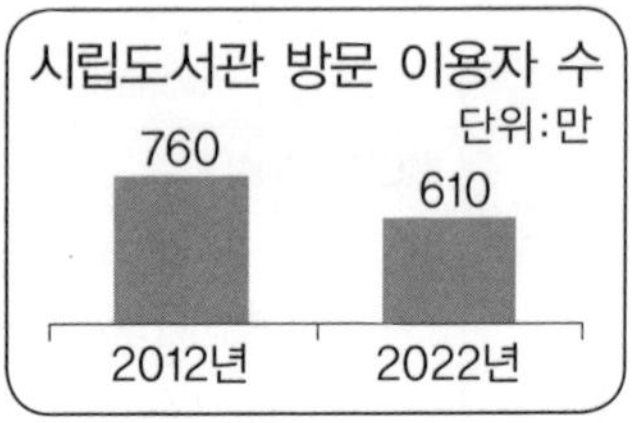

원인	•전자책 보유량이 많아짐. •온라인 전자책 대출 시스템이 활성화됨
전망	•온라인을 통한 도서관 이용자의 지속적 증가

模範答案

【導入】

인주시 도서관 협의회**에서** ‘시립도서관의 현황’ **에 대해 조사하였다.**
または、인주시 도서관 협의회**에서 조사한** ‘시립도서관의 현황’ **에 따르면**

【展開】

그에 따르면, 2012**년에** 35개**였던** 시립도서관 수**가** 2022**년에는** 40개**로 소폭 증가한 것으로 나타났다. 이에 반해** 시립도서관 방문 이용자 수는 **같은 기간에** 760만 명**에서** 610만 명**으로 큰 폭으로 감소한 것으로 나타났다. 이러한** 감소**의 원인은** 전자책의 보유량이 많아짐에 따라 온라인 전자책에 대한 대출 시스템이 활성화되었**기 때문으로 보인다.**

【まとめ】

이러한 추세**로 보아 앞으로도** 온라인을 통한 도서관 이용자**가 지속적으로 증가할 것으로 전망된다.**

解説

※次の内容を参考にして、「市立図書館の現況」についての文章を200～300字で書きなさい。ただし、文章のタイトルは書かないでください。(30点)

インジュ市図書館協議会で「市立図書館の現況」について調査した。(または) インジュ市図書館協議会で調査した「市立図書館の現況」によれば

………

それによると、2012年に35館だった市立図書館の数が2022年には40館に小幅増加したことがわかった。これに反して、市立図書館の来館利用者の人数は、同じ期間に760万人から610万人に大幅に減少したことがわかった。このような減少の原因は、電子ブックの保有量が増えるにつれてオンライン電子ブックに対する貸し出しシステムが活性化

	されたからだと思われる。 ……… 　このような流れから見て、今後もオンラインを通じての図書館利用者が持続的に増加すると予想される。

53番問題の類似模範答案例

データ分析問題は、作文時によく用いられる表現と文の構成に定型的なパターンが多い。構成の流れをつかむうえで参考にしてもらいたい。訳は省略する。

答案例 1	농림식품부**에 따르면,** 김치 수출액**이** 2016**년** 7800만 달러**에서** 2017년 8200만 달러, 2018**년에는** 9800만 달러**로 증가했다. 특히** 2017**년부터** 1년간 약 20%**나 늘어났다. 이러한** 변화**의 원인은** 정부의 다양한 홍보활동 지원**으로** 김치가 건강 식품이라는 인식이 높아졌**기 때문이다. 한편** 지역별 수출 현황**을 살펴보면,** 아시아가 70%**로 가장 높았으며,** 미주가 12%, 유럽이 8%, 기타가 10%**로 뒤를 이었다. 따라서 앞으로는** 각 지역에 맞는 상품 개발로 수출 대상 지역을 더욱 확대해 나가**야 할 것이다.**
答案例 2	인주시 기업연구소**에서 조사한** ‘인주시 백화점의 매출 현황’**에 따르면** 2021**년** 20만 명**이었던** 백화점 방문 고객 수**가** 2022**년** 17만 명**으로** 15% **줄어든 것으로 나타났다. 반면에** 백화점 전체 매출액**은 같은 기간** 2900억 원**에서** 3100억 원**으로** 200억 원**이 늘어났다.** 매출액 증가**의 원인은** 일부 고가 상품의 수요가 늘어난 데다가 인터넷 주문 판매량이 증가하였**기 때문으로 보인다. 앞으로** 매출액을 더욱 높이**기 위해서는** 매장의 고가 상품의 구성을 다양화하고 배송시스템을 개선**해야 될 것이다.**
答案例 3	농림수산부의 ‘한국 농산물 수출 현황’**에 따르면,** 2015**년** 150만 달러**였던** 농산물 수출액**이** 2020**년** 300 만 달러**로** 5년 동안에 **큰 폭으로 증가한 것으로 나타났다.** 농산물 수출 비율**은** 인삼이 40%**로 가장 큰 비중을 차지하였고, 다음은** 배**가** 27%, 딸기**가** 23%**로 그 뒤를 이었다.** 기타는 10%였다. **이렇게** 농산물 수출**이 증가한 원인은** 농산물 냉장 운송 시스템이 도입되어 신선함을 유지할 수 있었고, 한국 농산물의 해외 홍보도 효과가 있었**기 때문이다. 앞으로도** 수출량**은 지속적으로 증가할 것으로 전망된다.**
答案例 4	**최근** 관세청**에서 발표한** ‘주방용 전자제품 수출현황’**에 따르면,** 2020**년의** 주방용 전자제품 수출액**은** 27억 달러**로 나타났다. 이는** 2018**년의** 20억 달러**에 비해** 7억 달러**가 증가한 것이다.** 품목별 수출액**을 보면,** 냉장고**가** 15억 달러**로 가장 많았고,** 7억 달러의 식기세척기**와** 4억 달러의 오븐**이 그 뒤를 이었다.** 2018**년에는** 한류의 영향으로 한국제품에 대한 인지도가 상승하였**고,** 2020**년에는** 요리를 좋아하는 ‘홈족’의 증가**로** 주방용 전자제품에 대한 관심이 증가**한 것이 원인으로 분석되었다.**

2 長短所比較問題の作文要領

資料説明問題で、長所・短所を比較する形式の問題が単独で出題されるのは最近少なくなっている。しかし、グラフを用いたデータ分析問題の一部として、または５４番のテーマ作文問題の一部として出題されることは多い。

次の構成と例題を参考に長所・短所比較問題の構成と表現を把握しておこう。

構成	よく使われる定型表現
導入	・□는 □이다. ……は……だ。
展開	・□은/는 먼저(첫째로)…, 둘째로…, 셋째로…. 마지막으로… ……はまず(第一に)…、第二に…、第三に…、最後に… 【羅列】 그리고, 게다가. 또한 : そして、それに、また ・□(으)ㄴ 데다가. □(으)ㄹ 뿐만 아니라, □(으)며 ……したうえに、　……するだけでなく、　……であり 【対比】 반면(에), 이와 반대로, 이와 달리 : 半面、これと反対に、これと違って
まとめ	・따라서/그러므로 □도록/ □지 않도록 □아/어야 한다. したがって/だから……するように/……しないように……しなければならない。

＊국립국제교육원サンプル問題

※[53] 다음 표를 보고 인터넷의 장단점에 대해 쓰고, 인터넷을 잘 이용 하기 위해서는 어떻게 해야 하는지 200~300자로 쓰십시오. (30점)

인터넷의 장단점

인터넷의 장점	인터넷의 단점
① 정보를 빠르게 검색할 수 있다. ② 언제든지 쇼핑을 편리하게 할 수 있다.	① 믿을 수 없는 거짓 정보가 많다. ② 인터넷에 중독이 될 수 있다.

模範答案	
	현대 사회에서의 인터넷**은** 사회와 소통할 수 있는 중요한 도구**이다. 그러나** 그 도구를 효과적으로 사용하**기 위해서는** 그것의 장점과 단점**을 정확히 알아야 한다. 먼저** 인터넷**은** 정보를 빠르게 검색할 수 있**고** 언제든지 쇼핑을 편리하게 할 수 있**다는 장점이 있다. 반면** 인터넷에는 믿을 수 없는 정보가 많**을 뿐만 아니라** 무분별하게 사용하면 중독이 될 위험**도 있다. 따라서** 인터넷을 올바르게 사용하려면 필요에 따라 적절히 사용하고 거짓 정보를 구별할 줄 알**아야 한다. 또한** 인터넷에 중독되지 않**도록** 주의**해야 한다.**

	※次の表を見てインターネットの長所と短所について書き、インターネットをうまく利用するためにはどのようにすべきか200～300字で書きなさい。（30点）
解説	現代社会でのインターネットは社会とつながる重要な道具だ。しかし、その道具を効果的に使うためにはそれの長所と短所を正確に知っていなければならない。まずインターネットは情報を素早く検索することができるし、いつでもショッピングが便利にできるという長所がある。一方インターネットには信用できない情報が多いだけでなく、無分別に使うと中毒になる危険性もある。したがってインターネットを正しく使うには必要に応じて適切に使い、ウソの情報が判別できなければならない。その上またインターネット中毒にならないように気を付けなければならない。

合格資料 21 53番問題の答案作成要領

次はTOPIK主管機関である「국립국제교육원（国立国際教育院）」によって公開された53番問題の答案作成要領の要約である。答案作成時に参考にしてもらいたい。

❶・答案は与えられた課題に沿って忠実に書く。
・与えられた内容がすべて含まれなければならない。
・関係のない内容が含まれている場合は減点になる。
・まったく関係のない内容を書いた場合は0点になる。
❷・内容構成は提示された情報に基づいて書き、自分の意見を加えて完成させる。
❸・文は論理的に展開すべきで、導入ー展開ーまとめの構成で書かなければならない。
・内容が変わるときは必ず段落を変えて書く。
❹・文章は中級レベルの語彙と文法を正しく用いなければならない。
・できるだけ中級上レベルの語彙と文法を用いたほうが良い。
・初級や中級下レベルの語彙と文法を用いて正確に書くよりは一部間違いがあっても中級上レベルの語彙と文法を多く使ったほうが良い。
※この「言語使用」の部分が採点の基準として最も高い配点になっている。**中級以上の語彙と文法を用いて作成する**ように意識しよう。
❺・文の特性に合わせて文語的に書かなければならない。
・「딴, 되게」のような口語体の語彙や「한테, −아/어 가지고」のような口語文法は使ってはいけない。助詞も省略せず必ず書かなければならない。
・また終結形で「−ㅂ/습니다, −아/어요」を用いると減点になる。
※答案の文章はすべて叙述文体の「한다体」で作成しなければならない。
❻・図表やグラフなどの形で提示された情報を文章に変えて説明し、それに自分の意見を加えて一つの文章として完成させる演習をするのが良い。
❼答案を書く前に導入、展開、まとめの各段階をどのような内容で構成するか前もって概要を箇条書きにしておくと文を書く際に役立つ。

3 内容分類問題の作文要領

特定のテーマに対する内容分類をまとめて書く問題も単独で出題されることは最近少なくなっている。しかし、データ分析問題の一部として、または54番のテーマ作文問題の一部として出題されることはよくある。

次の構成と例題を参考に内容分類問題の構成と表現を把握しておこう。

構成	よく使われる定型表現
導入	• □은/는 □에 따라서 □가지로 분류할 수 있다. ……は……によって……種類に分類できる。 • □은/는 □에 따라서 □. □(으)로 나눌 수 있다. ……は……によって……、……に分けることができる。 • □은/는 □에 따라서 □와/과 □, 그리고 □(으)로 나눌 수 있다. ……は……によって……と……、そして……に分けることができる。 • □을/를 □(으)로 나누면 □에는 □와/과 □이/가 있다. ……を……で分けると……には……と……がある。
展開 まとめ	• 먼저, 첫째로, 둘째로, 셋째로, 마지막으로 まず…、第一に…、第二に、第三に、最後に… • □와/과 □이/가 이에 속한다. ……と……がこれに属する。 • □은/는 □다는 특징/ 장점이 있다. ……は……だという特徴 / 長所がある。

既出 37

※[53] 다음 그림을 보고 대중매체를 어떻게 나눌 수 있는지 200~300자로 쓰십시오. (30점)

대중매체

인쇄매체	전파매체	통신매체
책, 잡지, 신문	텔레비전, 라디오	인터넷
•기록이 오래 보관됨. •정보의 신뢰도가 높음.	•정보를 생생하게 전달함. •오락적 기능이 뛰어남.	•쌍방한 소통이 가능함. •다량의 정보를 생산함.

模範答案　대중매체란 많은 사람에게 대량으로 정보와 생각을 전달하는 수단을

	말한다. 이러한 대중매체에는 다양한 양식이 있는데, 표현 양식을 기준으로 나누면 크게 인쇄매체, 전파매체, 통신매체이다. 인쇄매체는 책이나 잡지, 신문 등으로 기록이 오래 보관되고 정보의 신뢰도가 높다는 특징이 있다. 다음으로 전파매체가 있는데 텔레비전 라디오 등이 이에 속한다. 정보를 생생하게 전달하고 오락성이 뛰어나다는 특징을 가진다. 마지막으로 인터넷과 같은 통신매체를 들 수 있다. 쌍방향 소통이 가능하고 다량의 정보를 생산한다는 특징이 있다.
解説	※次の絵を見て大衆媒体をどのように分けられるか 200 ～ 300 字で書きなさい。(30 点)
	マスメディアとは多くの人に大量に情報と意見を伝える手段を言う。このようなマスメディアには多様な形態があるが、表現形態を基準に分けると大きく印刷媒体、電波媒体、通信媒体に分けられる。印刷媒体は本や雑誌、新聞などで記録が長く保存され、情報の信頼度が高いという特徴がある。次に電波媒体があるが、テレビやラジオなどがこれに属する。情報をリアルに伝え、娯楽性が高いという特徴がある。最後にインターネットのような通信媒体があげられる。双方向の疎通が可能で多量の情報を生産するという特徴がある。

合格資料 22 53番問題の採点基準

次はTOPIK主管機関である「국립국제교육원(国立国際教育院)」によって公開された53番問題の採点基準である。配点30点の内、「言語使用」の配点が最も高いことがわかる。

区分	採点根拠	点数区分		
		上	中	下
❶内容と課題の完成度(7点)	1) 与えられた課題に沿って忠実に書いたか。 2) 主題と関係のある内容で構成したか。 3) 与えられた内容を豊富で多様に表現しているか。	7～6点	5～3点	2～0点
❷文の構成(7点)	1) 文の構成が明確で論理的か。 2) 文の内容によって段落の構成がうまく出来ているか。 3) 論理展開に役立つ接続語や副詞を適切に用いてつなげているか。	7～6点	5～3点	2～0点
❸言語使用(8×2=16点)	1) 文法と語彙を多様で豊富に用い、適切な文法と語彙を選んで用いているか。 2) 文法、語彙、綴りなどの使い方は正しいか。 3) 文の目的と機能に沿って正しい文体で書いているか。	16～14点	12～8点	6～0点

合格資料 23 原稿用紙の書き方

原稿用紙の書き方に絶対的な原則があるわけでないが、ここでは韓国語の原稿用紙を使う際に一般的になっている形式を紹介したい。原稿用紙に答案を書かせることによって採点者側は分かち書きや正書法などの基本的な規範に対する理解の程度、文章の量、また段落分けによって内容も容易に把握できるメリットがある。

❶ 1マスに1文字ずつ書く。ただ、アルファベットの小文字やアラビア数字は1マスに2文字ずつ書いてもいい。すべての文章符号もそれぞれ1マスを使う。新しい段落を始める場合、最初のマス目は空ける。

	20	16	년		2	월		19	일	의		발	표	에		의
하	면		고	등	학	생	의		신	장	은		평	균		17
5	cm	로		밝	혀	졌	다	.								

❷ 行の最後に空けるマス目がない場合は次の行の最初のマス目を空けてはいけない。このような場合は行の最後に分かち書き印（∨）をして、次の行の最初のマス目は空けずに続けて書く。

19	일	의		발	표	에		의	하	면		고	등	학	생	의 (outside: V)
신	장	은		평	균		17	5	cm	로		밝	혀	졌	다	.

❸ 分かち書きは原則に従って書き、文章符号の次のマス目も空けるのが原則であるが、句点（.）と読点（,）の次にはマス目を空けないのが一般的である。

	아	!		아	름	답	다	.	누	구	세	요	?		그	러
면	,	잠	깐	만		기	다	리	세	요	.					

❹ 文章符号を入れるべきところで行が終わって行が変わる場合、その符号は次の行の最初のマス目に書かないで、最後のマス目に一緒に表記しておく。

	(	中	略	)		서	울	에		가	려	고		한	다.
그	래	서	,	지	금	부	터		열	심	히		아	르	바

❺ 対話文は行を変えて書き、引用符号（“ ”）を付ける。行の最初のマス目は空け、二番目のマス目に引用符号を入れる。

	“	무	슨		일	이	세	요	?	”		하	고		놀
란		얼	굴	로		우	리	를		쳐	다		보	았	다.

合格資料 24 53番例題模範解答の原稿用紙使用例

53	아래 빈칸에 200~300자 이내로 작문하십시오(띄어쓰기 포함).																			
	현	대		사	회	에	서	의		인	터	넷	은		사	회	와		소	20
통	할		수		있	는		중	요	한		도	구	이	다	.	그	러	나	40
그		도	구	를		효	과	적	으	로		사	용	하	기		위	해	서	60
는		먼	저		그	것	의		장	점	과		단	점	을		정	확	히	80
알	아	야		한	다	.														100
	먼	저		인	터	넷	은		정	보	를		빠	르	게		검	색	할	120
수		있	고		언	제	든	지		쇼	핑	을		편	리	하	게		할	140
수		있	다	는		장	점	이		있	다	.	반	면		인	터	넷	에	160
는		믿	을		수		없	는		정	보	가		많	을		뿐	만		180
아	니	라		무	분	별	하	게		사	용	하	면		중	독	이		될	200
위	험	도		있	다	.														220
	따	라	서		인	터	넷	을		올	바	르	게		사	용	하	려	면	240
필	요	에		따	라		적	절	히		사	용	하	고		거	짓		정	260
보	를		구	별	할		줄		알	아	야		한	다	.		또	한		280
인	터	넷	에		중	독	되	지		않	아	야		한	다	.				300

【注意】 答案に文のタイトルは書かない。

合格資料 25 分かち書きの要領

分かち書きとは、文章を記述するとき、読みやすく、意味に誤解が生じないように語の区切りごとに空白を入れて記述する表記方法をいう。次の分かち書きの要領を参考に、難しく考えず語句の区切りに注意してコツをつかもう。

❶ 助詞はその前の語に続けて書く。

- 꽃이■예쁘다.　　花が■きれいだ。
- 꽃처럼■예쁘다.　　花のように■きれいだ。
- 학교에■갑니다.　　学校に■行きます。
- 나보다■키가■크다.　　私より■背が■高い。

❷ 依存名詞は分かち書きをする。

- 아는■것이■힘이다.　　知る■ことが■力である。
- 나도■할■수■있다.　　私も■する■ことが■できる。
- 아는■이를■만났다.　　知っている■人に■会った。
- 서울에■온■지■3년이■되었다.　　ソウルに■来てから■3年に■なった。

❸ 単位を表す依存名詞は分かち書きをする。

- 한■개 一個
- 차■한■대 車1台
- 소■한■마리 牛一頭
- 열■살 十歳
- 두■잔 二杯
- 한■시간 一時間

❖ ただ、年月日、時刻、順序を表す場合は続けて書くことができる。

- 일천구백구십사■년　　→ 일천구백구십사년 1994年
- 칠■월■십삼■일　　→ 칠월■십삼일 7月13日
- 세■시■삼십오■분　　→ 세시■삼십오분 3時35分
- (제)일■과　　→ (제)일과 (第) 1課
- (제)삼■학년　　→ (제)삼학년 (第) 3学年
- (제)육■층　　→ (제)육층 (第) 6階
- (제)오십오■1회　　→ (제)오십오회 (第) 55回

❖ ただ、 数を表す「개년, 개월, 시간, 일(간) : カ年、カ月、時間、日 (間) 」の場合は続けて書かない。

- 삼■(개)년■육■개월■이십■일(간)■체류하였다. 3 (カ) 年6カ月20日 (間) 滞在した。

問題類型4　600～700字でのテーマ作文作成問題

本試験 **54 番**の問題は作文のテーマと含まれるべき内容が提示され、600 字～700 字でまとめる形式で出題される。

提示された主題と課題に合わせて自分の考えを韓国語で論理的に表現できるかが問われる。したがって答案の作文は導入（序論）、展開（本論）、まとめ（結論）の論理的な構成が求められる。含まれるべき内容として提示された項目が3つの場合、最初の項目が導入として、2つ目が展開として、3つ目がまとめとして構成できることが多い。提示された項目が2つの場合は最初の項目が導入と展開の構成内容になる。答案は 20 ～ 25 分以内で作成することが望ましい。

合格資料 26　54番問題の答案作成要領

次はTOPIK主管機関である「**국립국제교육원**（国立国際教育院）」によって公開された54番問題の例題と答案作成要領の要約である。答案作成時に参考にしてもらいたい。

※[54] 다음을 주제로 하여 자신의 생각을 600~700자로 글을 쓰십시오. (50점)

최근 세계적으로 환경오염을 줄이기 위해 많은 노력을 기울이고 있습니다. 환경오염을 줄일 수 있는 효과적인 방법에 대해 아래의 내용을 중심으로 주장하는 글을 쓰십시오.

- 환경오염으로 인해 어떤 문제가 생기고 있습니까?
- 환경오염을 줄이기 위해 어떤 노력이 필요합니까?
- 사람들이 실천할 수 있는 효과적인 방법은 무엇입니까?

【模範答案】

문명의 발전은 인간 생활에 편리함을 가져다 주기도 했지만 아울러 환경 오염이라는 문제도 안겨 주었다. 환경 오염은 인간의 문명을 몰락의 길로 이끌 수 있을 만큼 강력한 위해 요소로 대두되고 있다.

그 대표적인 예로 지구 온난화 현상을 들 수 있다. 현대 문명의 각종 시설물에서 배출되는 온실 가스는 오존층 을 파괴하는 등 지구 환경을 서서히 변화시키고 있다. 이러한 변화로 인해 천재 지변이나 생태계의 교란과 같이 인류의 생명을 직접적으로 위협하는 현상들이 곳곳에서 일어나고 있으며, 향후에는 그 피해가 더욱 심각해 질 것으로 예측된다.

환경오염을 줄이는 것은 이제 더 이상 미룰 수 없는 시급한 문제가 되었다고 해도 과언이 아니다. 이를 위해서는 먼저 환경 유해 물질의 배출을 줄여야 한다. 그리고 기술 개발을 통해 유해 물질의 정화 기술을 개선하고 친환경 에너지 개발에 힘써야 한다. 다음으로 선제적으로 환경을 개선시킬 수 있는 방안도 강구해야 한다. 열대 우림의 보호나 산림 조성등이 이에 해당한다.

환경오염을 줄이기 위해서는 위와 같은 국가적, 사회적인 노력도 중요하지만 개인의 노력도 반드시 수반되어야 한다. 쓰레기를 배출하지 않고 재활용 제품을 적극적으로 사용하는 '녹색 성장, 녹색소비' 라는 말을 생활 속에서 실천할 수 있는 방법을 모색해야 한다.

【解説】 ※次を主題として自分の考えを600 ～ 700字で書きなさい。（50点）

近年世界的に環境汚染を減らすために多くの努力をしています。環境汚染を減らすことができる効果的な方法について下記の内容を中心に主張する文を書きなさい。

・環境汚染によってどのような問題が起こっていますか。

・環境汚染を減らすためにどのような努力が必要ですか。

・人々が実践できる効果的な方法は何ですか。

文明の発展は人間生活に便利さをもたらしてくれたが、同時に環境汚染という問題ももたらしてくれた。環境汚染は人間の文明を没落の道へ導くほど強力な危害要素として台頭している。

その代表的な例として地球温暖化現象をあげることができる。現代文明の各種施設物から排出される温室ガスはオゾン層を破壊するなど地球環境を徐々に変化させている。このような変化によって自然災害や生態系の攪乱のように人類の生命を直接的に脅かす現象が至るところで起きているし、将来はその被害がさらに深刻になることが予測される。環境汚染を減らすことはもうこれ以上後回しにできない緊急の課題になったと言っても過言ではない。これのためにはまず環境に有害な物質の排出を減らさなければならない。そして技術開発を通じて有害物質の浄化技術を改善し、エコフレンドリーなエネルギーの開発に努めなければならない。次に先制的に環境を改善する方策も講じなければならない。熱帯雨林の保護や山林造成などがこれに該当する。環境汚染を減らすためには以上のような国家的、社会的な努力も重要だが、個人の努力も必ず伴わなければならない。ごみを排出しないでリサイクル製品を積極的に使う「緑の成長（green growth)、緑の消費（green consumerism)」という言葉を生活の中で実践できる方法を模索しなければならない。

【答案の作成要領】

❶・答案は与えられた課題に沿って忠実に書く。

・与えられた内容がすべて含まれなければならない。

・関係のない内容が含まれている場合は減点になる。

・まったく関係のない内容を書いた場合は0点になる。

☞**600字以上で最後まで書き切ったかが評価のポイント**になる。既出のテーマ作文の題を活用して600字以上で書き上げる練習を積むようにしよう。

❷・文は論理的に展開すべきで、導入－展開－まとめの構成で書かなければならない。

・内容が変わると必ず段落を変えて書く。

❸・文章は上級レベルの様々な語彙と文法を正しく用いなければならない。

・中級レベルの語彙と文法を用いて正確に書くよりは一部間違いがあっても上級レベルの語彙と文法を多く使ったほうが良い。

☞この**「言語使用」の部分が採点の基準として最も高い配点**になっている。**上級レベルの語彙と文法を用いて作成する**ように意識しよう。同じ内容であっても上級レベルの慣用表現や慣用句、ことわざ、四字熟語などで適切に表現したほうが高得点が得られやすい。普段から上級レベルの慣用表現や慣用句、ことわざ、四字熟語などの語彙と文法力を増やす努力と練習が求められる。

❹・文の特性に合わせて文語的に書かなければならない。

・論理的な文章で典型的に使われる語彙と文法を用いなければならない。

・口語的な語彙と文法は絶対に用いてはいけない。

・助詞も省略せず必ず書かなければならない。

・終結形で「−ㅂ/습니다, −아/어요」を用いると減点になる。必ず「−(ㄴ/는)다」を用いなければならない。

☞**答案の文章はすべて叙述文体の「한다体」で作成**しなければならない。

❺・文章を書く前に導入、展開、まとめの各段階をどのような内容で構成するか予め概要の表を作っておくと文章を書くのに役立つ。

☞**答案を書く前にまず文全体の構成を考えておく**ようにする。与えられたテーマに沿って問題提起、意見提示（事柄の把握）、展開（原因・背景・結果など）、まとめの段階別に何を書くべきかを考え、箇条書きにメモをしておいてから答案作成に取り掛かる。

☞**時間配分に気をつける。**

普段の練習から200～300字、600～700字を書くのにどのくらい時間がかかるか自分の書くスピードを把握して、試験時間50分の中で考える時間、書く時間、清書の時間の配分をしておかなければならない。

合格資料 27 54番問題の採点基準

次はTOPIK主管機関である「국립국제교육원（国立国際教育院）」によって公開された54番問題の採点基準である。配点50点の内、「言語使用」の配点が最も高いことがわかる。

区分	採点根拠	点数区分		
		上	中	下
❶内容と課題の完成度（12点）	1）与えられた課題に沿って忠実に書いたか。 2）主題と関係のある内容で構成したか。 3）与えられた内容を 豊富に多様に表現しているか。	12～9点	8～5点	4～0点
❷文の構成（12点）	1）文の構成が明確で論理的なのか。 2）文の内容によって段落の構成がうまく出来ているか。 3）論理展開に役立つ接続語や副詞を適切に用いてつなげているか。	12～9点	8～5点	4～0点
❸言語使用（13×2=26点）	1）文法と語彙を多様で豊富に用い、適切な文法と語彙を選んで用いているか。 2）文法、語彙、綴りなどの使い方は正しいか。 3）文の目的と機能に沿って正しい文体で書いているか。	26～20点	18～12点	10～0点

合格資料 28 54番問題の等級判定基準

次はTOPIK主管機関である「국립국제교육원（国立国際教育院）」によって公開された54番問題の等級判定基準である。配点は50点である。

等級		内容と課題の完成度（12点）	文の構成（12点）	言語使用（26点）
上	A	11～12	11～12	12～13（×2）
	B	9～10	9～10	10～11（×2）
中	C	7～8	7～8	8～9（×2）
	D	5～6	5～6	6～7（×2）
下	E	3～4	3～4	4～5（×2）
	F	0～2	0～2	0～3（×2）

合格資料 29 54番例題模範解答の原稿用紙使用例

54	아래 빈칸에 600~700자 이내로 작문하십시오(띄어쓰기 포함).																			
	문	명	의		발	전	은		인	간		생	활	에		편	리	함	을	20
가	져	다	주	기	도		했	지	만		아	울	러		환	경	오	염	이	40
라	는		문	제	도		안	겨		주	었	다	.	환	경	오	염	은		60
인	간	의		문	명	을		몰	락	의		길	로		이	끌		수		80
있	을		만	큼		강	력	한		위	해		요	소	로		대	두	되	100
고		있	다	.																120
	그		대	표	적	인		예	로		지	구	온	난	화		현	상	을	140
들		수		있	다	.	현	대		문	명	의		각	종		시	설	물	160
에	서		배	출	되	는		온	실	가	스	는		오	존	층	을		파	180
괴	하	는		등		지	구		환	경	을		서	서	히		변	화	시	200
키	고		있	다	.	이	러	한		변	화	로		인	해		천	재	지	220
변	이	나		생	태	계	의		교	란	과		같	이		인	류	의		240
생	명	을		직	접	적	으	로		위	협	하	는		현	상	들	이		260
곳	곳	에	서		일	어	나	고		있	으	며	,	향	후	에	는		그	280
피	해	가		더	욱		심	각	해	질		것	으	로		예	측	된	다.	300
	환	경	오	염	을		줄	이	는		것	은		이	제		더		이	320
상		미	룰		수		없	는		시	급	한		문	제	가		되	었	340
다	고		해	도		과	언	이		아	니	다	.	이	를		위	해	서	360
는		먼	저		환	경		유	해		물	질	의		배	출	을		줄	380
여	야		한	다	.	그	리	고		기	술		개	발	을		통	해		400
유	해		물	질	의		정	화	기	술	을		개	선	하	고		친	환	420
경	에	너	지		개	발	에		힘	써	야		한	다	.	다	음	으	로	440
선	제	적	으	로		환	경	을		개	선	시	킬		수		있	는		460
방	안	도		강	구	해	야		한	다	.	열	대	우	림	의		보	호	480
나		산	림		조	성		등	이		이	에		해	당	한	다	.		500
	환	경	오	염	을		줄	이	기		위	해	서	는		위	와		같	520
은		국	가	적		사	회	적	인		노	력	도		중	요	하	지	만	540
개	인	의		노	력	도		반	드	시		수	반	되	어	야		한	다.	560
쓰	레	기	를		배	출	하	지		않	고		재	활	용		제	품	을	580
적	극	적	으	로		사	용	하	는		‘	녹	색		성	장	,	녹	색	600
소	비	’	라	는		말	을		생	활		속	에	서		실	천	할		620
수		있	는		방	법	을		모	색	해	야		한	다	.				640

合格資料 30 既出の54番のテーマ作文問題例

35回以降は改編後のTOPIKⅡ、以前は改編前のTOPIK고급で出題された問題である。

既出	問題文
※[54] 다음을 주제로 하여 자신의 생각을 600~700자로 글을 쓰십시오. (50점)	
41回	세계 어느 나라에서나 역사를 가르칩니다. 이는 지나간 일을 기록한 역사가 오늘날의 우리에게 주는 가치가 분명히 있기 때문일 것입니다. 여러분은 우리가 왜 역사를 알아야 하고, 그 역사를 통해서 무엇을 배울 수 있다고 생각하십니까? 이에 대해 쓰십시오.
37回	현대 사회는 빠르게 세계화·전문화되고 있습니다. 이러한 현대 사회의 특성을 참고하여, '현대 사회에서 필요한 인재' 에 대해 아래의 내용을 중심으로 자신의 생각을 쓰십시오. • 현대 사회에서 필요한 인재는 어떤 사람입니까? • 그러한 인재가 되기 위해서 어떤 노력이 필요합니까?
36回	우리가 공부나 일을 할 때 동기가 분명히 있어야 더 잘 실행할 수 있습니다. 이러한 동기에는 흥미, 만족감, 자부심과 같은 내적 동기도 있고 칭찬이나 보상과 같은 외적 동기도 있습니다. '동기가 일에 미치는 영향' 에 대해 아래의 내용을 중심으로 자신의 생각을 쓰십시오. • 동기는 일의 시작 단계에서 어떠한 역할을 합니까? • 동기가 일의 결과에 미치는 영향은 무엇입니까?
35回	사람들은 다양한 경제 수준의 삶을 살고 있으며 그러한 삶에 대해 느끼는 각자의 만족도도 다양하다. 그러나 경제적 여유와 행복 만족도가 꼭 비례한다고는 할 수 없다. 경제적 여유가 행복에 미치는 영향에 대해 아래의 내용을 중심으로 자신의 생각을 쓰십시오. • 사람들이 생각하는 행복한 삶이란 무엇인가? • 경제적 조건과 행복 만족도의 관계는 어떠한가? • 행복 만족도를 높이기 위해 어떠한 노력이 필요한가?
34回	자연을 그대로 보존해야 한다는 주장과 인간을 위해 자연을 개발해야 한다는 주장이 있습니다. 이에 대한 자신의 견해를 서술하십시오. 단, 아래에 제시된 내용이 모두 포함되어야 합니다. 〈 자연 보존과 자연 개발 〉 (1) 자연 보존과 자연 개발 중 어느 것이 더 중요하다고 생각하는가? (2) 그렇게 생각하는 이유는 무엇인가? (2가지 이상 쓰시오.)

33回	직업을 선택할 때 중요하게 생각하는 조건은 무엇입니까? 이에 대해 자신의 의견을 서술하십시오. 단, 아래에 제시된 내용이 모두 포함되어야 합니다. 〈 직업 선택의 조건 〉 (1) 중요하게 생각하는 조건 세 가지는 무엇인가? (2) 그 중에서 가장 중요하다고 생각하는 것은 무엇인가? 그것이 왜 다른 조건보다 더 중요하다고 생각하는가?
32回	여러분은 대학이 어떤 곳이라고 생각합니까? 학문을 위한 곳이라고 생각합니까, 아니면 미래의 직업을 준비하는 곳이라고 생각합니까? 이에 대한 자신의 견해를 서술하십시오. 단, 아래에 제시한 내용이 모두 포함되어야 합니다. 〈 대학의 역할 〉 (1) 대학의 역할은 무엇이라고 생각하는가? (2) 대학이 그 역할을 잘 수행하기 위해서는 어떤 요건을 갖추어야 하는가?
31回	인간은 누구나 행복하게 살기를 원합니다.행복한 삶의 조건에 대한 자신의 견해를 서술하십시오. 단, 아래에 제시된 내용이 모두 포함되어야 합니다. 〈 행복한 삶의 조건 〉 (1) 행복한 삶이란 무엇인가? (2) 행복하게 살기 위해 충족되어야 할 조건은 무엇인가?
30回	학교에서는 음악이나 미술과 같은 예술 교육이 이루어지고 있습니다. 이러한 예술교육이 왜 필요하다고 생각합니까? 이에 대한 자신의 견해를 서술하십시오. 단, 아래에 제시한 내용이 모두 포함되어야 합니다. 〈 예술 교육의 필요성 〉 (1) 예술 교육이 왜 필요한가? (2) 예술 교육을 통해 얻을 수 있는 효과는 무엇인가?
29回	공동체 내에서 문제를 해결하기 위해서는 토론이 중요한 역할을 합니다. 토론에 대한 여러분의 견해를 서술하십시오. 단, 아래에 제시된 내용이 모두 포함되어야 합니다. 〈 토론에 필요한 자세 〉 (1) 토론은 왜 필요한가? (2) 토론을 잘하기 위해서는 어떤 준비를 해야 하는가? (3) 상대방과 토론을 할 때에는 어떤 자세로 임해야 하는가?
28回	여러분은 무엇이 선의의 거짓말이라고 생각합니까? 어떤 경우에 그런 거짓말을 할 수 있다고 생각합니까? 이에 대한 자신의 견해를 서술하십시오.

	단, 아래에 제시된 내용이 모두 포함되어야 합니다. 〈 선의의 거짓말이란 〉 (1) 선의의 거짓말이란 무엇인가? (2) 선의의 거짓말은 언제 필요한가? (3) 선의의 거짓말이 가질 수 있는 문제점은 무엇인가?
27回	인간은 사회적 동물인 만큼 경쟁 없이 살아갈 수 없습니다. 그러나 이러한 경쟁에는 긍정적인 면과 함께 부정적인 면이 있습니다. 이에 대한 자신의 견해를 서술하십시오. 단, 아래에 제시한 내용이 모두 포함되어야 합니다. 〈 경쟁의 긍정적인 면과 부정적인 면 〉 (1) 현대 사회에서 경쟁이 심해지는 이유는 무엇이라고 생각하는가? (2) 경쟁이 가지는 긍정적인 측면은 무엇인가? (3) 경쟁이 미치는 부정적인 영향은 무엇인가?
26回	대중 매체에서 사건을 보도할 때, 시청자의 알 권리를 위해 사건과 관련된 사람들의 개인 정보를 공개해도 된다는 주장과 개인 정보 공개는 사생활 침해라는 주장이 있습니다. 이에 대한 자신의 견해를 서술하십시오. 단, 아래에 제시한 내용이 모두 포함되어야 합니다. 〈 개인 정보 공개와 시청자의 알 권리 〉 (1) 시청자의 알 권리와 개인의 사생활 보호 중 무엇을 더 우선시해야 하는가? (2) 그렇게 생각하는 이유는 무엇인가? (3) 대중 매체의 올바른 보도 자세는 무엇인가?
25回	여러분은 성공이 무엇이라고 생각하십니까? 그리고 그러한 성공을 이루기 위해 필요한 것이 무엇이라고 생각하십니까? 이와 관련된 자신의 견해를 서술하십시오. 단, 아래에 제시한 내용이 모두 포함되어야 합니다. 〈 내가 생각하는 성공의 기준 〉 (1) 내가 생각하는 성공이란 무엇인가? (2) 그것을 이루기 위해 필요한 것은 무엇인가? (3) 그 이유는 무엇인가?
24回	여러분은 힘들고 괴로웠던 적이 있습니까? 그 일을 극복하면서 무엇을 배웠습니까? 이와 관련된 여러분의 경험을 서술하십시오. 단, 아래에 제시한 내용이 모두 포함되어야 합니다. 〈 고난과 시련을 통해 배운 것 〉 (1) 지금까지 살면서 겪었던 고난과 시련

	(2) 그 일을 극복하는 과정과 그 속에서 배우게 된 것 (3) 그 일이 인생을 살아가는 데 미친 영향
23 回	인간은 다른 사람들과의 관계 속에서 살아가는 만큼 바람직한 인간관계가 중요할 수밖에 없습니다. '바람직한 인간관계' 에 대한 자신의 견해를 서술하십시오. 단, 아래에 제시한 내용이 모두 포함되어야 합니다. 〈 바람직한 인간관계 〉 (1) 인간관계가 중요한 이유 (2) 자신이 생각하는 바람직한 인간관계 (3) 바람직한 인간관계를 맺고 유지할 수 있는 방법
22 回	지식과 정보가 넘쳐나는 현대 사회에서는 창의적으로 사고하는 능력이 반드시 필요하다고 합니다. 이에 대한 자신의 견해를 서술하십시오. 단, 아래에 제시한 내용이 모두 포함되어야 합니다. 〈 창의적인 사고 능력의 필요성 〉 (1) 창의적인 사고 능력이 필요한 이유 (2) 기존의 지식이나 정보를 대하는 태도 (3) 창의적인 사고 능력을 통해 얻을 수 있는 것
52 回	우리는 살면서 서로의 생각이 달라 갈등을 겪는 경우가 많다. 이러한 갈등은 의사소통이 부족해서 생기는 경우가 대부분이다. 의사소통은 서로의 관계를 유지하고 발전시키는 데 중요한 요인이 된다. '의사소통의 중요성과 방법' 에 대해 아래의 내용을 중심으로 자신의 생각을 쓰라. ・의사소통은 왜 중요한가? ・의사소통이 잘 이루어지지 않는 이유는 무엇인가? ・의사소통을 원활하게 하는 방법은 무엇인가?
47 回	'칭찬은 고래도 춤추게 한다' 는 말처럼 칭찬에는 강한 힘이 있습니다. 그러나 칭찬이 항상 긍정적인 영향을 주는 것은 아닙니다. 아래의 내용을 중심으로 칭찬에 대한 자신의 생각을 쓰십시오. ・칭찬이 미치는 긍정적인 영향은 무엇입니까? ・부정적인 영향은 무엇입니까? ・효과적인 칭찬의 방법은 무엇입니까?

【注意】 提示された問題文をそのまま書き写してはいけない。

合格資料 31 既出の54番のテーマ作文の答案例

次の資料はTOPIK主管機関である「**국립국제교육원**（国立国際教育院）」によって公開された54番問題の模範答案である。原稿用紙の書き方の練習用として、韓国語→日本語→韓国語→日本語→韓国語で訳しながらの文章練習用として活用してもらいたい。

既出	問題文と模範答案
※[54] 다음을 주제로 하여 자신의 생각을 600~700자로 글을 쓰십시오. (50점)	
41回	세계 어느 나라에서나 역사를 가르칩니다. 이는 지나간 일을 기록한 역사가 오늘날의 우리에게 주는 가치가 분명히 있기 때문일 것입니다. 여러분은 우리가 왜 역사를 알아야 하고, 그 역사를 통해서 무엇을 배울 수 있다고 생각하십니까? 이에 대해 쓰십시오. **【模範答案】** 지난날에 대한 반성 또는 위대한 업적 등이 후대에게 전해지기를 바라는 마음이 기록으로 이어지고 그것이 바로 우리가 지금 '역사' 라고 부르는 것이다. 우리가 역사를 기록하는 이유는 지금 일어나는 사실을 다음 세대에게 전달하는 데 그 목적이 있다. 이러한 역사는 우리에게 지금의 '나' 를 이해할 수 있는 기회를 제공해 준다. 현재는 과거에서 비롯된 것이므로 과거를 살펴봄으로써 현재 일어나고 있는 일에 대해 이해하도록 돕는다. 그리고 역사는 과거에 있었던 가슴 아픈 사건이 다시 반복되지 않도록 우리에게 교훈을 주기도 한다. 더불어 역사의 기록을 통해 우리는 앞으로 일어날 일을 예측하고 이를 준비할 수도 있다. 얼마 전 신문 기사에 따르면 한 연구자가 옛 문서에 기록된 역사적인 사실을 분석하여 오늘날의 우리가 겪고 있는 심한 가뭄을 미리 알리면서 대비를 경고한 바 있다. 이는 역사의 가치를 보여주는 한 예라 할 수 있을 것이다. 이렇듯 역사는 과거의 사실을 아는 데에서 출발하여 현재의 '나' 를 이해하고 더 나은 미래를 향한 방향을 제시해 줄 수 있다는 점에서 중요하다. 결국 과거의 역사는 현재로, 현재는 다시 미래의 역사로 이어지는 연속적인 관계 속에 존재하기 때문이다.
37回	현대 사회는 빠르게 세계화·전문화되고 있습니다. 이러한 현대 사회의 특성을 참고하여, '현대 사회에서 필요한 인재' 에 대해 아래의 내용을 중심으로 자신의 생각을 쓰십시오. ・현대 사회에서 필요한 인재는 어떤 사람입니까? ・그러한 인재가 되기 위해서 어떤 노력이 필요합니까?

	【模範答案】 현대 사회는 과학 기술과 교통의 발달로 많은 변화를 겪고 있다. 그 결과 세계는 점점 가까워져 소위 지구촌 시대라고 불리게 되었다. 이와 함께 지식 생산이 활발해지고 각 영역에서의 경쟁이 치열해지면서 전문화의 중요성이 강조되었다. 이러한 사회에서는 어떠한 인재가 요구될까? 세계화가 되면서 우선 글로벌 마인드의 구축과 글로벌 인재로서의 역량을 키우는 것이 필요하다. 예전에는 국경이라는 테두리에서 국가 구성원으로서의 기본 자질을 갖추고 사회에서 요구하는 역량을 길러 사회 발전에 기여하는 인재가 요구되었다. 그러나 세계화 시대에는 기본적으로 세계 시민으로서의 역량과 자질을 갖추고 세계를 무대로 활동할 수 있는 인재가 필요하다. 또한 과학 기술의 발달과 전문화가 심화되고 있는 상황에서 각자가 가진 능력을 최대한 발휘하여 경쟁력을 갖추려고 노력해야 한다. 과거에는 단순히 지식이나 기술을 습득하여 이를 활용하는 것만으로도 인재로서의 역할이 가능하였다. 그러나 대량의 정보 속에서 이를 선택하고 활용할 수 있는 지금은 지식의 융복합이나 자신만의 특성화 등을 통화여 전문성을 인정받음으로써 상대적인 경쟁력을 갖추어야 한다. 이렇게 내적으로는 글로벌 마인드를 기르고 외적으로는 전문적인 자기 능력을 갖춰 시대의 변화에 발맞추어 나가야한다.
36回	우리가 공부나 일을 할 때 동기가 분명히 있어야 더 잘 실행할 수 있습니다. 이러한 동기에는 흥미, 만족감, 자부심과 같은 내적 동기도 있고 칭찬이나 보상과 같은 외적 동기도 있습니다. '동기가 일에 미치는 영향' 에 대해 아래의 내용을 중심으로 자신의 생각을 쓰십시오. ・동기는 일의 시작 단계에서 어떠한 역할을 합니까? ・동기가 일의 결과에 미치는 영향은 무엇입니까? 【模範答案】 우리가 어떤 일을 진행하는 데에는 동기가 중요한 역할을 한다. 동기란 어떤 일을 하게 하는 보이지 않는 힘인데 동기에는 내적 동기와 외적 동기가 있다. 내적 동기란 흥미, 만족감, 자부심과 같이 우리 마음속에서 저절로 일어나는 것이고, 외적 동기란 칭찬이나 보상과 같이 우리의 외부에서 오는 것이다. 이 두 동기는 우리가 일을 시작할 때부터 마칠 때까지 많은 영향을 미친다. 만약 우리에게 동기가 없다면 일을 시작할 수 없을 것이다. 어떤 일을 시작하려면 반드시 동기가 있어야 한다는 말이다. 예를 들어, 자신의 능력을 인정받고 싶어하는 사람이라면 주변 사람들의 칭찬만큼 효과적인 동기도 없다. 또 승진이나 월급 인상과 같은 보상도 우리가 일을 시작하도록 하는

	동기가 된다. 이처럼 내적 동기와 외적 동기는 일을 시작하는 단계에서부터 중요한 역할을 한다. 동기는 일의 결과에도 영향을 주는데 일반적으로 내적 동기는 외적 동기보다 더 강하다. 그래서 자신이 흥미가 있고 만족감을 느낄 수 있는 일을 하면 일의 진행 과정에서 어려움에 부딪힌다고 해도 더 쉽게 극복해 낼 수 있다. 그 결과 우리가 일을 완수해 내는 데에 도움을 준다. 그뿐만 아니라 스트레스를 받더라도 이겨낼 수 있는 힘을 준다. 따라서 일을 시작할 때 분명한 동기를 가지고 있어야만 원하는 결과를 얻을 수 있다. 이처럼 어떤 동기를 갖느냐가 일의 시작과 결과에 중요한 영향을 미친다.
35回	사람들은 다양한 경제 수준의 삶을 살고 있으며 그러한 삶에 대해 느끼는 각자의 만족도도 다양하다. 그러나 경제적 여유와 행복 만족도가 꼭 비례한다고는 할 수 없다. 경제적 여유가 행복에 미치는 영향에 대해 아래의 내용을 중심으로 자신의 생각을 쓰십시오. • 사람들이 생각하는 행복한 삶이란 무엇인가? • 경제적 조건과 행복 만족도의 관계는 어떠한가? • 행복 만족도를 높이기 위해 어떠한 노력이 필요한가? **【模範答案】** 일반적으로 사람들은 경제적으로 여유가 있으면 다른 사람들보다 더 행복할 것이라고 생각한다. 그러나 반드시 그러한 것은 아니다. 굴지의 기업 총수라고 해서 특별히 더 행복해 보이지 않는 것만 보더라도 그 사실을 잘 알 수 있다. 경제적 여유가 정신적 안정과 만족을 가져오는 것은 아니다. 물론 행복해지려면 어느 정도의 경제적인 조건은 요구된다. 사람에게 필수적인 의식주가 해결되지 않은 상황에서는 행복의 크기가 경제력과 비례 관계에 있다고 볼 수도 있다. 그러나 의식주가 큰 문제가 되지 않는 요즈음, '먹고 살 걱정'에서 놓여난 다음 잉여의 경제력을 어떻게 처리하느냐의 문제를 두고 고민할 필요가 있다. 배고픈 예술가가 행복할 것이라고 여기는 사람은 별로 없을 것이다. 그렇다고 해서 배만 부른 부자가 되기를 원하는 사람도 별로 없다. 결국 행복이란 안락한 생활과 스스로 만족하는 삶에서 느낄 수 있는 것이다. 행복해지기 위해서는 우리 자신이 스스로 행복하다고 느낄 수 있는 환경에서 생활하는 것이 중요하므로 그런 상황을 자주 만들려고 노력하는 자세가 필요하다. 언제 행복한지, 누구와 있을 때 행복한지 그리고 무슨 일에서 행복함을 느끼는지를 잘 알게 된다면 그것이 그리 어려운 일은 아닐 것이다. 다시 말해서 약간의 '여유'가 생긴다면 그 여유를 언제, 누구와, 무엇을 하면서 쓸 것인가에 대해 가끔씩은 생각하면서 사는 것이 중요하다. 물론 그 여유를 누리는 것이 다른 사람의 행복을 방해하지는 않아야 할 것이다.

構成	技能	長文作文でよく使われる表現
導入	一般論	・일반적으로 □는/은 □(으)로 알려져 있다. ・사람은 누구나 □기 마련이다.
	定義	・□(이)란 □을/를 말한다. ・□은/는 □(이)라고 말할 수 있다.
	状況	・□이/가 대두되고 있다. ・□다는 의견과 □다는 의견이 맞서고 있다. ・□(으)ㄹ 것이라고 생각하지만, 그러나 반드시 그런 것은 아니다. ・□은/는 심각한 문제가 되고 있다.
	分類	・□에는 □와/과 □이/가 있다. ・□은/는 □와/과 □(으)로 나누어 볼 수 있다.
	予告	・□에 대해 살펴보고자 한다.
展開	言い換え	・다시 말해서/즉/곧/구체적으로 말하면 □다는 말이다. ・말하자면 □(으)ㄴ/는 것이다.
	例示	・예를 들어, 예를 들면, 예컨대 ・그 대표적인 예로 □을/를 들 수 있다.
	理由	・□(으)로 인해 □(으)ㄹ 수 있다. ・왜냐하면/그 이유는 □기 때문이다.
	順序	・첫째, 먼저. 우선/ 둘째/ 마지막으로 □는 것이다. ・둘째로 □기 때문이다.
	判断	・□을/를 통해 □을/를 알 수 있다. ・□(으)로 미루어 볼 때 □을/를 알 수 있다.
	比較差異	・□기보다는 □는 것이 더 중요하다고 본다. ・□다는 점에서 차이를 보인다. /유사하다.
	逆接	・반면에, □는/은 반면(에). □에 비해, □(으)ㅁ에도 불구하고
	順接	・그리고, 게다가, 더구나, 또한, 이어서, 또, 그뿐만 아니라
	引用	・□(는)다는/ (이)라는 말/속담이 있다.
まとめ	評価整理	・지금까지 살펴본 바와 같이/ 요컨대 ・□에 대해 살펴보았다. ・위에서 언급한 내용을 정리하면 ・□다는 점에서 □다고 할 수 있다. ・이러한 내용을 통해 □다는 것을 알 수 있었다. ・□다면 앞으로 □(으)ㄹ 것이다.
	意見	・□(으)ㄴ/는 것도 좋을 것이다. ・□(으)ㄹ 수 있다고 본다. ・□기 위해서는 □아/어야 한다고 생각한다. ・□(으)ㄹ 필요가 있을 것이다.

1 空所完成問題（1）

▶▶▶ここの問題は本番の試験51番の問題に対応している。5分以内の時間配分で解答を書くのが望ましい。配点は5点×2=10点である。

[1] 다음을 읽고 ㉠과 ㉡에 들어갈 말을 한 문장씩 쓰십시오.

여행은 즐겁게, 예약은 신속하게 !

저희 한나라 여행사가 더욱 편안하고 신속하게 여러분을 모시고자 광화문에 새롭게 문을 열었습니다. 국내와 해외 여행은 물론 항공권이나 호텔 예약 등 여행에 관한 모든 것을 (㉠).
여행을 계획하신 분은 언제든지 전화를 해 주시거나, 저희 사무실에 들러 주십시오. 즐거운 여행을 하실 수 있도록 (㉡).

㉠ ________________________________

㉡ ________________________________

[2] 다음을 읽고 ㉠과 ㉡에 들어갈 말을 한 문장씩 쓰십시오.

강아지를 찾습니다 !

4월 7일 금요일 오후 9시경에 아리랑 마트 근처에서 (㉠).
한 살짜리 갈색 푸들인데 귀와 꼬리를 빼고 털은 다 깎았습니다.
빨간 색 목줄을 착용하고 있습니다. 혹시 (㉡).
찾아주신 분께 꼭 사례하겠습니다.
연락처 011-888-9999

㉠ ________________________________

㉡ ________________________________

▶ 模範答案と解説はp.373

[3] 다음을 읽고 ㉠과 ㉡에 들어갈 말을 한 문장씩 쓰십시오.

신입회원 모집

자전거 동아리 '두바퀴' 입니다.
새학기를 맞이하여 (㉠).
신입 회원은 자전거에 관심 있는 학생이면 신입생이나 재학생 모두 환영합니다. 활동은 토요일 오전 9시~13시 정도이고 자전거 코스는 매달 회원들의 의견을 모아 결정합니다.
관심 있으신 분은 (㉡).

연락처 : yiheri@dubakwi.re.kr 010-1234-5678 (모집담당 이혜리)

㉠ ______________________________

㉡ ______________________________

4 作文編

[4] 다음을 읽고 ㉠과 ㉡에 들어갈 말을 한 문장씩 쓰십시오.

안녕하세요. 건강히 잘 지내고 계세요?
작년에 민영 씨 호텔에서 만난 후로 연락을 못 (㉠).
다음 달 8일에 일주일 동안 서울에 가려고 합니다.
이번에도 민영 씨가 일하는 호텔에서 지내고 싶어서 연락드렸습니다.
얼마 안 남았는데 예약이 (㉡).
답장 기다리겠습니다.

2016년 11월 23일 유스케

㉠ ______________________________

㉡ ______________________________

▶ 模範答案と解説はp.374

1 空所完成問題 (1)

[5] 다음을 읽고 ㉠과 ㉡에 들어갈 말을 한 문장씩 쓰십시오.

안경을 무료로 수리해 드립니다.

그동안 저희 잘보여 안경점을 이용해 주신 손님 여러분께 감사드립니다.
올해로서 가게를 연 지 10년이 되었습니다.
그래서 (　㉠　) 60세 이상인 분들께 9월 한 달 동안 안경을 무료로 수리해 드립니다. 저희 가게에서 사신 안경이 아니어도 괜찮습니다. 걱정 마시고 오셔서 (　㉡　).

㉠ ____________________

㉡ ____________________

[6] 다음을 읽고 ㉠과 ㉡에 들어갈 말을 한 문장씩 쓰십시오.

유학생 여러분. 안녕하십니까?

'전통 문화 체험하기' 를 신청해 주셔서 감사합니다.
'전통 문화 체험하기' 는 이번주 토요일 오전 10시에 열립니다.
태권도를 신청한 학생은 운동화를 신고 체육관으로 (　㉠　).
김치 만들기를 신청한 학생은 학생회관으로 오십시오.
그럼 (　㉡　).

세계대학교 학생회

㉠ ____________________

㉡ ____________________

▶ 模範答案と解説はp.374

[7] 다음을 읽고 ㉠과 ㉡에 들어갈 말을 한 문장씩 쓰십시오.

국제 걷기 대회 참가자 모집

고양시는 국제 걷기 대회 참가자를 모집하고 있습니다.
이 대회는 매년 10월에 열리는 국제 대회입니다. 국적, 연령, 성별에 관계 없이 건강한 사람이면 (㉠). 참가비는 무료입니다.
행사는 비가 와도 (㉡).
자세한 것은 고양시 국제 걷기 대회 홈페이지를 참고해 주시기 바랍니다.

㉠ ______________________________

㉡ ______________________________

[8] 다음을 읽고 ㉠과 ㉡에 들어갈 말을 한 문장씩 쓰십시오.

유학생을 위한 태권도 수업 안내

유학생들을 위한 태권도 수업이 다음 주부터 시작됩니다.
태권도를 배우고 싶은 유학생들 중에서 아직 신청을 못한 학생들은 (㉠). 신청은 국제과 사무실에 와서 직접 해 주십시오.
인터넷으로는 (㉡).

국제과 사무실

㉠ ______________________________

㉡ ______________________________

▶ 模範答案と解説はp.375

4 作文編

1 空所完成問題 (1)

[9] 다음을 읽고 ㉠과 ㉡에 들어갈 말을 한 문장씩 쓰십시오.

한국어 도우미를 모집합니다.

한국어교육부에서는 한국어 도우미를 모집합니다. 한국대학교에 다니는 학생이면 (㉠). 지원하고자 하는 학생들은 다음 주 금요일까지 사무실에 신청해 주십시오. 한국어 도우미는 외국인 학생들의 한국어 연습과 한국 생활에 도움을 주는 일을 합니다. 관심 있는 학생들의 (㉡).

한국어교육부

㉠ ____________________

㉡ ____________________

[10] 다음을 읽고 ㉠과 ㉡에 들어갈 말을 한 문장씩 쓰십시오.

수신 : 김유미

안녕하세요.
다름이 아니라 내일 동아리 모임에 (㉠) 연락을 드립니다.
이번 주 안에 제출해야 되는 리포트가 안 끝나서 모레까지는 철야로 리포트를 써야 할 것 같습니다. 죄송합니다. 모임에 참석하는 회원들에게도 (㉡). 다음 모임에는 꼭 참가하도록 하겠습니다.

발신 : 이나영

㉠ ____________________

㉡ ____________________

▶ 模範答案と解説はp.375

〈既出47回〉

[11] 다음을 읽고 ㉠과 ㉡에 들어갈 말을 한 문장씩 쓰십시오.

E-mail 제목 : 선배님, 빅토르입니다.

선배님, 안녕하십니까? 빅토르입니다.
부탁드릴 일이 있어 메일을 씁니다. 제가 인터넷으로 (㉠).
그런데 카메라가 이번주 금요일에 배달된다고 합니다.
제가 그날 고향에 가야 해서 카메라를 직접 받을 수 없을 것 같습니다.
혹시 저 대신에 (㉡)? 어려운 부탁을 드려서 죄송합니다.
그럼 답장 기다리겠습니다.

빅토르 드림

㉠ ____________________

㉡ ____________________

〈既出35回〉

[12] 다음을 읽고 ㉠과 ㉡에 들어갈 말을 한 문장씩 쓰십시오.

무료로 드립니다.

저는 유학생인데 공부를 마치고 다음 주에 고향으로 돌아갑니다.
그래서 지금 (㉠).
책상, 의자, 컴퓨터, 경영학 전공 책 등이 있습니다.
이번 주 금요일까지 방을 비워 줘야 합니다. (㉡).
제 전화 번호는 010-1234-5678입니다.

㉠ ____________________

㉡ ____________________

▶ 模範答案と解説はp.376

2 空所完成問題（2）

▶▶▶ここの問題は本番の試験52番の問題に対応している。5分以内の時間配分で解答を書くのが望ましい。配点は5点×2=10点である。

[1] 다음을 읽고 ㉠과 ㉡에 들어갈 말을 한 문장씩 쓰십시오.

우리는 날마다 새로운 계획을 세우고 그 계획에 맞추어 살려고 노력하고 있다. 누구든지 자기가 세운 (㉠) 얼마나 좋을까?
사람마다 자기가 세운 계획을 한 달,또는 일 년이나 일생에 대한 계획을 세우고 그 계획대로 살 수 있다면 이 세상에는 (㉡).

㉠ ______________________________

㉡ ______________________________

[2] 다음을 읽고 ㉠과 ㉡에 들어갈 말을 한 문장씩 쓰십시오.

중요한 일과 급한 일이 있을 때 무엇을 먼저 하시겠습니까? 이런 질문을 받았을 때 사람들은 대부분 (㉠) 고 대답한다.
그러나 활동 반경이 넓고 할 일이 많은 현대 사회에서는 급한 일만 쫓다 보면 정말 중요한 일을 할 수 없게 되는 경우가 많다. 따라서 급한 일보다는 (㉡).

㉠ ______________________________

㉡ ______________________________

▶ 模範答案と解説はp.377

[3] 다음을 읽고 ㉠과 ㉡에 들어갈 말을 한 문장씩 쓰십시오.

눈은 한 번 나빠지면 다시 좋아지기 힘들다. 그래서 눈이 나빠지기 전에 (㉠). 눈에 좋은 음식을 먹거나 눈 운동을 하면 눈 건강에 좋다. 그리고 멀리 있는 산이나 나무를 보는 것도 좋다.
하지만 눈이 피곤할 때는 눈을 (㉡).

㉠ ______________________________

㉡ ______________________________

[4] 다음을 읽고 ㉠과 ㉡에 들어갈 말을 한 문장씩 쓰십시오.

갖고 싶은 물건 여러 개 중에서 한 가지만 고르라고 하면 누구든지 가장 좋은 것을 (㉠). 선택의 고민을 덜려면 기준을 정해 선택의 범위를 좁혀 가는 것이 좋다. 선택할 수 있는 것들을 모두 펼쳐두고 기준에서 벗어난것 부터 하나씩 없애 가는 것이다. 그러면 최후에 남는 것이 (㉡).

㉠ ______________________________

㉡ ______________________________

▶ 模範答案と解説はp.377

2 空所完成問題（2）

[5] 다음을 읽고 ㉠과 ㉡에 들어갈 말을 한 문장씩 쓰십시오.

인터넷으로 물건을 사면 가끔 (㉠). 상품을 직접 확인해 볼 수 없어 제품의 장단점을 파악하기가 힘들기 때문이다.
그런데 이런 문제는 제품을 구입하기 전 상품평을 확인하면 (㉡). 상품평은 소비자들이 물건을 직접 사용한 후에 쓴 글이므로 제품의 장단점을 아는 데 유용하다.

㉠ ______________________________

㉡ ______________________________

[6] 다음을 읽고 ㉠과 ㉡에 들어갈 말을 한 문장씩 쓰십시오.

우리는 살아가는 동안 다른 사람의 힘을 빌려야 할 때가 있다. 누구든지 부탁을 한번도 (㉠). 그러나 부탁은 (㉡). 무리한 부탁을 하면 남을 곤란하게 하고 거절을 잘못하면 오해를 살 수 있기 때문이다.

㉠ ______________________________

㉡ ______________________________

▶ 模範答案と解説はp.378

[7] 다음을 읽고 ㉠과 ㉡에 들어갈 말을 한 문장씩 쓰십시오.

남자가 울면 안된다는 것은 잘못된 것이다. 재미있으면 웃어서 감정을 드러내듯이 슬프면 (㉠). 그래야 마음의 부담을 덜 수 있다. 창피해하지 말고 슬플 때나 울고 싶을 때는 (㉡).

㉠ ________________________________

㉡ ________________________________

[8] 다음을 읽고 ㉠과 ㉡에 들어갈 말을 한 문장씩 쓰십시오.

민주주의사회에서는 모든 사람이 동등한 인격과 권리를 가지므로, 내가 소중한 만큼 (㉠). 따라서 (㉡)고 주장하면서 남의 의견은 들어보려고도 하지 않는 태도는 민주적인 태도가 아니다.

㉠ ________________________________

㉡ ________________________________

▶ 模範答案と解説はp.378

2 空所完成問題（2）

[9] 다음을 읽고 ㉠과 ㉡에 들어갈 말을 한 문장씩 쓰십시오.

대부분의 상품개발자들은 '좋은 물건이 많이 팔린다' 라고 생각하기보다는 '(㉠)' 라고 생각한다. 물건의 좋고 나쁨을 따지기 이전에 물건이 사람들의 성격에 맞는지를 우선적으로 고려한다는 뜻이다. 이런 입장에서는 아무리 잘 만들어진 물건이라도 (㉡).

㉠ ______________________________

㉡ ______________________________

[10] 다음을 읽고 ㉠과 ㉡에 들어갈 말을 한 문장씩 쓰십시오.

신체의 각 부분은 노화가 되는 속도가 다르다. 보통 50대가 되면 안경 없이 신문 읽기가 어렵다. 하지만 듣는 데는 아무런 문제가 없다. 이것은 눈이 귀보다 (㉠). 한편 코처럼 나이가 들어도 기능이 전혀 (㉡).

㉠ ______________________________

㉡ ______________________________

▶ 模範答案と解説はp.379

〈既出36回〉

[11] 다음을 읽고 ㉠과 ㉡에 들어갈 말을 한 문장씩 쓰십시오.

기회는 어떤 사람에게 명예와 부를 안겨 준다. 기회를 통해서 평범한 사람이 유명해지기도 하고 (㉠). 이런 변화를 보고 사람들은 자신에게도 그런 기회가 찾아오기를 기다린다.
그러나 실제로 (㉡). 이렇게 기회를 잘 이용하지 못하는 것은 기회를 잡으려는 준비를 하지 않았기 때문이다.

㉠ ____________________

㉡ ____________________

〈既出47回〉

[12] 다음을 읽고 ㉠과 ㉡에 들어갈 말을 한 문장씩 쓰십시오.

사람의 손에는 눈에 보이지 않는 세균이 많다. 그래서 병을 예방하기 위해서는 자주 (㉠). 그런데 전문가들은 손을 씻을 때 꼭 (㉡). 비누 없이 물로만 씻으면 손에 있는 세균을 제대로 없애기 어렵기 때문이다.

㉠ ____________________

㉡ ____________________

▶ 模範答案と解説はp.379

3 資料説明問題

▶▶▶この問題は本番の試験53番の問題に対応している。10～15分以内の時間配分で答案を書くのが望ましい。配点は30点である。

[1] 다음을 참고하여 '국내 혈액 보유 현황'에 대한 글을 200~300자로 쓰시오. 단, 글의 제목을 쓰지 마시오.

*전국혈액 관리본부

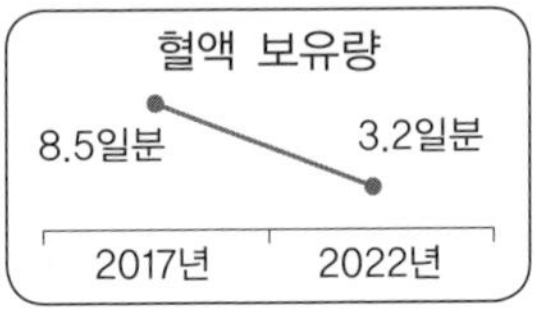

원인	•헌혈 가능 연령대의 인구 감소　•코로나 유행으로 인한 헌혈자 감소
문제	•급한 수술 이외의 수술 지연　•정기적인 수혈 환자 치료의 어려움

53	아래 빈칸에 200~300자 이내로 작문하십시오(띄어쓰기 포함).

▶ 模範答案と解説はp.380

[2] 다음 표를 보고 패키지여행의 장단점에 대해 200~300자로 쓰십시오. 단, 글의 제목을 쓰지 마십시오.

	장점	단점
패키지 여행	① 여행 준비가 번거롭지 않다. ② 비용이 비교적 싸다. ③ 문제가 있으면 여행사가 대응해 준다.	① 단체 행동을 해야 한다. ② 정해진 코스대로 움직여야 한다.

53	아래 빈칸에 200~300자 이내로 작문하십시오(띄어쓰기 포함).

20
40
60
80
100
120
140
160
180
200
220
240
260
280
300

▶ 模範答案と解説はp.380

3 資料説明問題

[3] 다음은 한 달간의 용돈의 사용실태에 대해 직장인 500명을 대상으로 실시한 설문 조사입니다. 그래프를 보고, 조사 결과를 비교하여 200~300자로 쓰십시오.

결혼 여부, 성별에 따른 지출액 (단위: 만 원)

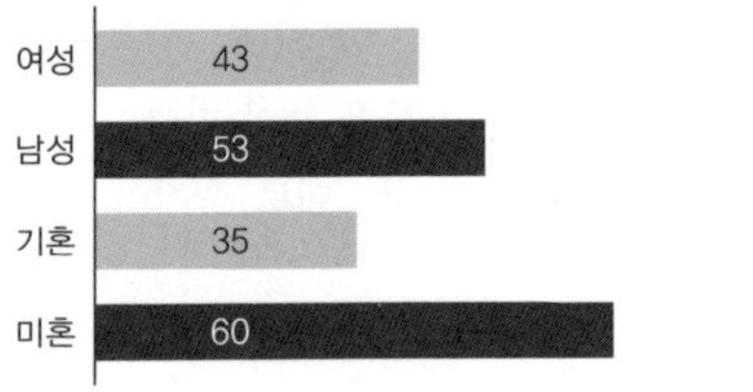

지출항목과 계산 방식 (단위: %)

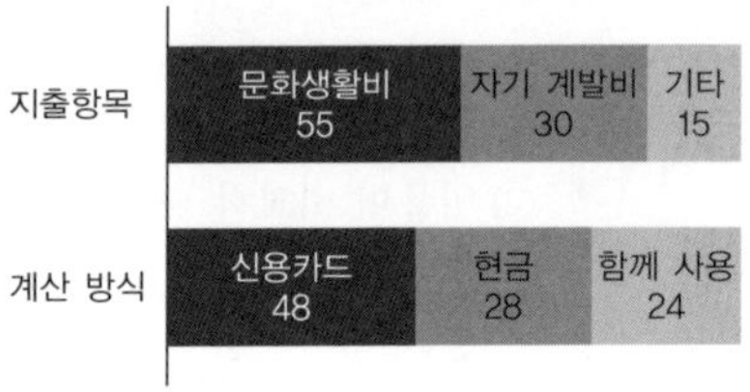

53	아래 빈칸에 200~300자 이내로 작문하십시오(띄어쓰기 포함).

▶ 模範答案と解説はp.380

[4] 다음은 '미혼 남녀가 생각하는 배우자의 조건'에 대해 미혼 남녀를 대상으로 실시한 설문 조사입니다. 조사 결과를 비교하여 200~300자로 쓰십시오. 단, 글의 제목을 쓰지 마십시오.

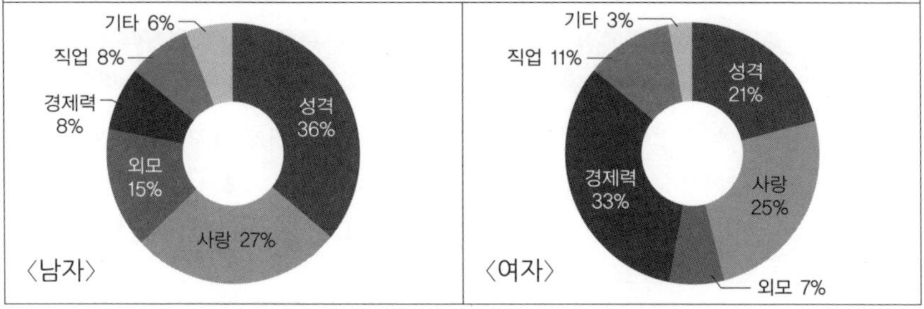

53	아래 빈칸에 200~300자 이내로 작문하십시오(띄어쓰기 포함).

20
40
60
80
100
120
140
160
180
200
220
240
260
280
300

▶ 模範答案と解説はp.381

3 資料説明問題

[5] 최근 한국 사회에서는 1인 가구가 계속 증가하고 있습니다. 다음 자료를 참고하여 1인 가구 증가의 원인과 현황을 설명하는 글을 200~300자로 쓰십시오. 〈既出36回〉

1인 가구 증가의 원인

1 결혼관의 변화와 독신의 증가

2 노인 인구 증가

3 여성의 사회 진출 증가

➡

1인 가구의 현황

2000년 전체 가구 수의 16%

⬇

2012년 전체 가구 수의 26%

53	아래 빈칸에 200~300자 이내로 작문하십시오(띄어쓰기 포함).

▶ 模範答案と解説はp.381

[6] 다음 그래프를 보고, 연령대에 따라 필요하다고 생각하는 공공시설이 무엇인지 비교하여 그에 대한 자신의 생각을 200~300자로 쓰십시오. 단, 글의 제목을 쓰지 마십시오. 〈既出35回〉

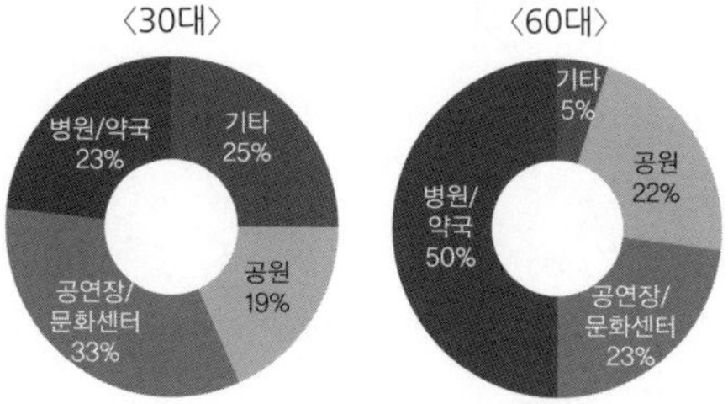

※30대와 60대 성인 남녀 500명을 대상으로 '필요하다고 생각하는 공공 시설'에 대해 설문 조사를 하였다.

53	아래 빈칸에 200~300자 이내로 작문하십시오(띄어쓰기 포함).

																				20
																				40
																				60
																				80
																				100
																				120
																				140
																				160
																				180
																				200
																				220
																				240
																				260
																				280
																				300

▶ 模範答案と解説はp.381

4 テーマ作文問題

▶▶▶ここの問題は本番の試験54番の問題に対応している。20～25分以内の時間配分で解答を書くのが望ましい。配点は30点である。

[1] 다음을 주제로 하여 자신의 생각을 600~700자로 글을 쓰십시오. 단, 문제를 그대로 옮겨 쓰지 마십시오.

민주주의 사회에서는 다수결의 원칙을 실시하고 있다. 이는 다수결의 원칙이 민주주의 사회를 지탱하는 기초가 되고 있기 때문일 것이다. 그러나 특정한 시기의 특정한 환경에서의 다수의 의견이 반드시 옳은 것만이 아니라는 것은 역사를 통해 알 수 있다. 이러한 특성을 고려하여 아래의 내용을 중심으로 자신의 생각을 쓰십시오.

- 민주주의 사회에서 다수결의 원칙이 왜 필요한가?
- 다수결 원칙을 적용할 때 발생할 수 있는 문제점은 무엇인가?
- 다수결 원칙의 결함을 어떻게 보완해야 하는가?

*원고지 쓰기의 예

	하	나	의		사	실	을		어	떻	게		보	느	냐	에		따	라
다	른		의	견	이		나	올		수		있	다	.	예	를		들	면

54	아래 빈칸에 600～700자 이내로 작문하십시오(띄어쓰기 포함).																			
																				20
																				40
																				60
																				80
																				100
																				120
																				140
																				160
																				180
																				200

▶ テーマ作文の模範答案と解説は省略　　▶ 答案用紙のサンプルはp.400

[2] 다음을 주제로 하여 자신의 생각을 600~700자로 글을 쓰십시오. 단, 문제를 그대로 옮겨 쓰지 마십시오.

우리 주변에는 인터넷(SNS)을 통하여 사람들과 교류하거나 자신의 의견을 발표하는 사람들을 많이 볼 수 있습니다. 이에 비례하여 악성댓글로 인한 피해가 크게 늘어나고 있습니다. 이 문제에 대해 아래의 내용을 중심으로 자신의 생각을 쓰십시오.

- 악성댓글은 왜 생기는 것인가?
- 악성댓글로 인해 어떤 피해가 발생하는가?
- 악성댓글의 문제를 해결하기 위해서는 어떻게 해야 하는가?

*악성댓글：悪質な書き込み

[3] 다음을 주제로 하여 자신의 생각을 600~700자로 글을 쓰십시오. 단, 문제를 그대로 옮겨 쓰지 마십시오.

각종 범죄가 급증하면서 감시 카메라 설치 장소를 확대하는 문제가 사회적 문제로 대두되고 있습니다. 아래에 제시된 내용을 포함하여 자신의 견해를 쓰십시오.

- 범죄 예방의 효과가 있는가?
- 사회의 안전을 유지하는 데 도움이 되는가? 개인의 사생활 침해인가?
- 공익이 우선인가? 개인의 인권이 우선인가?

4 テーマ作文問題

[4] 다음을 주제로 하여 자신의 생각을 600~700자로 글을 쓰십시오. 단, 문제를 그대로 옮겨 쓰지 마십시오. 〈既出19回〉

'왜 영화나 소설 속의 주인공은 모두 착하고 현명하고 아름다운가?' 에 대해 자신의 견해를 서술하십시오. 단, 아래에 제시한 항목 중 두 가지 이상을 선택하여 쓰십시오.

〈 이야기 속 주인공이 뛰어난 인물로 설정되는 이유 〉

- 감정 이입이 용이함.
- 독자를 설득하는 데에 유리함.
- 인간의 본성은 긍정적인 것을 선호함.
- 주인공과 자신을 동일시하여 대리 만족을 느낌.

[5] 다음을 주제로 하여 자신의 생각을 600~700자로 글을 쓰십시오. 단, 문제를 그대로 옮겨 쓰지 마십시오. 〈既出18回〉

다음 글을 읽고 '자기 계발의 필요성'에 대한 자신의 견해를 서술하십시오. 단, 아래에 제시한 두 차원의 가치 중 각각 두 가지 이상을 선택하여 쓰되, 그것이 필요하다고 생각하는 이유를 포함해야 합니다.

〈 자기 계발의 개인적·사회적 가치 〉

개인 차원	사회 차원
• 소질 발견 및 계발 • 자기 가치 증대 • 삶의 질 향상	• 우수한 인재 발굴 및 계발 • 업무 성과 증대 • 직무 만족도 향상

[6] 다음을 주제로 하여 자신의 생각을 600~700자로 글을 쓰십시오. 단, 문제를 그대로 옮겨 쓰지 마십시오. 〈既出17回〉

다음 글을 읽고 '현대 사회에서 바람직한 신문의 기능'에 대한 자신의 견해를 서술하십시오. 단, 아래에 제시한 기능 중에서 두 가지 이상을 선택하여 쓰되, 그 기능이 현대 사회에서 중요하다고 생각하는 이유를 포함해야 합니다.

〈 신문의 기능 〉	
• 사건 보도 • 정보 제공	• 여론 조성 • 소통의 분위기 조성

[7] 다음을 주제로 하여 자신의 생각을 600~700자로 글을 쓰십시오. 단, 문제를 그대로 옮겨 쓰지 마십시오. 〈既出16回〉

다음 글을 읽고 '세계화 시대에 필요한 인재상'에 대한 자신의 견해를 서술하십시오. 단, 아래에 제시한 요건 중에서 두 가지를 선택하여 쓰되, 그것이 필요하다고 생각하는 이유를 포함해야 합니다.

〈 세계화 시대에 필요한 인재가 갖추어야 할 요건 〉	
• 타 문화에 대한 열린 자세 • 타인에 대한 배려심	• 세계에 대한 폭넓은 지식 • 정보의 수집 및 활용 능력

第5章
模擬試験編

韓国語能力試験Ⅱ模擬試験

TOPIKⅡ					
時限	科目	問題数	形式	時間	配点
1	聞き取り	50問	4択式	60分	100点
	作文	4問	記述式	50分	100点
2	読解	50問	4択式	70分	100点
※1限110分、2限70分の180分（1時限後30分休憩）、総点：300点					
等級別判定		3級	4級	5級	6級
		120点以上	150点以上	190点以上	230点以上

한국어능력시험Ⅱ 모의시험

韓国語能力試験Ⅱ模擬試験

The 1st practice Test of Proficiency in Korean

TOPIK Ⅱ

듣기, 쓰기

수험번호 (Registration No.)		
이름(Name)	한국어(Korean)	
	영　어(English)	

유 의 사 항

Information

1. 시험 시작 지시가 있을 때까지 문제를 풀지 마십시오.
   試験開始の指示があるまで問題を解かないでください。

2. 수험번호와 이름을 정확하게 적어 주십시오.
   受験番号と氏名は正確に書いてください。

3. 답안지를 구기거나 훼손하지 마십시오.
   答案用紙を折ったり汚したりしないでください。

4. 답안지의 이름, 수험번호 및 정답의 기입은 배부된 펜을 사용하여 주십시오.
   答案用紙の氏名、受験番号及び正答の記入は必ず配布されたペンを使ってください。

5. 정답은 답안지에 정확하게 표시하여 주십시오.
   正答は答案用紙に正確に表示してください。

   marking example ① ● ③ ④

6. 문제를 읽을 때에는 소리가 나지 않도록 하십시오.
   問題を読む時は音を出さないようにしてください。

7. 질문이 있을 때에는 손을 들고 감독관이 올 때까지 기다려 주십시오.
   質問がある場合は手を上げて監督官が来るまで待ってください。

TOPIKⅡ 듣기 (1번~50번)

聞き取り（1番~50番）

▶台本は p.283、正答は p.236、解説は p.382へ

▲音声はこちら

※[1~3] 다음을 듣고 알맞은 그림을 고르십시오. (각 2점)

M-01

1.

①

②

③

④

M-02

2.

①

②

③

④

M-03

3. ①

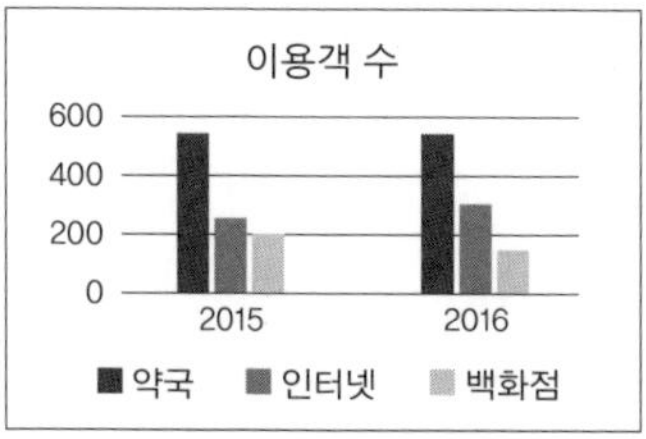

②

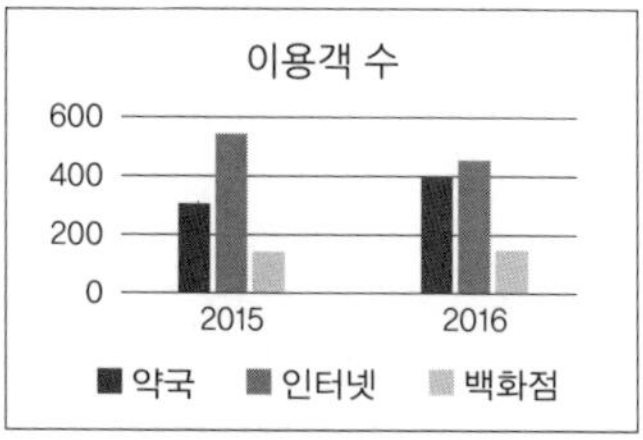

③

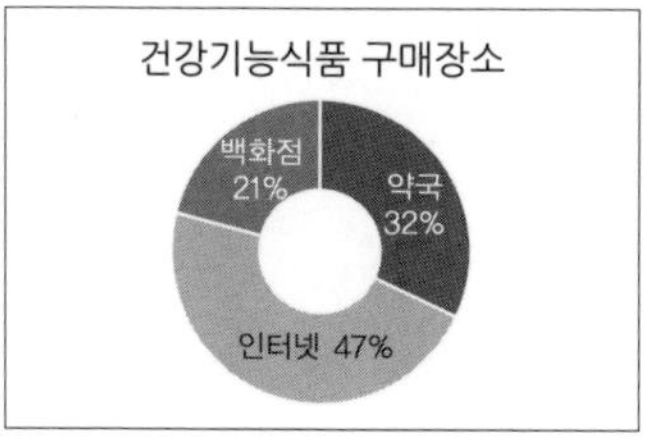

④

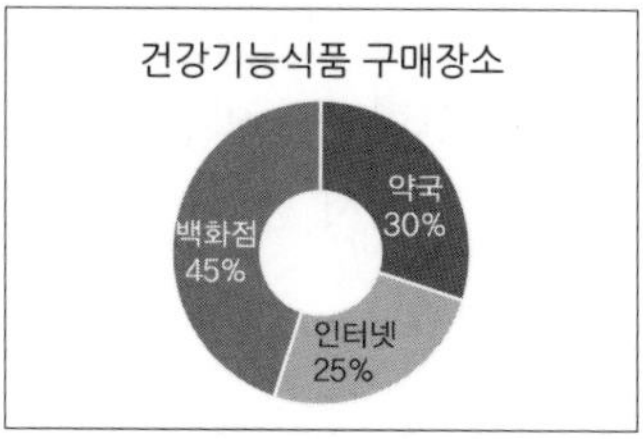

※[4～8] 다음 대화를 잘 듣고 이어질 수 있는 말을 고르십시오. (각 2점)

M-04

4. ① 알겠습니다. 늦을 것 같으면 연락 주세요.
② 수업이 끝나고 피곤할 테니까 좀 쉬세요.
③ 집들이가 귀찮으니까 빨리 끝낼게요.
④ 그럼 도착하는 대로 이삿짐을 날라 주세요.

M-05

5. ① 그럼 못 가서 미안하다고 전해 주세요.
② 같이 가면 미영 씨도 좋아할 텐데요.
③ 먼저 가서 도와 줄 테니까 걱정 마세요.
④ 그럼 볼일을 보고 천천히 오세요.

M-06

6. ① 다음에 내려서 길을 건너가서 타야겠어요.
② 어디로 가나 잘 살펴보세요.
③ 재밌잖아요. 그냥 타고 가요.
④ 걱정 마세요. 이야기하느라고 잘못 탄 거니까…….

5 模擬試験編

M-07

7. ① 올해는 무슨 일이 있어도 꼭 따도록 하세요.
② 일이 바쁘니까 빨리 따세요.
③ 급한 일이 아니니까 천천히 해 주세요.
④ 운전할 기회가 별로 없으니까 괜찮아요.

M-08

8. ① 그건 편의점에서 간단히 살 수 있어요.
② 그럴 때는 분실물센터로 가야 해요.
③ 그러니까 이번 기회에 차를 사세요.
④ 그래서 등잔 밑이 어둡다잖아요.

※[9～12] 다음 대화를 잘 듣고 여자가 이어서 할 행동으로 알맞은 것을 고르십시오. (각 2점)

M-09

9. ① 적성에 맞는 것으로 전공을 바꾼다.
② 취직이 잘 되는 곳으로 전공을 바꾼다.
③ 선배나 교수님에게 상담을 하러 간다.
④ 학교를 그만두고 취직 준비를 한다.

M-10

10. ① 민수에게 송별회 장소를 알려준다.
② 친구들에게 송별회 연락을 한다.
③ 언제가 좋은지 민수에게 물어본다.
④ 송별회 장소를 알아본다.

M-11

11. ① 역에 가서 발견했는지 물어본다.
② 분실물센터에 가서 확인한다.
③ 연락이 되도록 스마트폰을 빌린다.
④ 가방을 두고 내린 곳에 가서 찾아본다.

M-12

12. ① 감기약을 사러 나간다.
② 창문을 열고 실내 공기를 순환시킨다.
③ 에어컨 온도를 조절한다.
④ 옷을 꺼내 입는다.

※[13～16] 다음을 듣고 내용과 일치하는 것을 고르십시오. (각 2점)

M-13

13. ① 눈이 온 뒤에는 추워지겠다.
② 첫눈이 오면 추위가 시작된다.
③ 지역에 따라 눈이 오는 곳도 있겠다.
④ 외출할 때는 복장에 신경을 써야 한다.

M-14

14. ① 소금물로 양치질을 하면 감기에 안 걸린다.
② 공기가 건조하면 감기에 걸리기 쉽다.
③ 습도 유지에는 가습기보다 젖은 빨래를 너는 게 낫다.
④ 방의 공기는 자주 환기를 하는 것이 좋다.

M-15

15. ① 유급 휴가는 반드시 사용해야 한다.
② 일의 능률을 높이려면 적당히 휴식이 필요하다.
③ 회사의 눈치만 보며 시간을 낭비하는 사람이 많다.
④ 잦은 휴식은 일의 능률이 떨어뜨린다.

M-16

16. ① 눈사태로 인한 스키객들이 피해가 컸다.
② 스키장 인근 도로는 이용할 수 없다.
③ 요즘 눈사태가 자주 발생하고 있다.
④ 평창 지역의 도로는 통행이 불가능하다.

5
模擬試験編

※[17～20] 다음을 듣고 남자의 중심 생각을 고르십시오. (각 2점)

M-17

17. ① 아이가 운동에 흥미를 가지도록 부모가 도와줘야 한다.
② 아이들이 게임에 빠지지 않도록 부모는 주의해야 한다.
③ 아이가 축구를 잘하도록 부모가 가르쳐야 한다.
④ 아이가 스스로 운동을 하게 되도록 기다려야 한다.

M-18

18. ① 외국에까지 가서 싸구려 여행을 하고 싶지 않다.
② 아무리 싸도 해외여행은 별로 관심이 없다.
③ 제주도 여행은 비행기보다 버스가 싸고 편리하다.
④ 마음 편하게 자유로이 다닐 수 있는 여행이 좋다.

M-19

19. ① 아침식사가 학습에 어떤 영향을 미치는지 의문이다.
② 단어를 많이 외우려면 아침식사를 하는 것이 좋다.
③ 아침식사를 하면 학습 능력이 좋아진다.
④ 예상과 달리 아침식사와 성적의 관계는 분명하지 않다.

M-20

20. ① 가수는 노래를 잘하고 개성이 있어야 한다.
② 가수는 외모도 잘 생기고 춤도 잘 춰야 한다.
③ 가수는 반드시 노래를 잘해야만 하는 것은 아니다.
④ 가수는 가사를 알기 쉽게 불러야 한다.

M-21

※[21~22] 다음을 듣고 물음에 답하십시오. (각 2점)

21. 남자의 중심 생각으로 맞는 것을 고르십시오.
① 범죄를 줄이려면 사회가 함께 노력해야 한다.
② 범죄를 방지하려면 죄를 엄하게 처벌해야 한다.
③ 사회 전체가 범죄의 증가에 책임을 져야 한다.
④ 잘못을 깨달은 범죄자는 처벌하지 말아야 한다.

22. 들은 내용으로 알맞은 것을 고르십시오.
① 남자는 피해자의 입장을 고려하지 않고 있다.
② 여자는 범죄를 줄이려면 처벌을 강화해야 한다고 본다.
③ 남자는 죄 지은 사람을 변호하여 처벌을 면하게 하려고 한다.
④ 한번 죄를 저지른 사람이 다시 죄를 지을 가능성은 적다.

M-22

※[23~24] 다음을 듣고 물음에 답하십시오. (각 2점)

23. 남자는 무엇을 하고 있는지 맞는 것을 고르십시오.
① 편집 사원의 채용에 대해 알아보고 있다.
② 경력 사원 채용 면접을 보고 있다.
③ 교재 개발 능력을 과시하고 있다.
④ 자신의 경력과 능력을 소개하고 있다.

24. 들은 내용으로 맞는 것을 고르십시오.
① 남자는 편집과 기획 분야에 경험이 많다.
② 여자는 교재 전문 서점에 근무하고 있다.
③ 좋은 교재를 만들려면 기획을 잘해야 한다.
④ 여자는 곧 채용하겠다는 연락을 할 예정이다.

M-23

※[25~26] 다음을 듣고 물음에 답하십시오. (각 2점)

25. 남자의 중심 생각으로 맞는 것을 고르십시오.
① 문법에 치중해서는 말하기를 잘할 수 없다.
② 듣기 연습을 많이 해야 말하기도 잘할 수 있다.
③ 말하기를 잘하려면 현지에 가서 배워야 한다.
④ 외국어 공부는 아기가 모국어 배우듯이 해야 한다.

26. 들은 내용으로 맞는 것을 고르십시오.
① 말을 잘하는 것과 대화를 잘하는 것은 다르다.
② 아기들은 모국어로 말하기를 가장 먼저 배운다.
③ 듣기를 잘하려면 다른 사람의 말을 잘 들어야 한다.
④ 듣기가 잘되면 말하기는 따로 배울 필요가 없다.

M-24

※[27~28] 다음을 듣고 물음에 답하십시오. (각 2점)

27. 남자가 여자에게 말하는 의도를 고르십시오.
① 출산 환경의 변화에 대한 인식을 공유하기 위해
② 적령기 출산의 중요성을 설명하기 위해
③ 출산 지원책 마련의 필요성을 강조하기 위해
④ 출산에 대한 구체적인 지원책을 제안하기 위해

28. 들은 내용으로 맞는 것을 고르십시오.
① 출산율은 여성의 취업율과 비례한다.
② 결혼 연령이 높을수록 아이 낳기를 꺼린다.
③ 외로운 아이들에 대한 사회적인 지원책이 필요하다.
④ 옛날에는 출산 제한을 장려한 적도 있다.

M-25

※[29～30] 다음을 듣고 물음에 답하십시오. (각 2점)

29. 남자는 누구인지 고르십시오.
① 등산가　　　② 산악가이드
③ 기상예보사　　　④ 암벽등반 지도자

30. 들은 내용으로 맞는 것을 고르십시오.
① 남자는 경험과 지식의 부족으로 등정에 실패했다.
② 남자는 철저한 훈련과 준비로 등정에 대비하고 있다.
③ 암벽에서의 적응 훈련이 설악산 등정에 도움이 되었다.
④ 철저한 사전 준비와 훈련이 남자의 등정 성공의 요인이다.

M-26

※[31～32] 다음을 듣고 물음에 답하십시오. (각 2점)

31. 남자의 생각으로 맞는 것을 고르십시오.
① 영화는 청소년들의 판단에 맡겨 보게 하는 것이 좋다.
② 폭력, 성인 영화의 개방 문제는 신중히 다뤄야 한다.
③ 청소년이 볼 만한 영화를 만들어 주어야 한다.
④ 청소년들의 정서에 맞지 않는 영화는 보게 할 필요가 없다.

32. 남자의 태도로 맞는 것을 고르십시오.
① 청소년들의 생각을 대변하고 있다.
② 성인 영화 개방에 대해 비판하고 있다.
③ 청소년들의 판단 능력을 신뢰하고 있다.
④ 상대방의 의견에 대해 타협점을 찾고 있다.

M-27

※[33~34] 다음을 듣고 물음에 답하십시오. (각 2점)

33. 무엇에 대한 내용인지 맞는 것을 고르십시오.
① 사무실 근무의 문제점과 개선 방안
② 재택근무 이점과 연구 결과의 소개
③ 이상적 근무 형태에 대한 모색
④ 재택근무와 사무실 근무의 비교

34. 들은 내용으로 맞는 것을 고르십시오.
① 재택근무는 출퇴근이 없기 때문에 스트레스가 적다.
② 재택근무는 자기 관리를 못하면 능율이 떨어질 수 있다.
③ 근무 장소를 선택적으로 하면 생산성이 향상될 수 있다.
④ 사무실 근무에 비해 재택근무가 일하는 시간이 길다.

M-28

※[35~36] 다음을 듣고 물음에 답하십시오. (각 2점)

35. 남자는 무엇을 하고 있는지 맞는 것을 고르십시오.
① 세상의 트러블의 원인을 분석하고 있다.
② 진정한 용기의 필요성을 강조하고 있다.
③ 신속한 화해의 중요성을 주장하고 있다.
④ 잘못 인정의 어려움을 역설하고 있다.

36. 들은 내용으로 맞는 것을 고르십시오.
① 남의 잘못을 지적하는 것은 용기가 필요하다.
② 잘못을 인정하기보다 감추기가 더 어렵다.
③ 자신의 잘못을 인정하기란 쉽지 않다.
④ 지식인은 비양심적인 사람과 싸워야 한다.

M-29

※[37~38] 다음은 교양 프로그램입니다. 잘 듣고 물음에 답하십시오. (각 2점)

37. 여자의 중심 생각으로 맞는 것을 고르십시오.
① 꽃미남과 같은 여성성을 가진 남자가 늘어나야 한다.

② 여자들도 성역할의 고정관념을 바꾸도록 힘써야 한다.
③ 성역할은 성별이 아니라 개인의 능력으로 평가되어야 한다.
④ 어릴 때부터 양성성을 가질 수 있도록 교육해야 한다.

38. 들은 내용과 일치하는 것을 고르십시오.
① 자신감의 부족이 전통적인 성역할을 고수하게 만든다.
② 성별에 따른 전통적인 역할의 구분이 점차 사라지고 있다.
③ 현대 사회에서는 양성적인 면이 있어야 성공을 거둘 수 있다.
④ 전통적인 성역할을 긍정적으로 보는 사람들도 많다.

M-30
※[39~40] 다음은 대담입니다. 잘 듣고 물음에 답하십시오. (각 2점)

39. 이 담화 앞의 내용으로 알맞은 것을 고르십시오.
① 사소한 불법도 허용해서는 안된다는 사람이 많다.
② 손해라고 여기면 즉시 법을 통해 해결하려고 한다.
③ 법을 악용하려고 하는 사람이 적지 않다.
④ 시민이 법을 지키기가 어려운 것은 모순이다.

40. 들은 내용과 일치하는 것을 고르십시오.
① 현실과 모순되는 법은 고치는 것이 좋다.
② 새로운 법이 만들면 비용이 줄게 된다.
③ 문제가 생기면 바로 법으로 해결하는 것이 좋다.
④ 단지 법을 지키기 위한 법이 되어서는 안된다.

M-31
※[41~42] 다음은 강연입니다. 잘 듣고 물음에 답하십시오. (각 2점)

41. 남자의 중심 생각으로 맞는 것을 고르십시오.
① 제대혈을 이용한 치료제 개발을 서둘러야 한다.
② 제대혈이 난치병 치료제로서 확립된 것은 아니다.
③ 난치병을 위해 제대혈 치료를 확대해야 한다.
④ 난치병 치료제 개발 시간을 단축해야 한다.

42. 들은 내용과 일치하는 것을 고르십시오.
① 제대혈은 아이의 혈액에서만 채취할 수 있다.
② 골수는 난치병 치료에 유효하지만 추출이 힘들다.
③ 제대혈이 만병통치가 아니라는 것은 잘 알려져 있다.
④ 골수에 비해 제대혈은 확보하기가 쉽다.

M-32
※[43~44] 다음은 다큐멘터리입니다. 잘 듣고 물음에 답하십시오. (각 2점)

43. 이 이야기의 중심 내용으로 맞는 것을 고르십시오.
① 화가가 가식 없이 그림을 그리기란 쉽지 않다.
② 위대한 화가는 자신의 모습을 그대로 그릴 수 있어야 한다.
③ 초라한 자화상을 통해 화가로서의 자신감을 볼 수 있다.
④ 실패한 인생의 경험이 깊이가 있는 작품을 그리게 했다.

44. 이 화가에 대한 설명으로 맞는 것을 고르십시오.
① 우울증으로 말년에는 그림을 그리지 못했다.
② 유명 화가로서 성공한 인생을 보냈다.
③ 자화상을 통해 삶의 의미를 추구하고자 했다.
④ 말년의 초라한 몰골을 자화상에 담았다.

M-33
※[45~46] 다음은 강연입니다. 잘 듣고 물음에 답하십시오. (각 2점)

45. 들은 내용과 일치하는 것을 고르십시오.
① 불안함을 느낄 때 충동 구매를 하기 쉽다.
② 우울할 때 물건을 사면 쾌락을 느끼게 된다.
③ 어릴 때부터 소비 욕구를 조절하는 법을 배워야 한다.
④ 유아적인 심리 상태에서는 쾌락 원칙을 따르기 쉽다.

46. 여자가 말하는 방식으로 가장 알맞은 것을 고르십시오.
① 쾌락 원칙에 매달리는 원인을 규명하고 있다.
② 쾌락 원칙에서 벗어날 수 있는 방법을 제시하고 있다.

③ 소비에 대한 감정 조절의 어려움을 강조하고 있다.
④ 충동 구매의 배경과 문제점을 설명하고 있다.

M-34

※[47~48] 다음은 대담입니다. 잘 듣고 물음에 답하십시오. (각 2점)

47. 들은 내용과 일치하는 것을 고르십시오.
① 어린이 스트레스는 부모의 무관심에서 비롯된다.
② 어린이 스트레스에 대한 국가 차원의 대책이 시급하다.
③ 애정 어린 관심이 어린이 스트레스 해결의 관건이 된다.
④ 아이에 대한 과도한 관심이 스트레스의 원인이 된다.

48. 여자가 말하는 방식으로 가장 알맞은 것을 고르십시오.
① 국가 차원의 대책과 지원의 필요성을 제기하고 있다.
② 아이에 대한 애정과 관심의 중요성을 강조하고 있다.
③ 국가의 지나친 개입의 부작용을 설명하고 있다.
④ 아이에 대한 애정 결핍에 우려를 나타내고 있다.

M-35

※[49~50] 다음은 강연입니다. 잘 듣고 물음에 답하십시오. (각 2점)

49. 들은 내용과 일치하는 것을 고르십시오.
① 광고는 과장된 표현을 쓰기 마련이다.
② 광고 속의 정보는 속기 쉬운 표현이 많다.
③ 액면 그대로 광고를 믿는 사람은 없다.
④ 숫자를 사용한 광고는 의심하는 것이 좋다.

50. 남자의 태도로 가장 알맞은 것을 고르십시오.
① 속기 쉬운 광고의 특징을 설명하고 있다.
② 광고의 신뢰성에 대해 비판하고 있다.
③ 과장 광고의 범람에 대해 우려하고 있다.
④ 광고 속의 정보에 대한 비판적 수용을 권하고 있다.

TOPIKⅡ 쓰기 (51번~54번)

作文 (51番~54番)

▶解答はp.237ページ、解説はp.397へ

☞作文の答案は付録（p.400）の答案用紙を拡大コピーして使用してください。

※[51~52] 다음을 읽고 ㉠과 ㉡에 들어갈 말을 한 문장씩 쓰십시오. (각 10점)

51.

> 유학생 배구 대회
>
> 배구 대회에 참가 신청을 (㉠).
> 대회는 이번주 토요일 오전 10시 반부터 시작할 예정입니다.
> 경기에 참가하는 선수들은 10시까지 학교 운동장으로 와 주시기 바랍니다.
> 비가 오면 체육관에서 (㉡).
> 그럼 토요일에 뵙겠습니다.
>
> 학생회장 최미나 올림

㉠ ______________________________

㉡ ______________________________

52.

> 아직도 쉬는 시간을 낭비라고 생각하는 사람들이 많다. 그러나 휴식 없이 일만 한다고 생각해 보자.
> 많은 일을 할 수 있을 것 같지만 신체적, 정신적으로 지쳐 있기 때문에 (㉠).
> 새로운 아이디어를 얻고 집중력을 높이는 데는 (㉡).

㉠ ______________________________

㉡ ______________________________

※[53] 다음은 '여성의 경제 활동'에 대한 조사 내용입니다. 그래프를 보고, 분석 결과를 비교하여 200~300자로 쓰십시오. 단, 글의 제목을 쓰지 마십시오. (30점)

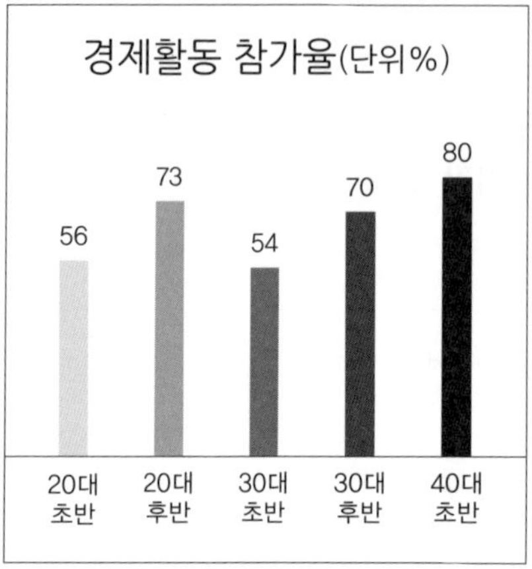

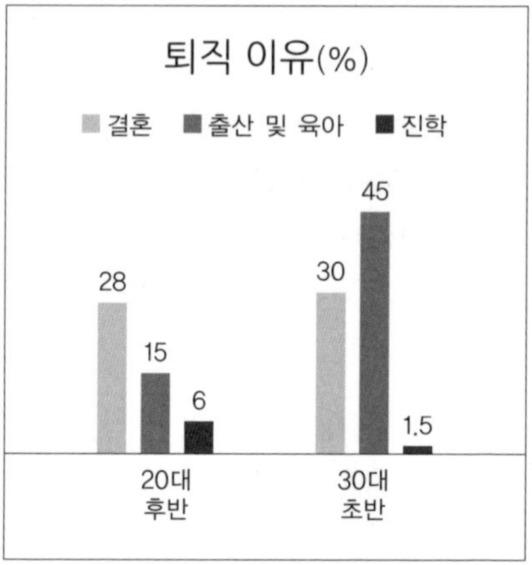

54	아래 빈칸에 200~300자 이내로 작문하십시오(띄어쓰기 포함).

※[54] 다음을 주제로 하여 자신의 생각을 600~700자로 글을 쓰십시오. 단, 문제를 그대로 옮겨 쓰지 마십시오. (50점)

> 우리는 광고의 홍수 속에서 살고 있습니다. 생활 속에서 접하는 모든 것이 광고와 관련이 되어 있고 그를 통하여 많은 정보를 얻기도 합니다. 그러나 광고 속의 정보를 곧이곧대로 믿었다가는 엉뚱한 피해를 보기도 합니다. 광고를 어떻게 현명하게 이용해 나갈 것인가 아래 내용을 포함하여 자신의 생각을 쓰십시오.
>
> • 광고는 왜 필요한가?
> • 광고로 인한 피해가 왜 발생하는가?
> • 어떻게 하면 광고의 정보를 바르게 판단할 수 있는가?

54	주관식 답란 (Answer sheet for composition)
	아래 빈칸에 600~700자 이내로 작문하십시오(띄어쓰기 포함).

*원고지 쓰기의 예

	하	나	의		사	실	을		어	떻	게		보	느	냐	에		따	라
다	른		의	견	이		나	올		수		있	다	.	예	를		들	면

제1교시 듣기, 쓰기 시험이 끝났습니다. 제2교시는 읽기 시험입니다.

TOPIKⅡ 模擬試験の正答と配点表

[듣기] 編 (100点)

問題	正答	問題	正答	問題	正答	配点
1	④	18	④	35	②	2
2	③	19	③	36	③	2
3	①	20	①	37	③	2
4	①	21	①	38	②	2
5	②	22	②	39	②	2
6	①	23	②	40	④	2
7	①	24	①	41	②	2
8	④	25	②	42	④	2
9	③	26	④	43	③	2
10	③	27	③	44	④	2
11	②	28	④	45	④	2
12	③	29	①	46	②	2
13	①	30	④	47	③	2
14	④	31	①	48	②	2
15	②	32	③	49	②	2
16	②	33	②	50	④	2
17	①	34	④			

[쓰기] 編 (100点)

問題	模擬試験作文模範答案	配点
51	㉠ 해 주셔서 감사합니다. ㉡ 경기를 하겠습니다.	5×2
52	㉠ 오히려 좋은 결과를 얻기 힘들다 ㉡ 휴식만큼 좋은 게 없다	5×2
53	‘여성의 경제 활동’ 에 대한 분석 결과에 따르면 40대 초반의 여성이 경제 활동에 가장 활발히 참여하고 있는 것으로 나타났으며 20대 후반이 그 뒤를 이었다. 여성의 경제 활동 참가율은 30대 초반에 가장 낮았으나 점차 증가해 30대 후반에 이르면 70%대로 높아진다. 이런 현상은 결혼, 출산 및 육아와 관련이 있다. 20대 후반의 주요 퇴직 사유가 결혼인 데 비해 30대 초반은 출산 및 육아로 나타났다. 20대 후반에서 30대 초반까지 결혼과 출산 및 육아를 이유로 회사를 그만두었다가 30대 후반부터 일을 다시 시작하는 여성이 많다는 것을 알 수 있다.	30
54	省略	50

第6章 聞き取り台本

第1章 聞き取り問題（1）台本

❶ イラストとグラフ選択問題 ……

問題 p.50 / 解説 p.309

※다음을 듣고 알맞은 그림을 고르십시오.

1.
남자 : 내일 부산 가는 비행기 표를 예약하고 싶은데요.
여자 : 죄송합니다. 내일은 자리가 없네요. 모레는 어떠세요?
오전 8시에 출발하는 비행기는 자리가 있는데….

2.
여자 : 이건 서울역까지 가나요?
남자 : 네, 서울역 앞 정류장에 서니까 거기서 내리시면 돼요.

3.
여자 : 이렇게 시골 길을 걷는 것도 오래간만이네요.
남자 : 정말 그러네요. 공기도 맑고 기분이 참 좋네요.
다음엔 자전거를 타고 와서 여기저기 구경하고 싶군요.

4.
여자 : 누구세요?
남자 : 춘천 식당입니다. 짜장면 배달을 왔는데요.
여자 : 잠깐만 기다리세요. 문을 열어드릴게요.

5.
여자 : 버스가 왜 이렇게 안 오죠? 이러다간 결혼식에 늦겠어요.
남자 : 그럼 택시를 탈까요?
여자 : 택시도 길이 막히면 늦을 거 같아요. 지하철이 좋겠어요.

6.
여자 : 어서 오세요.
남자 : 이걸 속달로 부치려고 하는데요.
여자 : 내일 오후 한 시 이후에 도착하겠는데 괜찮으시겠어요?

7.
남자 : 장갑을 하나 사러 왔는데요.
여자 : 이건 어떨까요? 한번 껴 보시겠어요? 요즘 인기가 있는 거예요.
남자 : 그래요? 그럼 이 색깔 말고 검정색은 없어요?

8.
남자 : 무슨 일로 오셨습니까?
여자 : 공원 의자에서 다른 사람의 스마트폰을 주워서 신고하러 왔습니다.

9.

남자 : 손님 도착했습니다. 여기가 서울호텔입니다.
여자 : 고마워요. 여기 요금이에요. 짐도 좀 내려 주시겠어요?

10.

남자 : 뭘 시킬까요?
여자 : 이 집에서는 뭐가 맛있어요?
남자 : 여긴 칼국수가 맛있대요.

11.

남자 : 얼마나 잘라 드릴까요?
여자 : 더우니까 귀가 보일 정도로 짧게 잘라 주세요.

12.

여자 : 정말 이상하네. 영민 씨, 이 책상 위에 있던 사전 못 봤어요?
남자 : 아, 그 사전요? 아까 은영 씨가 쓰고 있던데요.

13.

남자 : 취미생활에 대한 설문조사에 의하면 남성보다 여성이 취미가 없는 사람이 많은 것으로 나타났습니다. 취미생활을 하지 않는 이유로서 남성은 '금전적인 여유가 없어서'가 1위로 나타난 반면 여성의 경우 '몸이 피곤하고 체력이 없어서'를 이유로 든 사람이 가장 많았습니다.

14.

남자 : 20~30대 남녀들을 대상으로 연인에게 이별을 통보하는 방법에 대해 질문을 한 결과 절반 가까이가 카카오톡 혹은 문자메시지라고 답했고 다음이 전화 통화였습니다. 직접 얼굴을 보고 이별을 전한다는 의견은 20%에 미치지 못했습니다. 헤어지는 이유로는 성격차이가 가장 많았고 관심이 없어졌다는 것이 그 다음이었습니다.

15.

남자 : 인터넷쇼핑이 일상적이 되면서 인터넷서점 이용객이 급격히 증가한 것으로 나타났습니다. 일이 바쁜 30대가 가장 많이 이용하는 것으로 나타났으며 40대가 그 뒤를 이었습니다. 여전히 거리의 서점에서 책을 사는 사람들이 많지만 앞으로는 인터넷서점 이용객이 더 늘 것으로 예상됩니다.

16.

남자 : 직장인 10명 중 7명은 버스나 지하철과 같은 대중교통을 이용해 출퇴근하고 있는 것으로 나타났습니다. 가장 많이 이용하는 교통수단은 지하철이었고 그 다음이 버스였습니다. 출퇴근의 소요시간은 평균 70분으로 지하철 이용자가 가장 짧았습니다.

2 対話の続きの話選択問題 ………問題 p.58 / 解説 p.312

※다음 대화를 잘 듣고 이어질 수 있는 말을 고르십시오.

1.
남자 : 배가 고파서 더 이상 못 하겠어요. 우리 밥 먹고 해요.
여자 : 잠깐만요. 여기까지 끝내 놓고 가요.
남자 : ______________________________.

2.
남자 : 옷에 얼룩이 진 거 어떻게 됐어요?
여자 : 네. 제가 없애 보려고 했는데 안 되겠어요.
남자 : ______________________________.

3.
여자 : 어제 모임은 재미있었어요?
남자 : 네. 시간 가는 줄 모르고 이야기하다가 막차를 놓칠 뻔했어요.
그런데 지영 씨는 왜 안 왔어요? 무슨 일이 있었어요?
여자 : ______________________________.

4.
여자 : 영민 씨가 학교를 그만두고 군대에 갔다면서요?
남자 : 그거 준구 얘기 아니에요? 영민이는 아까 도서관에서 봤는데요.
여자 : ______________________________.

5.
남자 : 지난 연휴엔 길이 막혀서 여행을 갔다가 너무 고생을 했어요.
여자 : 저도 그랬어요. 시골에 가서 느긋하게 쉬려던 것이 차 안에서 거의 다 시간을 보내고 말았어요.
남자 : ______________________________.

6.
여자 : 30분이 지났는데 아직도 안 오네요.
전화도 안 받는 걸 보면 무슨 일이 생겼나 봐요. 어떻게 하죠?
남자 : ______________________________.

7.
남자 : 미안하지만 오늘 모임에는 못 가겠어요.
여자 : 무슨 일 있어요?
남자 : 네, 친구가 다음 주에 유학을 가기 때문에 오늘 만나서 식사를 하기로 했어요.
여자 : ______________________________.

8.

남자 : 이사 간 데는 마음에 들어요?
여자 : 별로에요. 방은 넓은데 주변이 너무 시끄러워요. 참, 이번 주말에 민영 씨가 우리 집에 오기로 했는데 시간 있으면 놀러 오세요.
남자 : ________________________________.

9.

남자 : 박 선생님 계세요?
여자 : 지금 수업 중이신데요.
남자 : ________________________________.

10.

여자 : 잠깐 보고 드릴 게 있는데요.
남자 : 곧 회의에 들어가야 하니까 이따가 얘기해요.
여자 : ________________________________.

11.

여자 : 요즘 안색이 안 좋아 보여요. 무슨 일이 있어요?
남자 : 괜찮아요. 요즘 일이 바빠서 잠이 부족해서 그래요.
여자 : ________________________________.

12.

여자 : 이 바지는 어떠세요? 마음에 드세요
남자 : 네, 마음엔 드는 데 좀 작을 거 같아요. 좀 더 큰 건 없어요?
여자 : ________________________________.

13.

남자 : 어서 오십시오.
여자 : 방 있어요? 예약은 하지 않았는데요.
남자 : 네, 마침 하나 비어 있습니다. 얼마동안 계실 건가요?
여자 : ________________________________.

14.

남자 : 여보세요. 한 시간 전에 피자를 주문했는데 아직 도착을 안 하네요.
여자 : 죄송합니다. 전화 번호를 말씀해 주시겠어요?
남자 : 370-4378인데요.
여자 : ________________________________.

15.

남자 : 다음 주 17일 오후에 출발하는 하네다행 비행기를 예약하고 싶은데요.
여자 : 그날 오후에는 좌석이 없습니다.
남자 : ________________________________.

16.

남자 : 지연 씨 아니에요? 오래간만이에요.
여자 : 네, 정말 오래간만이네요. 이게 몇 년만이에요?
어디 외국에라도 갔었어요?
남자 : ________________________________.

17.

남자 : 오늘도 또 지각을 했어요?
여자 : 죄송합니다. 새벽까지 자료를 만드느라고 늦게 잤더니…….
남자 : ________________________________.

18.

여자 : 학교에서 불이 났다는 얘기 들었어요?
남자 : 학교에서요?
여자 : 네, 오늘 새벽에 학교 창고에서 불이 났대요.
남자 : ________________________________.

19.

여자 : 오늘 강의실에 가방을 두고 나왔는데요. 여기 오면 찾을 수 있다고 해서 왔어요.
남자 : 맞습니다. 어떻게 생긴 가방이죠?
여자 : ________________________________.

3 対話後の女性の行動選択問題 …問題 p.62 / 解説 p.316

※다음 대화를 듣고 여자가 이어서 할 행동으로 알맞은 것을 고르십시오.

1.

여자 : 민수가 다음 달에 군대를 간다면서? 나는 졸업을 하고 가는 줄 알았는데….
남자 : 나도 어제 그 얘기를 듣고 놀랐어. 그냥 보내기가 섭섭하니까 군대 가기 전에 친구들이 모여서 식사라도 같이 했으면 좋겠다. 네가 모두에게 연락 좀 해 줄래? 민수한테는 내가 얘기를 해 놓을 테니까….
여자 : 알았어.

2.

남자 : 아직도 배가 아픈 게 안 나았어요?
여자 : 네, 시간이 지나면 저절로 나을 줄 알았는데 그렇지가 않네요.
약국에 가서 소화제라도 사 먹어야겠어요.
남자 : 그러지 말고 빨리 진찰을 받아 보는 게 좋을 거예요. 왜 아픈지 원인

을 알아야 무슨 약을 먹어야 하는지 알 수가 있잖아요. 단순히 체한 게 아닐지도 모르니까요.
여자 : 알았어요. 그렇게 하겠어요.

3.

여자 : 여보세요. 지금 역 앞에 다 모여서 기다리고 있는데 어디쯤이세요?
남자 : 미안해요. 지금 서울역을 통과했으니까 10분쯤 후에 도착할 거예요. 그 음식점은 알고 있으니까 다들 먼저 가서 식사를 시작해 주세요.
여자 : 네, 알겠습니다.

4.

남자 : 이번 축제 때 졸업한 선배들을 초청할 준비는 다 됐어요?
여자 : 네. 졸업생들에게 소개할 자료는 다 준비돼 있고 지금은 초청장을 발송할 주소 목록을 작성하고 있습니다.
남자 : 왕복 엽서는 준비했어요?
여자 : 아니요. 그건 아직 못 했는데요.
남자 : 그럼 그걸 빨리 사 와야겠네요. 출석자를 확인해야 파티 준비도 할 수 있잖아요.
여자 : 네, 알겠습니다.

5.

여자 : 혹시 김 과장님이 어디 계신지 알아요?
남자 : 조금 전에 복사실로 들어가는 걸 봤는데…. 왜요?
여자 : 급히 확인을 받아야 할 게 있는데 자리에 안 계셔서….
남자 : 그럼 빨리 가 보세요. 아직 거기 있을 테니까.
여자 : 알았어요. 고마워요.

6.

남자 : 엄마, 바지 줄인 거 찾아왔어?
여자 : 아, 내가 깜빡 잊고 있었네. 오늘까지 해 준다고 한 걸. 내가 이따가 갔다 올게. 내일 입을 거니?
남자 : 아니, 그냥 생각이 나서 물어본 거야. 시간이 있으니까 지금 내가 가서 찾아올까?
여자 : 그렇게 할래? 그럼 내가 지금 전화를 해 놓을게.

7.

남자 : 많이 피곤해 보이네요. 무슨 일이 있었어요?
여자 : 요즘 보고서를 쓰느라고 잠을 제대로 못 잤어요.
남자 : 그래요? 보고서는 다 썼어요?
여자 : 네, 써 왔어요. 이제 제출하기만 하면 돼요.
남자 : 그럼 빨리 제출하고 집에 가서 쉬도록 하세요. 잠도 안 자고 일만 하

다가 건강을 해치면 큰일이잖아요.
여자 : 그래야겠어요.

8.

남자 : 송년회에 올 사람들한테 연락은 다 했어?
여자 : 응. 지난주 목요일에 이메일로 다 연락을 했어.
남자 : 그래서 몇 명이 온대?
여자 : 오늘까지 다섯 명이 온다고 연락이 왔어. 열 명한테 연락했는데 나머지는 모르겠네.
남자 : 다음 주니까 직접 전화를 해서라도 확인을 해 봐. 장소를 예약을 하려면 정확히 몇 명이 오는지 알아야 되잖아.
여자 : 알았어. 그렇게 할게.

9.

여자 : 통장을 만들려고 왔는데요.
남자 : 그러면 저쪽에 통장 신청용지가 있으니까 신청서를 작성해 가지고 오세요.
여자 : 신청서 여기 있습니다.
남자 : 신분증도 보여 주시겠어요? 그리고 여기 도장이 안 찍혔네요. 여기 이름 뒤에 도장 좀 찍어 주시겠어요.
여자 : 아, 네, 알겠습니다.

10.

남자 : 윤미야. 요즘 민영이가 힘이 없고 뭔가 고민이 많은 것 같던데 무슨 일인지 네가 좀 알아볼 수 있겠어?
여자 : 내가? 나한테 이야기해 줄까?
남자 : 너는 같은 여자니까 통하는 게 있지 않겠어? 동아리나 취직 관계 얘기라면 나한테 안 할 리가 없는데 아무래도 개인적인 문제인 것 같아.
여자 : 그래, 알았어.

11.

남자 : 은경아, 게시판에 국비 유학생을 뽑는다는 공고가 붙어 있던데 봤니? 조건도 좋은 것 같은데 한번 응모해 보지 그래.
여자 : 국비 유학생? 국비 유학생은 시험이 어려울 텐데 내가 붙을 수 있을까?
남자 : 그거야 해 봐야 알지. 학생과 게시판에 공고가 붙어 있으니까 우선 확인이라도 해 봐. 궁금한 건 나중에 학생과에 물어보면 알 수 있을 테니까…….
여자 : 알았어. 그럴게.

12.

여자 : 이거 내일 회의에서 사원 연수 계획에 대해 발표하려고 만든 건데 한 번 봐 줄래요?

남자 : 내일이 발표예요? 어디 이리 줘 보세요. 음, 목차도 괜찮고, 교육 내용이나 일정, 준비 관계의 내용도 괜찮고……. 그런데 이번엔 연수 장소가 중국으로 돼 있네요. 이거만 보고는 연수를 왜 중국에서 해야하는지 납득하기가 쉽지 않겠는데요. 그러니까 왜 굳이 외국에서 사원 연수를 할 필요가 있는지 그 점에 대해 좀 더 자세히 쓰는 게 좋지 않겠어요.

여자 : 그러네요.

13.

남자 : 이거 어제 여기서 산 옷인데요, 집에 가서 보니까 단추가 잘못 달려 있었어요.

여자 : 영수증 좀 보여 주시겠습니까? (약간의 시간을 두고) 불편을 끼쳐드려 죄송합니다. 환불해 드릴까요, 아니면 같은 것으로 바꿔 드릴까요?

남자 : 같은 것으로 주세요.

여자 : 네, 알겠습니다. 그럼 잠시만 기다려 주십시오.

14.

여자 : 선생님, 지금 강의실에서 학생들이 기다리고 있는데요.

남자 : 미안해요. 급하게 처리해야 할 일이 있어서 그러는데 한 십 분쯤 늦겠어요. 끝나는 대로 갈 테니까 학생들한테 이 자료를 나눠 주고 읽고 있으라고 전해 주세요.

여자 : 네, 알겠습니다.

15.

여자 : 인터넷 연결이 잘 안돼서 전화 드렸는데요.

남자 : 그러세요? 상태를 말씀해 주시겠습니까?

여자 : 요즘 갑자기 접속이 끊어져서 연결이 안될 때가 많아요.

남자 : 알겠습니다. 그러면 우선 모뎀을 한번 확인해 주시겠습니까? 모뎀의 전원어댑터를 빼고 30초쯤 기다렸다가 다시 접속해 보세요. 그래도 안되면 랜(LAN)케이블을 뺐다가 다시 끼워 보시고요.

여자 : 알겠습니다. 한번 해 보고 안 되면 다시 연락하겠습니다.

16.

남자 : 프린터가 아직도 안돼요?

여자 : 네, 문자가 겹쳐지거나 흐려서 제대로 인쇄가 안되네요.
잉크를 갈아끼우고 청소를 해 봐도 마찬가지예요.

남자 : 그거 아침부터 계속 그러더라고요. 단순히 잉크나 청소가 문제인 건 아닌 것 같아요. 아무래도 쓴 지가 오래돼서 고장이 난 것 같으니까

당장 하나 구입하는 게 좋지 않겠어요?
여자 : 네. 그렇게 하겠습니다.

〈既出41回〉

17.

여자 : 김민수 씨, 오늘 사용할 음식 재료는 들어왔습니까?
남자 : 네, 조금 전에 들어왔습니다. 그런데요, 주방장님. 정리하다 보니 안 들어온 것들이 있는데 어떻게 할까요?
여자 : 빠진 걸 알려 주면 제가 주문서를 다시 확인하고 업체에 전화해 보겠습니다.
남자 : 네. 그럼 조리실 앞에 있는 재료들은 먼저 보관 창고로 옮기겠습니다.

〈既出36回〉

18.

여자 : 김 과장님,다음 달 직원 교육 일정 나왔어요?
남자 : 네,일정은 모두 짰고 장소도 곧 확정될 것 같아요. 그런데 특강해 주실 분을 못 구해서 걱정입니다.
여자 : 그건 내가 알아볼게요. 지난번 그 분을 다시 한번 모셔도 될 것 같아요.
남자 : 알겠습니다.그럼 전 장소가 확정되는 대로 보고 드리겠습니다.

〈既出35回〉

19.

여자 : 중고 가게에서 가구를 사 가기도 한다면서? 침대를 팔까 하는데 어떻게 하면 돼?
남자 : 먼저 침대 사진을 찍어서 가게 홈페이지에 올리고 어느 회사 제품인지도 써 놔. 그럼 가게에서 연락이 올 거야.
여자 : 그러면 침대는 내가 갖다 줘야 돼?
남자 : 아니, 가게에서 사람들이 와서 가져갈 거야.

4 文の内容一致選択問題 ………… 問題 p.66 / 解説 p.322

※다음을 듣고 내용과 일치하는 것을 고르십시오.

1.

여자 : 최근에는 남자보다 여자 취업자가 늘어난 모양이에요.
남자 : 남자들은 안정된 직장이나 근무 조건이 좋은 데를 찾으려고 하기 때문에 쉽게 취직을 못 하는 사람이 많아서 그럴 거예요. 여자들은 비교적 그런 것을 고려하지 않고 일자리를 찾는 사람이 많은데다가 아이들을 다 키워 놓고 다시 일을 하려는 중년 여성들도 늘어나고 있잖아요.

2.

남자 : 너무 더워서 일에 집중이 안 되네요. 졸리기도 하고….
여자 : 저도 그래요. 여기도 어느 나라처럼 낮잠 자는 시간이 있었으면 좋겠어요. 여름철 피로 회복에는 낮잠이 효과적이라고 하잖아요.
남자 : 피로를 풀고 일의 능률을 올리는데는 20분이나 30분정도의 낮잠이 좋대요. 그렇지만 30분이상 낮잠을 자면 오히려 건강에 안 좋다는 것 같아요.

3.

남자 : 요즘에 계속 소화도 안되고 두통도 심한데, 무슨 이상이 있는 건 아닌지 걱정이 돼요.
여자 : 스트레스를 받아도 그럴 수가 있어요. 회사 일이 바쁜가요?
남자 : 네, 회사에서 새로 맡은 업무가 제 적성에 맞지 않아서 스트레스를 많이 받는 편이에요.
여자 : 스트레스가 계속 쌓이면 나중에 큰 병이 될 수도 있어요. 마음을 편하게 먹고 충분한 휴식을 취하는 게 좋을 것 같네요.
남자 : 그거야 저도 알지만 그게 마음대로 되는 일이 아니라서요.

4.

남자 : 오랜만에 서울에 와서 지하철을 타 보니 차 안의 모습이 많이 달라진 느낌이네요. 전에는 책이나 신문을 읽는 사람도 많이 보였는데….
여자 : 요즘에는 스마트폰을 보고 있는 사람이 많아서 그럴거예요. 지하철 안에서 게임도 하고, 텔레비전도 보고, 음악도 듣고, 문자도 보낼 수 있으니까 차 안에서는 너나 할 것 없이 스마트폰에 열중하고 있어요.

5.

여자 : 이 광고에 나오는 노래 들어 보세요. 들을 때마다 웃음이 나요. 요즘 광고는 다 재미있는 것 같아요.
남자 : 재미있을 뿐만 아니라 물건을 살 때 도움도 되죠. 상품에 대한 정보도 알 수 있으니까요.
여자 : 하지만 거짓 정보도 많으니까 다 믿으면 안 될 것 같아요.
남자 : 물론이죠. 광고만 믿지 말고 다른 상품에 비해서 뭐가 좋고 뭐가 나쁜지 잘 보고 사야죠.

6.

여자 : 올해부터 담배 끊기로 했다면서 왜 라이터를 갖고 있어?
남자 : 담배 끊기가 그렇게 쉬운 줄 아니? 완전히 끊는 건 힘드니까 대신 반으로 줄이기로 했어.
여자 : 그러면 그렇지. 내가 그럴 줄 알았어. 너 같이 의지가 약한 애가 그렇게 간단히 실천할 수 있는 게 아니지. 난 니가 담배를 두 배로 피우든 반으로 줄이든 상관없는데, 제발 내 앞에서만이라도 안 피워 줬으면 좋겠어.

7.

남자 : 승객 여러분께 다시 한 번 안내 말씀을 드리겠습니다. 10시 40분경 이촌역에서 일어난 사고로 인해 과천-안산 방면의 4호선 열차 운행이 중단되고 있습니다. 운행이 재개되기까지는 시간이 걸릴 것으로 예상되오니, 급하신 용무가 있으신 분들께서는 다른 교통수단을 이용해 주시기 바랍니다. 환불을 원하시는 분들은 출입구에 있는 역무원에게 말씀하시면 바로 환불해 드리겠습니다. 승객 여러분께 불편을 끼쳐 드려서 대단히 죄송합니다.

8.

여자 : 휴대 전화는 연락을 주고 받고 여러가지 정보를 얻는데 편리하기 때문에 많은 사람들이 사용하고 있습니다. 그러나 많은 사람이 모이는 식당이나 영화관, 버스나 지하철 안에서 벨소리가 시끄럽게 울리거나 큰 소리로 이야기하는 바람에 옆 사람에게 피해를 주는 경우를 많이 볼 수 있습니다. 편리한 것도 다른 사람에게 피해를 준다면 좋지 않으므로 공공의 장소에서는 매너를 지켜서 사용해야 합니다.

9.

남자 : 좋은 아버지가 되고 싶은 사람들이 모여서 의견을 모아 보았습니다. 한 번 들어 보시겠습니까?

• 자녀의 공책을 가끔 살펴 보고 관심을 보이는 것이 좋습니다.
• 자녀와 같이 운동을 하거나 뭔가를 만들어 보는 것도 좋은 방법입니다.
• 자녀와 함께 보내는 시간은 양보다 질이 중요합니다.
• 때로는 벌을 주는 것도 필요합니다.

좋은 아버지가 되는 것은 저 역시도 마찬가지지만 정말 어려운 일입니다.

10.

여자 : 저희 극장을 찾아 주신 손님 여러분께 감사드립니다. 잠시 후에 공연을 시작하겠습니다. 공연이 시작되기 전에 몇 가지 부탁 말씀드리겠습니다. 먼저 공연에 방해가 되지 않도록 휴대전화는 미리 꺼 주시기 바랍니다. 그리고 공연 도중에는 화장실에 가시거나 좌석을 이동할 수 없습니다. 볼일이 있으신 분은 미리 모든 일을 마치시고 공연 시작 10분 전까지 좌석에 앉아 주시길 바랍니다.

11.

여자 : 많은 사람들이 등산을 다니지만 왜 좋은지에 대해서는 잘 모릅니다. 막연히 '건강에 좋겠지' 라는 생각을 가지고 있는데요. 인간은 평소 호흡할 때 신체의 노폐물이 배출되지 않고 약 40%가량은 항상 남아있다고 합니다. 그렇지만 높은 산에 올라갈 때처럼 몇 시간 동안 깊은 호흡을 계속 할 때는 40%정도 남아 있는 노폐물이 거의 배출되는데, 그게 바로 등산이 좋은 점이라고 합니다.

12.

남자 : 이번주 주말 날씨를 전해 드리겠습니다. 기상청에 따르면 11일 서울지역은 최저기온이 영하 9도~7도, 최고기온은 영상 2도~3도를 기록할 전망입니다. 하지만 12일은 기온이 최저 영하 3도~2도, 최고 영상 6도~9도를 기록하는 등 11일보다 포근한 날씨가 이어질 것으로 예상됩니다. 12일 낮까지 맑은 날씨가 이어지다 오후부터 구름이 많아져 13일 새벽에는 눈이 올 가능성이 있으므로 운전자들에게는 주의가 요구됩니다.

13.

여자 : 여름은 전기를 많이 사용하는 계절인데요. 특히 8월달에 들어서 무더위가 계속돼 오후 2시부터 5시까지는 전기 사용이 급증하고 있다고 합니다. 지역에 따라서는 정전이 될 가능성도 있다고 하니까 이 시간대에는 다리미나 세탁기 등의 사용을 피해 주시는 게 좋을 것 같습니다. 또 에어컨 1대를 켜면 선풍기 30대와 같은 양의 전기가 든다고 하는데요. 조금 덥더라도 에어컨 사용을 자제해 주셨으면 합니다.

14.

남자 : 지금 밖에는 많은 눈이 내리고 있는데요. 아침부터 내리고 있는 이 눈으로 서울 시내의 모든 길이 막히고 있고, 미끄러운 눈길 때문에 곳곳에서 사고 소식이 들어오고 있습니다. 오늘 같은 날은 자동차보다는 지하철을 이용하시는 것이 좋을 것 같습니다. 이 눈은 오늘 밤까지 계속되다가 내일 아침에는 갤 것으로 보입니다.

15.

여자 : 관리사무실에서 안내 말씀 드리겠습니다. 오늘 오후 한 시부터 세 시까지 수도와 엘리베이터 점검을 실시할 예정입니다. 점검 중에는 수돗물이 안 나오니까 필요하신 분은 미리 받아놓으시길 바랍니다. 그리고 엘리베이터도 사용할 수 없으니 계단을 이용해 주시기 바랍니다. 불편을 끼쳐 죄송합니다.

16.

여자 : 야구 경기를 보면 껌을 씹고 있는 선수들이 많던데 왜 그러죠? 별로 보기가 안 좋던데.

남자 : 그건 경기에 대한 긴장감을 줄이기 위해서예요. 뒤에서 크게 소리를 지르는 것도 그렇고요.

여자 : 긴장감을 줄이는 방법이 그것밖에 없나요. 눈을 감고 크게 숨을 쉰다든가….

남자 : 그런 방법도 있겠지만 아무래도 뜨거운 분위기 속에서 경기를 하게 되니까 조용히 있기는 어렵지 않을까요?

〈既出35回〉

17.

여자 : 오늘은 기차가 다니지 않는 기차역, 송정역에 나와 있습니다. 역장님, 이곳을 좀 소개해 주시죠.
남자 : 이곳은 10년 전부터 기차를 운행하지 않는 곳입니다. 그래서 그동안 역사를 사용하지 않고 있었는데요. 최근 한 주민의 제안으로 기차역과 열차를 옛날 열차 분위기의 카페로 만들었습니다. 지역 주민들의 반응도 좋고 이곳을 방문했던 손님들의 입소문을 듣고 찾아오는 관광객이 많아졌습니다.

〈既出37回〉

18.

남자 : 다음은 알뜰 경제 소식입니다. 자주 고장 나는 복사기 때문에 불편한 사무실이 많죠? 최근 복사기를 1년 이상 빌려 주는 서비스가 화제입니다. 복사기 관리비는 물론 수리비도 복사기 회사에서 부담하는데요. 빌려 쓰면 복사기를 사는 것에 비해서 연 100만 원 정도 절약된다고 합니다. 이런 장점 때문에 복사기를 빌려 쓰는 사무실이 늘어날 것으로 보입니다.

〈既出41回〉

19.

여자 : 오빠, 오늘 백화점에 가서 엄마 선물 살까? 옷은 어때?
남자 : 좋아하실까? 지난번에 사 드린 블라우스는 잘 안 입으시던데. 옷보다 상품권을 드리는 건 어때?
여자 : 그것보단 엄마가 보고 직접 고르시는 게 제일 좋은데…….
남자 : 그럼 다음 주말에 모시고 가자.

5 男性の中心となる考え選択問題 …問題 p.70 / 解説 p.328

※다음을 듣고 남자의 중심 생각을 고르십시오.

1.

여자 : 민수야, 축하한다. 다들 취직이 힘들다는데 너는 두 군데나 합격을 했구나.
남자 : 그런데 그게 좀 고민이야. 한 회사는 하고 싶던 일이기는 한데 보수가 좀 적은 것 같고, 한 회사는 보수는 많은데 일이 별로 마음에 안 들어서. 엄마는 보수가 많은 회사가 좋다고 하는데 나는 보수가 좀 적어도 하고 싶은 일을 할 수 있는 회사에 가는 게 어떨까 생각하고 있어.

2.

남자 : 또 동생 과제를 도와주는 거야? 네 동생은 무슨 일만 있으면 너한테 부탁하는구나.

여자 : 과제가 어려워서 혼자서는 못 하겠대.

남자 : 그건 동생에게 당장은 편할지 모르지만 도움이 안 돼. 어렵다고 남의 힘을 빌리기만 하면 나중에 혼자서는 아무 것도 못하게 되는 거야. 어려워도 동생이 직접 하게 하는 게 좋아.

3.

여자 : 방이 너무 좁아서 이사를 가고 싶은데 어디 싸고 넓은 방이 없을까요?

남자 : 싸고 넓은 것도 좋지만 집 근처가 시장이나 술집처럼 시끄러운 곳은 피하는 게 좋아요. 지난 번에 제가 살던 하숙집은 방은 넓고 깨끗했는데 근처에 술집이 많아서 밤 늦게까지 시끄러워서 안 좋았어요. 그러니까 이사 할 때는 좀 비싸도 조용한 곳이 좋은 것 같아요.

4.

여자 : 영화를 볼 때 오징어나 과자 같은 것을 가지고 들어와서 먹는 것은 좋지 않은 것 같아요. 냄새나 부스럭거리는 소리 때문에 다른 사람들이 영화에 집중하는 것을 방해하거든요.

남자 : 그렇지만 영화를 보면서 팝콘이나 오징어 같은 것을 먹는 것은 영화를 볼 때의 재미잖아요. 물론 소리를 크게 내지 않도록 조심해야겠지만, 긴 시간 동안 한자리에 앉아 영화를 보니까 그 정도는 이해해 주어야한다고 생각해요.

5.

남자 : 친구하고 같이 살 방을 찾고 있는데 좋은 방이 있을까요?

여자 : 하숙집은 어때요? 좋은 하숙집이 하나 있는데 역에서도 가깝고 주인도 아주 친절하고 좋아요.

남자 : 하숙집은 요리를 할 수 없어서 안 될 것 같아요.
우리는 음식을 해 먹을 수 있는 곳을 찾고 있어요.

여자 : 그럼 이 길 건너편에 작은 아파트가 있는데 어떨까요?
보증금 800만 원에 매달 80만 원인데요.

남자 : 너무 비싸네요. 우리는 학생이어서 돈이 별로 없는데 좀 더 싼 방이 없을까요?

6.

여자 : 어제 날씨가 좋았는데 뭐 했어요?

남자 : 꽃구경하러 가족들하고 공원에 갔다 왔어요.

여자 : 재미있었겠네요.

남자 : 꽃이 활짝 핀데다가 주말이라서 그런지 사람들이 너무 많아서 고생만 했어요. 꽃을 감상하기도 힘들고 걸어가기도 힘들었어요. 김밥을 만들어 가지고 갔다가 자리가 없어서 못 먹고 왔어요. 그냥 집에서 쉴 걸 그랬어요.

7.

여자 : 선생님, 5월 5일이 무슨 날이에요?
남자 : 어린이를 위한 날이에요. 그래서 어린이날이라고 해요.
여자 : 어린이들을 위해서 뭘 해 줘야 되는데요?
남자 : 선물도 사 주고 놀이공원 같은 곳에 놀러 가야 돼요.
부모들은 고생하는 날이에요. 돈도 들고…. 그래도 아이들이 좋아하니까 힘들지만 재미있게 보내 줘야 해요.

8.

남자 : 우리 동네에 동물원이 생긴다는 소식 들었어?
여자 : 응. 들었어.
남자 : 난 동물원이 동물들을 학대하는 시설이라고 생각해.
여자 : 왜 그렇게 생각해? 동물원에서 살면 힘들게 먹이 사냥을 안 해도 되고, 균형 잡힌 식사도 할 수도 있잖아.
남자 : 그렇긴 하지. 하지만 동물들은 원래 야생에서 살아가는 게 본래 모습이니까 인간에게 즐거움을 주기 위해 우리에서 넣어 기르는 것은 동물들을 학대하는 거나 마찬가지라고 봐. 먹이 사냥도 직접 하면서 자연 속에서 사는 게 동물들에게는 행복할 거야.

9.

여자 : 제 친구 남편은 주말마다 아이들을 데리고 등산이나 낚시를 하러 다닌대요. 야구나 축구도 좋지만 역시 아이들에게 자연을 맛보게 하는 게 좋은 것 같아요.
남자 : 등산이나 낚시도 좋지만 매주 아빠와 같이 그것만 하면 아이들도 피곤하지 않을까요? 같은 또래의 아이들과 어울려서 여러가지 운동도 하면서 노는 것도 필요할 것 같아요.

10.

여자 : 이제 일주일만 있으면 이번 학기가 끝나네요. 한국어 실력은 많이 늘었어요?
남자 : 듣는 건 많이 좋아졌는데 말을 하려고 하면 아직도 망설일 때가 많아요. 역시 교실에서 공부하는 것만 가지고는 안 되는 것 같아요. 한국 친구도 많이 사귀면서 적극적으로 얘기도 해야 실력이 늘 텐데, 전 성격이 좀 그게 아니라서….

11.

여자 : 민구 씨는 선배도 많고 후배도 많은데 누구하고 같이 있을 때 더 편하고 좋아요?
남자 : 후배하고 같이 있을 때도 편하고 좋지만 저는 선배하고 같이 있을 때가 더 좋아요.
여자 : 왜요? 선배들은 민구 씨보다 나이가 많으니까 이야기하기가 더 어렵

지 않아요?
남자 : 아니요, 선배들은 제 이야기를 잘 들어 주고 저를 위해서 좋은 말도 많이 해 주기 때문에 무슨 이야기든지 편하게 할 수 있어요.

12.

여자 : 여기는 정말 책방이 많네요. 그런데 이렇게 책방이 많이 몰려 있으면 경쟁이 심해서 안 좋을 것 같은데요.
남자 : 그렇지는 않을걸요. 책방마다 전문적으로 다루는 분야가 있어서 선택의 기회가 많으니까 사람들이 많이 와서 오히려 장사가 더 잘될 것 같아요. 그리고 여기는 책방이 몰려 있는 걸로 워낙 유명하니까 따로 광고를 할 필요도 없을 거고요.

13.

남자 : 민영 씨, 행복하게 살려면 사랑이 중요할까요? 자유가 중요할까요? 어떻게 생각하세요?
여자 : 행복하게 살려면 무엇보다 사랑이 중요하지 않을까요? 특히 여자들은 사랑하는 사람하고 같이 있을 때가 제일 행복하다고 하잖아요.
남자 : 저는 자유가 없으면 사랑하는 사람하고 같이 있어도 행복하지 않을 것 같아요. 마음의 자유가 있어야 행복할 수 있을 거예요.

14.

남자 : 역 앞에 큰 슈퍼마켓이 생긴다는 얘기가 있는 것 같아.
여자 : 그 얘기는 나도 들었어. 그런데 근처 시장 상인들이 반대해서 계획대로 될지 어떨지 아직은 모른대. 시장 상인들은 자기들 장사에 영향이 미칠까 봐 반대하는 것 같아.
남자 : 시장 상인들이 걱정하는 것은 알겠지만, 슈퍼마켓이 꼭 생겼으면 좋겠네. 장보기도 훨씬 편해지고 사람도 많이 모이게 되니까 지역이 많이 발전할 것 같은데….

15.

여자 : 책들이 정말 많네요. 이거 다 지금 읽는 책들이에요?
남자 : 아네요. 옛날에 읽었던 책들이 많아요. 방이 좁아서 처분할까 하다가도 그냥 쌓아 두어서 늘어난 거예요. 지금은 읽지도 않는 것이 많지만 처음 사서 읽었을 때의 추억이 남아 있어서 좀처럼 버리지 못하겠어요.

16.

여자 : 나 이번 주말에 아빠랑 낚시를 가려고 하는데, 너도 시간이 있으면 같이 갈래? 낚시가 얼마나 재미있는지 느끼게 해 줄게.
남자 : 글쎄. 난 낚시를 좋아하는 사람들의 기분을 잘 이해 못하겠어.아무 말도 없이 그냥 멍하니 앉아서 고기가 걸리는 것을 기다리는 것도 지루

할 것 같고…. 그리고 재미로 고기를 잡았다가 그냥 놓아주는 것도 내 성격에는 안 맞는 것 같아. 난 안 갈래.

〈既出37回〉

17.

남자 : 저 드라마 역사하고 너무 다른 거 아냐? 작가가 제대로 알고 썼는지 모르겠네.

여자 : 그냥 드라마일 뿐이잖아. 재미있게 만들려고 내용을 좀 각색했겠지.

남자 : 역사 드라마는 시청률보다 역사적인 사실 전달에 더 신경 써야 할 것 같아. 시청자들이 기대하는 것도 그런 거 아닐까?

여자 : 그 말도 맞는데, 시청자가 원하는 건 역사 공부가 아니라 재미야.

〈既出41回〉

18.

여자 : 선생님, 이번에 세계적으로 유명한 소설을 한국어로 옮기셨는데요. 한국 상황에 맞게 잘 표현했다는 평을 듣고 계십니다. 이번 작업을 하시면서 어떤 부분에 가장 중점을 두셨어요?

남자 : 한국어로 정확하게 옮기는 것 못지 않게 번역한 느낌이 나지 않도록 하는 것을 중요하게 생각했습니다. 그래서 이번 작품에서도 주인공의 성격과 등장인물들과의 관계 등을 한국 정서에 맞게 표현하려고 많은 애를 썼습니다.

〈既出36回〉

19.

여자 : 최 교수님, 이번에 '화해의 기술'이라는 책을 내셨는데요. 그 책에서 가장 강조하시는 부분은 무엇입니까?

남자 : 화해를 원한다면 나에 대한 이야기를 하라는 겁니다. 많은 경우에 사람들은 화해하려고 할 때 상대방의 말과 행동만을 반복해서 말합니다. 이건 관계 회복에 전혀 도움이 되지 않아요. 오히려 악영향을 줍니다. 내 말과 행동에 대해 먼저 살피고 말해 보세요. 상대방의 환한 미소를 볼 수 있을 겁니다.

第2章 聞き取り問題(2)台本

❶ 文の内容把握問題(1) ……… 問題 p.100 / 解説 p.334

[1] 다음을 듣고 물음에 답하십시오.

남자 : 올해부터 사원 복지 차원에서 사원들에게 자기계발 비용을 지원하기로 했습니다. 구체적인 계획을 세워서 제출하면 매달 십만 원씩을 지원한다고 하니 다들 적극적으로 참여해 보세요.

여자 : 부장님, 자기계발을 하라는 게 결국 영어 공부를 하게 하거나 자격증을 따게 하면서 오히려 더 스트레스를 주는 거 아니에요?

남자 : 자기계발이 꼭 능력을 키우는 것이라고만 생각하진 마세요. 건강관리를 하거나 취미 활동을 하는 것도 훌륭한 자기계발이 될 수 있어요. 아무튼 자기계발비는 직원들의 복지를 위한 것이니까 업무와 상관없는 다양한 취미 활동에도 지원이 가능합니다.

1. 남자의 중심 생각으로 맞는 것을 고르십시오.
2. 들은 내용으로 알맞은 것을 고르십시오.

[2] 다음을 듣고 물음에 답하십시오.

여자 : 요즘은 딸이 사춘기라서 그런지 대화하기가 아주 힘들어요. 아이한테 뭐라고 말해야 할지 모르겠어요.

남자 : 한참 예민한 시기를 겪고 있는 아이들과 대화하는 것은 무척 어려운 일이지요. 하지만 그럴수록 인내심을 가져야 합니다. 따님과 같이 앉아 대화를 시도해 보세요.

여자 : 그 녀석 말이 제가 자기 얘기를 듣지 않는다는군요.

남자 : 그렇다면 따님의 말에 귀를 기울여 보세요. 그리고 따님의 취미에도 관심을 가져 보시고요. 그럼 할 얘기가 더 많아질 겁니다. 그리고 따님을 이제 성인으로 대하셔야 해요. 매번 어디에 가는지, 뭘 하는지 묻지 마시고요. 따님을 신뢰하면 할수록 따님은 어머님이 자신을 존중해 준다고 느껴 대화하기를 더욱 원하게 될 겁니다.

여자 : 그렇군요. 알겠습니다. 딸을 좀더 신뢰할 수 있도록 노력해 볼게요.

1. 남자의 중심 생각으로 맞는 것을 고르십시오.
2. 들은 내용으로 알맞은 것을 고르십시오.

[3] 다음을 듣고 물음에 답하십시오.

여자 : 요즘 계속 살이 찌는 것 같아서 다이어트를 할까 생각 중이야. 아무것도 먹지 않으면 체중을 쉽게 뺄 수 있대.
남자 : 그런 방법은 현실적이지 않아. 아무것도 먹지 않으면 체중을 조금 줄일 수는 있겠지만 건강을 해치게 되고, 다시 예전 식습관으로 돌아가면 전보다 더 살이 찌게 될 거야.
여자 : 정말? 그렇다면 정말 끔찍한 일인데?
남자 : 그러니까 아무것도 안 먹고 살을 빼기보다는 규칙적인 운동을 하고 식습관을 개선하는 것이 더 중요한 일이야.

1. 남자의 중심 생각으로 맞는 것을 고르십시오.
2. 들은 내용으로 알맞은 것을 고르십시오.

[4] 다음을 듣고 물음에 답하십시오. 〈既出37回〉

여자 : 예전에 가입해 놓은 쇼핑몰에서 개인 정보가 유출됐다고 연락이 왔는데 뭘 어떻게 해야 되는 거야?
남자 : 개인 정보 유출? 홈페이지에 들어가서 비밀번호부터 바꿔야지.
여자 : 자주 이용하지도 않는데 가입하지 말 걸 그랬어. 그런데 쇼핑몰에서 개인 정보를 더 철저하게 관리해야 하는 거 아냐? 요즘 사고가 얼마나 많은데 …….
남자 : 개인 정보 관리를 쇼핑몰에 다 맡길 수는 없지. 네가 비밀번호라도 자주 바꿨으면 이런 일이 없었을 거야.

1. 남자의 중심 생각으로 맞는 것을 고르십시오.
2. 들은 내용으로 알맞은 것을 고르십시오.

[5] 다음을 듣고 물음에 답하십시오.

여자 : 요즘 부모님들은 자녀 교육에 관심이 많은데요. 자녀들의 자신감을 키워주려면 칭찬을 많이 해야 한다고 듣고 있습니다. 어떻게 칭찬을 해야 좋은지 말씀해 주시겠습니까?
남자 : 저는 아이에게 무조건 칭찬만 많이 한다고 좋은 것은 아니라고 봅니다. '넌 정말 똑똑하구나' 하고 아이의 지능에 대한 칭찬을 하면 아이는 그저 똑똑하게 보이기 위해서 노력을 하게 됩니다. 그런 아이는 어려운 문제에 부닥치면 자기의 지능을 탓하면서 쉽게 포기하게 됩니다. 그래서 '정말 최선을 다해 열심히 노력했구나. 다음에도 이렇게 하면 무슨 일이든 다 잘해 낼 수 있을 거야' 하고 아이의 노력에 대한 칭찬해 주는 것이 좋습니다. 그러면 그 아이는 다음에 어려운 문제에 부닥치게 되더라도 끝까지 노력을

하는 아이가 될 수 있습니다.

1. 남자의 중심 생각으로 맞는 것을 고르십시오.
2. 들은 내용으로 맞는 것을 고르십시오.

[6] 다음을 듣고 물음에 답하십시오.

여자 : 가수나 영화 배우 같은 한류 스타도 군대를 면제해 줘야 한다는 의견이 있는데요. 이 점에 대해 어떻게 생각하시는지 말씀을 듣고 싶습니다.

남자 : 저는 당연히 한류 스타도 운동선수나 예술 분야의 전문가처럼 군대를 면제해 줘야 한다고 생각합니다. 대중 예술 분야만 이런 혜택이 없는 것은 형평성에 맞지 않다고 봅니다. 만약 면제가 어렵다면 군대에 복무하면서 중요한 해외 연예 활동을 허용해 주는 것도 좋지 않을까 합니다. 그렇게 해서 나라의 이미지도 높여주고 세금도 많이 내면 나라에도 이익이 될거라고 봅니다. 한류의 지속을 위해서라도 한류 스타의 군대 면제는 이루어져야 한다고 생각합니다.

1. 남자의 중심 생각으로 맞는 것을 고르십시오.
2. 들은 내용으로 맞는 것을 고르십시오.

[7] 다음을 듣고 물음에 답하십시오.

여자 : 올해 모두 21개의 발명을 하셔서 최다 발명가상을 받으셨는데요, 어떻게 해서 이렇게 많은 발명을 하실 수 있었는지 말씀해 주시겠습니까?

남자 : 흔히 발명이라고 하면 인류의 삶을 바꿀 정도로 아주 획기적으로 새로운 것을 만들어 내는 발명만 생각하시는데요. 저는 한 개인이 이러한 발명을 하는 시대는 이제 지나갔다고 생각합니다. 제가 발명한 것들은 기존의 물건에 아주 작은 변화를 준 것들뿐입니다. 일상생활에서 누구나 겪을 수 있는 작은 불편들을 마주칠 때마다, '어떻게 하면 이것을 더욱 편리하게 바꿀 수 있을까?' 라고 한번씩 고민을 하는 습관을 가진 것이 오늘 이렇게 발명가상을 받을 수 있게 된 것 같습니다.

1. 남자의 중심 생각으로 맞는 것을 고르십시오.
2. 들은 내용으로 맞는 것을 고르십시오.

[8] 다음을 듣고 물음에 답하십시오. 〈既出37回〉

여자 : 선생님, 이 학교에는 자기 계발을 스스로 할 수 있는 프로그램이 있다고 들었는데요. 간단히 소개해 주시겠습니까?

남자 : 네, 자기 계발 프로그램은 자기주도적으로 이루어지는 게 중요한데 우리 학교의 프로그램이 그렇습니다. 학생들은 학기 초에 하고 싶은 일을 정하고 그 중 하나를 골라 계획서를 제출합니다. 학교에선 중간에 진도만 확인해 주는데요. 학생들은 보고서를 쓰거나 관련 분야의 전문가를 만나 인터뷰를 하기도 합니다. 평가도 학기가 끝날 때쯤 스스로 하는데 결과에 만족 못 했을 땐 다음 학기에 다시 도전할 수 있습니다.

1. 남자의 중심 생각으로 맞는 것을 고르십시오.
2. 들은 내용으로 맞는 것을 고르십시오.

2 文の内容把握問題（2）

……… 問題 p.104 / 解説 p.339

[1] 다음을 듣고 물음에 답하십시오.

여자 : 교수님, 외부보다 실내 공기가 깨끗하고 안전하다고 생각하는 사람들이 많은데요, 정말 그런가요?
남자 : 실내 공기는 깨끗하지도 않고 안전하지도 않습니다. 실내에서도 새 가구, 새 책에서, 그리고 가스불을 사용하는 조리 과정에서 오염 물질이 나오기 때문입니다.
여자 : 그럼, 반드시 환기를 해야겠네요. 효과적인 방법은 무엇인가요?
남자 : 창문을 열어서 공기를 순환시키는 것입니다. 창문을 열고 2분만 있어도 공기 오염도가 절반 이하로 떨어집니다. 환풍기나 공기청정기는 사실 큰 효과가 없습니다.

1. 남자는 무엇을 하고 있는지 맞는 것을 고르십시오.
2. 들은 내용으로 맞는 것을 고르십시오.

[2] 다음을 듣고 물음에 답하십시오.

남자 : 축하합니다. 김정숙 씨. 이번 요리 대회에서 우승한 소감이 어떠신가요?
여자 : 기쁘기도 하고. 놀랍기도 해요. 경쟁자들의 실력이 너무 뛰어나서 우승을 할줄은 정말 꿈에도 몰랐어요.
남자 : 심사위원들이 맛은 물론 요리 방법까지 좋은 점수를 준 것 같습니다. 요리하는 법을 어떻게 배우셨나요?
여자 : 레스토랑 주방에서 접시 닦는 일부터 시작했어요. 몇 년 동안 몇몇 일류 레스토랑에서 일하면서 운 좋게 일급 요리사들이 요리하는 것을 어깨너머로 많이 배웠죠. 쉬는 날에는 가족들을 상대로 어깨너머로 배운 요리를 시험

삼아 만들어 보기도 하면서 열심히 연습했어요.

1. 남자는 무엇을 하고 있는지 맞는 것을 고르십시오.
2. 들은 내용으로 맞는 것을 고르십시오.

[3] 다음을 듣고 물음에 답하십시오.

여자 : 과장님, 찾으셨습니까?
남자 : 신제품 설명회 준비는 잘돼 가고 있나요?
여자 : 초청장 발송은 완료했고 당일 참석 여부를 확인 중입니다. 행사가 한 달도 채 안 남았으니까 빨리 처리하겠습니다.
남자 : 그렇게 서두르지 않아도 됩니다. 지금 연락해도 충분해요. 외국 회사 관계자들의 참석 여부를 우선적으로 알아봐 주세요.
여자 : 그런데 (잠시 머뭇거리며) 당일 안내와 통역을 맡아 줄 인원이 충분하지가 않습니다.
남자 : 다른 부서에 공문을 보내서 적당한 사람을 찾아보세요. 그리 어렵지 않을 거예요.
여자 : 그럼 확인 후에 다시 보고 드리겠습니다.

1. 남자는 무엇을 하고 있는지 맞는 것을 고르십시오.
2. 들은 내용으로 맞는 것을 고르십시오.

[4] 다음을 듣고 물음에 답하십시오. 〈既出41回〉

남자 : (전화벨 소리) 거기 서울호텔이죠? 회의장 좀 예약하려고 하는데요.
여자 : 네, 고객님. 어떤 회의장을 찾으세요?
남자 : 100명 정도 들어갈 수 있으면 되는데요. 회의장에는 발표할 때 사용할 수 있는 컴퓨터와 마이크가 설치되어 있지요?
여자 : 그럼요. 150명까지 들어갈 수 있는 대규모 회의장이 마련되어 있습니다. 그리고 모든 회의장에는 발표에 필요한 시설이 갖춰져 있습니다. 회의장을 이용하시면 음료는 무료로 제공해 드립니다. 장소를 둘러 보실 겸 직접 방문해 주시면 자세하게 상담해 드리겠습니다.

1. 남자는 무엇을 하고 있는지 맞는 것을 고르십시오.
2. 들은 내용으로 맞는 것을 고르십시오.

[5] 다음을 듣고 물음에 답하십시오.

남자 : 오늘 이렇게 우리 대학교의 일원이 된 것을 환영합니다. 여러분의 초중고 12년간은 대부분 선생님이 내주신 길을 따라, 선생님의 뒷모습을 바라보며

걸어갔을 것입니다. 하지만 대학은 그와 다릅니다. 많은 자유가 주어지지만, 어디에도 여러분의 길잡이는 없습니다. 스스로 깨치고 학우들과 치열하게 토론하고 밤새 고민하며 스스로 길을 만들어야 하는 곳입니다. 여러분이 스스로 여러분의 목표의식을 갖고 노력하지 않는다면 대학은 결코 여러분의 든든한 둥지가 되지 못할 것입니다. 노력하지 않는 자에게 주어지는 것은 아무것도 없습니다. 그 누구도 여러분의 졸업 후 삶을 책임져 주지 못합니다. 여러분의 꿈이 이루어질 수 있도록 부단한 노력을 해 주길 바랍니다.

1. 남자는 무엇을 하고 있는지 맞는 것을 고르십시오.
2. 들은 내용으로 맞는 것을 고르십시오.

[6] 다음을 듣고 물음에 답하십시오.

남자 : (중년, 사장님 톤) 직원 여러분, 우리 식당이 모범 식당으로 선정되어 부산시장 표창을 받게 되었습니다. 우리 식당이 부산에서 가장 깨끗한 식당으로 뽑힌 것입니다. 여러분도 아시다시피 우리 식당은 음식의 맛을 강조하기에 앞서 음식에 사용되는 재료를 엄선하고 정성으로 조리해 왔습니다. 그뿐만 아니라 다른 식당과는 비교가 안 될 정도로 손님들에 대한 친절한 서비스와 깨끗한 환경을 위해 노력해 왔습니다. 우리 식당이 여기까지 올 수 있었던 것은 모두 직원 여러분의 노고 덕분입니다. 앞으로도 직원 여러분의 많은 협조 부탁 드립니다.

1. 남자는 무엇을 하고 있는지 맞는 것을 고르십시오.
2. 들은 내용으로 맞는 것을 고르십시오.

[7] 다음을 듣고 물음에 답하십시오.

남자 : '환경의 날'을 맞아 한 가지 당부의 말씀을 드리고자 합니다. 최근 실시한 조사에 따르면 일상 생활에서 환경 오염을 예방하기 위한 노력이 필요하냐는 물음에 78%가 긍정적인 대답을 했습니다. 그러나 실제로 노력을 하고 있느냐는 물음에, '많이 애쓰고 실천한다'의 대답은 겨우 16%정도였습니다. 이는 환경 오염을 방지하기 위한 노력이 필요하다는 데는 공감하면서도 실제로 실천하는 사람들은 아직 소수에 불과한 것을 나타낸 것입니다. 시민 여러분께서는 이러한 문제점을 깊이 인식하고 환경 오염 방지를 위해 적극적으로 노력해 주셨으면 합니다.

1. 남자는 무엇을 하고 있는지 맞는 것을 고르십시오.
2. 들은 내용으로 맞는 것을 고르십시오.

[8] 다음을 듣고 물음에 답하십시오. 〈既出41回〉

남자 : (연설 톤으로) 연기학과 여러분, 졸업을 축하합니다. 지금까지 여러분은 피나는 연기 연습을 통해 자신만의 개성을 찾아 이 자리에 섰습니다. 하지만 사회로 나가면 여러분을 기다리는 건 끊임없는 거절의 연속일 겁니다. 오디션에서 감독에게 자신의 능력과 끼를 보여 줘도 결국 돌아오는 건 대부분 거절일 겁니다. 물론 거절 당하는 건 고통스럽겠죠. 하지만 그건 여러분의 잘못이 아닙니다. 왜냐하면 감독은 그저 자기 작품에 맞는 배우를 찾고 있는 것뿐이니까요. 수많은 거절에 좌절해서 도전을 포기했다면 저도 지금 이 자리에 없었을 겁니다. 여러분도 이러한 과정을 겪으면서 자신에게 맞는 배역을 찾을 수 있을 겁니다. 이제 용감하게 나가서 그 기회를 잡으십시오.

1. 남자는 무엇을 하고 있는지 맞는 것을 고르십시오.
2. 들은 내용으로 맞는 것을 고르십시오.

3 文の内容把握問題 (3) ……… 問題 p.108 / 解説 p.344

[1] 다음을 듣고 물음에 답하십시오.

남자 : 최근 자기 회사의 물건을 수입해 가는 나라로 공장을 옮기는 회사가 많아졌지요? 운송에 필요한 시간과 비용을 절약할 수 있어서 참 좋은 결정이라고 봅니다.
여자 : 하지만 이곳 공장에서 일하던 사람들은 일자리를 잃게 되기 때문에 반드시 좋다고만은 할 수 없습니다.
남자 : 그렇지만 회사는 이익이 나는 쪽으로 갈 수밖에 없지 않나요?
여자 : 경영하는 사람들은 그렇게 생각하겠지만 저는 회사가 성장할 때까지 수고한 사람들을 잊어서는 안 된다고 생각합니다.
남자 : 그 말도 일리가 있긴 하지만 시간과 비용을 절감하지 못하면 회사 경영 자체가 어려워질 수도 있으니까 상황에 따라 수요가 많은 해외로 이전하는 것도 필요한 선택이 아닐까요?

1. 남자가 여자에게 말하는 의도를 고르십시오.
2. 들은 내용으로 맞는 것을 고르십시오.

[2] 다음을 듣고 물음에 답하십시오.

남자 : 과장님, 우리 회사도 결재 방식의 효율성을 높이기 위해서는 컴퓨터를 이용한 전자 결재 방식을 도입하는 것이 좋을 것 같습니다.

여자 : 전자 결재를 도입하면 편리한 점도 있겠지만 프로그램 구축에 비용이 많이 들 텐데요. 굳이 많은 지출을 감수하면서까지 그렇게 할 필요가 있을까요? 보안 유지도 문제고요.
남자 : 보안 문제는 비밀번호를 이중 삼중으로 설정하면 간단히 해결할 수 있습니다. 그리고 각 지점 간 연락 비용과 결재에 낭비하는 시간을 생각하면 비용 투자 가치는 충분하다고 봅니다.
여자 : 현장 파견 직원과 프로그램 사용에 익숙하지 않은 직원들에 대한 교육 비용도 고려해야지요. 결재 방식을 변경하면 프로그램 개발비 외에도 예상 못한 기타 비용이 많이 들 거예요.

1. 남자가 여자에게 말하는 의도를 고르십시오.
2. 들은 내용으로 맞는 것을 고르십시오.

[3] 다음을 듣고 물음에 답하십시오.

남자 : 민영아. 지금 내가 목사님들에게도 세금을 내도록 하는 법안에 대한 반대 서명을 받고 있거든. 서명 하나 해 줄래? 목사님들이 근로자도 아닌데 목사님들에게 소득세를 내게 한다는 게 말이 되니?
여자 : 미안한데 내 생각은 좀 달라. 난 목사님이든 스님이든 종교인들도 하나의 직업으로 봐야 한다고 생각해. 그런 점에서 난 자신의 활동으로 인한 수입이 있으면 누구나 다 세금을 내는 게 맞는다는 생각이 들어.
남자 : 그 말도 일리가 있기는 하지만 돈벌이를 위해서 종교 활동을 하는 사람들이 얼마나 되겠니? 목사님들은 모두 가난하잖아. 작은 교회 하나 운영하는 게 얼마나 힘든 줄 아니? 그러지 말고 서명 하나 해 줘.

1. 남자가 여자에게 말하는 의도를 고르십시오.
2. 들은 내용으로 맞는 것을 고르십시오.

[4] 다음을 듣고 물음에 답하십시오. 〈既出41回〉

남자 : 정장을 기증받는 단체가 있다고 해서 어제 한 벌 보냈어.
여자 : 그런 데가 있어? 나도 안 입는 옷이 있는데 보내 볼까? 근데 유행이 좀 지나서 괜찮을지 모르겠네.
남자 : 괜찮아. 사람들이 보내준 옷을 유행에 맞게 고친다고 하니까 정장이면 어떤 것이든 다 기증해도 된대. 우리가 보내면 수선과 세탁을 해서 필요한 사람들에게 저렴하게 대여해 주는 거지.
여자 : 무료로 대여해 주면 좋을 텐데 왜 돈을 받는 거지?
남자 : 그 돈으로 형편이 어려운 학생들에게 장학금을 준다고 들었어. 좋은 일이니까 너도 한번 해 보면 어때?

1. 남자가 여자에게 말하는 의도를 고르십시오.
2. 들은 내용으로 맞는 것을 고르십시오.

[5] 다음을 듣고 물음에 답하십시오.

여자 : 오늘은 여름철에 주의해야 할 식중독에 대해 알아보도록 하겠습니다. 먼저 식중독이란 어떤 증상이 나타나는지, 그리고 식중독에 안 걸리려면 어떻게 해야 하는지 말씀해 주시겠습니까?

남자 : 네, 같은 음식을 먹은 두 명 이상의 사람에게서 구토, 설사, 복통 등의 증상이 나타나면 일단 식중독을 의심해 보아야 합니다. 음식은 충분히 가열해서 조리해야 하고, 조리가 끝난 것은 실온에 방치하지 말고 반드시 냉장고에 넣어서 보관해야 하고요. 조리기구도 고기나 생선에 묻어 있던 세균이 부착해 식중독을 일으킬 수 있으니까 소독도 하고 항상 청결하게 해야 합니다.

여자 : 그럼에도 불구하고 식중독에 걸리면 어떻게 하나요?

남자 : 대부분의 식중독은 한두 끼 식사를 그만두고 이온 음료나 당분이 포함된 음료 등으로 수분과 칼로리를 보충하면서 기다리면 대개 회복되는데요. 그렇지만 구토나 설사가 심하고 탈수나 발열, 발진 등의 증상이 있을 경우에는 바로 병원에 가셔야 합니다.

1. 남자는 누구인지 고르십시오.
2. 들은 내용으로 맞는 것을 고르십시오.

[6] 다음을 듣고 물음에 답하십시오.

여자 : 과일은 여러 가지 영양성분을 풍부하게 함유하고 있으면서도 지방의 함량이 상대적으로 낮아서 건강과 미용을 위한 식사 대용으로 크게 각광을 받고 있는데요. 이렇게 식사 대용으로 과일을 선택해도 괜찮은 건지 궁금합니다.

남자 : 과일이 피부 미용에 좋고 건강에 도움을 주는 것은 사실입니다. 하지만 과일에만 의존해서 끼니를 때우는 것은 영양 섭취에 문제가 있으니까 주의해야 합니다. 과일 속의 주요 영양 성분은 탄수화물과 여러 가지 비타민인데, 인체가 정상적으로 움직이려면 단백질 같은 물질도 필요하기 때문이지요. 그리고 과일에는 철이나 칼슘 등의 성분도 부족하기 때문에 장기간 과일을 주식으로 섭취할 경우 빈혈 증상이 일어날 수도 있습니다. 곡류와 육류를 충분히 먹은 다음에 과일을 섭취해야 인체가 필요로 하는 영양분을 골고루 확보할 수 있습니다.

1. 남자는 누구인지 고르십시오.
2. 들은 내용으로 맞는 것을 고르십시오.

[7] 다음을 듣고 물음에 답하십시오.

여자 : 요즘의 부모들은 아이들에게 공부를 강요하는 경우가 많은데요. 이와 관련해 어떻게 하는 것이 올바른 부모의 역할인지 말씀을 듣고 싶습니다.
남자 : 아이들에게 공부를 강요하는 것은 부모들이 아이들이 공부를 잘하기를 바라기 때문입니다. 하지만 아이들은 공부가 아닌 컴퓨터 게임이나 TV 시청, 연예인이나 이성에 관심을 갖습니다. 하지만 이러한 자녀들의 마음은 헤아리지 않은 채 오로지 공부만을 강요하는 것은 아이들에게 엄청난 스트레스를 안겨주는 일임을 알아야 합니다. 때문에 평소 자녀와의 많은 대화를 통해 아이들의 관심사에 귀를 기울여 주고 아이들 스스로 공부에 흥미를 느낄 수 있도록 항상 옆에서 도와주어야 합니다.

1. 남자는 누구인지 고르십시오.
2. 들은 내용으로 맞는 것을 고르십시오.

[8] 다음을 듣고 물음에 답하십시오. 〈既出37回〉

여자 : 문화재도 손상되면 수리가 필요할 텐데요. 어떤 부분에 초점을 두고 수리해야 할까요?
남자 : 문화재를 수리한다고 하면 보통 뭔가 새로운 것으로 교체해야 한다고 생각합니다. 그런데 문화재 수리는 손상된 부분을 단순히 교체하는 것이 아니라 원형을 훼손시키지 않는 범위에서 재창조하는 것을 의미합니다. 이때 중요한 것은 문화재에 담긴 고유한 표현 의도를 벗어나서는 안 된다는 것이죠. 그래서 저는 그러한 의도가 제대로 드러날 때까지 반복 작업을 수없이 되풀이하곤 합니다. 그런데 무엇보다 중요한 건 귀중한 문화재가 손상되지 않게 잘 관리하고 보존하는 것입니다.

1. 남자는 누구인지 고르십시오.
2. 들은 내용으로 맞는 것을 고르십시오.

4 文の内容把握問題 (4) ……… 問題 p.112 / 解説 p.349

[1] 다음을 듣고 물음에 답하십시오.

여자 : 요즘 대학생들은 입학할 때부터 모든 관심이 취업에 집중돼서 직접 취업에 도움이 안 되는 수업은 수강생이 거의 없다고 비판이 많은데요. 저는 졸업할 때 절반이 취업이 안 되는 현실에선 이런 건 어쩔 수 없다고 봅니다. 학생들

도 보다 학문적이고 인생에 도움이 되는 과목을 듣고 싶지 않을 리가 없지요. 하지만 문제는 학생들이 현실적으로 그럴 여유가 없다는 데 있습니다.

남자 : 저는 대학이 왜 이렇게 많아야 하는지 1학년 때부터 왜 그렇게 자격증 따기에만 매달려야 하는지 도무지 이해가 안 됩니다. 고등학교를 졸업하고 모두 대학에 가다 보니 취업율이 낮아지는 건 당연한데요. 취직을 염두에 둔다면 자기가 좋아하는 분야의 전문학교에 가는 게 낫다고 봅니다. 실무적인 수업은 오히려 전문학교가 잘 가르치니까요. 대학은 보다 폭넓고 학문적인 면에서 인재를 길러내는 본래의 기능을 해야 한다고 봅니다.

1. 남자의 생각으로 맞는 것을 고르십시오.
2. 남자의 태도로 맞는 것을 고르십시오.

[2] 다음을 듣고 물음에 답하십시오.

여자 : 전 직장에서 제복을 입으면 사복을 입는 것보다 좋은 점이 많다고 생각해요. 우선 소속감이 생겨서 자신이 다니는 직장을 더 소중하게 생각하지 않을까요?

남자 : 글쎄요. 꼭 제복을 입어야만 소속감이 생길까요? 오히려 제복을 입으면 획일적인 옷차림이 되어 개인의 개성과 취향을 살리는 데 방해가 되지 않을까요?

여자 : 개성이 없어진다는 말에는 공감하지만, 제복을 입는 것이 고객에게는 더 좋은 서비스를 제공하는 거라고 생각해요. 여러 사람이 드나드는 곳에서는 누가 직원인지 알아보기가 힘들잖아요. 제복을 입고 있으면 이런 문제는 생기지 않을 테니까 고객이 훨씬 더 편할 거예요.

1. 남자의 생각으로 맞는 것을 고르십시오.
2. 남자의 태도로 맞는 것을 고르십시오.

[3] 다음을 듣고 물음에 답하십시오.

여자 : 대중들은 매체를 통해 공개되는 연예인들의 모습 하나하나에 큰 관심을 가지고 있는데요. 연예인들은 이런 대중의 관심과 사랑 덕분에 인기를 얻고, 경제적으로도 풍요롭게 살고 있다고 할 수 있습니다. 따라서 자신들을 좋아하고 아끼는 대중이 알고 싶어하는 것이 있다면 비록 개인적인 부분일지라도 어느 정도는 밝혀도 좋지 않을까요?

남자 : 저는 대중이 왜 연예인들의 개인적인 부분까지 알고 싶어하는지 도무지 이해가 안 되는데요. 가수는 좋은 노래로, 배우는 훌륭한 연기로 대중의 사랑에 보답하면 되는 것 아니겠습니까? 연예인들도 보통 사람들처럼 사생활

은 보호를 받아야 마땅하다고 봅니다. 카메라 밖의 연예인들의 사생활까지 대중이 굳이 알아야 할 이유가 조금도 없다고 생각합니다.

1. 남자의 생각으로 맞는 것을 고르십시오.
2. 남자의 태도로 맞는 것을 고르십시오.

[4] 다음을 듣고 물음에 답하십시오. 〈既出41回〉

여자 : 담뱃값이 올랐는데도 흡연율이 떨어지지 않는 걸 보니 담뱃값 인상은 별로 좋은 금연 정책이 아닌 것 같습니다.

남자 : (동조하는 어투로) 네, 그렇습니다. 담뱃값 인상은 흡연율 감소에 별로 영향을 주지 않는다는 연구 결과도 있습니다. 금연은 자발적인 참여가 있을 때만 가능하다고 봅니다.

여자 : 자발적 참여도 중요하지만 더 강력한 금연 정책이 필요하지 않겠습니까?

남자 : 강한 금연 정책은 오히려 부정적인 영향을 줄 수도 있습니다. 흡연자 스스로가 심각성을 깨닫고 금연을 해야 성공할 수 있습니다. 그런 흡연자들을 돕기 위한 금연 클리닉이나 상담 센터를 확대하는 게 더 효과적이라고 생각합니다.

1. 남자의 생각으로 맞는 것을 고르십시오.
2. 남자의 태도로 맞는 것을 고르십시오.

[5] 다음을 듣고 물음에 답하십시오.

남자 : 저희 회사에서는 다음 달부터 주차장과 체육실을 직원들이 사용하지 않는 시간대에 동네 주민 여러분들에게 개방하기로 했습니다. 현재 자동차 160대를 주차할 수 있는 주차장은 낮에는 꽉 차 있지만 야간에는 대부분 비어 있고, 배드민턴 코트와 탁구대, 러닝머신이 갖춰진 체육실은 직원들이 근무하는 낮시간에는 이용하는 사람이 없습니다. 이처럼 활용도가 낮은 시간에는 주차장이나 체육실을 인근 주민 여러분들에게 저렴한 이용료로 개방할 계획입니다. 상세한 내용이 확정되는 대로 다시 발표할 예정입니다.

1. 무엇에 대한 내용인지 맞는 것을 고르십시오.
2. 들은 내용으로 맞는 것을 고르십시오.

[6] 다음을 듣고 물음에 답하십시오.

여자 : 우리는 해외 여행할 때 여행하는 곳의 문화나 풍습을 몰라서 가끔 실수를 할 때가 있습니다. 예를 들면, 서양에서는 신발을 신은 채 집 안으로 들어

가지만, 동양에 서는 집 안으로 들어갈 때는 반드시 신발을 벗고 들어가야 하는데요. 그렇게 하지 않으면 주인에게 실례가 되는 것처럼 그 나라 문화를 모르고 한 행동은 서로에게 오해를 가져다 줄 수도 있습니다. 그래서 해외 여행을 하는 사람은 자기가 여행하는 곳의 문화나 풍습에 대해 주의할 점이 없는지 떠나기 전에 미리 공부해 두면 쓸데없는 오해를 사지 않고 여행을 즐길 수 있을 겁니다.

1. 무엇에 대한 내용인지 맞는 것을 고르십시오.
2. 들은 내용으로 맞는 것을 고르십시오.

[7] 다음을 듣고 물음에 답하십시오.

여자 : 결혼하기 전에는 외모나 성격, 경제력, 직업 등 여러 가지 조건을 놓고 저울질을 하게 마련인데요. 실제로 남녀 직장인들을 대상으로 "결혼 조건 1순위는 무엇인가?" 라는 설문을 실시해 봤더니, "경제력이 있어야 한다." 고 응답한 사람이 전체의 43%를 차지했다고 합니다. 성별로 보면 남성 응답자들은 50% 이상이 '경제력' 이 가장 중요하다고 했고, '외모, 성격, 직업' 등이 그 뒤를 이었습니다. 이에 비해 여성 응답자들은 '성격' 과 '경제력' 을 가장 중요한 조건으로 꼽았고, '직업, 외모' 등이 그 뒤를 이은 걸로 나타났습니다. 결혼은 현실이지만 남녀 모두 상대방을 판단할 때 경제력이 우선되는 현실은 어딘가 씁쓸한 느낌을 줍니다.

1. 무엇에 대한 내용인지 맞는 것을 고르십시오.
2. 들은 내용으로 맞는 것을 고르십시오.

[8] 다음을 듣고 물음에 답하십시오. 〈既出37回〉

남자 : 여러분, 물이 끓는 과정을 한번 생각해 볼까요? 물은 끓기 전까지는 변화가 없죠. 99도까지는 에너지를 품고 있다가 99도에서 100도가 되는 순간에 에너지를 내며 끓기 시작합니다. 바로 그 순간이 없다면 변화는 기대하기 힘들게 되는 거죠. 우리의 인생도 마찬가지 아닐까요? 저와 여러분의 인생은 성공과 실패의 가능성을 모두 가지고 있습니다. 하지만 변화가 일어날 수 있는 마지막 그 순간에 결정적인 힘을 발휘하는 사람은 성공을, 그렇지 못한 사람은 실패를 맛보게 되는 거죠. 여러분, 1%의 힘을 발휘하는 연습을 해 보십시오. 성공은 여러분의 것입니다.

1. 무엇에 대한 내용인지 맞는 것을 고르십시오.
2. 들은 내용으로 맞는 것을 고르십시오.

第3章 聞き取り問題(3)台本

1 文の内容把握問題(1) ……… 問題 p.140 / 解説 p.354

[1] 다음은 교양 프로그램입니다. 잘 듣고 물음에 답하십시오.

남자 : 작가님, 흔히 문학은 인간의 가치 있는 체험을 언어로 표현한 예술이라고 하는데요. 이 '가치 있는 체험'이란 것이 무엇을 뜻하는지 말씀해 주시겠습니까?

여자 : 체험은 사람이 생활을 하면서 겪는 경험뿐만 아니라, 사회와 역사, 더 나아가 자연 현상에 이르기까지 인생과 관련된 모든 것을 의미하지요. 그리고 이러한 체험들 가운데 일상적으로 반복되는 것이 아닌, 경험하기 어려운 귀중한 경험이나 그 경험이 독특한 의미를 가질 때, 그 체험을 가치 있다고 말합니다. 문학은 이러한 인간의 가치 있는 체험을 다루지요. 그러기 때문에 작가가 되기 위해서는 일상적인 삶의 경험에서 진실, 가치 있는 의미를 찾아내는 개성적인 안목을 기르는 것이 무엇보다도 중요합니다. 인간에 대한 개성 있는 안목, 즉 인간을 어떻게 바라보느냐 하는 점이 작가가 되기 위한 숙제라고 할 수 있습니다.

1. 여자의 중심 생각으로 맞는 것을 고르십시오.
2. 들은 내용과 일치하는 것을 고르십시오.

[2] 다음은 교양 프로그램입니다. 잘 듣고 물음에 답하십시오.

여자 : 지나친 교육열이 사회적인 문제가 되고 있는데요. 옛날의 조선 시대의 교육은 어땠는지 궁금합니다.

남자 : 조선 시대에는 계절에 따라 교육과정도 다르게 운영했는데요. 이를테면 여름을 제외한 계절에는 이론을 공부하고, 여름에는 야외에서 글쓰기 수업을 했습니다. 무더운 날씨에는 지식의 습득보다는 글쓰기 같은 자기 표현 활동이 효과적이라고 생각했던 것이지요. 이와 함께 서당에서는 몸을 단련하는 법도 가르쳤습니다. 공부를 하기 전에 줄넘기를 하는 방법으로 학생들의 다리 힘을 키웠다고 합니다. 요즘 청소년들은 공부에만 매달려 체력이 떨어지는 것이 문제가 되고 있는데요, 현대에 와서 효과적인 교육 방법이 많이 개발된 것은 사실이지만 학생 배려의 측면에서는 서당 교육에 미치지 못한다고 생각합니다.

1. 남자의 중심 생각으로 맞는 것을 고르십시오.

2. 들은 내용과 일치하는 것을 고르십시오.

[3] 다음은 교양 프로그램입니다. 잘 듣고 물음에 답하십시오.

여자 : 우리가 고기를 많이 소비하기 때문에 지구의 환경 파괴뿐만이 아니라 건강에도 영향을 끼치고 있다고 하는데요. 이 문제에 대해 말씀을 듣고 싶습니다.

남자 : 목장을 만들기 위해 많은 숲들이 사라지고, 가축들이 내뿜는 메탄가스가 지구 온난화 요인이 되고 있습니다. 지구 한편에서는 많은 사람이 먹을 것이 없어서 굶어 죽어 가고 있는데, 다른 한편에서는 많은 양의 곡식을 고기를 먹기 위한 가축 사육에 쓰고 있습니다. 또 심장병이나 암이 늘어나고 있는 것도 고기를 많이 먹게 된 것과 밀접한 관련이 있는데요. 고기를 적게 먹으면 이런 병들의 대부분을 예방할 수 있다고 합니다. 광우병이나 조류독감처럼 고기를 먹기 위해 우리가 치르고 있는 대가가 너무나 크다고 할 수 있습니다. 이런 점에서, 고기를 아예 안 먹는 것이 가장 좋겠지만, 일반인들이 그렇게 하기는 쉽지 않을 겁니다. 그래서 일주일에 한 번이라도 고기를 안 먹는 날을 정하든가 해서 고기 소비를 조금이라도 줄이려는 노력이 필요하다고 생각합니다.

1. 남자의 중심 생각으로 맞는 것을 고르십시오.
2. 들은 내용과 일치하는 것을 고르십시오.

[4] 다음은 교양 프로그램입니다. 잘 듣고 물음에 답하십시오. 〈既出41回〉

남자 : 작가님, '식물세밀화'라는 말을 처음 들어보는데요. 식물세밀화가 무엇인지 자세히 설명해 주시겠습니까?

여자 : 식물화와의 차이점을 말씀드리면 이해하기가 쉬우실 것 같아요. 식물화는 화가가 감정을 넣어 식물의 아름다움을 표현하잖아요. 그런데 식물세밀화는 감정을 배제한 채 식물의 형태를 있는 그대로 자세히 그려요. 식물의 기록을 사진으로 남기지 않고 왜 그림으로 그리냐고 묻겠지만, 사진은 식물의 미세구조까지 표현하는 데에 한계가 있습니다. 생태계 기록에 중요한 꽃잎의 개수나 뿌리 모양 같은 거 말이죠. 그래서 식물학계에서는 사진보다 식물세밀화를 중시합니다. 하지만 여전히 식물세밀화가 많지 않은 점은 아쉽습니다.

1. 여자의 중심 생각으로 맞는 것을 고르십시오.
2. 들은 내용과 일치하는 것을 고르십시오.

[5] 다음은 강연입니다. 잘 듣고 물음에 답하십시오.

남자 : 오늘은 남편의 은퇴와 부인의 우울증의 관계에 대해서 알아보겠습니다. 남편의 은퇴 후에는 부부가 사이좋게 생활을 즐길 거라고 생각하시겠지만 현

실은 그렇지가 않은 것 같습니다. 한국의대 예방의학교실의 분석결과에 의하면 은퇴를 한 남편과 사는 아내는 직장에 다니는 남편을 둔 아내보다 우울증에 걸릴 확률이 70% 높은 것으로 나타났습니다. 우울증에 큰 영향을 미치는 것이 경제적인 문제였는데요, 건강이나 나이, 재산, 소득 등의 변수를 제외하면 우울증 위험도는 35%로 떨어졌습니다. 때문에 절반 정도는 은퇴로 인한 경제적 스트레스 때문이라는 것을 알 수 있습니다. 반대로 남편은 아내가 은퇴를 한 경우에는 그렇지 않은 경우에 비해 우울감에 별다른 차이가 없었다고 합니다. 은퇴 후에 남편은 아내가 해오던 집안일에 너무 간섭하지 말고, 아내 입장에서는 상황이 변한 남편을 이해하면서 서로 배려하는 것이 중요하다고 하겠습니다. 같은 취미 생활을 하거나 하면 우울증을 피하는데 도움이 되겠습니다.

1. 남자의 중심 생각으로 맞는 것을 고르십시오.
2. 들은 내용과 일치하는 것을 고르십시오.

[6] 다음은 강연입니다. 잘 듣고 물음에 답하십시오.

남자 : 오늘은 역사 연구에 종사하는 사람으로서의 자세에 대해 말씀드리고자 합니다. 사람들은 흔히 역사의 흐름을 강물에 비유하곤 합니다. 우리 인간은 그 누구도 이 강물의 흐름에서 단 한 순간도, 그리고 한발짝도 벗어날 수 없습니다. 우리는 역사라는 강물이 어떤지, 또 그 강물이 어떤 방향으로 흐르고 있는지 궁금해합니다. 이를 알기 위해서는 강물 속이 아니라 강 언덕 위에서 강물을 볼 수 있어야 하겠지요. 그래서 역사에 관심이 있는 사람들이라면 누구나 역사의 강 언덕에서 바라보는 시각을 가지려고 애씁니다. 역사 학자들은 물론 이런 사람들 가운데 한 사람인 것은 말할 필요도 없겠지요. 다만 그가 서게 되는 언덕은 어느 누구의 것보다 더 높아야 할 것입니다. 그래서 역사의 강물을 더 정확하게, 또 멀리까지 바라볼 수 있어야 할 것입니다. 왜냐하면 강물이 흐르는 방향을 누구보다도 먼저 알아내서 이웃에게 알려 주어야 할 책임이 그에게 있기 때문입니다. 또, 만약 강물이 역류하는 경우가 있다거나 어떤 지점에 낭떠러지가 있다면, 그는 역시 제일 먼저 이것을 발견하고 경고해 주어야 할 무거운 책임을 지고 있는 것입니다.

1. 남자의 중심 생각으로 맞는 것을 고르십시오.
2. 들은 내용과 일치하는 것을 고르십시오.

[7] 다음은 강연입니다. 잘 듣고 물음에 답하십시오.

남자 : 오늘은 한의학과 양의학의 대립에 대해 생각해 보겠습니다. 의사도 한의사도 아닌 나와 같은 평범한 사람의 입장이라면, 어느 한쪽이 없어져야만 국

민의 건강이 보장될 수 있다는 식의 양의학과 한의학의 싸움은 그다지 의미 없는 것처럼 보입니다. 당연한 이야기지만 한의학이 잘하는 부분이 따로 있고, 양의학이 해낼 수 있는 부분이 따로 있을 겁니다. 뼈가 부러지거나 간을 이식하는 등의 문제를 한방에서 해결한다거나 , 원인을 알 수없는 두통이나 화병 같은 병을 양방에서 치료하는 것은 모두 적절한 해답이라고는 할 수 없습니다. 양의학과 한의학의 병과 건강에 대한 접근과 철학이 근본적으로 다르기 때문입니다. 또 이렇게 심각하게 얘기할 필요도 없이, 환자의 입장에서는 건강해질 수만 있으면 되는 겁니다. 서로 헐뜯을 것이 아니라 서로가 배워야 한다고 봅니다.

1. 남자의 중심 생각으로 맞는 것을 고르십시오.
2. 들은 내용과 일치하는 것을 고르십시오.

[8] 다음은 강연입니다. 잘 듣고 물음에 답하십시오. 〈既出41回〉

남자 : (강연 톤으로) 오늘은 '콩코드 비용의 오류'에 대해 알아보겠습니다. 콩코드는 초음속 여객기로 야심 차게 개발을 시작했지만 곧 사업성이 없는 것으로 드러났습니다. 그러나 초기에 들어간 막대한 비용 때문에 결정을 주저하다가 결국 더 큰 손해를 보고 중단하게 됐죠. 이처럼 그동안 투자한 비용에 미련을 두다 더 큰 손해를 보는 것을 콩코드 비용의 오류라 부릅니다. 이러한 현상은 왜 나타나는 걸까요? 그 이유는 기존의 잘못된 결정을 인정하는 데 심리적 고통이 따르기 때문입니다. 그 고통을 피하려고만 하니까 현재의 손실을 제대로 파악하지 못하는 거죠. 그래서 결정을 지연하다가 더 큰 손해를 보게 되는 겁니다. 여러분, 더 큰 손해를 피하려면 현실을 냉정히 직시하는 것이 무엇보다 중요합니다.

1. 남자의 중심 생각으로 맞는 것을 고르십시오.
2. 들은 내용과 일치하는 것을 고르십시오.

2 文の内容把握問題（2） ……… 問題 p.144 / 解説 p.359

[1] 다음은 대담입니다. 잘 듣고 물음에 답하십시오.

여자 : 본래는 취향이 같은 사람들끼리 모여서 즐기는 건전한 사회 활동이라는 말씀인데, 그럼에도 불구하고 요즘 많은 문제가 발생하고 있는데요. 그 원인이 어디에 있다고 보십니까?
남자 : 최근 문제가 자주 발생하게 된 원인은 우리의 팬클럽 문화가 지나치게 거대

화된 데 있다고 봅니다. 팬클럽이 기업적인 체제로까지 커져서 구성원들이 때로는 다른 집단을 적대시하는 집단이기주의 현상까지 보이고 있습니다. 자신들이 좋아하는 것은 옳고, 그렇지 않은 것은 모두 나쁘다는 극단적인 생각으로 변질된 것이지요. 이것은 팬클럽 문화의 발전에 장애가 되는 겁니다. 이런 악영향을 없애기 위해서는 팬클럽 구성원들의 의식 개선이 필요하다고 생각합니다. 자신의 취향과 다른 사람의 취향을 함께 인정할 수 있는 마음을 가져야 합니다. 성숙한 팬 의식이 있어야 팬클럽 문화도 발전될 수 있다고 봅니다.

1. 이 담화 앞의 내용으로 알맞은 것을 고르십시오.
2. 들은 내용과 일치하는 것을 고르십시오.

[2] 다음은 대담입니다. 잘 듣고 물음에 답하십시오.

여자 : 그래도 새로운 형태의 음악으로서 대중들에게 인기가 있으니까 이런 고전음악과 대중음악이 함께하는 경향은 앞으로도 지속될 것 같은 느낌인데요. 선생님은 어떻게 보십니까?

남자 : 물론 이런 시도는 계속되리라고 봅니다. 하지만 아까도 말씀드린 대로 이러한 현상이 꼭 긍정적이라고 할 수는 없을것 같습니다. 하나의 시도로서 의의를 가질 수는 있지만 각자의 본래 영역은 아니지 않습니까? 어떤 문화가 함께 만나는 것도 좋지만 각자의 역할을 충실히 하는 것이 더 중요하다고 생각합니다.
그리고 대중들에게 인기가 있다는 것이 반드시 좋은 것은 아니라고 봅니다. 그 이유는 두 음악이 가진 가치가 다르기때문인데요. 대중 음악은 말할 것도 없이 대중적 인기가 생명이고, 고전음악은 예술성을 생명이라 할 수 있습니다. 물론 대중적 인기를 부정한다는 것은 아닙니다만 그것만 추구한다면 고전음악의 진지한 예술성을 잃게 되는 거죠. 가끔씩 두 영역의 벽을 허무는 시도는 좋지만, 그것이 음악 발전의 올바른 방향이라고 하기는 어렵다고 봅니다.

1. 이 담화 앞의 내용으로 알맞은 것을 고르십시오.
2. 들은 내용과 일치하는 것을 고르십시오.

[3] 다음은 대담입니다. 잘 듣고 물음에 답하십시오.

여자 : 전문 요리사를 지망하는 경우라면 몰라도 집안에서 요리를 즐겨 하는 남자들이 거의 없는 줄 알았는데 의외란 느낌이네요.

남자 : 특히 이전 세대에서는 그렇게 생각하는 분이 많겠죠. 오랜 세월 동안 대부분의 사회에서 요리가 여자의 몫이었기 때문에 요리는 당연히 여자의 영역

이라고 여겨온 것도 사실입니다. 하지만 사회구조가 변화하고 여성의 사회참여가 당연해지게 됨에 따라 그런 고정관념도 많이 바뀌고 있습니다. 혼자 사는 가구가 늘어나면서 단순히 취미가 아니라 생활의 일부로 장을 보고 요리를 하는 남자들도 많아졌고요. 맞벌이 부부의 경우에는 공동 육아는 기본이고 음식 준비에도 적극적으로 참여하는 남자들이 적지 않습니다.

1. 이 담화 앞의 내용으로 알맞은 것을 고르십시오.
2. 들은 내용과 일치하는 것을 고르십시오.

[4] 다음은 대담입니다. 잘 듣고 물음에 답하십시오. 〈既出37回〉

남자 : 예술가 김수미에서 예술 감독 김수미로, 정말 활약이 대단하신데요. 그런데 앞에서 이야기하신 것처럼 계속 사양하시다가 왜 갑자기 생각을 바꾸신 건가요?

여자 : 그동안 예술가로서 살았던 삶이 참 행복했습니다. 그런데 되돌아보니 저는 도움을 받기만 했더라고요. 저도 이제 다른 사람에게 뭔가 해 줘야 할 시점이 아닐까 하는 생각이 들었습니다. 그래서 개인 활동을 그만 접고 예술 감독을 하기로 한 거죠. 첫 임무로 전용 극장 설립을 추진하고 있는데요. 제가 행정 일이 처음이라 아직 어려움이 있지만 단원들과 한 첫 번째 약속인 만큼 꼭 완성된 전용 극장의 모습을 보여 드리겠습니다.

1. 이 담화 앞의 내용으로 알맞은 것을 고르십시오.
2. 들은 내용과 일치하는 것을 고르십시오.

[5] 다음은 다큐멘터리입니다. 잘 듣고 물음에 답하십시오.

여자 : 여러분. 이것이 무엇인지 아시겠습니까? 모래알로부터 만든 검정색의 윤이 나는 얇은 금속판. 새끼손가락 손톱의 4분의 1도 안 되는 좁은 면적에 수백만 수천만 개의 전자 부품이 들어가 있는 것입니다. 이것이 바로 반도체라고도 불리는 것으로서 말도 하고, 글도 쓰고, 계산도 하고, 기억도 해냅니다. 과학자들이 이 요술쟁이 판자에 잠깐 손만 갖다 대고 기계의 심장부에 연결만 시켜 주면, 그 기계는 갑자기 유식해지고 사고를 하게 됩니다. 처음에는 주로 전자 계산기에만 사용되었던 반도체, 그러나 최근에 들어와서는 거의 모든 산업 분야에 파고 들어가 제품의 기능을 다양화시키고 고급화시켜 인간이 필요로 하는 모든 물건, 모든 대상에 대해 생명력과 지혜를 불어넣어 주고 있습니다. 그렇게 해서 이제 세상에서는 인류가 일찍이 경험도 해 보지 못한 엄청난 변혁이 일어나고 있습니다. 이 모든 것이 요술쟁이 돌조각 반도체가 일으키고 있는 변화입니다.

1. 이 이야기의 중심 내용으로 맞는 것을 고르십시오.
2. 반도체에 대한 설명으로 맞는 것을 고르십시오.

[6] 다음은 다큐멘터리입니다. 잘 듣고 물음에 답하십시오.

남자 : 여러분. 여기 거미줄이 있습니다. 이 거미줄에 사람을 매달 수 있다면 믿으시겠습니까? 오늘은 그것을 가능하게 하는 거미줄의 비밀을 살펴 볼까 합니다. 거미줄은 용도에 따라 강도와 늘어나는 정도가 다릅니다. 거미집을 살펴보면 가운데 부분을 중심으로 방사형으로 뻗은 세로 실과 집 전체를 둘러싼 테두리실이 있습니다. 이 둘은 집의 뼈대 역할을 하고 있기 때문에 아주 강합니다. 또 세로 실을 연결하며 원형으로 뻗은 가로 실은 잘 늘어나는 성질이 있어서 거미집에 걸린 먹이를 묶거나 잡을 수 있습니다. 이렇게 강하면서도 잘 늘어나는 거미줄은 사람의 머리카락 굵기의 십육 분의 일 정도밖에 안되지만 사람의 무게를 견딜 수 있습니다. 아주 가는 거미줄조차 상상 이상의 힘을 가지고 있듯이 자연은 인간의 기준으로 판단할 수 없는 신비한 세계입니다.

1. 이 이야기의 중심 내용으로 맞는 것을 고르십시오.
2. 거미줄에 대한 설명으로 맞는 것을 고르십시오.

[7] 다음은 다큐멘터리입니다. 잘 듣고 물음에 답하십시오.

여자 : 이동이 자유로운 동물은 비교적 교배도 자유롭습니다. 하지만 식물은 사정이 그렇지 못합니다. 동물과 달리 땅에 뿌리를 박고 있는 탓에 동물과 같은 자유로운 이동도 교배도 불가능합니다. 대신 식물은 꽃가루를 대기중으로 날려 보내서 암술에 닿게 하는 방법을 사용해서 교배를 합니다. 수술이 꽃가루를 방출하면 꽃가루가 날아가서 암술머리에 안착하고 수정이 이루어집니다. 이러한 방법은 바람이라는 매개체가 있기 때문에 가능한데요. 이처럼 바람을 이용해서 수정하는 식물을 풍매화라고 합니다. 대표적인 나무로는 소나무, 은행나무, 참나무 같은 것이 있습니다. 풍매화의 꽃가루는 미약한 바람에도 잘 흩날릴 수 있게 작고 가볍습니다. 그리고 암술에 닿을 수 있는 확률을 높이기 위해 가능한 한 많은 양의 꽃가루를 대기중으로 방출하는데요. 지금 뒤에 보이는 것처럼 하얀 꽃가루가 난무하는 것도 이러한 이유 때문입니다.

1. 이 이야기의 중심 내용으로 맞는 것을 고르십시오.
2. 풍매화에 대한 설명으로 맞는 것을 고르십시오.

[8] 다음은 다큐멘터리입니다. 잘 듣고 물음에 답하십시오.

여자 : 지금 보시는 〈일월오봉도〉는 하늘과 산, 바다와 숲을 그린 그림입니다. 하늘에는 흰 달과 노란 해가 좌우로 떠 있고, 그 아래로 다섯 개의 산봉우리가 우뚝합니다. 그리고 산 아래로 파도가 출렁이고 무성한 소나무가 양 옆에 서 있습니다. 이 그림에서 해와 달은 음양을 상징하고 다섯 봉우리는 오행을 상징하며 아래의 물은 우주의 흐름을 의미합니다. 그러나 〈일월오봉도〉는 그 자체만으로는 완성된 그림이 아니고 왕이 함께 해야 비로소 완성되는 그림입니다. 우주의 생성과 변화, 음양오행을 대변하는 상징물들로 가득한 이 그림에서 국왕은 그림의 정중앙에 앉음으로써 우주의 주재자를 대신하는 존재와 같은 의미를 부여 받을 수 있었습니다. 이 그림은 아무나, 아무 곳에서나 사용한 것이 아니었습니다. 예와 격식을 중시하던 조선 시대에 왕이 앉는 자리 뒤에 놓였던 특별한 그림으로 왕이 세상을 떠난 후에는 같이 묻혔던 것입니다.

1. 이 이야기의 중심 내용으로 맞는 것을 고르십시오.
2. 〈일월오봉도〉에 대한 설명으로 맞는 것을 고르십시오.

❸ 文の内容把握問題 (3) ……… 問題 p.148 / 解説 p.364

[1] 다음은 강연입니다. 잘 듣고 물음에 답하십시오.

여자 : 지난 대통령 선거에서 보여준 통계의 힘을 여러분도 간접적으로 체험하셨으리라 생각하는데요. 현대 사회에서 통계의 필요성은 매우 큽니다. 짧은 시간 안에 여러 사람들의 의견을 물어서 그 결과를 쉽게 분석할 수 있고, 어떤 판단을 내리는 것이 유리할지 추측하는 것도 가능합니다. 통계적인 방식이 과학적이고 분명한 결과를 제공한다는 점에 대해서는 누구나 인정하는 바입니다. 그러나 통계에는 한계가 있다는 사실을 잊어서는 안 됩니다. 먼저 통계는 개인의 심리나 판단의 근거를 파악하기 어렵고, 통계에서 물어보지 못한 내용은 알아 낼 수 없습니다. 보통 통계의 설문은 '전혀 아니다, 조금 아니다, 보통이다, 조금 그렇다, 아주 그렇다'의 다섯 문항을 주는데, 여기에 속하지 않은 다른 의견을 가진 사람들은 그 의견을 보여 수 있는 방법이 거의 없습니다. 또한 응답자가 응답을 할 때 마음이 급해서 대충 답할 수도 있고, 마음에 없는 말을 할 수도 있습니다. 즉, 깊이 물어보지 않기 때문에 깊이 있게 알 수 없는 것이 통계의 맹점이라고 할 수 있습니다.

1. 들은 내용과 일치하는 것을 고르십시오.
2. 여자가 말하는 방식으로 가장 알맞은 것을 고르십시오.

[2] 다음은 강연입니다. 잘 듣고 물음에 답하십시오.

여자 : 상대성이론을 만들었던 물리학자 아인슈타인은 여러분도 잘 아시겠지만 천재의 대명사처럼 불리는 사람입니다. 아인슈타인이 사망한 이후 지금까지 아인슈타인의 뇌에 대해서 많은 연구가 이뤄졌는데요. 그가 대단한 천재였던 만큼 아인슈타인의 뇌는 일반인과 다를 것이라고 생각했기 때문입니다. 뉴욕타임스가 과거에 그의 뇌가 보통 뇌보다 주름이 많고, 그 면적을 펴면 일반인보다 넓을 것이라는 한 연구자의 연구 결과를 인용해 아인슈타인의 뇌 구조가 일반인과 크게 달라 그의 천재성은 '타고난 것'이었다고 보도했습니다. 그러나 현재 뇌신경 과학자들과 의학 전문가들은 아인슈타인의 뇌가 크게 보면 보통 사람의 뇌와 별반 차이가 없고, 그의 천재성이 보통 사람들보다 특별한 뇌 때문은 아니라고 합니다. 결국, 아인슈타인의 천재적 발견의 과정은 동시대 과학자들이 이해할 수 없을 정도로 난해한 것이 아니었고, 또 일반인들과 차원이 다른 뛰어난 뇌 덕분도 아니었다고 할 수 있습니다.

1. 들은 내용과 일치하는 것을 고르십시오.
2. 여자가 말하는 방식으로 가장 알맞은 것을 고르십시오.

[3] 다음은 강연입니다. 잘 듣고 물음에 답하십시오.

여자 : 민주주의 정신과 과학의 정신은 그 바탕에 많은 공통점을 가지고 있습니다. 과학자가 어떤 특정한 학설을 절대 진리라고 고집하지 않듯이 민주주의자도 어떤 특정한 사람의 절대적인 권위를 인정하지 않습니다. 또 과학자가 남의 실험과 남의 학설을 존중하는 것처럼, 민주주의자도 자기와 견해를 달리하는 사람들의 말에 귀를 기울이고 그들의 의견을 존중합니다. 뉴턴이라는 사람은 진리의 세계를 넓고 깊은 바다에 비유하고, 자신의 처지는 해안에서 조개 껍데기를 줍는 어린이와 같다고 말했습니다. 저는 그것이 바로 진정한 민주주의자의 정신이라고 생각합니다. 여러분도 잘 아시다시피 사회는 정치와 경제, 학문과 예술, 그 밖의 모든 분야에 있어서 하루가 다르게 성장해야 합니다. 우리가 착실한 성장을 거듭할 수 있으려면, 과학자가 하듯이 새로운 정보를 존중하여 항상 자신을 수정해야 하며, 민주주의자가 하듯이 독단과 독선을 버리고 여러 사람들의 의견을 존중해야 한다고 봅니다.

1. 들은 내용과 일치하는 것을 고르십시오.
2. 여자가 말하는 방식으로 가장 알맞은 것을 고르십시오.

[4] 다음은 강연입니다. 잘 듣고 물음에 답하십시오.

여자 : 얼마 안 있으면 국회의원 선거일입니다. 전국에서 국회의원 후보들의 유세 열기가 뜨거운데요. 후보자들이 내세우는 공약에 귀를 잘 기울여야 하

겠습니다. 실현 가능성 없는 선거 공약으로 유권자들의 마음을 흔들었다가, 당선이 되면 당선전에 내세웠던 공약을 지키지 못하는 정치인들이 너무나 많습니다. 이들은 유권자들의 신뢰를 잃고 비난 여론을 피하기 어려운데요. 실현 가능성 있는 공약으로 유권자들에게 표를 얻고 당선후에도 이 공약을 실천하기 위해 노력하는 사람들은 모두에게 존경 받는 정치인이 될 것입니다. 빈 수레가 요란한 가치 없는 선거 공약보다는 현실적인 공약으로 유권자들의 마음을 끄는 공정한 선거가 되어야 할 것입니다. 그러기 위해서는 후보자들의 공약을 꼼꼼히 읽어 보고 현실적인 정책을 제시하고 있는지 아닌지 바르게 판단할 수 있는 유권자의 안목이 무엇보다도 중요하다고 하겠습니다.

1. 들은 내용과 일치하는 것을 고르십시오.
2. 여자가 말하는 방식으로 가장 알맞은 것을 고르십시오.

[5] 다음은 대담입니다. 잘 듣고 물음에 답하십시오.

여자 : 오십 대가 되면 머지 않아 다가올 은퇴 후의 생활에 대해 생각하는 사람들이 많을 텐데요, 구체적으로 어떤 마음가짐이나 준비가 필요한지 들어 보고 싶습니다.

남자 : 많은 직장인들은 자신이 다니던 직장을 그만둔 후에 보통 노후 준비를 어떻게 할까 걱정합니다. 노후 준비라고 말하면 보통 돈이나 건강에 대한 준비를 생각하는 분이 대부분인데요, 그러나 노후 준비는 남아 있는 삶을 어떻게 살 것이냐 하는 삶의 태도의 문제라고 봅니다. 직장을 그만두어도 일을 아예 그만 두는 것은 아니지요. 한 직장에서 퇴직을 해도 두 번째 세 번째 일을 얼마든지 찾을 수 있다고 봅니다. 퇴직을 제2의 인생을 시작하는 출발점으로 삼고, 재교육을 통해 자신의 능력을 개발해서 새로운 일을 찾을 수도 있습니다. 그리고 평소에 취미생활을 꾸준히 한 사람이라면 취미 생활을 하면서 삶의 보람을 찾거나 그 취미를 이용해 다시 일을 할 수도 있다고 봅니다.

1. 들은 내용과 일치하는 것을 고르십시오.
2. 남자가 말하는 방식으로 가장 알맞은 것을 고르십시오.

[6] 다음은 대담입니다. 잘 듣고 물음에 답하십시오.

여자 : 경제는 발전했는데 현재의 생활에 만족하거나 행복을 느끼는 사람은 줄고 있다는 조사 결과가 나왔는데요, 이런 결과에 대해서 선생님께서는 어떻게 생각하시는지 말씀을 듣고 싶습니다.

남자 : 경제가 발전하면서 삶의 목표를 부의 축적에 두는 사람이 많아졌는데요. 남보다 빨리 많은 부를 축적하기 위해서는 경쟁에서 이겨야 하는 겁니다.

거기에다가 최근에는 양극화가 극심해지면서 한번 낙오되면 다시 극복할 수 없을 것이라는 위기감마저 고조됐습니다. 나 아닌 다른 사람을 챙길 여유가 사라진 것이죠. 하지만 부나 명예가 삶의 기준이 될 수는 없다고 봅니다. 왜냐하면 누구와 비교하느냐에 따라 풍족해 보이기도 하고 부족해 보이기도 하는 상대적인 가치이기 때문입니다. 조사 결과처럼 경제가 발전해서 당장 먹고 사는데 걱정이 없는 사람들도 자신보다 풍족한 사람과 비교해서 자신의 생활에 만족하지 못하고 불행함을 느끼는 경우가 많습니다. 그러나 진정한 행복은 비교 우위가 아니라 자신의 일과 삶을 스스로 즐기고 만족할 때만 얻을 수 있는 것이라고 봅니다.

1. 들은 내용과 일치하는 것을 고르십시오.
2. 남자가 말하는 방식으로 가장 알맞은 것을 고르십시오.

[7] 다음은 대담입니다. 잘 듣고 물음에 답하십시오.

여자 : 오늘은 전문가를 모시고 경제 발전에 대해 말씀을 나누도록 하겠습니다. 박사님, 한 국가의 경제 발전에 필요한 요소는 무엇이라고 보십니까?

남자 : 이미 상식화된 이야기입니다만, 한 국가의 발전에는 천연 자원과 인적 자원 그리고 시스템이라는 세 가지 요소가 필수적입니다. 이와 관련하여 세계 몇몇 국가들의 상황을 살펴보면, 천연 자원보다는 인적 자원과 시스템이 한 나라 발전의 근본 동력임을 알 수 있습니다. 그런데 시스템도 인간이 만들고 유지하고 발전시키는 것이니까 큰 틀에서 보자면 나라의 발전에는 인적 자원이 훨씬 더 중요하다고 말할 수 있겠지요. 이런 점을 살펴보았을 때, 우리는 천연 자원은 거의 가지고 있지 못하니까 어차피 사람으로 발전의 동력을 삼아야 합니다. 지난날 우리가 경제 발전을 이룬 것도, 오늘날 경제적으로 위기를 맞은 것도 국민들에 의한 것이라고 생각해 볼 수 있습니다.

1. 들은 내용과 일치하는 것을 고르십시오.
2. 남자가 말하는 방식으로 가장 알맞은 것을 고르십시오.

[8] 다음은 대담입니다. 잘 듣고 물음에 답하십시오. 〈既出36回〉

여자 : 고서적 하면 흔히 오래되고 뭔가 내용도 어려울 것 같은 옛 문헌들을 떠올리는데요. 박사님은 고서적 중에서도 일상적인 내용의 책들을 주로 연구해 오셨습니다. 왜 그런 책에 관심을 가지시는지, 또 그것을 연구하는 일이 현대에 어떤 의미가 있는지 궁금합니다.

남자 : 제가 연구하는 고서들은 당시 일반 대중들이 많이 봤던 책입니다. 값싸게 만들어졌기 때문에 현재는 낡아서 볼품없고 버려지는 책들이지요. 하지만 많은 사람들이 읽었다는 점에서 중요도는 어느 것에도 뒤지지 않습니다.

분야도 다양해서 연애소설이나 상업용 문서,편지 작성법을 모아 놓은 실용서 같은 것들이 있습니다. 이런 자료들을 통해서 옛 사람들의 삶을 구체적이고 사실적으로 복원할 수 있는데요. 이것은 고서 연구뿐만 아니라 역사 연구라는 큰 틀에 있어서도 아주 긴요한 부분이라고 생각합니다.

1. 들은 내용과 일치하는 것을 고르십시오.
2. 남자가 말하는 방식으로 가장 알맞은 것을 고르십시오.

4 文の内容把握問題 (4) ……… 問題 p.152 / 解説 p.370

[1] 다음은 강연입니다. 잘 듣고 물음에 답하십시오.

남자 : 우리는 잘 안 되는데 미국에선 창업자가 많고 구글, 페이스북, 우버 같은 '대박' 벤처가 계속 나오는 이유가 뭘까요? 그것은 창업 생태계가 살아 움직이고 있기 때문입니다. 실리콘밸리은행(SVB)은 실리콘밸리에서 활약하는 수많은 벤처 캐피털에 자금과 신용을 지원하고, 벤처 캐피털은 수많은 초창기의 벤처기업들을 속속들이 살피면서 돕고 투자를 하는데요, 돈만 대주는 게 아니라 경영 시스템과 지혜까지 빌려주고 그들이 감당해야 하는 위험까지도 공유합니다. 실패했을 때 가족과 친구들에게서조차 멀어질 만큼 파산하는 우리와는 달리 미국 벤처사업가는 패자 부활 기회도 가질 수 있습니다. 실패라는 결과보다 과정을 평가하는 시스템이 살아 있기 때문입니다. 이렇게 창업 지원 금융 시스템의 지원을 받을 수 있기 때문에, 실리콘밸리의 젊은 창업자들은 '열정과 패기'를 일찍 저당잡히고 싶지 않다면서, 대형 투자은행들의 투자 제의를 거절하고 더 큰 도전에 나설 만큼 당당합니다. 우리도 우리 나라 젊은이들에게 열정과 패기가 없다고 혀를 차기 전에 두려움 없이 도전할 수 있는 환경부터 시급히 만들어 줘야 할 것입니다.

1. 들은 내용과 일치하는 것을 고르십시오.
2. 남자의 태도로 가장 알맞은 것을 고르십시오.

[2] 다음은 강연입니다. 잘 듣고 물음에 답하십시오.

여자 : 역사를 바라보는 눈을 사관이라고 하는데요, 사관은 시대정신을 반영한다고 할 수도 있습니다. 따라서 당대의 시대정신에 대한 해석을 달리한다면 한 시대에도 여러 가지 다양한 사관이 나타날 수 있습니다. 이미 사회는 다양성과 다원화의 방향으로 나아가고 있어서 하나의 사관을 강요할 수는 없게 되었죠. 그런데 한 시대에 다양한 사관이 나타날 수 있다고 해서 무엇이든지 다 그 시대의 사관이 될 수는 없습니다. 여기에는 몇가지 중요한 원칙

이 있는데요, 우선 당대의 많은 사람이 공감할 수 있어야 한다는 것입니다. 그리고 인류 보편적 원칙에 부합해야 한다는 것이죠. 어떤 사관이든 이러한 원칙을 근거로 당대의 사회적 문제와 앞으로 나아가야 할 방향을 객관적으로 분석할 줄 알아야 합니다. 역사적 사실을 왜곡하거나 색칠을 해서는 안됩니다. 그래야 역사가 더 나은 미래를 위해 건강한 교훈을 전달해 줄 수 있습니다.

1. 들은 내용과 일치하는 것을 고르십시오.
2. 여자의 태도로 가장 알맞은 것을 고르십시오.

[3] 다음은 강연입니다. 잘 듣고 물음에 답하십시오.

남자 : 골다공증은 주로 중년 이후의 여성들이 잘 겪는 것으로 알려져 있는데요, 사실은 중년 남성도 간과해서는 안 되는 질환입니다. 지난해 발표된 만성질환 통계에 따르면, 우리나라 50세 이상 남성 열 명 중 한 명은 골다공증이었습니다. 골다공증의 전 단계를 골감소증이라 하는데, 50세 이상 남성 중 여기에 해당하는 비율이 40%가 넘는 것으로 나타났습니다. 남성 골다공증은 여성에 비해서 병에 대한 인지율이 떨어지고, 그래서 자신이 골다공증인 것을 모르고 방치하다가 골절을 경험하면 사망에까지 이르는 등 더 위중한 경우가 많습니다. 또 남성의 경우에는 흡연과 음주와 같은 골밀도에 악영향을 끼치는 생활습관을 많이 갖고 있는데요, 흡연과 음주는 뼈의 원료가 되는 몸속 칼슘 농도를 떨어뜨려 골다공증을 유발하기 쉽습니다. 따라서 남성도 뼈 건강을 걱정하고 골밀도 검사를 받아볼 필요가 있습니다. 그리고 골다공증을 막으려면 칼슘과 비타민 D를 섭취하고, 뼈가 단단해지도록 1주일에 두 번 이상 30분씩, 조깅이나 걷기 같은 운동을 하는 것이 좋겠습니다.

1. 들은 내용과 일치하는 것을 고르십시오.
2. 남자의 태도로 가장 알맞은 것을 고르십시오.

[4] 다음은 강연입니다. 잘 듣고 물음에 답하십시오. 〈既出41回〉

여자 : 과거에는 같은 지역에 살면 정치적 성향이 유사할 거라고 생각했어요. 그래서 지역 중심의 선거 운동이 대세였죠. 그러나 한 지역에 살더라도 개인의 정치적 성향이 다를 수 있다는 것이 밝혀졌고, 최근에는 개인별 특성을 반영하는 방향으로 선거 운동이 변화하고 있습니다. 그래서 요즘은 후보자 진영에서 선거 운동용 메일을 작성할 때도 다른 내용으로 여러 개를 만듭니다. 그리고 유권자의 성별이나 직업, 관심사 등을 고려하여 그에 맞는 메일을 보내지요. 이렇게 되면 유권자는 구미에 맞는 공약만을 전달받게 돼

서 한쪽으로 치우친 정보에 노출될 가능성이 커집니다. 그럼 유권자는 후보자를 객관적으로 평가할 수 있는 기회 자체를 박탈당할 수밖에 없지요. 이런 상황에서 과연 유권자는 올바른 선택을 할 수 있을까요?

1. 들은 내용과 일치하는 것을 고르십시오.
2. 여자의 태도로 가장 알맞은 것을 고르십시오.

第5章 模擬試験問題台本

● 模擬試験「聞き取り」……………問題 p.222 / 解説 p.382

한국어능력시험Ⅱ 모의시험 듣기

아래 1번부터 50번까지는 듣기 문제입니다. 문제를 잘 듣고 질문에 맞는 답을 쓰십시오.

※[1～3] 다음을 듣고 알맞은 그림을 고르십시오. (각 2점)

1.
여자 : 오랜만에 산에 오르니까 다리가 아프네요.
여기 앉아서 좀 쉬고 올라가요.
남자 : 먼저 앉아서 쉬세요. 난 사진 좀 찍을게요.

2.
남자 : 목도 붓고 열이 나서 왔는데요.
여자 : 요즘 유행인 감기군요.
약을 지어 드릴 테니까 가능하면 오늘은 집에서 푹 쉬세요.

3.
남자 : 소비자를 대상으로 건강기능식품 구매 장소를 조사한 결과 약국을 가장 많이 이용하는 것으로 나타났습니다. 그 다음으로는 인터넷과 백화점이 뒤를 이었는데 백화점을 이용한 구매는 매년 줄어들고 있는 것으로 조사되었습니다.

※[4～8] 다음 대화를 잘 듣고 이어질 수 있는 말을 고르십시오. (각 2점)

4.
남자 : 내일 집들이에 몇 시까지 올 수 있어요?
여자 : 수업이 5시에 끝나니까 6시쯤에 도착할 거예요.
남자 : ____________________.

6 聞き取り台本

5.

여자 : 미영 씨가 생일파티를 한다던데 연락 왔어요?
남자 : 네, 연락은 받았는데 볼일이 있어서 못 갈 것 같아요.
여자 : ______________________________.

6.

여자 : 이거 서울역 가는 거 맞아요?
남자 : 어, 왜 동대문이 나오지? 아무래도 반대 방향으로 가는 버스를 탄 것 같네요.
여자 : ______________________________.

7.

남자 : 아직도 운전면허를 안 땄어요?
여자 : 네, 빨리 따야 하는데 일이 바빠서요.
남자 : ______________________________.

8.

남자 : 교통카드는 찾았어요?
여자 : 네, 어디로 갔는지 아무리 찾아도 안 보였는데, 가방 옆주머니에 넣은 걸 모르고 괜히 엉뚱한 데서 찾고 있었어요.
남자 : ______________________________.

※[9～12] 다음 대화를 잘 듣고 여자가 이어서 할 행동으로 알맞은 것을 고르십시오. (각 2점)

9.

여자 : 요즘 전공을 바꿀까 학교를 그만둘까 생각 중이에요.
남자 : 왜요? 무슨 일이 있어요?
여자 : 컴퓨터공학이 재미있을 것도 같고 졸업하면 취직도 잘 될 것 같아서 선택했는데, 실제로 공부를 해 보니까 너무 어렵더라고요. 내 적성에도 안 맞는 것 같고…….
남자 : 힘들면 여러 가지 선택지가 있겠지만 무작정 그만두기보다 신중하게 생각해 보는 게 좋을 거예요. 먼저 학과 선배나 교수님을 찾아가서 얘기를 보는 게 어떻겠어요?
여자 : 그게 좋겠네요. 고마워요.

10.

남자 : 민수가 언제 군대 간다고 했지?
여자 : 15일에 간대. 어, 벌써 열흘도 안 남았네.
남자 : 그럼 빨리 송별회라도 해 줘야 하잖아?
여자 : 그렇게 하자. 근데 어디서 하지. 어디가 좋은지 아는 데 있어?
남자 : 그건 걱정 마. 내가 친구들한테 연락도 하고 장소도 알아볼 테니까 너는 민수한테 언제 시간이 되는지 빨리 물어봐. 군대 가기 전이라 바쁠 테니까….

여자 : 그래, 알았어.

11.

남자 : 왜 그렇게 힘이 없어 보여요?
여자 : 아침에 전철에다가 가방을 두고 내렸는데 아직 찾지를 못했어요. 스마트폰이랑 지갑이랑 전부 가방에 들어 있는데…….
남자 : 그거 큰일이네요. 분실물 센터에는 가 봤어요?
여자 : 아니요. 우선 내릴 때 역에다가 신고를 해 두었어요. 금방 발견되면 연락을 해 주겠다고 해서…….
남자 : 스마트폰이 없으면 연락하기도 힘들잖아요. 그냥 기다리기보다 분실물센터에 직접 가서 확인하는 게 빠르지 않겠어요?
여자 : 그래야겠네요.

12.

남자 : 와~, 여긴 정말 시원하네요. 밖은 더워서 숨도 못 쉬겠어요.
여자 : 저는 줄곧 실내에만 있었더니 추운걸요.
남자 : 그렇겠네요. 조심하세요 냉방병 걸리는 사람들이 많다고 하더라고요.
여자 : 저도 콧물이 조금씩 나오고, 머리가 아픈 것이 그런 거 같아요.
남자 : 에너지 절약도 할 겸 이 기회에 실내 온도를 좀 높이는 것이 어때요?
여자 : 사실은 밖에서 들어오는 사람들을 위해 참고 있었는데 그렇게 해야겠어요.

※[13～16] 다음을 듣고 내용과 일치하는 것을 고르십시오. (각 2점)

13.

여자 : 주말의 날씨를 말씀드리겠습니다. 이번 주말에는 조금 추워지겠고 눈 소식도 있겠습니다. 일요일에 전국적으로 첫눈이 내리겠는데요, 첫눈이 내린 후에는 기온이 떨어져서 추워지겠습니다. 외출하실 때는 옷을 따뜻하게 입고 나가시기 바랍니다. 지금까지 주말의 날씨를 말씀드렸습니다.

14.

여자 : 요즈음 감기가 유행인데요. 외출 후 집에 들어오면 소금물로 양치질을 하고, 방 안의 공기를 너무 건조하지 않도록 하는 것이 좋다고 합니다. 가습기를 틀거나 젖은 빨래를 방안에 널어서 적절한 습도를 유지하도록 하는 것이 좋겠습니다. 방 안의 탁한 공기도 안 좋으니까 자주 환기를 하는 것도 감기 예방에 좋다고 합니다.

15.

남자 : 현대 사회는 너무 바쁩니다. 주위에는 1년내내 아침 일찍부터 밤 늦게까지 일만 하고, 유급 휴가도 회사나 동료에게 눈치가 보여 사용하지 못하는 사람들이 많이 있습니다. 마치 쉬는 것을 낭비라고 생각하는 것 같습니다. 그러나 휴식 없이 일만 하면 신체적, 정신적으로 피곤이

축적되기 때문에 능률적인 결과를 얻기 어렵습니다. 자주 휴식을 취하면서 일에 대한 새로운 아이디어를 얻고 집중력을 높이는 것이 좋습니다.

16. 남자 : 한 시간 전 강원도 평창의 스키장에서 눈사태가 발생했습니다. 최근 며칠 동안 눈이 많이 내렸기 때문인데요. 다행히 스키객들은 눈덩이가 굴러 떨어지는 것을 보고 대피해 피해는 없다고 합니다. 그러나 산에서 굴러 내려온 눈이 스키장 인근 도로를 막고 있어서 통행이 불가능하다고 합니다. 이 지역의 도로를 이용하는 운전자들은 눈사태에 주의 하시기 바랍니다.

※[17~20] 다음을 듣고 남자의 중심 생각을 고르십시오. (각 2점)

17. 여자 : 민수 씨네 아이는 축구를 잘한다면서요? 어려서부터 운동하는 습관을 기르는 게 좋다던데 우리 아이는 집에서 게임만 하고 있어서 고민이에요.

남자 : 우리 아이도 마찬가지였어요. 아이들은 아무래도 책 읽기보다는 게임하는 걸 좋아하거든요. 그래서는 안 되겠다는 생각이 들어서 주말마다 아이를 데리고 나가서 공을 차기 시작했어요. 그랬더니 차츰 재미를 붙여서 학교에서 돌아오면 혼자서도 공을 차러 나가게 되더라고요. 지금은 학교 축구부에서 연습을 하고 있어요.

18. 여자 : 어떻게 이렇게 싸지? 방콕 3박 4일이 제주도 왕복 비행기 값도 안 되네. 한번 가 볼까?

남자 : 그거 가 봐야 별로 재미없을 거야. 하루종일 관광버스만 타고 선물가게만 데려가고……. 보고 싶은 거 보고, 먹고 싶은 거 먹고, 쉬고 싶을 때 쉬고 마음대로 해야 하는데 단체관광은 그게 아니잖아. 그래서 난 아무리 싸도 가고 싶은 생각이 없어.

19. 여자 : 지난번에 실시한 아침 식사와 공부의 관계에 대한 조사는 어땠어요?

남자 : 네. 아침 식사를 하는 것이 공부하는 데 어느 정도 영향을 미치는지 궁금해서 해 봤는데요. 역시 효과가 있다는 결과가 나왔어요. 아침 식사를 충분히 하는 학생들과 거의 하지 않거나 대충대충 하는 학생들에게 단어를 외우게 하는 테스트를 한달 동안 실시 했는데요. 식사를 충분히 하는 학생들이 그렇지 않은 학생들에 비해 훨씬 많이 단어를 외웠어요. 예상은 했지만 이렇게 분명한 결과가 나올 줄은 몰랐어요.

20.

> 남자 : 저 가수들은 노래를 잘 못하는 것 같아. 인원이 많아서 누가 누군지도 모르겠고…….
> 여자 : 그래도 얼굴도 예쁘고 춤도 잘 추잖아.
> 남자 : 춤을 잘 추는 게 가수는 아니잖아. 가수는 역시 노래를 잘 불러야 가수가 아니겠어? 모두 같은 옷을 입어서 개성도 없고, 가사도 무슨 의미인지 이해를 못 하겠어. 노래는 가사도 중요한데…….

※[21~22] 다음을 듣고 물음에 답하십시오. (각 2점)

> 여자 : 요즘 이상한 범죄가 많이 늘고 있다는데 처벌이 약해서 그런 것 같아요. 무서워서 죄를 못 짓도록 처벌을 강화했으면 좋겠어요.
> 남자 : 전 처벌보다는 죄를 지은 사람의 마음을 변화시키는 것이 중요하다고 봐요. 태어날 때부터 나쁜 사람이 어디 있겠어요?
> 여자 : 그렇지 않죠. 한 번 범죄를 저지른 사람이 또 죄를 짓는 경우가 많다는 거 모르세요?
> 남자 : 범죄를 저지르는 것이 그 사람만의 잘못은 아니잖아요? 사회가 함께 책임지고 관심을 가져 준다면 그들도 자신의 잘못을 깨닫게 될 겁니다.
> 여자 : 피해자의 입장에서 생각해도 그렇게 말할 수 있을까요? 피해자들을 위해서라도 처벌은 강화돼야 할 것 같아요.

21. 남자의 중심 생각으로 맞는 것을 고르십시오.
22. 들은 내용으로 알맞은 것을 고르십시오.

※[23~24] 다음을 듣고 물음에 답하십시오. (각 2점)

> 여자 : 편집 경력이 풍부하시군요. 우리 회사에 지원하게 된 동기는 무엇인가요?
> 남자 : 저는 편집 기획 분야의 최고가 되고 싶습니다. 교재 개발에 있어서는 단연 이 회사가 최고라고 생각하고 있습니다.
> 여자 : 그렇다면 우리가 당신을 채용해야 하는 이유는 무엇이라고 생각합니까?
> 남자 : 저는 저자를 섭외하고 교재를 기획하는 일에 자신이 있습니다. 또한 팀원들이 최고의 결과를 끌어낼 수 있도록 그들을 도울 수 있는 능력도 있습니다. 그래서 이 일의 적임자라고 생각합니다.
> 여자 : 알겠습니다. 그럼 이만 끝내도록 하지요. 조만간 연락드리겠습니다.

23. 남자는 무엇을 하고 있는지 맞는 것을 고르십시오.
24. 들은 내용으로 맞는 것을 고르십시오.

※[25~26] 다음을 듣고 물음에 답하십시오. (각 2점)

여자 : 요즘 외국어 실력을 평가할 때 말하기의 중요성이 커져서 말하기를 중심으로 공부하는 분들을 많이 볼 수 있는데요. 말하기 학습에 도움이 되는 방법이 있으면 말씀해 주시겠습니까?

남자 : 이런 분들을 보면 문법 공부에 치중하거나 기계적인 말하기 연습을 많이 하고 계신데요. 이건 좀 잘못된 학습 방법이라고 생각합니다. 외국어를 공부할 때 가장 기초가 되는 것은 듣기입니다. 아기들도 모국어를 배울 때 가장 먼저 하는 것이 말하기나, 읽기, 쓰기가 아니라 듣기이고요, 다른 나라에 가서 그 나라 말을 훌륭하게 배운 사람들도 처음에 몇 달 동안은 아무 말도 하지 않고 그냥 듣기 만했다고 합니다. 우리가 실제 언어생활에서 가장 많이 사용하는 기능도 듣기라는 것은 조금만 더 생각해 보시면 누구나 다 아는 사실이고요. 듣기를 많이 하다 보면 말하기는 자연스럽게 따라오게 됩니다. 그리고 우리가 말하기를 배우는 이유는 대화를 하기 위해서입니다. 듣기를 못하는 상태에서 말만 잘한다고 외국인과 대화를 잘할 수는 없잖아요.

25. 남자의 중심 생각으로 맞는 것을 고르십시오.
26. 들은 내용으로 맞는 것을 고르십시오.

※[27~28] 다음을 듣고 물음에 답하십시오. (각 2점)

남자 : 요즘 '아빠, 저 혼자는 너무 외로워요'라는 출산 장려 표어를 들어 본 적 있어요?

여자 : 네. 옛날에는 아이를 많이 낳았기 때문에 '둘만 낳아 잘 기르자'는 표어가 있었는데 세상이 많이 변했어요.

남자 : 아무래도 결혼 연령이 높아지고 여성이 일이나 경제적인 문제 때문에 아이 낳기를 꺼리는 것이 원인이 아니겠어요?

여자 : 그건 여성뿐만 아니죠. 남성도 교육비 등의 경제적 이유로 출산을 꺼리는 건 마찬가지가 아니겠어요? 앞으로가 큰일이에요.

남자 : 이건 개인의 문제이기 이전에 국가적인 문제라고 봐요. 나라가 앞장서서 출산하기 쉬운 사회적 환경과 지원책을 마련해 줘야 할 것 같아요.

27. 남자가 여자에게 말하는 의도를 고르십시오.
28. 들은 내용으로 맞는 것을 고르십시오.

※[29~30] 다음을 듣고 물음에 답하십시오. (각 2점)

여자 : 최근 히말라야 등정을 계획하고 있는 산악회가 많은데요. 철저한 준비와 훈련 없이는 정상 정복에 실패하기 쉽다는 지적이 많습니다. 이번 히말라야 등정에 성공하신 비결이 무엇인지 말씀해 주시겠습니까?

남자 : 사실 저처럼 국내의 산에서만 훈련을 했던 사람들은 히말라야와 같이 험준하고 기후 변화가 심한 높은 산에 대해서는 경험과 지식이 부족하다는 약점이 있었는데요. 그래서 이러한 환경에 적응이 될 수 있도록 혹한기에 설악산 암벽에서 철저한 훈련을 되풀이한 것이 좋았던 것 같습니다. 그리고 무엇보다 중요한 것은 기후와 루트인데요. 철저한 사전 조사와 준비를 한 것도 이번 등반을 성공시키는 데 크게 도움이 되었다고 봅니다.

29. 남자는 누구인지 고르십시오.
30. 들은 내용으로 맞는 것을 고르십시오.

※[31~32] 다음을 듣고 물음에 답하십시오. (각 2점)

여자 : 요즘 폭력 영화나 성인 영화를 청소년들에게 개방하는 문제에 대해 논의가 되고 있는데요. 제 주변의 청소년들의 얘기를 들어보면 청소년들 스스로가 폭력 영화나 성인 영화에 대해 거부감을 많이 가지고 있습니다. 이런 영화는 청소년들의 정서에 잘 맞지 않는 데다가 청소년들의 관심사와는 다른 내용이 많기 때문인데요. 굳이 그럴 필요가 있을까 하는 생각이 듭니다.
남자 : 물론 이 문제는 어른들뿐만 아니라 청소년들 사이에서도 여러 가지 견해가 있을 수 있다고 봅니다. 그러나 저는 청소년들 스스로가 자신들에게 무엇이 유익한지 해로운지를 충분히 판단할 수 있는 나이라고 생각합니다. 그렇기 때문에 폭력 영화나 성인 영화가 청소년에게 개방된다고 하더라도 별 문제가 없다고 봅니다.

31. 남자의 생각으로 맞는 것을 고르십시오.
32. 남자의 태도로 맞는 것을 고르십시오.

※[33~34] 다음을 듣고 물음에 답하십시오. (각 2점)

남자 : 여러분은 '재택근무'라는 말을 들어 보셨습니까? 정해진 출퇴근 시간이 없이 집에서 하루 근무 시간을 채우면 되는 건데요. 시간을 효율적으로 사용할 수 있고 스트레스가 없어서 사무실 근무보다 생산성이 더 높다고 합니다. 실제로 한 대학 연구소의 연구에 의하면 재택근무하는 사람이 일정한 시간에 사무실로 출퇴근하는 직원보다 주 19시간이나 더 일을 한다는 결과가 나왔습니다. 사무실 근무에 비해 재택근무는 일을 선택적으로 유연하게 할 수 있기 때문에 스트레스도 적고 더 오래 일을 할 수 있는 것으로 생각되는데요. 직종에 따라서는 재택근무가 회사와 직원 모두에게 이점이 많은 만큼 앞으로는 이러한 형태의 근무가 더 늘어날 가능성이 큽니다.

33. 무엇에 대한 내용인지 맞는 것을 고르십시오.
34. 들은 내용으로 맞는 것을 고르십시오.

※[35~36] 다음을 듣고 물음에 답하십시오. (각 2점)

남자 : 졸업생 여러분에게 마지막으로 한 말씀 더 드리겠습니다. 사람이 살아가는 데 있어 어려운 일 중의 하나가 자신의 잘못을 인정하는 일인 것 같습니다. 흔히 살다 보면 본의 아니게 싸우게 될 때가 많은데 대부분은 자신의 잘못을 인정하지 않아서 일어나는 것 같습니다. 따라서 진정 용기 있는 사람은 자신의 잘못을 정정당당히 인정하는 사람이라고 생각합니다. 이제 세상에 첫발을 내딛는 졸업생 여러분, 자신의 잘못을 감추지 않는, 양심을 갖춘 지식인이 되어 주기를 바랍니다.

35. 남자는 무엇을 하고 있는지 맞는 것을 고르십시오.
36. 들은 내용으로 맞는 것을 고르십시오.

※[37~38] 다음은 교양 프로그램입니다. 잘 듣고 물음에 답하십시오. (각 2점)

남자 : 꽃처럼 예쁜 남자들을 '꽃미남'이라고 하고, 남자 못지않게 일에 대한 성취욕이 강한 여성들을 '알파걸'이라고 하는데요. 이런 단어들이 요즘 사회에서 유행하고 있는 이유는 무엇일까요?

여자 : 그건 바로 오늘날 전통적인 성역할의 고정관념이 무너지면서 성역할의 구분이 사라지고 있기 때문인데요. 꽃미남, 알파걸처럼 남성이면서도 여성성을 가지고 있고, 여성이면서도 남성성을 가지고 있는 사람들에게 양성성이 있다고 합니다. 양성성을 가진 사람은 상황에 따라서 남성성, 또는 여성성의두 가지 역할을 할 수 있는데요. 그래서 전통적으로 남자만 하는 일, 여자만 하는 일이라고 구분되어 왔던 많은 분야에서 다른 사람보다 뛰어난 능력을 발휘하고 있습니다. 그리고 양성적인 사람은 전통적인 성역할을 고수하는 사람들보다 자신감과 신뢰감, 성취동기가 높다는 조사 결과도 있습니다. 이 사람들을 부정적으로 보던 전통 사회와는 달리 요즘은 상당히 긍정적으로 보고 있는 사람들이 많아졌는데요. 이제는 남성과 여성의 특징을 구분하기보다는 개인의 능력 차이로 평가하는 시대가 온 것이죠.

37. 여자의 중심 생각으로 맞는 것을 고르십시오.
38. 들은 내용과 일치하는 것을 고르십시오.

※[39~40] 다음은 대담입니다. 잘 듣고 물음에 답하십시오. (각 2점)

여자 : 법정에 가지 않아도 될 듯한 자질구레한 문제들이 자꾸 법정으로 몰리는 이유는 뭘까요? 당사자들끼리 해결할 수 있는 방법이 없을까요?

남자 : 물론 소소한 경우에는 자율적으로 해결하는 것이 가장 바람직합니다. 그런데 아까도 말씀 드린 것처럼 많은 분들이, 조금이라도 자신이 손해를 본다

싶으면 바로 법을 통해 문제를 해결하고자 하죠. 법으로 공정한 해결이 가능하기 때문입니다. 그렇지만 법이 특정한 누군가의 이익만을 보호하는 수단이 되기도 하고, 사람들이 법을 악용하는 경우까지 생기는데요. 이러한 상황을 막고자 법 조항을 고치거나 새로운 법을 만들게 됩니다. 이 과정에 들어가는 비용 역시 점점 늘게 되고, 법적인 처리 절차도 복잡해집니다. 법은 시민을 지켜 주기 위해 제정된 것이었지만 때로는 법 자체를 지키기 위해 존재하기도 합니다. 이것이야말로 법이 가진 모순이라고 할 수 있겠습니다.

39. 이 담화 앞의 내용으로 알맞은 것을 고르십시오.
40. 들은 내용과 일치하는 것을 고르십시오.

※[41~42] 다음은 강연입니다. 잘 듣고 물음에 답하십시오. (각 2점)

남자 : 요즘 제대혈이란 말을 자주 듣는데요. 제대혈이란 무엇인지 알아보도록 하겠습니다. 제대혈이란 출산 시 산모와 아이를 이어 주는 탯줄에서 채취한 혈액을 말하는데요. 이 안에 줄기세포가 다량으로 포함돼 있어서 혈액 암을 비롯한 난치성 질환을 치료하는 '제2의 생명 자원'으로 주목받고 있습니다. 조직적으로 6개의 요소 가운데 최소 3~4개만 맞아도 이식이 가능하다는 점에서 하나만 맞지 않아도 이식이 불가능한 골수와 비교되는 측면이 있습니다. 추출하기도 힘들고 기증자를 찾기 힘든 골수에 비해서 얻기 편하다는 것도 역시 주목의 이유가 되고 있고요. 문젠 사람들이 제대혈을 일종의 '만병통치약' 쯤으로 인지하고 있다는 겁니다. 난치성 질환 치료제로서의 가능성이 높아지고 있는 것은 사실이지만 이것은 어디까지나 '가능성' 일 뿐이지 현실화되기까지는 시간이 필요하다는 것을 알고 있으면 좋겠습니다.

41. 남자의 중심 생각으로 맞는 것을 고르십시오.
42. 들은 내용과 일치하는 것을 고르십시오.

※[43~44] 다음은 다큐멘터리입니다. 잘 듣고 물음에 답하십시오. (각 2점)

여자 : 이 그림을 한번 보실까요? 선명한 주름과 총기 잃은 눈, 거무튀튀한 눈 밑 그늘, 말라 버린 피부……. 이 노인, 누굴까요? (쉬고) 이건 그 위풍당당하고 거만했던 화가, 렘브란트의 노년기 자화상입니다. 아까 말한 것처럼 화려하고 성공한 인생을 누린 사람이라고는 믿어지지 않는 몰골이죠. 렘브란트는 이렇게 비참한 말년을 보냈습니다. 흑사병으로 가족을 먼저 떠나보내고 우울증에 걸린 채 파산자로 살았습니다. 하지만 이 자화상은 그가 끝까지 화가로서의 자신감을 잃지 않았다는 걸 보여 줍니다. 초라하기 짝이 없

는 자신의 모습을 감추려 하지 않고 만인 앞에 그대로 당당하게 드러내고 있지 않습니까? 당대 최고의 화가였던 그가 스스로를 아무것도 아닌 것으로 그릴 수 있다는 거, 정말 대단한 일인 것 같습니다.

43. 이 이야기의 중심 내용으로 맞는 것을 고르십시오.

44. 이 화가에 대한 설명으로 맞는 것을 고르십시오.

※[45~46] 다음은 강연입니다. 잘 듣고 물음에 답하십시오. (각 2점)

여자 : 현대 사회에서 소비는 자신의 감정적인 문제를 해결하는 하나의 수단입니다. 하지만 자신의 욕구를 도저히 조절하지 못할 때는 물건을 산 다음 더 큰 불안과 우울을 느끼곤 하는데요. 이런 상황에서 벗어나려면 자신이 왜 충동을 조절하지 못하는지 알아야 합니다. 어릴 때는 누구나 자신의 욕구가 바로 채워지지 않으면 참지 못하는 '쾌락 원칙'을 따릅니다. 그러나 성장하면서 내가 아무리 원해도 채워지지 않는 욕구도 있다는 사실을 배우게 됩니다. 그러니까 보는 것마다 사고 싶어져서 참지 못하고 다 사 버리게 되는 사람은 자신이 아직도 어린아이마냥 '쾌락 원칙'에만 매달려 있지 않은지 살펴보는 게 좋습니다. 만일 그렇다면 유아적인 심리 상태에서 벗어나 현실 원칙을 따르도록 스스로 노력해야 합니다. 물건을 사러 나갈 때 조언을 해줄 수 있는 사람과 동행해서 도움을 받는 것도 하나의 방법일 것입니다.

45. 들은 내용과 일치하는 것을 고르십시오.

46. 여자가 말하는 방식으로 가장 알맞은 것을 고르십시오.

※[47~48] 다음은 대담입니다. 잘 듣고 물음에 답하십시오. (각 2점)

남자 : 스트레스 때문에 소아 정신과를 찾는 어린이 환자가 늘어나고 있습니다. 어릴 때 받은 스트레스는 커다란 심리적 상처를 남기고 그 상처는 평생 갈 수도 있다고 하는데요, 어떻게 하면 스트레스로부터 어린이들을 보호할 수 있을지 말씀해 주셨으면 합니다.

여자 : 그렇습니다. 스트레스로 인해 우울증까지 생긴 어린이도 있습니다. 일부 외국에서는 일찍부터 국가 차원에서 대책을 마련하여 실시하고 있는 곳도 있는데요. 양질의 탁아서비스를 제공하거나 스트레스 방지용 교육프로그램의 방송, 무료 상담과 치료 같은 것을 지원하고 있습니다. 물론 이런 국가 차원의 정책도 중요하지만 근본적인 것은 어린이에 대한 애정과 관심을 갖는 것이 중요하다고 봅니다. 애정 어린 관찰과 아이들 각자의 특성에 맞는 양육이 어린이 스트레스 해결의 첫걸음이지요. 아이에 대한 애정은 양이 아니라 질이 중요합니다. 한두시간이라도 아이와 다정하게 보내고 관심을 가지고 대화를 나눈다면 크게 걱정할 일은 아니라고 봅니다.

47. 들은 내용과 일치하는 것을 고르십시오.
48. 여자가 말하는 방식으로 가장 알맞은 것을 고르십시오.

※[49~50] 다음은 강연입니다. 잘 듣고 물음에 답하십시오. (각 2점)

남자 : 오늘은 광고 안에 들어 있는 거짓과 논리적 허점에 대해 이야기해 보도록 하겠습니다. 광고를 보다 보면 자칫 잘못 생각했다가는 감쪽같이 속기 쉬운 광고가 있는데요. 여러분이 '평균 월급 500만원'이라는 광고를 그대로 믿고 어떤 회사에 취직한다면 어떻게 될까요? 십중팔구는 자신이 받는 월급이 200만원에 못 미친다는 걸 알고 후회할 겁니다. '대부분의 사람이 받는 월급'이 아닌 '평균 월급'으로 광고한 숫자의 함정에 빠진 거죠. 또 '가장 많이 팔리는 맥주'라는 광고를 듣고 품질이 좋겠다고 생각했다면 그 역시 잘못 생각하는 것입니다. 많이 팔리고 있다는 건 품질이 좋아서가 아니라 값이 싸서 그럴 수도 있기 때문입니다. 광고 속의 정보를 곧이곧대로 믿지 말고, 그 속에서 사실만을 정확히 분석해 낼 수 있는 비판적 사고능력을 가져야 할 것 입니다.

49. 들은 내용과 일치하는 것을 고르십시오.
50. 남자의 태도로 가장 알맞은 것을 고르십시오.

第7章
解説編

第1章 聞き取り編（1）

合格資料 1 既出の「イラスト選択」の問題文例 p.22

41回	女：ミンスさん、これはここに植えるんですか。 男：はい。もう少し掘れば良いのでちょっとだけ持っていてください。 女：分かりました。ところで植え終わったら水をたっぷりかけないといけませんね。
37回	女：あれ？パスワードを正しく押したのにどうして開かないんだろう。 男：僕が一度やってみます。本当にだめですね。 女：故障したようです。私が行って警備の方を呼んで来ます。
36回	男：スミさん、こっちです。旅行は楽しかったですか。 女：はい、でも飛行機に長く乗っていたせいかちょっと疲れますね。だいぶ待ちましたか。 男：いいえ。かばんこちらにください。僕が持ちます。
35回	女：これちょっと見てもらえますか。服にコーヒーをこぼしました。 男：ちょっと見せてください。うーん…、洗濯すればきれいになると思います。いつまでで良いですか。 女：明日までにやってください。
34回	男：セーターはタンスの引き出しに入れましょうか。 女：いいえ。上のほうのハンガーにかけてください。
33回	男：この絵の位置はどうですか。ここにかければ良いですか。 女：いいえ。少しだけ下げてください。ちょっと高いようです。 男：じゃあ、この辺？
32回	女：あら、どこかで音楽の音が聞こえます。 男:あそこの公園で公演をしているようです。私たちも見に行きましょう。
31回	女：どうしてこんなに怪我をしたんですか。 男：階段で転びましたが、大きい怪我ではありません。 女：運がよかったですね。早く退院できたらいいですね。
30回	女：人も多いからこのまま歩いて行きましょうか。 男：6階まで行くのにしんどくないですか。 女：待つ時間が長くかかりそうです。このまま階段で行きましょう。
29回	女：鍵はどこに行ったんだろう？帰らなければいけないのに車の鍵が見えないわ。 男：そうですか。うーん、あ、ここにあります。 女：あ、その下に落ちていたんですね。

28回	女：ノートパソコン、そんな風に膝の上に置いて使ってはだめ。やけどする可能性もあるんだって。 男：ちょっと使うだけなのにやけどまでするのかな。 女：でも、そこのテーブルの上に置いて使って。
27回	男：スミさん、ここで何をしていますか。もう滑らないんですか。 女：さっき転んだところが痛くてちょっと休んでいました。 男：そうですか。じゃあ、休んでいてください。僕はもう一回り滑って来ますから。
26回	女：ここにちょっと座ってから行きましょう。 男：そうしましょう。美術館が思ったよりかなり広いですね。 おお、こうして見ると作品も格別に新しく見えますね。 女：そうでしょう。立って見るときとは違う感じです。
25回	女：電気が切れたんですけど、ちょっと電球を付け替えてもらえませんか。 男：わかりました。それじゃちょっとこの椅子押さえてくれますか。 女：ええ、そうしましょう。気をつけてやってくださいね。
24回	女：あの、この前のバス停で財布を拾いましたが、これ持ち主に返してください。 男：あ、はい。この届け書に書いてください。お名前と連絡先、落とし物を拾った時間と場所を書いて、下にサインをしてください。
23回	男：さあ、もう手を離すよ。ハンドルをしっかり握って前だけ見て行かないとだめだよ。 女：え、離さないで！転びそう。 男：僕が後からついて行くから心配しないで。
22回	女：この部屋は窓も大きくてとても良いですね。 男：お気に召されましたか。家具も揃っていてとても快適ですよ。 女：ええ、それではこの部屋にします。
21回	女：久しぶりに山登りをするせいかきついですね。頂上までどれくらい残っていますか。 男：あと 30 分くらいは行かないといけません。しばらく休んでから行きましょう。さあ、この水もちょっと飲んで。
20回	女：すみません、残った料理をちょっと包んでもらえますか。 男：はい、お客様、少々お待ちください。
19回	女：申し訳ありませんが、博物館内にはカメラを持ち込むことはできません。 男：それじゃこのカメラはどうしたらいいですか。 女：こちらでお預かりしますのでお帰りの際取りにいらしてください。
18回	男：わー、面白そう。僕たちこれに乗りましょうか。 女：あんな高く上がるのはちょっと怖いんだけど……。 男：それならあれはどうですか。子供たちもよく乗るんですよ。

17回	女：待っている人がすごく多いですね。また今度見に来ましょうか。 男：ここまで来たんだから見て帰りましょう。僕この映画すごく見たかったんです。
16回	女：あ、ドラマが始まる時間だ。サッカーを見るのはもうやめない？試合もほぼ終わってるじゃない。 男：５分しか残ってないんだから、これ最後まで見てドラマ見ようよ。
15回	男：ではこっちを見てください。いち、に、さん。はい、結構です。 女：いつ取りに来ればいいですか。

合格資料 2 既出の「グラフ選択」の問題文例 p.24

41回	男：みなさん、もしかして飛行機を利用したとき荷物がなくなったり遅く着いたりしたことがありますか。ある報告書によると2006年から2014年までの間、飛行機の手荷物事故数は2010年に最高で、その後減少しています。事故の種類としては荷物が遅く到着する遅延事故が最も多くて、かばんの中のものが割れる破損事故、そして紛失がそれぞれその次に続きました。
37回	男：30代女性を対象として化粧品の購入先を調べた結果、化粧品専門売り場を最も多く利用していることがわかりました。その次にはデパートと大型スーパーマーケットが続きましたが、デパートの利用客は去年に比べて大きく減少した結果が出ました。
36回	男：大学生を対象として大学教育を受けようとする目的を調査した結果「良い職業を得るため」という回答が最も多く、「能力の啓発」と「知識習得」が続きました。これは進学率は高くなりましたが、就業率は低くなる現実に対する学生たちの悩みを反映しているものとみられます。
35回	男：スマホの使用者が増えるとともにモバイルショッピングの利用客が急激に増加したことがわかりました。20代が最も多く利用し、10代がその後に続きました。相変らずパソコンでショッピングをしている人が多いですが、これからモバイルショッピングの利用客がさらに増えるものと予想されます。

合格資料 3 既出の「対話の続きの話選択」の問題文例 p.26

37回	男：スジンさん、来週からボランティア活動に行くんですって？ 女：はい、ぜひやってみたかったことなので休みを取りました。 男：【正答】❷ そんなにやりたかったとは知りませんでした。
36回	女：家族とキャンプに行きたかったけど、あれこれ買わなければならな

	いものが多すぎて行けなかったの。 男：テントのようにキャンプに必要なものがすべて揃えられたところがあると聞いたけど。 女：【正答】❸ そうなの？前もって知っていたら良かったのに。
35回	女：あの、急に雨が降ったので伺いますが、いまも傘を貸し出していますか。 男：すみません。傘の貸し出しサービスは先月から中止になりました。傘を返す方が少なすぎてサービスを続けるのが難しくなりまして。 女：【正答】❹ 必要な時に借りられて良かったのに、残念ですね。
34回	男：課長、掲示板に貼る案内文を全部作りました。 女：どれどれ、見てみましょうか。うーん…、いいですね。 男：【正答】❸ それではこのまま掲示板に貼りますか。
33回	女：キム代理、頼んだ会議資料はうまく行っていますか。 男：ほぼ終わっています。いま差し上げましょうか。 女：【正答】❸ 会議の前までにくれれば良いです。
32回	男：これで合っている？どうもこの道ではないような気がする。 女：そうなの。この地図が間違っているみたい。どうしよう？ 男：【正答】❹ あそこを通る人に一度聞いてみよう。
31回	女：室内の空気がちょっと息苦しい感じがします。 男：そうですか。それじゃ、窓をちょっと開けておきましょうか。 女：【正答】❷ はい、少しだけ開けてください。
30回	女：ミンスはどうして欠席までしたんだろう。 男：連絡もなしに来なかったことはなかったのに。 女：【正答】❹ 何があったのか電話してみようか。
29回	男：遅くまで働いたらちょっとお腹がすきましたね。1階の売店は開いてるでしょうか。 女：いつも10時までやっているから開いていると思いますよ。 男：【正答】❶ じゃあ、食べ物をちょっと買って来ます。
28回	男：ソウル食堂ですか。先程そこでお昼を食べて、かばんを置いて来たようですが、もしかしてそこに黒いかばんはありませんか。 女：あ、はい。こちらにあります。 男：【正答】❸ それでは夕方に取りに行きます。
27回	男：もしもし。パク・チュヌです。 女：パク・チュヌ様、こんにちは。こちらは韓国眼科ですが、今日の2時に予約されていますよね。そこで明日に予約を変えていただけないでしょうか。先生に急用ができましたので。 男：【正答】❹ 明日は私に時間がないのですが、どうしましょう。
26回	男：カン室長、今度の新入社員はどうですか。ちゃんと学んでいますか。 女：一生懸命やってはいますが、まだちょっと不慣れです。

	男：【正答】❶ 一つずつしっかり教えてみてください。
25回	女：あの、ボイラー（床暖房機）をつけても暖かくならなくて。この前直したのにまたなんです。 男：あぁ、そうですか。それでは私どもが今から伺ってもよろしいですか。 女：【正答】❹ 外出しなくてはいけないので午後がいいです。
24回	女：すみません、シャツのここに何かちょっと付いているんですけど、洗えばとれますか。 男：見てみましょう。そうですね、これは洗ってみないことにはわかりませんね。 女：【正答】❷ 新しく買ったものだから何とか消してくださると助かります。
23回	女：昨日一日中家を見て歩き回ったのに気に入った家がないんです。 男：ちょうど引っ越しシーズンだから家探しが簡単じゃないそうですよ。 女：【正答】❸ だから家が見つからないんじゃないかと心配です。
22回	男：わぁ、最近この映画がすごい人気だっていうけど、映画館が本当に混んでいますね。 女：本当にそうですね。チケットを買うのに相当かかりそうですね。 男：【正答】❸ 先に買っておけばよかったです。

合格資料 4 既出の「対話後の女性の行動選択」の問題文例 p.31

※31、29、28、26、24回は**男性の行動**を選択する問題である。

41回	女：とても眠い。まだ読まなければならない本も多いのに…。 男：眠たいなら寮に帰って早く寝て朝起きてからするとか…。 女：私は朝遅くまで寝る習慣があるので早く起きられません。目覚ましにちょっと出かけて散歩したいです。帰ってくる時コーヒーでも買って来ましょうか。先輩。 男：いいや、大丈夫。さっき飲んだよ。 【正答】❸ 散歩をする。
37回	男：キム室長、新製品の説明会準備はうまく行っていますか。 女：はい、しかし説明会の資料がまだ届いていません。 案内を手伝ってくれる人も少し足りませんし。 男：では、資料製作会社に一度電話してみてください。 私は手伝ってくれるアルバイトの学生を集められるか調べてみます。 女：ええ、そうしましょう。ではまた後で。 【正答】❸ 説明会の資料製作会社に電話する。
36回	女：うちのカーテンをちょっと変えようと思いますが。 男：こちらに来て見てください。パンフレットにもたくさんありますからご覧ください。 女：うーん…。店にはこれといって気に入るものがないからパンフレッ

	トをみてみます。 男：では、おかけになってゆっくり見てください。気に入るものがあればご自宅に持って行ってお付けします。 【正答】❶ パンフレットからカーテンを選ぶ。
35 回	男：カン先生、今度の現場学習はどこに行けば良いでしょうか。 女：そうねぇ…、安全教育体験館はどうですか。地震のような自然災害を体験してみると学生たちにも有益だと思いますよ。 男：それが良いですね。具体的にどのようなプログラムがあるのか調べてみなければなりませんね。場所も調べないといけないし。 女：場所は私が調べてみます。 男：本当ですか。ありがとう、カン先生。では私は詳しい日程を組みます。 【正答】❸ 体験館の場所を調べる。
34 回	女：早く来て。公演の開始は何時だっけ？ 男：7 時開演だからまだちょっと時間はある。 女：そうね。ところで私たちの座席はどこなの？ 男：座席はチケットをもらわないとわからないよ。 女：じゃあ、早く行ってチケットをもらいましょう。 男：チケットは僕がもらってくるからきみは行って飲み物を買って来て。 女：わかったわ。じゃあ、後で公演会場の入口で会いましょう。 【正答】❷ 飲み物を買う。
33 回	男：明日の体育大会の準備はどうなっている？僕が何かすることはない？ 女：あれこれ整理しているけど、思ったより仕事が多いわね。体育館に行って運動器具も持って来なければならないし、賞品も買わないといけないし…。 男：運動器具は僕が持って来るよ。ところで昼食の食堂は予約できたの？ 女：それは全部できているわよ。じゃあ、運動器具を頼みます。私はすぐ賞品を買いに行くわ。 男：分かった。 【正答】❶ 賞品を買う。
32 回	女：そちらは寮の事務室ですよね。来学期の寮の申込み期間はいつからですか。 男：月曜日から申し込みが始まっています。 女：そうですか。ではまだ部屋が残っているか確認できますか。 男：はい、残っています。ホームページに入って申込書を作成すれば入金案内のメールが届くと思います。 女：分かりました。ありがとうございます。 【正答】❶ 申込書を作成する。
31 回 ＊男性の行動	男：あの、ギターのクラスはどこに行けばいいですか。 女：ギターのクラスですか。それは休講になりましたが、ご連絡は行かなかったのですか。申し込みの人数が 10 名以下だと授業が開かれな

	いんですよ。 ショートメッセージでご連絡を全部差し上げましたが、手違いがあったようです。申し訳ありません。 男：そうですね。では授業料は払い戻してくれますね。 女：はい。もしかしてカードで決済されましたか。 男：いいえ、現金で払いました。 女：それでは身分証を見せていただけますか。すぐ処理いたします。 【正答】❸ 女性に身分証を見せる。
30回	女：うーん、たまねぎ、人参は全部洗ったし…。材料はすべて用意できているわ。 男：うん。材料の準備はほぼ終わった。これから何からする？えっと、僕はたまねぎを刻むよ。その間きみは春雨をゆでてくれる？ 女：春雨？野菜から炒めるんじゃなかったっけ？ 男：違う。春雨からゆでるのが正しい。料理本で見たよ。 女：そう？分かった。 【正答】❷ 春雨をゆでる。
29回 ※男性の行動	男：このズボンが気に入りましたが、これよりワンサイズ大きいものはありませんか。 女：申し訳ありませんが、お求めのサイズは全部売り切れてこちらの売場にはありません。注文書に住所を書いていただければ宅配でお送りします。それとも他のものをご覧になりますか。 男：いいえ。試着してみたものの中でそれが一番気に入ったのでそれで注文しますよ。 女：そうなさいますか。少々お待ちください。注文書お持ちします。 【正答】❷ ズボンを受け取る住所を書く。
28回 ※男性の行動	男：もしもし、スミさん。今どこですか。 女：はい、ヨンホさん。図書館に間もなく着きます。 男：そうですか。でも図書館に席がなくて他のところに行かなければならないと思います。 女：あ、試験期間だからなんですね。では必要な本を借りて空いている教室か静かなコーヒーショップで勉強しましょうか。ヨンホさんはどっちがいいですか。 男：では僕が本を探しておきますからいったんこちらに来てください。どこに行くかは会ってから話しましょう。 女：はい。到着したら連絡します。 【正答】❸ 必要な本を借りる。
27回	男：部長。おっしゃった企画案ですが、ある程度準備ができましたが。印刷してお持ちしましょうか。 女：メールで送ってください。今はメールだけ確認して詳しい検討意見は出張に行って話せると思います。出張準備でちょっと忙しいので。

	男：はい、分かりました。ところで部長、出張に行っていらっしゃる間に企画案のご報告はどうしましょうか。 女：出張に行っても連絡はやり取りできるからメールや電話で報告してください。ところで企画案は送りましたか。 男：(キーボードたたく音) はい、今ちょうど送りました。 【正答】❸ 男性が送った電子メールを確認する。
26 回 ※男性の行動	女：あ、本当にすごい渋滞。バスに乗らないで地下鉄に乗ればよかった。 男：そうだね。もしかして事故でも起きたんじゃないかな。約束に遅れそうだけど、どうしよう。 女：何時に会うことにしたの？ 男：3 時。 遅れるとまず連絡しておかないと。 うん？　僕の携帯電話はどこにいったんだろう？持って来なかったのかな。 女：ないの？じゃあとりあえず私のものでかけてみて。 【正答】❸ 友達に電話をする。
25 回 ※男性の行動	女：ミンスさん、今度の行事ですけど、何カ国から何名が参加するんですか。 男：全部で 12 カ国、35 名が参加する予定です。 女：それじゃあ、まず海外から来られる方の航空チケット代から計算してみてください。それからチケット代を支給する際、参加者が出さなければならない書類は何かを案内するメールも送って。大事な行事だから失敗しないよう気をつけて、以前の資料も良く調べてみてください。 男：はい。しっかり対応できるようにします。 【正答】❷ 参加者の航空チケット代を調べてみる。
24 回 ※男性の行動	女：すみません。少し寒いんですけど、エアコンをちょっと消してくださいませんか。 男：お客様、申し訳ありませんが、このまま温度を少し上げてはいかがですか。他のお客様は暑いとおっしゃっているので。 女：でも、こっちに来る風が強すぎてここにいられません。 男：それではお席を違うほうに移されますか。お召し上がりのお茶とコーヒーは私がそちらにお運びいたします。 女：ええ。それからお湯も一杯持ってきてください。 男：はい。あちらの方へどうぞ。 【正答】❸ 飲み物を移ろうとしている席に運んでくれる。

合格資料 5 既出の「文の内容一致選択」の問題文例 p.37

37 回	女：市長、市庁研修院を市民のための文化空間に変える工事が進められ

	ていると伺っていますが、ご紹介をお願い致します。 男：はい、市庁研修院は施設が古くて何年も空けておいていたところです。それで再建築を計画しながら市民の考えを調べてみると文化的な空間として使おうという意見が多かったのです。これからここは公演会場や行事会場として活用する計画です。来月になると本市にも新しい文化的な空間が誕生することになります。 【正答】❸ ここは来月に新たにオープンする予定だ。
36 回	女：ご案内申し上げます。当社のエネルギー節約のために社員の皆さまのご協力をお願いいたします。事務室の暖房温度は 18 度を維持し、昼休みには使わない電気製品は消してください。夜 9 時以降はエレベーターが運行されませんのでこの点ご注意ください。 【正答】❸ 事務室は一定の温度を維持しなければならない。
35 回	男：次は去年の年末に人気を呼んだアンコールバレエの公演のニュースです。この公演はある芸術高校の教師らで構成された舞踊団が子供たちのために準備したバレエです。子供たちが楽しく見られるようにダンサーが動物の服装をして出てきてダンスをします。ここに歌も加わって子供たちの理解を助けています。休日のお出かけに家族みんなで観覧するのも良さそうです。 【正答】❸ 公演の中に内容の理解を手助ける歌が出てくる。
34 回	女：デパートのセールなのにものがあまり多くないわね。今日が初日なのに…。 男：この前のセールのときはそうでもなかったけど、夕方に来たからかな？ 女：もっと早く来ればよかった。気に入る服は全部大きいサイズだけが残っている。 【正答】❹ 女性は気に入る服を買うことができなかった。
33 回	男：済州民俗村では冬休みの間、冬季の伝統食を作って試食するイベントを行います。特に伝統食の材料は民俗村の中で済州道民が直接育てた農産物が使われます。済州島の伝統食を昔の方式そのままで作ってみるので意義のあるイベントになると思います。 【正答】❷ このイベントでは伝統食を直接作ることができる。
32 回	男：最近バレエを扱ったミュージカル「白鳥」の主人公の配役に実際のバレリーナがキャスティングされて話題になっています。今日はその主人公の国立バレエ団のキム・ソヨンさんに会ってみます。キム・ソヨンさんは 15 年間国立バレエ団のダンサーとして国内のバレエを引っ張ってきました。これからミュージカルという新しいジャンルに挑戦する彼女の人生と芸術観をまもなく 2 部でご紹介します。 【正答】❷ 2 部では国立バレエ団所属のダンサーが出る予定だ。
31 回	男：歩き回らないでじっと座って読みなさい。気が散って落ち着かない。

	女：このようにして読むと内容もよく整理できて記憶に長く残るの。お兄さんも何かに集中するときは指を動かすでしょう。 【正答】❶ 男は集中する時は指を動かす。
30回	男：引っ越しは無事終わりましたか。 女：はい。荷物が多くないので早く終わりました。ところで引っ越した後も気を使わなければならないことが多いですね。やるべきことをまとめておいたけど、慌ただしいですね。電話とインターネットもつなげなければならないし。 男：私も片付くまで 1 カ月はかかったような気がします。 【正答】❸ 女性はやるべきことが多くてとても慌ただしい。
29回	男：私たちの体は夏と冬ではどちらがエネルギーをより多く使うでしょうか。普通汗をたくさんかく夏だと思う方が多いです。しかしむしろ寒い冬にエネルギーをより多く使います。寒さで体温が下がると私たちの体は体温をあげようと筋肉を動かして熱を作ります。ちょうどこの過程でエネルギーが使われるからです。 【正答】❸ 体温が下がると体の筋肉を動かして熱を出す。
28回	男：犬は人間より遥かに早く正確にものを区別しますが、どうやってそれができるのでしょうか。それは人間より 100 万倍もすぐれた嗅覚のおかげです。それで犬は 500 メートル以上離れているものもにおいで区別できると言います。においは空気の中を漂いますが、犬の鼻はいつも濡れているのでにおいを長くとらえておくことができます。だからにおいをうまく嗅ぐわけです。 【正答】❷ 犬の嗅覚は濡れているのでにおいをうまく嗅ぐ。
27回	女：ご案内申し上げます。私ども韓国マートは開店 10 周年を迎え、感謝イベントを行っております。商品を 5 万ウォン以上お買い上げになったお客さまには抽選でキムチ冷蔵庫、電子レンジ、清掃機などのプレゼントを差し上げます。参加希望の方は商品を購入する際受けとった応募券にお名前と電話番号を書いて顧客センター前の応募箱にお入れください。皆さまの多くのご参加をお願い申し上げます。 【正答】❸ 韓国マートは開業してから 10 年になった。
26回	男：子供は眠いとき目をよくこするでしょう。眠気と目にはどんな関係があるのでしょうか。私たちの体は寝ている間エネルギーをより少なく使うために体温を下げます。それで眠る直前一時的に多くの血液が手と足、そして目に移動して熱を外に放出するのです。このとき目が熱くなり始めると目の活動が鈍り、涙の量が減ります。そうするとしょっちゅうまばたきするようになり、目をよくこするようになるのです。 【正答】❶ 目が熱くなるとしきりにまばたきをする。
25回	男：陸上選手は種目により競技前に特に神経を使う部分が違います。マ

	ラソンをする長距離選手はカロリーが高いものを充分に食べて体内にエネルギーを蓄えておきます。そうすることによって最後まで力が出し切れるからです。反面 100 メートル競技のように短距離を走る選手は競技が近づくにつれ、呼吸訓練に多くの時間を費やします。一定の距離を息をせずに走りながら短い時間に強い力を出す練習をするのです。 **【正答】** ❶ 短距離選手は息を止めて走る訓練をする。
24 回	男：常に水に浸っている場所があります。湿気が多いので湿地と呼びます。最近この場所に対する関心が高まっています。湿地に生息する多様な植物が環境に良い影響を及ぼしているからです。湿生植物は雨をよく吸い上げます。だから洪水を未然に防ぐ効果があります。また湿生植物が呼吸する時に出す澄んだ空気は辺りの空気をきれいにしてくれたりもします。 **【正答】** ❶ 湿地は雨を吸収して洪水を防ぐ。
23 回	女：リンゴが体に良い果物であることはご存知ですね。でも夜遅くにリンゴを食べるのは良くないといいます。普通夜には食べ物がすべて消化された後なので胃の中が空になっています。そのとき酸味が胃を刺激することになるからです。それで胃が痛んだりお腹を壊したりすることもあります。 **【正答】** ❹ 夜リンゴをよく食べると健康に良くないことがある。
22 回	男：南極と北極はどのように違うのでしょうか。南極はとても厚い氷に覆われた大きな大陸です。しかし北極は海の上に浮いている氷の塊なのです。南極と北極は氷山の形も少し違います。北極の方がずっととがっています。南極と北極は寒いのは同じですが北極は南極ほど寒くありません。海水に囲まれているからです。 **【正答】** ❹ 北極は海水の影響で南極より寒くない。
21 回	男：「ウォーキング」というと特別な方法なしに歩きさえすればいいと考える方が大勢いますが、正しい方法と姿勢で歩かなければ運動効果がなかなか得られないそうです。歩くときは普段より若干速いスピードで歩かなければなりません。そしてかかと、足裏、足の指の順に地面に着かなければなりません。顔をややあげて目は 15 メートル先を見ます。腰はしっかり伸ばし、両腕を自然に前後に振るのが良いでしょう。 **【正答】** ❷ 歩く時はかかとから地面に着かなければならない。
20 回	男：朝は夜より背が高いというのをご存知ですか。人間の骨の間には骨をつなぐ柔らかい部分があります。立って活動する昼間には頭の重みのせいでこの部分が圧迫されていますが、夜、横になっていると元通りに広がるのです。だから朝と夜の身長には差があるのです。 **【正答】** ❷ 夜に比べると朝がより背が高い。

19回	男：先生は現在全世界の子供達に援助をしていらっしゃいますね。最初この仕事をどのようにお始めになったのですか。 女：5年ほど前に新聞を見ているとき貧困で学校をやめることになった生徒の記事を読みました。幼い時の自分のことを思い出して援助をしたのですが、自分の気持ちがとても幸せになったんです。それで毎年1～2名ずつ援助するようになり、そうしているうちに今ではこうして他の国の子供達にまで援助するようになりました。 【正答】❸ 女性は新聞を読んで子供たちを助け始めた。
18回	女：あれ、ここに公園ができたんですね。 男：ひと月前はまだ工事していたからできて間もないんでしょうね。僕たちも入ってみましょう。 女：わー、木が多いせいか空気がとても澄んでいますね。近所に公園がなくて散歩があまりできませんでしたが、これからはしょっちゅうできそうです。 【正答】❶ 女性はこの公園に初めて来た。
17回	女：イ課長、さっき誰かが来てこの箱を渡してほしいと言っていました。 男：そうですか。メモはありませんでしたか。 女：メモはなくて、あとで直接電話すると言っていました。 男：どんな人でしたか。 女：うーん、背がちょっと高くて眼鏡をかけていましたけど、学生のようでした。 【正答】❷ イ課長を尋ねてきた人は物を置いて帰った。
16回	女：ここは東洋画と西洋画を一緒に展示してあるんですね。東洋と西洋の絵画を1カ所で見られるので絵の特徴がいっそう際立っているようです。 男：本当に見ごたえがあるでしょう。人が良いというのにはちゃんと理由があるんです。やっぱり来て良かったですね。 【正答】❹ ここでは東洋と西洋の絵画を同時に鑑賞することができる。
15回	女：仁川国際空港旅券案内所では今年7月から、急きょパスポートを延長したり再発給しなければならない方のために「緊急旅券発給サービス」を実施します。このサービスは平日午前9時から午後5時まで利用可能ですが、サービスをお申し込みの際には既存のパスポートと航空券、そして写真2枚を揃えてお越しください。 【正答】❹ パスポートの有効期間を空港でも延長することができる。

合格資料 6 既出の「男性の中心となる考え選択」の問題文例 p.45

41回	女：まだ公衆電話があるのね。私はもうなくなったと思ったけど…。 男：何を言っている。急な時に使わなければならないから、ないとだめ

	でしょう。携帯電話がない人もいるだろうから。 女：どうしても必要な時は他の人の携帯を借りれば済むことだから、誰も公衆電話は使わないでしょう。 男：それでも借りて使えない状況もあり得るんじゃない？ 【正答】❹ 公衆電話は急な時に必要なので無くしてはいけない。
37回	女：団長は青少年のための国楽の公演をなさっていますが、特別に青少年のための公演をする理由はあるんでしょうか。 男：はい。最近の青少年たちは国楽を退屈だとばかり思っているようです。それで青少年が国楽を簡単に接して楽しめるようにする必要があります。大衆歌謡を国楽に合わせて編曲して演奏したり青少年たちが直接伝統楽器を演奏することができる機会を与えるのです。このようにして国楽に対する偏見をなくすことが重要だと思います。だからこれからも青少年のための公演は続けるつもりです。 【正答】❹ 青少年が持っている国楽に対する態度を変えなければならない。
36回	男：スミさん、最近どうしてコンピューター学校に行かないんですか。 女：この程度で十分かなと思いまして。いま覚えているものだけうまく活用してもコンピューターができなくて困ることはなさそうです。だから敢えて学校にもっと通う必要があるのかなと思ったんです。 男：でも、何でも深く学んだほうが良くないですか。特に最近の競争社会では、専門性が強くなるほど競争力になりますから。 【正答】❷ コンピューターをもっと学んでおけば競争力が大きくなる。
35回	女：キム・ヨンゼ先生は伝統に従った韓服だけを作ることで有名ですが、特別な理由でもありますか。 男：私は韓服の大衆化よりは伝統的な韓服の美しさを守るのが重要だと思います。現代の韓服は派手な色と実用的なデザインで韓服を大衆化することに寄与しました。しかし韓服の最も重要な要素は適度な色と線です。このような固有の特徴が抜けたら本当の韓服ではないと思います。 【正答】❶ 伝統的な韓服の特徴を守るのが重要だ。
34回	女：最近相談を受けるために専門家を訪れる人が多いんですが、相談を受けても確かな解決方法を聞くことができなくて時間だけ浪費したようだと言う方々もいます。 男：もちろん相談を通じて確実な解決方法を見つけることも重要だと思います。しかし誰かに自分の悩みを打ち明けて、またそれをよく聞いてくれる人がいると感じることだけでも相談の効果は十分だと考えています。 【正答】❹ 悩みを話すだけで相談の効果はある。
33回	女：最近は人気のある映画を多くの映画館で上映するから良いですね。どこでも簡単に見られますから。

	男：それはそうだけど、多様な映画を見る機会はかなり減りましたよ。映画館が同じ映画ばかり上映すると人気はないけれど、作品性のある映画は見るのが難しくなりますね。 【正答】❶ 映画館ではいろんな映画を上映しなければならない。
32回	女：部長、来月の出張に新入社員を連れて行っても良いでしょうか。現地の事情も覚えて取引先の職員たちも知っておけば良いかと思いますが。 男：新入社員に海外出張はまだ無理ではないですか。それに今回の出張には重要な契約がかかっているじゃないですか。現地の事情もよく分かっているし、取引先の人たちもよく知っているイ課長代理と一緒に行くのが良いと思います。 【正答】❸ 重要な出張なので業務をよく知っている人と行かなければならない。
31回	女：企画チームでは会議を立ってするんですって？ 男：はい。この間から始めましたが、良かったですよ。立ってするから長い時間しにくいじゃないですか。だからほかのことを考えず集中して意見ももっと積極的に話すようになります。会議の質も高くなるようですし。 【正答】❷ 立って会議をすれば会議にもっと集中することができる。
30回	女：目標にした時間まで運動をするのは簡単ではないですが、先生、計画した時間通りに運動できる良い方法はありませんか。 男：はい、運動は一人でやるよりは他の人と一緒にするほうがもっと良いです。運動を一緒にする人がいればその人を意識するようになるから運動時間も長くなります。特に、相手が自分より運動が得意なら自分も上手になりたい気持ちでもっと熱心にするようになります。 【正答】❸ 運動をする時は他の人と一緒にしたほうが良い。

❶ イラスト・グラフ選択問題 ……… 問題 p.50 / 台本 p.240

※次を聞いて適切なイラストを選びなさい。

1.

男：明日釜山に行く飛行機の切符を予約したいんですが。
女：申し訳ございません。明日は席がございません。あさってはいかがですか。午前8時に出発する飛行機なら席がございますが。

【正答】❸

2.

女：これはソウル駅まで行きますか。
男：はい、ソウル駅前の停留所に止まりますからそこで降りるといいですよ。

【正答】❷

3.

女：こうして田舎道を歩くのも久しぶりですね。
男：本当にそうですね。空気もきれいで気分がとても良いですね。
　　今度は自転車できてあちこち見物したいですね。

【正答】❶

4.

女：どなたですか。
男：春川食堂です。ジャージャー麺をお届けにまいりました。
女：ちょっと待ってください。ドアを開けます。

【正答】❹

5.

女：バスがどうしてこんなに来ないんでしょう。こうしていたら結婚式に遅れ
　　ます。
男：では、タクシーに乗りましょうか。
女：タクシーも道が混んでいたら遅れるかもしれません。地下鉄が良さそうです。

【正答】❷

6.

女：いらっしゃいませ。
男：これを速達で送ろうと思うんですが。
女：明日の午後 1 時以降に着きますが、よろしいでしょうか。

【正答】❸

7.

男：手袋を 1 つ見せてもらえますか。
女：こちらはいかがですか。一度はめてごらんになりますか。
　　最近人気のあるものです。
男：そうなんですか。それじゃあ、この色じゃなくて黒はありませんか。

【正答】❶

8.

男：どうされましたか。
女：公園のベンチで誰かの携帯電話を拾ったので届けに来ました。

【正答】❷

9.

男：お客様、着きました。こちらがソウルホテルです。
女：ありがとう。これ料金です。荷物もちょっと降ろしてもらえますか。

【正答】❸

10.

男：何を頼みましょうか。
女：このお店は何がおいしいですか。
男：ここは手打ちうどんがおいしいそうです。

【正答】❹

11.

男：どれくらい切りましょうか。
女：暑いから耳が見えるくらい短く切ってください。

【正答】❹

12.

女：あら、変だわ。ヨンミンさん、この机の上にあった辞書見ませんでしたか。
男：あ、あの辞書のことですか。さっきウニョンさんが使っていましたが。

【正答】❷

13.

男：趣味生活に対するアンケート調査によれば男性より女性のほうが趣味のない人が多いということがわかりました。趣味生活をしない理由として男性は「金銭的な余裕がなくて」が1位を占めたのに対して、女性の場合は「体が疲れて体力がなくて」を理由として挙げた人が最も多かったです。

【正答】❸

14.

男：20～30代の男女を対象として恋人に別れを告げる方法について質問をした結果半分近くの人がカカオトーク、またはショートメッセージだと回答し、次が電話でした。直接顔を見て別れを告げるという意見は20%以下でした。別れる理由としては性格の違いが最も多く、関心がなくなったということがその次でした。

【正答】❸

15.

男：インターネットショッピングが日常的になるにつれてインターネット書店の利用客が急激に増加したことがわかりました。仕事が忙しい30代が最も多く利用していて40代がその次に多かったです。相変らず街の書店で本を買う人が多いですが、これからはインターネット書店の利用客がさらに増えると予想されます。

【正答】❸

16.

男：会社員10人の内7人はバスや地下鉄のような公共交通機関を利用して通勤していることがわかりました。最も多く利用する交通手段は地下鉄で、その次がバスでした。通勤にかかる時間は平均70分で地下鉄の利用者が最も短かったです。

【正答】❶

❷ 対話の続きの話選択問題 ……… 問題 p.58 / 台本 p.242

※次の対話をよく聞いてその続きとして適切なことばを選びなさい。

1.

男：お腹が空いてこれ以上できません。ご飯食べてからやりましょう。
女：ちょっと待ってください。ここまで終わらせてから行きましょう。
男：＿＿＿＿＿＿＿＿＿＿＿＿＿＿＿＿＿＿＿＿。

① じゃあ、友達と食べてきます。
② じゃあ、帰ってくるときのり巻を買ってきます。
❸ 待ってますから早く終わらせてください。
④ ちょっとで終えられます。

2.

男：服にしみが付いていたけど、どうなりましたか。
女：ええ。自分で消そうとしたんですけど、だめですね。
男：＿＿＿＿＿＿＿＿＿＿＿＿＿＿＿＿＿＿＿＿。

❶ それじゃあ、クリーニングに出したほうがいいですよ。
② 僕はまたしみになるんじゃないかと心配しましたよ。
③ 調べてみれば簡単に消せそうです。
④ それじゃあ消さないで残しておいてください。

3.

女：昨日の集まりは楽しかったですか。
男：はい。時間がたつのも忘れて話していたので終電を逃すところでした。
　　ところでチヨンさんはどうして来なかったんですか。何かあったんですか。
女：＿＿＿＿＿＿＿＿＿＿＿＿＿＿＿＿＿＿＿＿。

① 道が渋滞していてバスに乗れませんでした。
❷ 急に急ぎの用事ができたので。
③ 何があったのか私も本当に気になります。
④私も楽しい時間を過ごして嬉しかったです。

4.

女：ヨンミンさんが学校をやめて軍隊に行ったんですって。
男：それチュングの話じゃありませんか。ヨンミンはさっき図書館で見ましたよ。
女：＿＿＿＿＿＿＿＿＿＿＿＿＿＿＿＿＿＿＿＿。

① それじゃあ、チュングさんが学校をやめるんですか。
② そうですか。それでは、二人によろしく伝えてください。
③ それでヨンミンさんは図書館で勉強ばかりしているんですね。
❹ そうですか。それじゃあ、私が聞き間違えたんですね。

5.

男：この間の連休は道が混んだので、旅行に出かけて大変な苦労をしました。
女：私もそうでした。田舎に帰ってのんびり休もうとしていたのに車の中でほとんどの時間を過ごしてしまいました。
男：＿＿＿＿＿＿＿＿＿＿＿＿＿＿＿＿＿＿＿＿。

① それでも良かったですね。田舎でのんびり休むことができて。
② でも連休の時には道が混むものですよ。
❸ だからこれからは連休には電車に乗ることにしました。
④ それでも連休には旅行に行くべきです。

6.

女：30 分経ちましたけど、まだ来ませんね。電話にも出ないところをみると何かあったみたいです。どうしましょう。
男：＿＿＿＿＿＿＿＿＿＿＿＿＿＿＿＿＿＿＿＿。

① どうやら電話が壊れたみたいです。
② 急な用事ができたから私達だけで先に行きましょう。
❸ 仕方ないですね。もう少し待ってみることにしましょう。
④仕事していたら電話できないはずです。

7.

男：すみませんが、今日の集まりには行けません。
女：何かあるんですか。
男：ええ。友達が来週留学するので、今日会って食事をすることにしたんです。
女：＿＿＿＿＿＿＿＿＿＿＿＿＿＿＿＿＿＿＿＿。

① それじゃあ、どんなプレゼントを買いますか。
❷ それじゃあ、今度は必ず参加してくださいね。
③ それじゃあ、留学して必ず会うことにしましょう。
④ それじゃあ、その友達にすまないと伝えてください。

8.

男：引っ越したところは気に入りましたか。
女：いまいちです。部屋は広いですが、辺りがあまりにもうるさいんです。
あ、今度の週末ミニョンさんが家に来ることになっていますが、時間があったら遊びに来てください。
男：＿＿＿＿＿＿＿＿＿＿＿＿＿＿＿＿＿＿＿＿。

① すみません。うるさい所は私も嫌です。
② もちろんです。時間があったらいつでも遊びに行きます。
③ それでは、ミニョンさんに引っ越したと伝えてください。
❹ すみません。その日は家に友達が遊びに来ることになっています。

9.

男：パク先生いらっしゃいますか。
女：いま授業中ですが。
男：＿＿＿＿＿＿＿＿＿＿＿＿＿＿＿＿＿＿。

❶ それでは、メモをちょっと渡していただけますか。
② それでは、授業が終わるまでお待ちになりますか。
③ それでは、電話を切ってもいいですか。
④ それでは、授業を聞いてもいいですか。

10.

女：ちょっとご報告することがあるのですが。
男：すぐ会議に入らないといけないから後で話しましょう。
女：＿＿＿＿＿＿＿＿＿＿＿＿＿＿＿＿＿＿。

① それでは、会議で報告してください。
② それでは、後で会議で会うことにしましょう。
③ この仕事は急がなければならないと思います。
❹ すぐ終わりますからこれをご覧ください。

11.

女：この頃顔色が良くないですね。何かあったんですか。
男：大丈夫です。最近仕事が忙しくて睡眠不足だからです。
女：＿＿＿＿＿＿＿＿＿＿＿＿＿＿＿＿＿＿。

① 仕事が忙しい時は誰でも顔色が良くありません。
② 顔色が悪いから病院に行ってみてください。
③ 寝てばかりいないで適度に働かなくてはいけませんよ。
❹ 仕事もいいですが、十分寝ないといけませんよ。

12.

女：このズボンはいかがですか。お気に召しましたか。
男：ええ、気に入りましたが、少し小さそうです。もう少し大きいのはありませんか。
女：＿＿＿＿＿＿＿＿＿＿＿＿＿＿＿＿＿＿。

❶ 今はこれより大きいものがありません。
② それではこれをもう少し大きくいたしましょう。
③ 大きいのはないので少し小さいものにお取替えします。
④ 大きいのは気に入らなさそうです。

13.

男：いらっしゃいませ。
女：部屋ありますか。予約はしていませんけど。
男：はい。ちょうど一つ空いています。どのくらい滞在されますか。
女：＿＿＿＿＿＿＿＿＿＿＿＿＿＿＿＿＿＿。

❶ 一日だけ泊ります。
② 食事は外でします。
③ 二日間予約するつもりです。
④ それでは空き部屋一つお願いします。

14.

男：もしもし。一時間前にピザを頼んだんですけど、まだ来ていませんよ。
女：申し訳ございません。電話番号を言っていただけますか。
男：370-4378 です。
女：＿＿＿＿＿＿＿＿＿＿＿＿＿＿＿＿＿＿。

① ありがとうございます。またご利用ください。
② 着いたら電話でお知らせいたします。
③ コーラも一緒に持たせましたのでもうしばらくお待ちください。
❹ 先ほど出発しました。間もなく着くはずです。

15.

男：来週 17 日午後に出発する羽田行きの飛行機を予約したいんですが。
女：その日の午後は席がございません。
男：＿＿＿＿＿＿＿＿＿＿＿＿＿＿＿＿＿＿。

① 午後に席がなければ次の週に出発します。
② 大人一人だけなのに予約ができませんか。
③ それでは午前に行くから予約しておいてください。
❹ それではその日の午前には席がありますか。

16.

男：チヨンさんじゃありませんか。久しぶりです。
女：ええ、本当に久しぶりですね。いったい何年ぶりですか。
　　どこか外国にでも行っていましたか。
男：＿＿＿＿＿＿＿＿＿＿＿＿＿＿＿＿＿＿。

① 去年 1 カ月間イギリスに行ってきました。
② 久々に外国に行ってきました。
❸ 3 年間アメリカに行っていました。
④ 韓国に来てからもう 3 年になりましたね。

17.

男：今日もまた遅刻したんですか。
女：申し訳ありません。明け方まで資料を作っていて遅くに寝たら…。
男：＿＿＿＿＿＿＿＿＿＿＿＿＿＿＿＿＿＿。

① 遅くまで本当にお疲れ様でした。
❷ 仕事もいいけど、次からは気をつけてください。
③ 遅刻しないで早く休んでください。
④ 明け方まで作っていた資料をなくしてしまってはどうするんですか。

18.

女：学校で火事が起きたという話は聞きましたか。
男：学校でですか。
女：ええ。今日明け方に学校の倉庫から火が出たんですって。
男：＿＿＿＿＿＿＿＿＿＿＿＿＿＿＿＿＿。

① 明け方だから被害は少なかったでしょうね。
❷ そうでしたか。怪我した人はいないんですか。
③ それじゃあ倉庫を新しく建てなければなりませんね。
④ 空の倉庫で良かったですね。

19.

女：今日講義室にカバンを置き忘れたんですが。
　　ここに来れば見つかると聞いてきました。
男：はい、そうです。どのようなカバンでしょう。
女：＿＿＿＿＿＿＿＿＿＿＿＿＿＿＿＿＿。

① カバンの中に学生証が入っています。
❷ 黒ですけど、持ち手にクマのぬいぐるみがついています。
③ では、明日もう一度来ます。
④ 四角いカバンですけど、ちょっと見せてください。

3 対話後の女性の行動選択問題 … 問題 p.62 / 台本 p.244

※次の対話をよく聞いて女性が次に取る行動として適切なものを選びなさい。

1.

女：ミンスが来月軍隊に行くんだって？私は卒業してから行くものと思っていたけど…。
男：僕も昨日その話を聞いてびっくりしたよ。何もしないで行かせるわけにはいかないから軍隊に行く前に友達が集まって一緒に食事でもしたいね。君がみんなに連絡してくれる？ミンスには僕が話しておくから…。
女：わかった。

① 軍隊に行くということをみんなに伝える。
❷ 送別会をしようと友達に伝える。
③ ミンスに時間があるか聞いてみる。
④ みんなが集まって食事する場所を調べる。

2.

男：まだお腹が痛いのが治ってないんですか。
女：ええ、時間が経てば自然に治ると思っていたんですけど、治りませんね。
　　薬屋に行って消化剤でも買って飲みます。

男：そうしないで早く診察を受けてみたほうがいいと思いますよ。どうして痛いのか原因がわからないとどんな薬を飲めばいいかわからないじゃないですか。ただの消化不良じゃないかもしれないから。
女：わかりました。そうします。

❶ 病院に行って診察を受ける。
② どんな薬が良いか薬局に聞いてみる。
③ 薬を飲んで治るまで休む。
④ 痛みが自然に治るまで待つ。

3.

女：もしもし。今駅前にみんな集まって待っていますけど、どこら辺ですか。
男：すみません。今ソウル駅を通ったから10分後くらいに着くと思います。その店は知っていますから皆さん先に行って食事を始めていてください。
女：はい、わかりました。

① 駅前で待つ。
❷ 店に移動する。
③ 全員に到着時間を知らせる。
④ 10分後に食事を始める。

4.

男：今度の大学祭の時に卒業した先輩たちを招待する準備は終わりましたか。
女：はい。卒業生に紹介する資料は全部準備できて、今は招待状を発送する住所録を作成しています。
男：往復はがきは準備しましたか。
女：いいえ、それはまだできていませんが。
男：じゃあ、それを早く買って来ないといけませんね。出席者を確認しないとパーティーの準備もできないじゃないですか。
女：はい、わかりました。

① 先輩たちの住所録を作成する。
② 資料の発送準備をする。
❸ 往復はがきを買いに行く。
④ 出席者に合わせてパーティーの準備をする。

5.

女：もしかしてキム課長はどこにいらっしゃるかわかりますか。
男：少し前にコピー室に入っていくのを見かけましたけど……。どうしたんですか。
女：急いで確認をもらわないといけないものがありますが、いらっしゃらなくて…。
男：じゃあ早く行ってみてください。まだそこにいるでしょうから。
女：わかりました。ありがとうございます。

❶ キム課長を探しにコピー室に行く。
② キム課長に会った時間を尋ねてみる。

③ 男性にコピー室はどこかを確認する。
④ 男性にキム課長の席を確認する。

6.

男：母さん、ズボン裾上げしたの取ってきた？
女：あ、うっかり忘れてたねえ。今日までにやってくれるって言ってたのに。
　　わたしが後で行って来るよ。明日着るの？
男：いや、ただ思い出したから聞いてみたんだ。時間があるからいま僕が行って
　　取って来ようか。
女：そうする？ じゃあ、わたしがいま電話しておくよ。

① ズボンを裾上げしたか確認する。
② 裾上げしたズボンを取りに行く。
③ 明日着るものだと電話する。
❹ 息子が取りに行くと連絡する。

7.

男：すごく疲れて見えますね。何かあったんですか。
女：最近報告書を書いていてあまり寝ていなかったんです。
男：そうですか。報告書は書き終わりましたか。
女：ええ、書いて来ました。あとは提出さえすれば大丈夫です。
男：それじゃ早く提出して家に帰って休むようにしてください。寝ないで仕事ば
　　かりしていて健康を損なったら大変じゃないですか。
女：そうします。

① 健康を損なって診察を受ける。
② 報告書を全部書いたか確認する。
❸ 報告書を提出しに行く。
④ 早く家に帰って寝る。

8.

男：忘年会に来る人たちに連絡は全部した？
女：うん、先週の木曜日にメールで全部連絡したよ。
男：それで何人来るって？
女：今日までに 5 人から来るって連絡があったわ。10 人に連絡したけど、あと
　　はわからない。
男：来週だから直接電話してでも確かめてみて。場所を予約するには正確に何人
　　来るのかわからないなといけないんじゃない。
女：わかった。そうするわ。

① 何人が来るのかメールをチェックする。
② 料理を何人分準備するか確認する。
❸ 電話で忘年会に来る人を確かめる。
④ 店に電話して予約をする。

9.

女：通帳を作りに来たのですが。
男：それではあちらに通帳の申込み用紙がありますので申込書を書いてお持ちください。
女：申込書、書きました。
男：身分証もお見せいただけますか。それからこちらに印鑑が押されていないですね。こちらのお名前の後に印鑑を押していただけますか。
女：ああ、はい、わかりました。

❶ 身分証を渡して印鑑を押す。
② 通帳の申込み用紙を差し出す。
③ 身分証と印鑑を取り出しておく。
④ 申込書を作成しに行く。

10.

男：ユンミ。最近ミニョンが元気がなく何か悩みがあるようだけど、どんなことか君がちょっと聞いてくれない？
女：私が？私に話してくれるかな？
男：君は女同士だから通じることがあるんじゃない？サークルや就職関係の話なら僕にしないわけがないのにどうも個人的な問題のような気がする。
女：うん、分かった。

① ミニョンに個人的な問題を相談する。
② 男性に悩みを打ち明ける。
③ サークルや就職に問題があるか調べてみる。
❹ ミニョンに会って話を聞いてみる。

11.

男：ウンギョン、掲示板に国費留学生を選抜するという公告が貼ってあったけど、見た？条件が良いようだし、一度応募してみたらどう？
女：国費留学生？国費留学生は試験が難しいと思うけど、私が受かるかな。
男：それはやってみないとわからないよ。学生課の掲示板に公告が貼ってあるからとりあえず確認でもしてみたら。わからないことは後で学生課に聞いてみればわかると思うから。
女：わかった。そうする。

① 学生課に公告の内容を聞いてみる。
② 願書をもらいに学生課に行く。
❸ 国費留学生選抜の公告を見に行く。
④ 学生課に行って願書を作成する。

12.

女：これ明日の会議で社員研修計画について発表しようと作ったのですが、ちょっと見てくれますか。
男：明日が発表ですか。どれどれ、ちょっと見せてください。うーん、目次も大丈夫だし、教育内容や日程、準備関係の内容も大丈夫だし…。しかし、今回は研修場所が中国になっていますね。これだけ見ては研修をなぜ中国でしなければならないのかわかりにくいですね。だからどうして敢えて外国で社員研修をする必要があるのかその点についてもう少し詳しく書いたほうが良いのではないかと思います。
女：そうですね。

① 場所について旅行会社と詳しく協議する。
② 研修場所が目立つように大きく書く。
❸ どうして外国でするのかについて分かりやすく書く。
④ 教育内容についてより詳しく書く。

13.
男：これ昨日ここで買った服ですが、家に帰って見るとボタンが間違ってついていました。
女：領収証を見せていただけますか。（少し間を置いて）ご迷惑をおかけして申し訳ありません。払い戻しにいたしましょうか、もしくは同じものにお替えになりますか。
男：同じものに替えてください。
女：はい、かしこまりました。それでは少々お待ちください。

① 間違ってつけられたボタンを直してあげる。
❷ 同じ服に替えてあげる。
③ 領収証をまた返す。
④ 服代を払い戻してあげる。

14.
女：先生、いま教室で学生たちが待っているんですが。
男：ごめんなさい。急にやらなければならないことがあって約 10 分ぐらい遅れます。終わったらすぐ行きますから学生たちにこの資料を配って読んでいるようにと伝えてください。
女：はい、分かりました。

❶ 講義資料を配る。
② 急いでやるべきことを伝える。
③ 授業に遅れた理由を伝える。
④ 学生たちに資料を読んであげる。

15.
女：インターネットがうまくつながらなくてお電話しましたが。
男：そうですか。状態をおっしゃってくださいませんか。
女：最近急に接続が切れてつながらない時が多いです。
男：分かりました。それではまずモデムを一度確認してくださいませんか。モデムの電源アダプターを抜いて 30 秒ほど待ってからまた接続してみてください。それでもだめでしたらラン（LAN）ケーブルを抜いてからまたつな

　げてみてください。
女：分かりました。一度やってみて、だめならまた連絡します。

① ランケーブルを抜いてからまたつなげる。
② モデムを交換してほしいという。
③ 顧客センターにまた電話する。
❹ モデムの電源アダプターを抜く。

16.

男：プリンターはまだだめですか。
女：はい、文字が重なったり薄かったりしてまともに印刷ができないんです。
　インクを取り換えてクリーニングをかけてみても同じです。
男：それ、朝からずっとそうなんです。単にインクやクリーニングが問題ではないようです。どうも使いすぎて故障したようだからすぐ一つ購入したほうが良いんじゃないですか。
女：はい。そうします。

① 購入費用を支払う。
② 修理業者に連絡する。
❸ プリンターを新たに注文する。
④ 男性に新しいものを買って来させる。

〈既出41回〉

17.

女：キムミンスさん、今日使う料理の材料は届きましたか。
男：はい、少し前に届きました。ところが、シェフ、整理してみると入荷していないものがあるのですが、どうしましょうか。
女：漏れているものを教えてくれれば私が注文書をまた確認して業者に電話してみます。
男：はい。では調理室の前にある材料は先に保管庫に移しておきます。

① 業者に電話する。
❷ 注文書を確認する。
③ 材料を倉庫に移す。
④ 漏れた材料を知らせてくれる。

〈既出36回〉

18.

女：キム課長、来月の職員教育日程案はできましたか。
男：はい、日程は全部組みましたし、場所もまもなく決まりそうです。ところが講演をしてくださる方が見つからなくて心配です。
女：それは私が探してみます。この前のその方にもう一度お願いしても良いと思います。
男：分かりました。それでは私は場所が決まり次第ご報告いたします。

① 職員教育の日程を組む。
② 講演の講師を迎えに行く。

❸ 講演をした講師に連絡する。
④ 教育を受ける場所を調べる。

〈既出35回〉

19.

女：中古品店で家具も買い取ると聞いたけど、ベッドを売るにはどうすればいい？
男：まずベッドの写真を撮って店のホームページにアップして、どこの会社の製品なのかも書いておいて。そうすれば店から連絡が来ると思う。
女：じゃあ、ベッドは私が持っていかなければならないの？
男：いや、店の人が来て持って行くよ。

❶ ベッドの写真を撮る。
② 店へベッドを持って行く。
③ ベッドを作った会社に連絡する。
④ 中古品店に行ってベッドを買う。

❹ 文の内容一致選択問題 ……………

問題 p.66 / 台本 p.248

※次を聞いて内容と一致するものを選びなさい。

1.

女：最近は男性より女性の就業者が増えたみたいです。
男：男性は安定的な職場や勤務条件が良い所を探そうとするのでなかなか就職できない人が多いからでしょう。女性は比較的そのようなことを考慮せずに仕事先を探す人が多い上に子供を育て終えてからまた働こうとする中年女性も増えているじゃないですか。

① すべての男性は安定的な職場でなければ就職をしない。
② 女性は男性に比べ比較的就職に有利だ。
③ 子供を育てながら働く中年女性が増えている。
❹ 女性は求職する際、安定的な職場だけにこだわらないほうだ。

2.

男：暑過ぎて仕事に集中できませんね。眠くなるし……。
女：私もそうです。ここもどこかの国みたいに昼寝する時間があったらいいのに。夏の時期、疲労回復には昼寝が効果的だというじゃありませんか。
男：疲れをとって仕事の能率を上げるには 20 分か 30 分程度の昼寝が良いそうですよ。でも 30 分以上昼寝をするとかえって健康に良くないみたいです。

① 仕事に集中できない時には昼寝をしなければならない。
② 昼寝をすると疲れは取れるが健康に良くない。
❸ 適度な昼寝は仕事の能率を高めてくれる効果がある。
④ 疲労回復には昼寝する時間が長ければ長いほど効果的だ。

3.

男：最近ずっと消化もできないし頭痛もひどいし、どこか異常があるんじゃないかと心配です。
女：ストレスを受けてもそうなることがあります。会社の仕事が忙しいんですか。
男：はい、会社で新しく受け持った業務が私の適性に合わなくてかなりストレスを受けています。
女：ストレスが継続してたまればあとで大きな病気になることもあります。気持ちを楽にして十分な休息を取るのが良さそうです。
男：それは私もわかっていますが、それが思い通りになることではないので。

① 会社の仕事が忙しくてストレスをかなり受けている。
② 消化ができず頭痛もひどいとストレスを受ける。
③ ストレスで病気になったら思う存分休みを取らねばならない。
❹ 仕事が適性に合わずにストレスをかなり受けている。

4.

男：久しぶりにソウルに来て地下鉄に乗ってみたら車内の様子がずいぶん変わった感じがしますね。以前は本や新聞を読む人も多く見られましたが……。
女：最近はスマートフォンを見ている人が多いからでしょう。地下鉄の中でゲームもして、テレビも見て、音楽も聞いて、メールもできるから車内では誰もがスマートフォンに夢中になっています。

① 地下鉄の中では読書する人が多い。
❷ 地下鉄の中ではスマートフォンを使用する人が多い。
③ スマートフォンのせいで車内の環境がずいぶん変わった。
④ 車内ではしかたなくスマートフォンに熱中するようになる。

5.

女：このコマーシャルに流れている歌を聞いてみてください。聞く度に笑ってしまいます。最近のコマーシャルは全部面白いみたいです。
男：面白いだけじゃなくて物を買うとき役にも立ちます。商品に対する情報も知ることができますから。
女：でも嘘の情報も多いからすべてを信じてはいけなさそうですよ。
男：もちろんです。コマーシャルばかり信じないで他の商品に比べて何が良くて何が悪いかよく見て買わないと。

① コマーシャルを通じて他の商品の長所と短所を知ることができる。
❷ コマーシャルを通じて商品に対する情報も知ることができる。
③ 物を上手に買おうとするならコマーシャルは信じてはいけない。
④ 最近はコマーシャルを通じた嘘の情報が多い。

6.

女：今年からたばこやめることにしたって言いながらなんでライターを持ってるの。
男：たばこやめるのがそんなに簡単だと思ってる？完全にやめるのは大変だからその代り半分に減らすことにしたんだ。

女：やっぱりね。そうだろうと思った。あんたみたいな意志の弱い子がそんな簡単に実践できることじゃないもん。あたしはあんたがたばこを二倍吸おうが半分に減らそうがかまわないけど、頼むからあたしの前でだけは吸わないでほしいわ。

① 男性は今年からたばこを完全にやめた。
② 女性はたばこをやめるのが大変だということを経験した。
③ 男性は女性の前でたばこを吸わないことを約束した。
❹ 女性は男性が禁煙をするということを初めから信じていなかった。

7\. 男：乗客の皆様に再びご案内いたします。10時40分頃二村駅で起きた事故により果川－安山方面4号線の列車の運行が中断しています。運行が再開されるまでには時間がかかるものと思われますので、お急ぎの方は他の交通手段をご利用ください。払い戻しをご希望の方は改札におります駅係員にお申しつけくだされればすぐに払い戻しいたします。乗客の皆様にはご迷惑をおかけして大変申し訳ございません。

① 列車運行が中断すると駅係員に払い戻しを要請しなければならない。
② 列車運行が中断するとすぐにほかの交通手段を利用しなければならない。
❸ 列車運行が中断すると払い戻しを受けることもできる。
④ 急ぎの時は駅員に他の交通手段を紹介してもらう。

8\. 女：携帯電話は連絡を交わしたり様々な情報を得たりするのに便利なため、多くの人が利用しています。しかし、大勢の人が集まる食堂や映画館、バスや地下鉄の中で着信音がうるさく鳴ったり大声で話したりするせいで周りの人に迷惑をかける場面をよく見かけます。便利なものでも他の人に迷惑をかけては良くないので公共の場所ではマナーを守って使用しなければなりません。

① 公共の場所では携帯電話を切るのが良い。
② 着信音がうるさく鳴って被害を受けたことがある。
③ 携帯電話は便利だが他の人に被害を多く与える。
❹ 公共の場所ではマナーを守って携帯電話を使用しなければなりません。

9\. 男：良い父親になりたい人達が集まって意見を集めてみました。一度お聞きになりますか。
・子供のノートを時々見て関心を示したほうが良いです。
・子供と一緒に運動をしたり、何かを作ってみるのも良いです。
・子供と過ごす時間は量より質が大切です。
・時には罰を与えることも必要です。
良い父親になるのは私もやはり同じですが、本当に難しいことです。

① 言うことを聞かない時は厳しく叱らなければならない。

② 子供と一緒に過ごす時間は多いほうが良い。
③ 時々ノートを調べて間違いを指摘したほうが良い。
❹ 子供に関心を示して一緒に何かをしてみるのが良い。

10.

女：私どもの劇場にお越しくださいましたお客様に感謝申し上げます。まもなく公演を始めます。公演が始まる前にいくつかお願いを申し上げます。まず公演の妨げになりませんよう携帯電話はあらかじめ電源をお切りください。そして公演の途中にはお手洗いにお立ちになったりお座席を移動することはできません。ご用のある方は先にすべてお済ませになってから公演開始 10 分前までにお座席にお座りください。

① 用事のある人は前もってトイレに行くのが良い。
② 公演が始まると携帯電話は切って見なければならない。
③ 座席の移動は公演が始まる 10 分前までに終えなければならない。
❹ あらかじめ用事を済ませて公演が始まる 10 分前までに着席しなければならない。

11.

女：大勢の人が山登りに出かけますがなぜ良いかについてはよく知りません。漠然と「健康に良いだろう」という考えを持っていますが、人間はふつう呼吸するとき身体の老廃物が排出されずに約 40% 程度が常に残っているといいます。しかし、高い山に登る時のように何時間もの間深い呼吸を続けてする時は 40% ほど残っている老廃物がほとんど排出されるので、それがちょうど山登りの良い点だといいます。

① 山登りの良いところは何となく健康に良いということだ。
❷ 山登りは深呼吸により身体の老廃物が排出されるので良い。
③ 人間の老廃物は体で 40%、呼吸で約 40%が排出される。
④ 身体の老廃物は約 40%が呼吸により排出される。

12.

男：この週末の天気をお伝えします。気象庁によると 11 日ソウル地域は最低気温が氷点下 9 ～ 7 度、最高気温が 2 ～ 3 度を記録する見込みです。しかし、12 日は気温が最低氷点下 3 ～ 2 度、最高 6 ～ 9 度を記録するなど 11 日より暖かい天気 が続くものと予想されます。12 日の昼まで晴れた天気が続きますが、午後から雲が多くなり、13 日明け方には雪が降る可能性があるのでドライバーの方は注意が必要です。

① 11日より12日の朝がもっと寒い。
❷ 11日より12日がやや暖かい。
③ 12日は雲が多く暗いのでドライバーは気をつけなければならない。
④ 13日は道路が滑りやすいのでドライバーは気をつけなければならない。

13.

女：夏は電気をたくさん使う季節ですが、特に 8 月に入って蒸し暑さが続き、午後 2 時から 5 時までは電気の使用が急増しているそうです。地域によっては停電する可能性もあるそうなのでこの時間帯にはアイロンや洗濯機等の使用を避けていただいた方が良さそうです。またエアコン１台をつけると扇風機30台と同じ量の電気がかかるといいます。少々暑くてもエアコンの使用を控えていただければと思います。

❶ 蒸し暑い時は電気の使用が急増するから節約して使わなければならない。
② 蒸し暑い時は地域別に停電を実施する可能性が多い。
③ 蒸し暑い時はエアコンより扇風機を使用するのが良い。
④ 蒸し暑い時はアイロンや洗濯機を使用してはいけない。

14.

男：現在外はたくさんの雪が降っています。朝から降っているこの雪によりソウル市内のすべての道路で渋滞が起きており、滑りやすい雪道のせいで各所から事故のニュースが入ってきています。今日のような日は車より地下鉄を利用されたほうが良さそうです。この雪は今日の夜まで降り続きますが、明日の朝には晴れる見込みです。

① 渋滞が起きて各所で交通事故が発生している。
② 明日朝まで大雪が降ると予想される。
❸ 雪がたくさん降る時は車より地下鉄を利用したほうが良い。
④ 滑りやすい雪道が原因で事故が起き、道路が渋滞した。

15.

女：管理事務室よりご案内申し上げます。今日の午後１時から３時まで水道とエレベーターの点検を実施する予定です。点検中は水道水が出ないので必要な方は予め貯めておいてください。そしてエレベーターもご使用できませんので階段をご利用ください。ご迷惑をおかけして申し訳ありません。

① 水道水が出ないので不便だ。
❷ 施設点検は２時間かかる予定だ。
③ 点検する間は階段利用はできない。
④ 不便な点は管理事務室に連絡すれば良い。

16.

女：野球の試合を見るとガムを噛んでいる選手が多かったのですが、どうしてですか。あまりいい感じがしませんが。
男：それは試合に対する緊張感を減らすためです。後ろから大声を出すこともそうですし。
女：緊張感を減らす方法がそれしかないんですか。目をつぶって大きく息をするとか…。
男：そんな方法もあると思いますが、どうしても熱い雰囲気の中で試合をするようになるから静かにいることは難しいじゃないですか。

① ガムをかむと注意が散漫になる。
❷ ガムをかむのは緊張を減らすためだ。

③ 試合中には大声を出してはいけない。
④ 選手たちは試合中は常に興奮するものだ。

〈既出35回〉

17.

> 女：今日は電車が通らない電車駅、ソンジョン駅に来ています。駅長、この駅をちょっと紹介してください。
> 男：この駅は10年前から列車が運行していない駅です。それでその間駅舎を使っていなかったのですが、最近ある住民の提案で駅と列車を昔の列車の雰囲気のカフェに作りました。地域住民の反応も良く、ここを訪れたお客さんたちの口コミで訪ねて来る観光客が多くなりました。

① 列車の雰囲気は現代的だ。
② 10年前からカフェを運営した。
❸ 駅と列車をカフェに変えた。
④ カフェお客さんは住民たちがほとんどだ。

〈既出37回〉

18.

> 男：次は倹約経済ニュースです。頻繁に故障するコピー機のために不便を感じている事務室が多いですよね。最近コピー機を1年以上リースしてくれるサービスが話題になっています。コピー機の管理費はもちろん修理費もコピー機会社で負担するのですが、リースして使えばコピー機を買うことに比べて年間100万ウォンぐらい節約できると言います。このようなメリットがあるため、コピー機をリースして使う事務室が増えると思われます。

① コピー機のリース期間は最大1年だ。
❷ コピー機が故障したら修理をしてくれる。
③ コピー機のリースは便利だが非経済的だ。
④ コピー機をリースすると管理費は本人の負担になる。

〈既出41回〉

19.

> 女：お兄さん、今日デパートへ行ってママのプレゼントを買おうか。服はどう？
> 男：喜んでくれるかな。この前に買ってあげたブラウスはあんまり着ないようだけど、服より商品券にするのはどう？
> 女：それよりはママが直接見て選んだほうが一番良いんだけど……。
> 男：じゃあ、来週末にお母さんと一緒に行こう。

❶ 男性はお母さんのブラウスを買ったことがある。
② 男性は今日お母さんとデパートに行って来た。
③ 女性は商品券をプレゼントにしたがっている。
④ 女性は今日お母さんのプレゼントを買いに行くつもりだ。

⑤ 男性の中心となる考え選択問題 … 問題 p.70 / 台本 p.252

※ 次を聞いて男性の中心となる考えを選びなさい。

1.

> 女：ミンス、おめでとう。みんな就職が大変だっていうのにあなたは２カ所も合格したんだね。
> 男：ところがそれがちょっと悩みだよ。１つの会社はやりたかった仕事ではあるけど給料がちょっと安いようだし、もう１つの会社は給料は高いけど、仕事があんまり気に入らなくて。母は給料が高い会社が良いと言うけど、僕は給料が安くてもやりたい仕事ができる会社に行ったほうがいいかなと考えてる。

① 会社に２カ所も合格して気が重い。
② 就職が大変だから気に入らなくても我慢するのが良い。
③ 母親に給料が高い会社に行くようにと言われて悩んでいる。
❹ やりたい仕事ができるところに就職したい。

2.

> 男：また妹の課題を手伝っているの？きみの妹は何かあったら必ずきみに頼むんだね。
> 女：課題が難しくて１人ではできないんだって。
> 男：それは妹にとっていまは楽かもしれないけど、助けにならないよ。難しいからといって人の力を借りるばかりでは後で１人では何もできなくなる。難しくても妹に自分でやらせたほうが良い。

① 難しいことは互いを助けるべきである。
② １人でできない場合はやめるべきである。
❸ 自分のことは自分でするようにしなければならない。
④ 必要なときは人の力も借りなければならない。

3.

> 女：部屋が狭すぎて引っ越したいんですけど、どこかに安くて広い部屋はないですか。
> 男：安くて広いのも良いですが、家の近所が市場か飲み屋のようなうるさい所は避けたほうが良いですよ。以前、私が住んでいた下宿は、部屋は広くてきれいでしたが、近所に飲み屋が多くて夜遅くまでうるさくて良くなかったです。だから引っ越す時は少し高くても静かな所が良いと思います。

❶ 家賃が少し高くてもうるさくない所が良い。
② 飲み屋の近所のようにうるさい所は下宿としては良くない。
③ 下宿の部屋は安いだけでなく広くて清潔であるべきだ。
④ 家賃も安く、広くて静かな部屋が良い。

4.

女：映画を見る時、イカやお菓子のようなものを持ち込んで食べるのは良くないと思います。匂いやガサガサ音がして他の人が映画に集中するのに邪魔になりますから。
男：しかし映画を見ながらポップコーンやスルメみたいなものを食べることは映画を見る時の楽しみじゃないですか。もちろん音を大きく出さないように気を付けないといけませんが、長い時間同じ席に座って映画を見るわけだからそれぐらいは理解してあげるべきだと思います。

① 他人に不快感を与えないように気を付けなければならない。
② 映画館でお菓子を食べることを禁止しなければならない。
❸ 映画を見ながらポップコーンを食べることぐらいは許容しても良い。
④ 映画を見る時携帯電話は電源を消しておかなければならない。

5.

男：友達と一緒に住む部屋を探しているんですけど、良い部屋はありますか。
女：下宿はどうですか。良い下宿がひとつありますが、駅からも近いし、ご主人もとても親切で良いですよ。
男：下宿は料理ができないからだめです。私たちは料理ができるところを探しているんです。
女：それならこの道の向かいに小さいアパートがありますけど、どうですか。敷金は800万ウォンに毎月80万ウォンですが。
男：高すぎますね。私たちは学生だからお金があまりないんですが、もう少し安い部屋はないですか。

① 敷金が安くて小さいアパートを探している。
❷ 家賃が安くて料理ができるところを探している。
③ 友達と一緒に住む良い下宿を探している。
④ 駅から近くて料理ができる部屋を探している。

6.

女：昨日は天気が良かったですが、何をしましたか。
男：花見に家族と公園に行ってきました。
女：楽しかったでしょう。
男：花が満開で週末だったからか人が多すぎて大変でした。花を見るのも大変だし、歩くのも大変でした。のり巻きを作って持って行きましたが、場所がなくて食べられずに帰って来ました。何もしないで家でのんびりしていれば良かったです。

① 食事もできず苦労ばかりしたので家で休みたい。
② 花見は人が少ない時に行くのが良い。
③ 週末は人が多いから避けたほうが良い。
❹ 人が多い公園に行ったことを後悔している。

7.

女：先生、5月5日は何の日ですか。
男：子供のための日です。それで子供の日と言います。
女：子供達のために何かしてあげないといけませんか。
男：プレゼントも買ってやって遊園地のようなところに遊びに行かないといけません。親は苦労する日です。お金もかかるし……。でも子供たちが喜ぶから大変だけど、楽しく過ごしてやらないといけません。

① 子供の日に親が苦労することを子供達は知らない。
② 子供の日は子供と一緒に休めるので親も嬉しい。
❸ 子供の日は実は親にはいろいろと負担になる。
④ 子供の日は親も子供のように楽しまなければならない。

8.

男：この町に動物園ができるという話、聞いた？
女：うん。聞いた。
男：僕は、動物園は動物たちを虐待する施設だと思っている。
女：どうしてそう思うの？動物園で暮らせば苦労して餌の狩りをしなくても済むし、バランスの取れた食事もできるのに。
男：それはそうだね。しかし、動物は元々野生で暮らすのが本来の姿だから人間に楽しさを与えるために檻に入れて育てるのは動物を虐待するのと同じだと思うよ。餌の狩りも直接しながら自然の中で暮らすのが動物たちには幸せだと思う。

① 動物を虐待する動物園は無くさなければならない。
② 野生動物にえさを与えてはいけない。
❸ 動物は自然の中で暮らすようにしなければならない。
④ 動物園は動物との交流を通じて楽しみを与えてくれる。

9.

女：私の友人の夫は毎週末、子供たちを連れて山登りや釣りをしに出かけるそうです。野球やサッカーも良いけれどやっぱり子供たちに自然を味あわせるのが良いと思いますね。
男：山登りや釣りも良いですが、毎週お父さんとそれだけをやっていると子供たちも疲れるんじゃないですか。同じ年頃の子供たちとともにいろんな運動もしながら遊ぶことも必要だと思います。

① 子供たちに自然を教えることは重要だ。
❷ 子供たちは友達と仲良く遊ぶ時間も必要だ。
③ 子供たちには運動より自然を体験させるのが良い。
④ 子供たちは毎週お父さんと一緒にいると疲れる。

10.

女：あと1週間すれば今学期が終わりますね。韓国語の実力はだいぶ伸びましたか。
男：聞くのはだいぶ良くなりましたが、話そうとするとまだ迷うことが多いです。やっぱり教室で勉強したことだけではだめですね。韓国の友達ともたくさん付き合って積極的に話をすれば実力が付くと思いますが、私は性格がちょっと向かないので……。

❶ 消極的な性格のせいで会話の実力が伸びなくて困っている。
② どんな勉強でも教室でしている事だけでは足りない。
③ 外国語は聞くことより話すことが難しいものだ。
④ 友達とたくさん付き合えるよう性格を直したい。

11.

女：ミングさんは先輩も多いし後輩も多いけど、誰と一緒にいる時がより気が楽でいいですか。
男：後輩と一緒にいる時も楽でいいですけど、僕は先輩と一緒にいる時がもっといいです。
女：どうしてですか。先輩たちはミングさんより年上だから話しづらくありませんか。
男：いえ、先輩たちは僕の話をちゃんと聞いてくれるし、僕のために良い話もたくさんしてくれるのでどんな話でも気軽に話せます。

① 年上の先輩たちとは話すのが気が重い。
❷ 先輩たちにはいろいろな相談ができて良い。
③ 後輩たちはどんな話でもよく聞いてくれるので気が楽だ。
④ 後輩たちがどんな事でも言えるように気軽に接する。

12.

女：ここは本当に本屋が多いですね。ところでこんなに本屋がたくさん集まっていると競争が激しくて良くなさそうですけど。
男：そうではないと思いますよ。本屋ごとに専門的に扱う分野があって選択の機会が多いから人がたくさんやってきて、かえって商売がもっとうまくいくようです。
それにここは本屋が集まっていることであまりにも有名だから他に宣伝をする必要もないでしょうし。

❶ 書店が多いと人も集まるからかえって商売がうまくいく。
② 本屋は専門的な分野があってこそ生き残れる。
③ 有名な本屋は他に宣伝をしなくても商売がうまくいく。
④ 本屋が集まっていると競争が激しくて商売が大変だ。

13.

男：ミニョンさん、幸せに生きるためには愛が大切ですか、自由が大切ですか。どう思いますか。
女：幸せに生きるためには何よりも愛が大切じゃないでしょうか。特に女性は愛する人と一緒にいる時が一番幸せだと言うじゃないですか。
男：でも私は自由がなければ愛する人と一緒にいても幸せじゃない気がします。心の自由があってこそ幸せになれると思います。

① 愛と自由は幸せになるためにはどちらも大切だ。
❷ 幸せに生きるためには愛も大切だが、自由がもっと大切だ。
③ 愛する人がいてこそ幸せになることができる。
④ 思い切り愛する自由がないのなら幸せだと言えない。

14.

男：駅前に大きいスーパーができるという話があるみたいだね。
女：その話は私も聞いたわ。でも近くの市場の人たちが反対して計画通りいくかどうかまだわからないって。市場の人たちは自分たちの商売に影響が及ぶかも知れないので反対しているみたい。
男：市場の人たちが心配するのはわかるけど、スーパーはぜひできてほしいな。買い物もずっと楽になるし、人もたくさん集まるようになるから地域がかなり発展しそうだし…。

① 市場の営業に影響を与えるスーパーの建設を反対する。
② スーパーができたら市場の人たちの被害が大きいだろう。
③ 商売人が反対しようがしまいがスーパーは計画通り建設されるだろう。
❹ スーパーができたら地域も発展して買い物も楽になるだろう。

15.

女：本が本当に多いですね。これ全部今読んでいる本ですか。
男：いいえ。昔読んでいた本が多いです。部屋が狭くて処分しようかと思いながらそのまま積んでおいて増えたんです。今では読まないものが多いですが、初めて買って読んだときの思い出が残っていてなかなか捨てられません。

① 昔読んでいた本を処分する時は気をつけなければならない。
② 部屋が狭くても本を処分するのは良くない。
③ 読まない本は早く処分したほうが良い。
❹ 思い出が残っている本はなかなか捨てづらい。

16.

女：私、この週末にお父さんと釣りに行こうと思うけど、あなたも時間があったら一緒に行かない？釣りがどれほど面白いか教えてあげるから。
男：さあね。僕は釣りが好きな人たちの気持ちがあまり理解できない。黙ってただぼーっと座って魚がかかるのを待つのも退屈そうだし……。それに遊びで魚を釣って、またそのまま放してやるのも僕の性格には合わないと思うな。僕は行かない。

① 釣りのとき釣った魚をそのまま放してやるのは反対だ。
❷ 釣りは気が向かないのでやりたい気がしない。
③ 釣りは好きな者同士で行くのが良い。
④ 釣りをする時は魚を注意して扱うべきだ。

〈既出37回〉

17.

男：あのドラマは歴史と違いすぎるんじゃない？　作家がちゃんと知っていて書いたか疑わしいな。
女：ただのドラマよ。面白く作ろうとして内容をちょっと脚色したと思うわよ。
男：歴史ドラマは視聴率より歴史的な事実の伝達にもっと気を使わなければならないと思う。視聴者が期待することもそうなんじゃないかな。
女：その話も一理あるけど、視聴者が望んでいるのは歴史の勉強ではなく面白さよ。

① 歴史ドラマは視聴率に依存する。
❷ 歴史ドラマは事実の伝達が大切だ。
③ 歴史ドラマは歴史勉強の資料になる。
④ 歴史ドラマは作家の意図通りに制作される。

〈既出41回〉

18.

女：先生、今回世界的に有名な小説を韓国語に訳されましたが、韓国状況に合わせてうまく表現したという評価を受けていらっしゃいます。今回翻訳をしながらどういうところに一番重点を置かれましたか。
男：韓国語で正確に訳すことはもちろん翻訳した感じがしないように訳することを心がけました。それで今回の作品でも主人公の性格と登場人物との関係などを韓国的な情緒に合わせて表現しようと努力しました。

❶ 翻訳する時は韓国の情緒を反映しなければならない。
② 翻訳は原作の表現をそのまま訳さなければならない。
③ 主人公の性格に重点を置いて翻訳しなければならない。
④ 翻訳家は高い水準の語彙力を備えなければならない。

〈既出36回〉

19.

女：チェ先生、今回「和解の技術」という本を出版されましたが、その本で一番強調している部分は何ですか。
男：和解を望むなら自分に対する話をしなさいということです。多くの場合、人々は和解をしようとするとき相手の言葉と行動だけを繰り返し話します。これは関係回復に全然役に立ちません。むしろ悪影響を与えます。自分の話と行動についてまず振り返って話してみてください。相手の明るい笑顔が見られると思います。

① 笑いで互いの関係を回復しなければならない。
❷ 和解したければまず自分を振り返ってみなければならない。
③ 相手の笑いを見れば和解を先にしなければならない。
④ 和解するためには相手の行動を前もって調べなければならない。

第2章 聞き取り編（2）

❶ 文の内容把握問題（1） …………問題 p.100／台本 p.257

［1］次を聞いて問いに答えなさい。

男：今年から社員福祉の観点で社員の皆さんに自己啓発費用を支援することにしました。具体的な計画を立てて提出すれば毎月 10 万ウォンずつを支援するとのことですからみんな積極的に参加してください。 女：部長、自己啓発をしなさいということは結局英語の勉強をさせたり資格を取らせたりしてかえってもっとストレスを与えるのではないですか。 男：自己啓発が必ずしも能力を育てることだけだとは思わないでください。健康管理をしたり趣味活動をしたりすることも立派な自己啓発になります。とにかく自己啓発費は職員の福祉のためのものだから業務と関係ない様々な趣味活動にも支援が可能です。

1. 男性の中心となる考えとして正しいものを選びなさい。
① 資格を取ろうとする社員には費用を支援しなければならない。
② 社員の健康をサポートするのが会社にもプラスになる。
❸ 社員福祉支援制度を積極的に活用してほしい。
④ 業務能力より自己啓発能力を評価しなければならない。

2. 聞いた内容として正しいものを選びなさい。
① 資格を取るためにみんなストレスを受けている。
② 英語が得意な人は毎月手当をもらう。
③ 自己啓発費は業務と無関係な活動に使うことができない。
❹ 資格を取ることだけが自己啓発ではない。

［2］次を聞いて問いに答えなさい。

女：最近娘が思春期だからなのか対話するのがとても大変です。子供に何と言えばいいかわかりません。 男：いちばん多感な時期を過ごしている子供たちと話すことはとても難しいことです。しかし、難しいほど忍耐心を持たなければなりません。お嬢様と一緒に座って対話を試みてください。 女：あの子の話では私が自分の話を聞かないんだそうです。

男：それならお嬢様の話に耳を傾けてみてください。そしてお嬢様の趣味にも関心を持ってみてください。そうすると話したいことがもっと多くなると思います。そしてお嬢様をこれからは大人として接しなければなりません。毎回どこへ行くのか、何をするのか聞かないで。お嬢様を信頼すればするほどお嬢様はお母さんが自分を尊重してくれると感じて、話し合うのをもっと望むようになるはずです。
女：そうなんですね。分かりました。娘をもうちょっと信頼するように努力してみます。

1. 男性の中心となる考えとして正しいものを選びなさい。
❶ 子供の話に耳を傾け、子供を信頼しなければならない。
② 対話を望むなら同じ趣味を持たなければならない。
③ 成長期の子供は忍耐心を持って接しなければならない。
④ 親が子供のプライベートに干渉してはいけない。

2. 聞いた内容として正しいものを選びなさい。
① 娘は母が自分に無関心だと思う。
② 思春期の子供は大人としての扱いをすれば信頼が得られる。
③ 女性は子供の話は聞かないで小言ばかり言った。
❹ 女性は娘と対話がうまくできなくて悩んでいる。

[3] 次を聞いて問いに答えなさい。

女：最近ずっと太っているようでダイエットをしようかと思っているの。何も食べないと体重を簡単に減らせるんだって。
男：そういう方法は現実的ではないな。何も食べないと体重は少し減るかもしれないが、体を壊し、また以前の食習慣に戻ると前よりもっと太るようになると思うんだ。
女：本当？だとしたら本当に怖い話ね。
男：だから何も食べないでダイエットするよりは規則的な運動をして食習慣を改善することがもっと大事だよ。

1. 男性の中心となる考えとして正しいものを選びなさい。
① やせようとするなら暴飲暴食を避けなければならない。
❷ ダイエットをしようとするなら食習慣から改善しなければならない。
③ 過度な体重の減量は健康を損なうので気を付けなければならない。
④ ダイエットは現実的な目標を決めて行わなければならない。

2. 聞いた内容として正しいものを選びなさい。
① 規則的な運動をしてこそやせることができる。
② 何も食べないとむしろ太る可能性がある。
❸ 食事をしないと一時的に体重が減ることがある。
④ すべてのダイエットは健康を損ないやすい。

［4］次を聞いて問いに答えなさい。〈既出 37 回〉

女：以前加入しておいたショッピングモールで個人情報が流出したとの連絡が来たけど、何をどうすればいいの？
男：個人情報の流出？ホームページに入ってパスワードから変えたほうがいいよ。
女：あまり利用しないから加入しなければよかった。しかし、ショッピングモールで個人情報をもっと徹底的に管理しないといけないんじゃない？最近事故がものすごく多いから…。
男：個人情報の管理をショッピングモールにすべて任せることはできないでしょう。君がパスワードでもしばしば変えていたらこんなことにならなかったと思うよ。

1. 男性の中心となる考えとして正しいものを選びなさい。
① ショッピングモールは個人情報をよく管理しなければならない。
② ショッピングモールに加入すると簡単に個人情報が流出される。
❸ 個人情報の流出を防ぐには本人が注意しなければならない。
④ あまり利用しないショッピングモールには加入してはいけない。

2. 聞いた内容として正しいものを選びなさい。
❶ 女性はショッピングモールの加入を後悔している。
② 女性はショッピングモールのパスワードをしばしば変えた。
③ このショッピングモールは個人情報の流出の事実を隠した。
④ このショッピングモールは個人情報なしに加入できる。

［5］次を聞いて問いに答えなさい。

女：最近親たちは子供の教育に関心が高いのですが、子供たちに自信を付けさせるためにはたくさん褒めなければならないと聞いています。どのように褒めたらいいか話していただけますか。
男：私は子供を無条件にたくさん褒めることが良いことではないと思います。「きみは本当に賢いな」と子供の知能に対して褒めると子供はただ賢く見せるために努力するようになります。そんな子供は難しい問題にぶつかると自分の知能のせいにして簡単に諦めてしまいます。だから「本当に最善を尽くして一生懸命に努力したね。次回もこのようにすればどんなことがあってもうまくやれると思う」と子供の努力に対して褒めてあげたほうがいいです。そうするとその子は次に難しい問題に直面しても最後まで努力する子供になれると思います。

1. 男性の中心となる考えとして正しいものを選びなさい。
① 自信がつくように些細なことでもたくさん褒めてあげなければならない。
❷ 知能よりは努力する姿勢を褒めてあげたほうが良い。
③ 幼い時から自信をつける教育をしなければならない。

④ 難しい問題を乗り越えるには強い自信が必要だ。

2. 聞いた内容として正しいものを選びなさい。
① 知能の高い子供はどんなことでも簡単に諦めない。
② 賢いと褒めれば褒めるほど子供は賢くなる。
③ たくさん褒めると子供はどんなことでもうまくやり遂げられる。
❹ 努力する子供になれるように褒めてあげたほうが良い。

［6］次を聞いて問いに答えなさい。

女：歌手や映画俳優のような韓流スターも軍隊を免除してやるべきだと言う意見があります。この点についてどのようなお考えなのかお話を伺いたいです。
男：私は当然韓流スターもスポーツ選手や芸術分野の専門家のように軍隊を免除してやるべきだと思います。大衆芸術分野だけがこのような恩恵がないことは公平性に欠けると思います。もし免除が難しければ軍隊に服務しながら重要な海外の芸能活動を許容することも良いのではないかと思います。そのようにして国のイメージも高め、税金もたくさん払うと国にも利益になると思います。韓流の持続のためにも韓流スターの軍隊免除は実現されるべきだと思います。

1. 男性の中心となる考えとして正しいものを選びなさい。
① スポーツ選手にだけ軍隊免除の特典を与えてはいけない。
② 軍隊の問題は若者みんなに公平に扱わなければならない。
❸ 韓流スターもスポーツ選手のように軍隊の問題を処遇してやらなければならない。
④ 韓流スターは軍隊内での自由な芸能活動を許容しなければならない。

2. 聞いた内容として正しいものを選びなさい。
❶ 韓流スターには軍隊を免除する制度がない。
② 大衆芸術分野に対する差別は昨日今日の話ではない。
③ 国のイメージを高める韓流スターは軍隊が免除される。
④ 著名な歌手や俳優は軍隊に行っても芸能活動が許容される。

［7］次を聞いて問いに答えなさい。

女：今年全部で 21 個の発明をして最多発明家賞をもらいましたが、どのようにしてこんなに多くの発明をすることができたのか話していただけますか。
男：一般的に発明だと言えば人類の生活を変えてしまうほどのとても画期的で新しいものを作り出す発明だけを思いがちですが、私は一個人がこのような発明をする時代はすでに過ぎてしまったと思っています。私が発明したものは既存のものにごくわずかな変化を加えたものだけです。日常生活で誰でも経験できる些細な不便さに遭遇する度に、「どうすればこれをもっと便利に変えることができるか。」

といちいち悩む習慣をつけたことで、今日このような発明家賞をもらうようになったと思います。

1. 男性の中心となる考えとして正しいものを選びなさい。
① 発明は人類の生活を変えるほどのものを作り出すのに意義がある。
② 日常生活でヒントを得ることができる小さな発明は誰でもできる。
③ 個人が画期的で新しい発明をしやすい時代になった。
❹ 生活の中の小さな不便を改善しようとする努力が発明のきっかけになる。

2. 聞いた内容として正しいものを選びなさい。
① 男性は画期的な発明のために常に悩んでいる。
❷ 男性が発明したことには特別に画期的な新しいものはない。
③ 男性は既存のものを利用して安い類似製品を作り出す。
④ 男性は発明のヒントを得るためにどんな不便も厭わない。

[8] 次を聞いて問いに答えなさい。〈既出 37 回〉

女：先生、この学校には自己啓発が自らできるプログラムがあると聞きました。簡単に紹介していただけますか。
男：はい、自己啓発プログラムは自己主導的に行われるのが重要ですが、うちの学校のプログラムがまさに自己主導的です。学生たちは学期初めにやりたいことを決めてその中一つを選んで計画書を提出します。学校では途中で進度だけを確認します。学生たちは報告書を書いたり関連分野の専門家に会ってインタビューをしたりします。評価も学期が終わる頃に自らしますが、結果に満足できなかった場合は次の学期にまた挑戦することができます。

1. 男性の中心となる考えとして正しいものを選びなさい。
① 自己啓発は計画書の作成が必要だ。
❷ 本当の自己啓発は自らするものだ。
③ 自己評価が良くなければまた挑戦することができる。
④ 自己啓発の結果に対する満足度が重要だ。

2. 聞いた内容として正しいものを選びなさい。
❶ 学生たちは自ら計画書を作成する。
② 報告書を書こうとすれば専門家に会わなければならない。
③ 学校が学生たちの自己啓発の結果を評価する。
④ 学生たちは学期末に自己啓発の計画書を出す。

❷ 文の内容把握問題（2）………　問題 p.104／台本 p.260

［1］次を聞いて問いに答えなさい。

女：教授、外より室内空気のほうがきれいで安全だと思う人が多いですが、本当にそうなんでしょうか。
男：室内の空気はきれいでもなく、安全でもないんです。室内でも新しい家具、新しい本から、そしてガスを使って料理する過程で汚染物質が出るからです。
女：では、必ず換気をしなければなりませんね。効果的な方法は何でしょうか。
男：窓を開けて空気を循環させることです。窓を２分開けただけでも空気の汚染度が半分以下に落ちます。換気扇やエアクリーナーは実は大きい効果はありません。

1. 男性は何をしているのか正しいものを選びなさい。
① 室内空気の安全性について話している。
② 効果的な換気方法を提案している。
③ 室内の汚染物質と換気施設を点検している。
❹ 室内空気と換気について説明している。

2. 聞いた内容として正しいものを選びなさい。
① たまにエアクリーナーを使って室内汚染を除去しほうが良い。
② 室内空気は必ず換気扇で循環させなければならない。
❸ 換気扇より窓を開けて換気をするのが効果的だ。
④ 外よりは室内空気のほうがきれいで安全だ。

［2］次を聞いて問いに答えなさい。

男：おめでとうございます。キム・ジョンスクさん。今回の料理大会で優勝した感想はいかがですか。
女：嬉しくもあり、驚きでもあります。競争相手の方の実力があまりにもすごかったので優勝するとは本当に夢にも思わなかったです。
男：審査委員たちが味はもちろん料理方法にまで良い点数を与えたようです。料理法はどのように学びましたか。
女：レストランのキッチンでお皿を洗うことから始めました。数年間何カ所かの一流レストランで働きながら運良く一級料理人たちが料理をするのを見よう見まねでたくさん学びました。
休みの日には家族を相手に見よう見まねで学んだ料理を試しに作ってみたりしながら一生懸命練習しました。

1. 男性は何をしているのか正しいものを選びなさい。
① 料理の方法について調べている。
❷ 料理大会の優勝者をインタビューしている。
③ 料理を学ぶようになったきっかけを聞いている。
④ 料理も演習が重要であることを強調している。

2. 聞いた内容として正しいものを選びなさい。
❶ 大会で優勝するとは予想しなかった。
② 料理学校時代に学んだのが優勝に役立った。
③ 一生懸命に練習したので大会で優勝する自信があった。
④ 料理を見よう見まねで学んだ末に一級の料理人になった。

[3] 次を聞いて問いに答えなさい。

女：課長、お呼びですか。
男：新製品説明会の準備はうまく行っていますか。
女：招待状の発送は終わって、当日の出欠を確認中です。行事までに一月も残っていないので早く進めたいと思います。
男：そんなに急がなくても良いです。いま連絡しても十分です。外国会社の関係者の出欠を優先的に確認してください。
女：ところが 当日案内と通訳を担当してくれる人の数が十分ではないです。
男：他の部署に連絡を回して適当な人を探してみてください。それほど難しくないと思います。
女：では、確認後にまたご報告します。

1. 男性は何をしているのか正しいものを選びなさい。
① 案内と通訳をする人を推薦している。
② 招待状の発送について報告している。
③ 職場内の各部署に助けを要請している。
❹ 説明会の準備を確認している。

2. 聞いた内容として正しいものを選びなさい。
① 招待状は課長の許可を得て発送する。
❷ まだ通訳担当者が充分に確保できていない。
③ 外国会社の関係者が説明会に多数参加する予定だ。
④ 新製品の説明会までは1カ月以上時間がある。

［4］次を聞いて問いに答えなさい。〈既出 41 回〉

男：そちらはソウルホテルですか？会議場を予約しようと思うんですが。
女：はい、お客様。どういう会議場をお探しですか。
男：100 名ぐらい入ることができれば良いのですが、会議場には発表するときに使えるパソコンとマイクが設置されていますか。
女：もちろんです。150 名まで入ることができる大規模会議場が用意されております。そしてすべての会議場には発表に必要な設備が備えてあります。会議場を利用すれば飲み物は無料でご提供します。場所を確認もかねて直接訪問してくだされば詳しくご相談できます。

1. 男性は何をしているのか正しいものを選びなさい。
① 会議場所を推薦している。
② 会議場の施設を点検している。
③ ホテルの位置について調べている。
❹ 会議場を借りようと問い合わせている。

2. 聞いた内容として正しいものを選びなさい。
① 会議場を利用すれば飲み物が割引になる。
② 大規模会議場にだけパソコンが設置されている。
③ 100 名以上が入ることができる会議場はない。
❹ 直接訪問すればもっと詳しい説明を聞くことができる。

［5］次を聞いて問いに答えなさい。

男：今日、このように本校の一員になったことを歓迎いたします。皆さんの小中高校の 12 年間はほとんど先生が作ってくれた道に沿って、先生の後ろ姿を眺めながら歩いて行ったはずです。しかし、大学はそれとは違います。多くの自由が与えられますが、どこにも皆さんの道案内はありません。自ら気づき、学友たちと熾烈に討論し、一晩中悩みながら自ら道を作らなければならないところです。皆さんが自ら皆さんの目標意識を持って努力しなかったら大学は決して皆さんの心強い巣にならないと思います。努力しない者に与えられるものは何もありません。その誰もが皆さんの卒業後の人生に責任を持ってくれません。皆さんの夢が叶えるように不断の努力を続けてください。

1. 男性は何をしているのか正しいものを選びなさい。
① 小中高の時の成長を評価している。
② 目標意識の欠如を憂慮している。
③ 討論の必要性を力説している。
❹ 絶え間ない努力を強調している。

2. 聞いた内容として正しいものを選びなさい。

① 入学と同時に卒業後の目標を見つけなければならない。

❷ 夢を叶えようと思えば目標意識をもって努力しなければならない。

③ 大学生活の妙味は徹夜で討論しながら悩むことだ。

④ 学友たちの手本になろうとすれば絶え間ない努力が必要だ。

［6］次を聞いて問いに答えなさい。

> 男：職員の皆さん、わが食堂が模範食堂に選ばれて釜山市長の表彰を受けることになりました。わが食堂が釜山で一番きれいな食堂として選ばれたのです。皆さんもご存じのとおり我が食堂は料理の味を強調する前に料理に使われる材料を厳選して真心を込めて調理して来ました。また他の食堂とは比べ物にならないほどお客様に対する親切なサービスときれいな環境のために努力してきました。我が食堂がここまでに至ることができたのはすべて職員の皆さんの努力のおかげです。今後とも職員の皆さんの多大なるご協力をお願い致します。

1. 男性は何をしているのか正しいものを選びなさい。

① 職員たちの努力を求めている。

② 受賞のために協力を求めている。

❸ 職員たちの努力に感謝している。

④ 受賞の過程を説明している。

2. 聞いた内容として正しいものを選びなさい。

① 良い材料と良い味が模範食堂の選定基準だ。

② 厳選された材料で丹念に調理して来たことが受賞の理由だ。

③ 食堂は料理の味を強調するよりも良い材料を使わなければならない。

❹ 釜山では市長がきれいな食堂を選んで賞を与えている。

［7］次を聞いて問いに答えなさい。

> 男：「環境の日」を迎えて一つお願いを申し上げたいと思います。最近実施された調査によれば日常生活で環境汚染を予防するための努力が必要かと言う問いに対して 78% の人が肯定的な回答をしました。しかし実際に努力をしているのかとの問いに対して、「とても努力し、実践している」との回答はわずか 16% ぐらいでした。これは環境汚染を防止するための努力が必要だということには共感しながらも実際に実践している人はまだ少数に過ぎないことを表しています。市民の皆さんはこのような問題点を深く認識して環境汚染防止のために積極的に努力していただきたいと思います。

1. 男性は何をしているのか正しいものを選びなさい。
❶ 環境汚染防止のための積極的な努力を促している。
② 環境汚染防止の必要性について共感している。
③ 環境汚染防止のための実践計画を明らかにしている。
④ 環境汚染防止に対する認識不足を批判している。

2. 聞いた内容として正しいものを選びなさい。
① 環境汚染の予防に共感している人は多くない。
② 環境汚染の予防が可能だと信じている人は多くない。
③ 環境汚染が深刻だと認識している人は多くない。
❹ 実際に環境汚染防止のために努力する人は多くない。

[8] 次を聞いて問いに答えなさい。 〈既出 41 回〉

男：演技学科の皆さん、ご卒業おめでとうございます。今まで皆さんは大変な演技練習を通じて自分だけの個性を見つけてこの場に立ちました。しかし社会に出れば皆さんを待っているのは絶え間ない拒絶の連続だと思います。オーディションで監督に自分の能力と素質を見せても結局返ってくるのはほとんど拒絶だと思います。もちろん拒絶されるのは苦しいでしょう。しかしそれは皆さんの過ちではありません。何故ならば監督はただ自分の作品に合う俳優を探しているだけだからです。無数の拒絶に挫折して挑戦を諦めていたら私も今この場にいなかったと思います。皆さんもこのような過程を経験しながら自分に合う配役を見つけることができると思います。いま勇敢に出て行ってそのチャンスをつかんでください。

1. 男性は何をしているのか正しいものを選びなさい。
① 演技の価値を評価している。
② 能力の必要性を力説している。
❸ 絶え間ない挑戦を強調している。
④ チャンスの重要性を主張している。

2. 聞いた内容として正しいものを選びなさい。
① 監督は挑戦し続ける俳優を探す。
② 自分の個性に合う配役を待たなければならない。
③ 在学中は様々なオーディションの過程を経る。
❹ チャンスをつかもうとすると拒絶の苦痛に耐えなければならない。

❸ 文の内容把握問題（3）………

問題 p.108 / 台本 p.263

［1］次を聞いて問いに答えなさい。

男：最近自分の会社の物を輸入して行く国に工場を移す会社が多くなりましたね。運送に必要な時間と費用が節約できてとても良い決定だと思います。
女：しかし、こちらの工場で働いていた人たちは働き口を失うので必ずしも良いとは言えません。
男：でも、会社は利益が出るところに行くしかないんじゃないですか。
女：経営する人たちはそのように思うでしょうが、私は会社が成長するまで苦労してきた人たちを忘れてはいけないと思います。
男：その話も一理ありますが、時間と費用を削減できないと会社経営自体が難しくなる可能性もあるから状況によって需要が多い海外に移転することも必要な選択ではないでしょうか。

1. 男性が女性に話す意図を選びなさい。
① 海外移転に対する支持を依頼するため
② 合理的な経営に対する助言をするため
❸ 工場の海外移転の必要性を強調するため
④ コスト節減の重要性を説明するため

2. 聞いた内容として正しいものを選びなさい。
① 工場を移転する時は職員もみんな移さなければならない。
❷ 海外に工場を移せば運送費が節減できる。
③ 会社を再生するためには職員をリストラする必要がある。
④ 工場の海外移転は経営を難しくする可能性もある。

［2］次を聞いて問いに答えなさい。

男：課長、うちの会社も決裁方法の効率性を高めるためにはコンピューターを利用した電子決裁システムを取り入れたほうが良さそうです。
女：電子決裁を取り入れれば便利な点もあると思いますが、プログラムの構築にかなり費用がかかるはずです。敢えて多額の支出を甘受してまでそうする必要がありますか。セキュリティの維持も問題ですし。
男：セキュリティの問題はパスワードを二重三重に設定すれば簡単に解決することができます。そして各支店の間の連絡費用と決裁に浪費する時間を考えると費用の投資価値は十分あると見ます。
女：現場派遣職員とプログラムの使用に慣れない職員たちに対する教育費用も考慮し

ないといけません。決裁システムを変更するとプログラム開発のコスト以外にも予想できなかったその他の費用がかなりかかると思います。

1. 男性が女性に言う意図を選んでください。
① 電子決裁の便利さを説明するため
② 既存の決裁システムの非効率性を指摘するため
③ 決裁システムの変更による費用節減を強調するため
❹ 電子決裁システムを取り入れることを勧めるため

2. 聞いた内容で当たることを選んでください。
① 電子決裁は便利な反面、維持費用があまりかからない。
② 電子決裁システムはプログラムの構築が単純ではない。
❸ 決裁システムの変更で予想外の費用が発生する可能性もある。
④ 電子決裁はセキュリティに脆弱なことが弱点だ。

［3］次を聞いて問いに答えなさい。

男：ミニョン。いま僕は牧師にも税金を払うようにする法案に対する反対署名をもらっているんだけど、一つ署名してくれる？牧師は勤労者でもないのに所得税を徴収するというのはとんでもない話だよ。
女：悪いけど、私の考えはちょっと違う。私は牧師でもお坊さんでも宗教家も一つの職業として見るべきだと思う。そういう点で私は自分の活動による収入があれば誰でもみんな税金を払うのが正しいという気がする。
男：その話も一理あるけど、金儲けのために宗教活動をしている人がどれぐらいいると思う？牧師はみんな貧しいよ。小さな教会一つ運営するのがどれほど大変か。そう言わずに一つ署名してくれよ。

1. 男性が女性に話す意図を選びなさい。
❶ 宗教家に対する所得税の反対署名をもらうため
② 宗教家に対する税金免除を批判するため
③ 牧師たちの経済的困難を強調するため
④ 宗教家の税金免除の必要性を説明するため

2. 聞いた内容として正しいものを選びなさい。
① 宗教家は宗教活動以外の収入は多くない。
② 男性は小さな教会を一つ運営している。
③ 宗教活動を通じて金儲けをする人が多い。
❹ 女性は宗教家の課税に賛成している。

[4] 次を聞いて問いに答えなさい。〈既出 41 回〉

> 男：スーツの寄付を受け入れる団体があると聞いて昨日一着送ったよ。
> 女：そんなところがあるの？私も着ない服があるから送ってみようかしら。でも流行がちょっと過ぎたものなんだけど、大丈夫かな。
> 男：大丈夫だよ。みんなが送ってくれた服を流行に合わせて直すと言うからスーツならどんなものでも寄付して良いって。僕たちが送ると修繕と洗濯をして必要な人たちに安く貸し出すんだ。
> 女：無料で貸し出してあげればいいのにどうしてお金をもらうの？
> 男：そのお金で生活が苦しい学生たちに奨学金を与えると聞いたよ。良いことだからきみも一度やってみはどう？

1. 男性が女性に話す意図を選びなさい。
① スーツの貸し出しを利用させるため
② スーツ寄付団体の活動を広報するため
❸ スーツ寄付への参加を勧めるため
④ 奨学金の貸し出しが必要な理由を説明するため

2. 聞いた内容で当たることを選んでください。
❶ 男性はスーツを寄付したことがある。
② 寄付されたスーツは無料で借りることができる。
③ スーツを寄付する前に洗濯しなければならない。
④ 女性はスーツがないので借りようとしている。

[5] 次を聞いて問いに答えなさい。

> 女：今日は夏場に気を付けなければならない食中毒について聞いてみることにします。まず食中毒と言うのはどんな症状が表れるのか、そして食中毒にかからないためにはどうすれば良いのかを話していただけますか。
> 男：はい、同じ食べ物を食べた２人以上の人から嘔吐、下痢、腹痛などの症状が表れれば一応食中毒を疑ってみなければなりません。食べ物は充分に加熱して調理しなければならないし、調理が終わったものは室温に放置しないで必ず冷蔵庫に入れて保管しなければなりません。調理器具も肉や魚についていた細菌が附着して食中毒を起こすこともありますから消毒していつも清潔にしなければなりません。
> 女：それでも食中毒にかかったらどうすればいいですか。
> 男：ほとんどの食中毒は１～２食食事をぬいてイオン飲料や糖分が含まれた飲み物で水分とカロリーを補いながら待っていればたいてい回復します。しかし嘔吐や下痢がひどく、脱水や発熱、発疹などの症状がある場合にはすぐ病院に行かなければなりません。

1. 男性は誰なのか選びなさい。
① 職業相談士　② 食品専門家
❸ 病院の医者　④ 料理専門家

2. 聞いた内容として正しいものを選びなさい。
❶ 食べ物は充分に火を通して食べたほうが良い。
② 食中毒は水分だけ摂取すれば自然に治る。
③ 食べ物の保管は冷蔵庫に頼ってはいけない。
④ 調理器具は充分に加熱して使わなければならない。

[6] 次を聞いて問いに答えなさい。

女：果物はさまざまな栄養成分を豊富に含んでいますが、脂肪の含有量は比較的に低くて健康と美容のための食事代用として大きく脚光を浴びています。このように食事代用として果物を選択しても良いのか知りたいです。
男：果物が皮膚の美容に良く、健康に役立つことは確かです。しかし果物にだけ頼って食事を済ますことは栄養摂取に問題があるから気を付けなければなりません。果物の中の主要な栄養成分は炭水化物とさまざまなビタミンなのですが、体が正常に働くにはタンパク質のような物質も必要だからです。そして果物には鉄やカルシウムなどの成分も不足しているので長期間果物を主食として摂取する場合、貧血症状が起きる可能性もあります。穀類と肉類を充分に食べた後に果物を食べると体が必要とする営養分をバランスよく確保することができます。

1. 男性は誰なのか選びなさい。
① 果物売場の職員　② 料理専門家
③ 精神科専門医　❹ 栄養管理士

2. 聞いた内容で当たることを選んでください。
① 果物を主食にすると皮膚美容と健康に良い。
❷ 果物は穀類、肉類といっしょにバランスよく取らなければならない。
③ 果物は貧血症状を改善するのに役に立つ。
④ 果物は体に必要な栄養分をバランスよく持っている。

[7] 次を聞いて問いに答えなさい。

女：最近の親たちは子供たちに勉強を強いることが多いですが、これに関連してどのようにするのが正しい親の役目なのかお話を伺いたいです。
男：子供たちに勉強を強いることは親が子供たちの成績がよくなることを望んでいるからです。しかし、子供たちは勉強ではないコンピューターゲームや TV 視聴、芸能人や異性に興味を持っています。このような子供たちの気持ちを考慮しないでひたすら勉強ばかりを強いることは子供たちに大変なストレスを与えることだと気づかなければなりません。だから普段子供との多くの対話を通じて子供たちの関心事に耳を傾けて、子供たち自らが勉強に興味を持てるようにいつもそばで手伝ってあげなければなりません。

1. 男性は誰なのか選びなさい。

① 演劇の製作者　② 職業カウンセラー
③ 進路相談の教員　❹ 児童相談の専門家

2. 聞いた内容で当たることを選んでください。

① 勉強を強要すれば子供は勉強をもっとしなくなる。
② 定期的に子供たちのストレスを解消させなければならない。
❸ 子供が自ら勉強できるように助けたほうが良い。
④ 親と対話をたくさんする子供が勉強もよくできる。

[8] 次を聞いて問いに答えなさい。 〈既出 37 回〉

女：文化財も損傷を受けると修理が必要だと思いますが、どのような部分に焦点を置いて修理をしますか。

男：文化財を修理すると言えば普通何か新しいものに取り替えることだと思われがちです。しかし、文化財の修理は損傷を受けた部分を単純に取り替えるのではなく、原型を損なわない範囲で再創造することを意味します。この時重要なことは文化財に込められた固有の表現意図からはずれてはいけないということです。だから私はそういう意図がきちんと表れるまで繰り返しの作業を何度も繰り返します。しかし、何より重要なのは貴重な文化財が損傷しないようにきちんと管理して保存することです。

1. 男性は誰なのか選んでください。

❶ 文化財を修復する人　② 文化財を管理する人
③ 文化財を解説する人　④ 文化財を発掘する人

2. 聞いた内容で当たることを選んでください。

① 文化財の修理は作家に責任がある。
② 文化財の修理は繰り返される取り替え作業だ。
❸ 文化財の修理は原型を毀損してはいけない。
④ 文化財の修理は損傷しないように管理することだ。

❹ 文の内容把握問題（4） ………… 問題 p.112 / 台本 p.266

［1］次を聞いて問いに答えなさい。

女：最近の大学生は入学する時からすべての関心が就職に集中していて直接就職に役に立たない授業は受講生がほとんどいないとの批判が多いです。私は、卒業する時に半分が就職できていない現実ではこうしたことは仕方がないと思います。学生たちもより学問的で人生に役に立つ科目を取りたくないはずがありません。しかし問題は学生たちが現実的にそうする余裕がないということです。

男：私は大学がどうしてこんなにたくさんあるのか、1年生の時からどうしてあんなに資格取得に熱中するのかまったく理解できません。高校を卒業してみんな大学に行くから就職率が低くなるのは当たり前です。就職を念頭に置くとしたら自分の好きな分野の専門学校に行ったほうが良いと思います。実務的な授業はむしろ専門学校がよく教えますから。大学はより幅広くて学問的な面で人才を育て上げる本来の機能をしなければならないと思います。

1. 男性の考えとして正しいものを選びなさい。

① 学生たちが就職に有利な授業に集まるのは当然だ。
② 就職ができないのは本人にも半分の責任がある。
❸ 大学は学問的な面での人材の養成が重要だ。
④ 就職率を高められるように実務的な授業を増やさなければならない。

2. 男性の態度として正しいものを選びなさい。

① 就職に対する大学生たちの見解を分析している。
② 相手の意見に一部同意している。
③ 大学生たちの受講態度を支持している。
❹ 最近の大学の現実を批判している。

［2］次を聞いて問いに答えなさい。

女：私は職場で制服を着れば私服を着るよりメリットが多いと思います。まず所属感が得られて自分が勤めている職場をもっと大事にするのではないかと思います。

男：そうですかね。必ず制服を着ないと所属感は得られないものですか。むしろ制服を着れば画一的な服装になって個人の個性と趣向を活かすのに邪魔になりませんか。

女：個性が消えるという話には共感しますが、制服を着ることが顧客にはより良いサービスを提供するものだと思います。多くの人が出入りするところでは誰が職員なのか見分けにくいじゃないですか。制服を着ていればそんな問題は起こらないはずだから顧客にははるかに便利だと思います。

1. 男性の考えとして正しいものを選びなさい。

❶ 制服を着用すると個性と趣向を生かすことができない。

② 制服着用で所属感を高めなければならない。

③ 制服で職員か職員でないかを簡単に区別できるようにしなければならない。

④ 個性を生かせるように制服のデザインを変えなければならない。

2. 男性の態度として正しいものを選びなさい。

① 相手の意見に一部反論している。

② 制服着用の利点について一部同意している。

❸ 制服着用について疑問を提起している。

④ 制服着用について消極的に支持している。

［3］次を聞いて問いに答えなさい。

女：一般の人々はマスコミを通じて公開される芸能人たちの姿１つ１つに大きい関心を寄せています。芸能人はこのような一般の人々の関心と愛情のおかげで人気を得て、経済的にも豊かに暮していると言えます。したがって自分たちを好きで大事にしてくれる一般の人々が知りたがっていることがあればたとえ個人的な部分であってもある程度は公開してもいいんじゃないですか。

男：私は一般の人々がどうして芸能人たちの個人的な部分まで知りたがっているのかまったく理解できません。歌手は良い歌で、俳優は素晴らしい演技で人々の愛に報いれば良いんじゃありませんか。芸能人たちも普通の人々のように私生活は保護を受けて当然だと思います。カメラの外の芸能人たちの私生活まで一般の人々が敢えて知っておくべき理由はまったくないと思います。

1. 男性の考えとして正しいものを選びなさい。

① 一般の人々が芸能人の私生活に関心を寄せるのは仕方ない。

② 芸能人は一般の人が知りたがっていることを公開する必要がある。

③ 芸能人の私生活は普通の人々とは違わざるを得ない。

❹ 芸能人の私生活は知ろうとする必要がない。

2. 男性の態度として正しいものを選びなさい。

① 芸能人たちの考えを代弁している。

② 相手の意見に一部反対している。

❸ 相手の意見に対して反論している。

④ 一般の人々の心情に同調している。

［4］次を聞いて問いに答えなさい。〈既出 41 回〉

女：タバコを値上げしたのに喫煙率が下がらないのをみるとタバコの値上げはあまり良い禁煙政策ではないような気がします。
男：はい、そのとおりです。タバコの値上げは喫煙率の減少にあまり影響を与えないという研究結果もあります。禁煙は自発的な参加があってこそ可能だと思います。
女：自発的参加も大事ですが、より厳しい禁煙政策が必要ではないですか。
男：厳しい禁煙政策はむしろ否定的な影響を与えることもあります。喫煙者自らが深刻さに気付いて禁煙をしなければ成功することはできません。そのような喫煙者を助けるための禁煙クリニックや相談センターを拡大したほうがより効果的だと思います。

1．男性の考えとして正しいものを選びなさい。
① タバコの値上げは喫煙率の減少に役に立つ。
❷ 禁煙は喫煙者自らの参加が最も重要だ。
③ 喫煙率減少のためにもっと強力な政策が必要だ。
④ 相談センターよりタバコの値上げがもっと効果的な政策だ。

2．男性の態度として正しいものを選びなさい。
① 研究結果を批判している。
② 禁煙政策を支持している。
③ 喫煙者の立場を代弁している。
❹ 相手の意見に一部同意している。

［5］次を聞いて問いに答えなさい。

男：当社では来月から駐車場と体育室を職員が使わない時間帯に地元の住民のみなさんに開放することにしました。現在自動車 160 台がパーキングできる駐車場は昼は一杯になっていますが、夜間には大部分空いているし、バドミントンコートと卓球台、ランニングマシンが備えられた体育室は職員が仕事をしている昼間の時間には利用する人がいません。このように活用度が低い時間には駐車場や体育室を近隣の住民のみなさんに安い利用料で開放する計画です。詳細な内容が確定され次第、改めて発表する予定です。

1．何についての内容なのか正しいものを選びなさい。
① 会社施設の開放を検討する理由
❷ 会社施設の有用な活用計画
③ 駐車場と体育室の開放効果
④ 会社施設の活用上の問題点

2. 聞いた内容として正しいものを選びなさい。

① 近隣住民は夜間にだけ体育室を利用することができる。

② 近隣住民は時間に関係なく駐車場を利用することができる。

❸ 体育室を利用する住民には利用料をもらう予定だ。

④ 会社施設は近隣住民に限り無料で開放する。

[6] 次を聞いて問いに答えなさい。

女：私たちは海外旅行する時、旅行先の文化や風習を知らなくてたまに失敗をする時があります。例えば、西洋では靴を履いたまま家の中に入って行きますが、東洋では家の中に入って行く時は必ず靴を脱いで入って行かなければなりません。そうしなければ主人に失礼であるようにその国の文化を知らないでした行動は互いに誤解をもたらすこともあります。だから海外旅行をする人は自分が旅行するところの文化や風習について注意すべき点がないか出発する前に予め勉強しておけば無用な誤解を招かないで旅行を楽しむことができると思います。

1. 何についての内容なのか正しいものを選びなさい。

① 海外旅行での失敗の経験談

② 国ごとに文化と風習が異なる理由

❸ 旅先の風習の事前学習の必要性

④ 海外旅行とトラブルの予防法

2. 聞いた内容として正しいものを選びなさい。

① 風習を知らなくて失敗するのも海外旅行の楽しみだ。

② 西洋文化圏を旅行する時は誤解を招かないように気を付けなければならない。

③ 東洋と西洋の文化と風習の違いを理解しなければならない。

❹ 旅行を楽しもうとすれば旅先の文化や風習を知っておいたほうが良い。

[7] 次を聞いて問いに答えなさい。

女：結婚する前には外見や性格、経済力、職業などさまざまな条件を並べて天秤にかけるものです。実際に男女の会社員を対象に「結婚条件の第1位は何か？」というアンケート調査を実施してみると、「経済力がなければならない。」と回答した人が全体の43%を占めたと言います。性別で見ると男性の回答者は50%以上が「経済力」が最も重要だと回答し、「外見、性格、職業」などがその後に続きました。これに比べて女性回答者たちは「性格」と「経済力」を最も重要な条件としてあげ、「職業、外見」などがその後に続いたのがわかりました。結婚は現実ですが、男女みんな相手を判断する時、経済力が優先される現実はどこか心寂しい感じがあります。

1. 何についての内容なのか正しいものを選びなさい。
① 経済力と婚姻率の相関関係
❷ 若者たちが重視する結婚の条件
③ 条件重視の結婚観の問題点
④ 正しい結婚観に対する教育の必要性

2. 聞いた内容として正しいものを選びなさい。
① 結婚の条件として経済力が重視されることに共感する。
② 相手の条件をおいて天秤にかけるのは当然なことだ。
❸ 結婚の条件が経済力に偏っているようでさびしい。
④ 結婚を控えた若者たちの現実的な選択を尊重する。

[8] 次を聞いて問いに答えなさい。 〈既出 37 回〉

男：皆さん、水が沸く過程を一度考えてみましょうか。水は沸く前までは変化がありません。99 度まではエネルギーをためていて 99 度から 100 度に達する瞬間にエネルギーを発しながら沸き始めます。まさにその瞬間がなければ変化は期待しにくくなります。私たちの人生も同じではないでしょうか。私と皆さんの人生は成功と失敗の可能性をみんな持っています。しかし、変化が起きることができる最後のその瞬間に決定的な力を発揮する人は成功を、そうではない人は失敗を味わうようになります。皆さん、1% の力を発揮する練習をしてみてください。成功は皆さんのものです。

1. 何についての内容なのか正しいものを選びなさい。
❶ 成功と失敗が決まる時期
② 人生を学びながら成長する過程
③ 結果より過程が重要な理由
④ 失敗がもたらす肯定的な変化

2. 聞いた内容として正しいものを選びなさい。
① 水は沸く瞬間にもエネルギーをためている。
② 成功と失敗は変化の程度にかかっている。
③ スタートの段階から成功を準備しなければならない。
❹ 決定的な瞬間に力を発揮すれば成功する。

第3章 聞き取り編（3）

❶ 文の内容把握問題（1） …………… 問題 p.140 / 台本 p.270

［1］次は教養プログラムです。よく聞いて問いに答えなさい。

> 男：作家先生、よく文学は人間の価値のある体験を言語で表現した芸術だと言われていますが、この「価値のある体験」と言うのが何を意味するのかお話しいただけますか。
> 女：体験とは人間が生活をしながら経験する経験だけでなく、社会と歴史、ひいては自然現象に至るまで人生と係わりのあるすべてのものを意味します。そしてこのような体験の中で日常的に繰り返されることのない、経験しにくい貴重な経験やその経験が独特の意味を持つ時、その体験は価値があると言います。文学はこのような人間の価値のある体験を取り扱います。だから作家になるためには日常的な生活の経験から真実、価値のある意味を見つけ出す個性的な眼目を育てるのが何よりも大切です。人間に対する個性のある眼目、すなわち人間をどのように眺めるのかという点が作家になるための宿題だと言えます。

1. 女性の中心となる考えとして正しいものを選びなさい。
① 文学で扱う価値のある体験は誰でもできるわけではない。
② 直接様々な体験をしないで良い作家にはなれない。
③ 作家とは人間の多様な体験を伝えられる文章力が求められる。
❹ 作家とは人生の経験から真実を見つけ出す眼目がなければならない。

2. 聞いた内容と一致するものを選びなさい。
① 価値のある体験と言うのは日常的な生活では経験することができない。
② 日常生活で経験した経験だけが価値のある体験になりうる。
❸ 社会や歴史等人生に係わりのあるすべてのものが体験だと言える。
④ 体験をどのように文章で表現するのかが作家の最大の課題だ。

［2］次は教養プログラムです。よく聞いて問いに答えなさい。

> 女：度を越した教育熱が社会的な問題になっています。昔の朝鮮時代の教育はどうだったのか知りたいです。
> 男：朝鮮時代には季節によって教育課程も別々に運営しました。たとえば夏を除いた季節には理論を勉強し、夏は野外で作文の授業をしました。蒸し暑いときは知識

の習得よりは作文のような自己表現の活動が効果的だと思ったのです。これと一緒に書堂（寺小屋）では体を鍛える方法も教えました。勉強をする前に縄跳びをさせる方法で学生たちの脚力を育てたと言います。最近の青少年は勉強だけにかじりついていて体力が落ちているのが問題になっています。現代になって効果的な教育方法がたくさん開発されたのは事実ですが、学生を配慮するという側面では書堂（寺小屋）教育に及ばないとと思います。

1. 男性の中心となる考えとして正しいものを選びなさい。
① 知識はもちろん肉体的な鍛錬も並行する教育にならなければならない。
② 教育は知識の習得より作文に重点を置かなければならない。
❸ 現代にも朝鮮時代のように学生に配慮した教育が必要だ。
④ 朝鮮時代のような季節による教育課程を適用しなければならない。

2. 聞いた内容と一致するものを選びなさい。
① 書堂（寺小屋）の教育課程は体力鍛錬に対する配慮が欠けていた。
❷ 夏は理論の勉強より作文の勉強が良いと思った。
③ 勉強のせいで体力が落ちるのは昔も同じだった。
④ 勉強を始める前に体をほぐすには縄跳びが最も良い。

[3] 次は教養プログラムです。よく聞いて問いに答えなさい。

女：私たちが肉をたくさん消費するので地球の環境破壊だけではなく健康にも影響を及ぼしていると言われていますが、この問題についてお話をうかがいたいです。
男：牧場を作るために多くの森が消え、家畜が排出するメタンガスが地球温暖化の原因になっています。地球の一方では多くの人が食べ物がなくて飢えて死んでいくのに、もう一方では多量の穀物を肉を食べるための家畜の飼育に使っています。また心臓病や癌が増えていることも肉をたくさん食べるようになったことと密接な関係がありますが、肉を少なく食べるとこのような病気の大部分が予防できると言われています。狂牛病や鳥インフルエンザのように肉を食べるために私たちが支払っている対価があまりにも大きいと言えます。このような理由で、肉を一切食べないのが一番良いが、一般の人たちがそうするのは簡単ではないと思います。それで 1 週間に 1 回でも肉を食べない日を決めるとかして肉の消費を少しでも減らそうとする努力が必要だと思います。

1. 男性の中心となる考えとして正しいものを選びなさい。
① 穀物は家畜ではなく飢えている人々に与えなければならない。
② 疾病を予防するためには肉を食べてはいけない。
③ 地球温暖化防止のために家畜数を減らしたほうが良い。
❹ 肉類消費を適切に減らして環境と健康を保護しなければならない。

2. 聞いた内容と一致するものを選びなさい。

❶ 家畜も地球温暖化の原因に関係がある。

② 家畜飼料としては穀物が草よりもっと適している。

③ 給食では 1 週間に 1 回肉を食べない日がある。

④ 肉を食べないと各種疾病がほとんど自然に治る。

[4] 次は教養プログラムです。よく聞いて問いに答えなさい。〈既出 41 回〉

男：作家先生、「植物細密画」という言葉を初めて聞きますが、植物細密画は何かを詳しく説明していただけますか。

女：植物画との違いを申し上げれば理解しやすいと思います。植物画は画家が感情を込めて植物の美しさを表現するでしょう。しかし、植物細密画は感情を排除して植物の形態をありのままに詳しく描きます。植物の記録を写真で残さないでどうして絵で描くのかと疑問を感じると思いますが、写真は植物の微細な構造まで表現するのに限界があります。(例えば) 生態系の記録に重要な花びらの個数や根っこの模様のようなものです。それで植物学界では写真より植物細密画を重視します。しかし相変らず植物細密画が多くないのが残念です。

1. 女性の中心となる考えとして正しいものを選びなさい。

① 植物画は植物を記録することができる適切な方法だ。

❷ 植物細密画は植物学で大きな役割を担当している。

③ 植物学界は植物の形態を識別するために努めなければならない。

④ 植物の美しさを見せてくれる植物画が増えなければならない。

2. 聞いた内容と一致するものを選びなさい。

❶ 植物画と植物細密画は描く目的が違う。

② 植物細密画には作家の主観的な感情が入っている。

③ 植物の形態を記録するために写真を利用する。

④ 植物学界には無数に多い植物細密画が存在する。

[5] 次は講演です。よく聞いて問いに答えなさい。

男：今日は夫の引退と奥さんの鬱病の関係について話したいと思います。夫の引退後には夫婦が仲良く生活を楽しむと思うでしょうが、現実はそうではないようです。韓国医大予防医学教室の分析結果によると、引退した夫と暮らしている妻は会社に勤めている夫を持っている妻より鬱病にかかる確率が 70% 高いことが分かりました。鬱病に大きい影響を及ぼすのが経済的な問題だったのですが、健康や年齢、財産、所得などの変数を除けば鬱病の危険度は 35% に低下しました。だから半分ぐらいは引退による経済的なストレスが原因だということが分かります。

反対に夫は妻が引退をした場合にはそうではない場合と比べて憂鬱感に特に違いはなかったと言います。引退後に夫は妻がして来た家事にあまり干渉しないで、妻の立場では状況が変わった夫を理解しながら互いに配慮するのが重要だと言えます。同じ趣味生活をすれば鬱病を避けるのに役に立つと思います。

1. 男性の中心となる考えとして正しいものを選びなさい。
① 引退の後の生活を楽しもうとすれば趣味を作っておかなければならない。
② 夫婦が鬱病を避けようとすれば経済的に豊かではなければならない。
③ 引退後の夫は妻の仕事に一切干渉してはいけない。
❹ 夫婦は引退の後にもっと相手を理解し、配慮しなければならない。

2. 聞いた内容と一致するものを選びなさい。
① 経済的なストレスのために鬱病になる夫が多い。
❷ 奥さんの引退は夫の鬱病に影響を及ぼさない。
③ 引退後の夫婦は同じ趣味生活を楽しむ人が多い。
④ 夫の干渉が妻の鬱病に大きい影響を及ぼす。

[6] 次は講演です。よく聞いて問いに答えなさい。

男：今日は歴史研究に携わる人としての姿勢について申し上げたいと思います。人々は歴史の流れをよく川の水に例えたりします。私たち人間は誰もがこの川の水の流れからただの一瞬間も、そして一歩も離れることはできません。私たちは歴史という川の水がどんなものなのか、またその川の水がどの方向に流れているのか知りたがっています。これを知るためには川の水の中ではなく川沿いの丘の上で川の水を見なければなりません。だから歴史に関心がある人なら誰もが歴史の川の丘で眺める視点を持とうと努力します。歴史学者はもちろんこのような人たちの中の1人であることは言うまでもありません。ただ彼が立とうとする丘は誰のものよりさらに高くなければなりません。それで歴史の川の水をもっと正確に、また遠くまで眺めなければなりません。なぜならば川の水が流れる方向を誰よりも先に把握して周囲に知らせなければならない責任が彼にあるからです。また、もし川の水が逆流する場合があったりある地点に断崖があったりすれば、彼はやっぱり一番先にこれを見つけて警告してやらなければならない重い責任を負っているのです。

1. 男性の中心となる考えとして正しいものを選びなさい。
① 歴史学者は誤った歴史は探し出して是正しなければならない。
② 歴史学者は個人と歴史は不可分の関係として認識しなければならない。
❸ 歴史学者は歴史の流れに対する正しい視覚と責任を持たなければならない。
④ 歴史学者は歴史に対する偏見を指摘しなければならない。

2. 聞いた内容と一致するものを選びなさい。

❶ 歴史の流れを正確に把握しなければならない。
② 誤った歴史に対しては果敢に修正しなければならない。
③ 歴史に対しては多様な見解があり得る。
④ 歴史を個人が客観的に判断するのは難しい。

［7］次は講演です。よく聞いて問いに答えなさい。

> 男：今日は漢方医学と西洋医学の対立について考えてみたいと思います。医者でも漢方医でもない私のような平凡な人の立場なら、どちらかの一方が消えなければ国民の健康は保障できないというような西洋医学と漢方医学のけんかはあまり意味がないもののように見えます。当たり前の話ですが、漢方医学が得意な部分が別にあり、西洋医学が得意な部分も別にあるはずです。骨が折れたり肝臓を移植するなどの問題を漢方で解決するとか、原因がわからない頭痛や火病（ファピョン）のような病気を西洋医学で治療することはみんな適切な解答とは言えません。西洋医学と漢方医学の病と健康に対するアプローチと哲学が根本的に違うからです。またこんなに深刻に話す必要もなく、患者の立場では元気になりさえすれば良いわけです。互いに非難するのではなく互いを学ばなければならないと思います。

1. 男性の中心となる考えとして正しいものを選びなさい。

① 医者は患者の立場を優先しなければならない。
❷ 漢方と西洋医学は互いに学ぶ姿勢が必要だ。
③ 漢方と西洋医学は病気によって治療を分担しなければならない。
④ 漢方と西洋医学は治療法に対する情報を共有しなければならない。

2. 聞いた内容と一致するものを選びなさい。

① 西洋医学ではなければ国民の健康が保障されない。
② 頭痛や火病は西洋医学では治療することができない。
❸ 健康に役に立つなら西洋医学でも漢方でも構わない。
④ 西洋医学と漢方の病気と健康に対する解釈は同じだ。

［8］次は講演です。よく聞いて問いに答えなさい。　〈既出 41 回〉

> 男：今日は「コンコルド費用の誤謬」についてお話します。コンコルドは超音速旅客機で野心満々に開発を始めましたが、まもなく事業性がないことがわかりました。しかし初期にかかった莫大な費用のために決定をためらっているうちに結局もっと大きい損害を被って中断せざるを得ませんでした。このようにこれまでに投資した費用に未練を残してもっと大きい損害を被ることをコンコルド費用の誤謬だと言います。このような現象はなぜ起こるのでしょうか。その理由は既存の間違った決定を認めるのに心理的な苦痛が伴うからです。その苦痛を避けようとするか

ら現在の損失をまともに把握できないのです。それで決定を引き延ばしているうちにもっと大きい損害を被るようになるのです。みなさん、もっと大きい損害を避けようとすれば現実を冷静に直視するのが何より大切です。

1．男性の中心となる考えとして正しいものを選びなさい。
❶ 現在の状況をきちんと認識しなければならない。
② 心理的な苦痛から早く脱しなければならない。
③ 間違った決定を繰り返してはいけない。
④ 将来性がある事業に投資しなければならない。

2．聞いた内容と一致するものを選びなさい。
① コンコルド事業は投資した元金を取り戻した。
❷ 心理的な苦痛のために間違った決定が持続する。
③ コンコルド費用は開発を始める時かかる費用だ。
④ 開発費用を正確に把握すれば損害を被らない。

2 文の内容把握問題（2）

…………問題 p.144 / 台本 p.273

［1］次は対談です。よく聞いて問いに答えなさい。

女：本来は趣向が同じ人同士が集まって楽しむ健全な社会活動というお話ですが、それにもかかわらず最近多くの問題が発生しています。その原因はどこにあるとお考えですか。
男：最近問題がしばしば発生するようになった原因はファンクラブ文化が過度に巨大化されたことにあると思います。ファンクラブが企業的な体制にまで大きくなって構成員たちが時には他の集団を敵視する集団エゴイズムの現象まで見えています。自分たちが好きなことは正しくて、そうではないことはみんな悪いという極端な考えに変質されたのです。これはファンクラブ文化の発展に障害になります。このような悪影響を無くすためにはファンクラブの構成員たちの意識改善が必要だと思います。自分の趣向と違う人の趣向を一緒に認められる心を持たなければなりません。成熟したファンの意識があってこそファンクラブ文化も発展できると思います。

1．この談話の前の内容として適切なものを選びなさい。
① ファンクラブは費用がかからない娯楽活動だ。
② ファンクラブ内では本来会員同士の意見の対立が多い。
❸ ファンクラブは趣向が同じ人たちが集まるところだ。
④ ファンクラブでは定期的に集まって情報を売買する。

2. 聞いた内容と一致するものを選びなさい。

① ファンクラブを企業化することは文化の発展に障害になる。
② 他人の趣向も認めることができるてこそ会員に加入することができる。
③ ファンクラブが巨大化されて構成員たちの間に連帯感がなくなった。
❹ ファンクラブの発展のためには成熟したファンの意識がなければならない。

［2］次は対談です。よく聞いて問いに答えなさい。

女：それでも新しい形態の音楽として大衆に人気があるからこのような古典音楽と大衆音楽が一緒になる傾向は今後も持続しそうな感じですが、先生はどうご覧になりますか。

男：もちろんこのような試みは続くと思います。しかし、さっきも申し上げたとおりこのような現象が必ずしも肯定的だとは言えなさそうです。1つの試みとして意義はありますが、各自の本来領域ではないじゃないですか。ある文化が一緒に出会うことも良いけれども、各自の役割を充実に果たすことがもっと重要だと思います。そして大衆に人気があるということが必ずしも良いことではないと思います。その理由は2つの音楽の持っている価値が違うからですが、大衆音楽は言うまでもなく大衆的な人気が命で、古典音楽は芸術性が命だと言えます。もちろん大衆的な人気を否定するというわけではありませんが、そればかりを追い求めたら古典音楽の真摯な芸術性を失うことになります。たまに2つの領域の壁を崩す試みは良いですが、それが音楽発展の正しい方向だとは言い難いと思います。

1. この談話の前の内容として適切なものを選びなさい。

① 新しい形態の古典音楽が大衆的な人気を得ている。
❷ 古典音楽と大衆音楽の協演が肯定的なことだけではない。
③ 古典音楽と大衆音楽の交流はずいぶん前からあった。
④ 古典音楽と大衆音楽の壁を崩さないと発展は不可能だ。

2. 聞いた内容と一致するものを選びなさい。

❶ 古典音楽と大衆音楽の本来の役目は異なる。
② 古典音楽も大衆音楽の長所を受け入れなければならない。
③ 音楽の発展のために2つの領域の壁を崩さなければならない。
④ 大衆音楽も古典音楽との結合で芸術性を高めなければならない。

［3］次は対談です。よく聞いて問いに答えなさい。

女：プロの料理人を目指す場合ならともかく家で料理を好んで作る男性はほとんどいないと思いましたが、意外と言う感じですね。

男：特に昔の世代ではそのように思う方が多いと思います。長年の間、大部分の社会で料理が女性の担当だったので料理は当然女性の領域だと思われてきたことも事実です。しかし社会構造が変化して女性の社会参加が当たり前のようになるつれてそのような固定観念もだいぶ変わっています。一人暮らしの世帯が増えるに従って単純に趣味としてではなく生活の一部として買い物して料理をする男性も多くなりましたし、共働きの夫婦の場合には共同での育児は基本で食事の準備にも積極的に参加する男性が少なくありません。

1. この談話の前の内容として適切なものを選びなさい。

① 料理は当然女性がしなければならない仕事だった。

② プロの料理は男性がしなければならないという固定観念がある。

③ 昔は男性はほとんど料理をしなかった。

❹ 家で料理をする男性が増えている。

2. 聞いた内容と一致するものを選びなさい。

① 独身世帯の場合料理が上手な男性が多い。

② 共働き夫婦は交代で食事の準備をせざるを得ない。

❸ 料理は当然女性の担当だと言う考え方がかなり変わっている。

④ 社会が変わるにつれて女性に対する偏見が消えている。

［4］次は対談です。よく聞いて問いに答えなさい。　〈既出 37 回〉

男：芸術家キム・スミから芸術監督キム・スミへ、本当にご活躍がすごいんですが、しかしさっきも話したとおりずっと辞退し続けていたのにどうして急に考えを変えたんですか。

女：これまで芸術家として生きてきた人生は本当に幸せでした。ところが振り返ってみると私は（人に）助けられてばかりでした。私もこれから人に何かをしてあげなければならない時期ではないかという気がしました。それで個人活動をやめて芸術監督を引き受けることにしたのです。最初の仕事として専用劇場の設立を推進しています。行政的な仕事が初めてなのでまだ難しいことがありますが、団員と交わした最初の約束であるだけに必ず完成された専用劇場の姿をお見せしたいと思います。

1. この談話の前の内容として適切なものを選びなさい。

① 芸術監督に挑戦したが毎回落ちた。

② 芸術監督を夢見て舞台演出を専攻した。

③ 他の所で芸術監督をしていたは、あきらめた。

❹ 個人的な活動のために芸術監督の職を断わった。

2. 聞いた内容と一致するものを選びなさい。

❶ 女性は芸術家の活動をやめた状態だ。

② 女性は行政的な経験を生かして仕事をしている。
③ 女性は自分が初めて引き受けた仕事を終えた。
④ 女性は専用劇場の設立が不可能だと考えている。

[5] 次はドキュメンタリーです。よく聞いて問いに答えなさい。

女：みなさん。これが何なのか分かりますか。砂粒から作られた黒色のつやが出る薄い金属板。小指の爪の 4 分の 1 にも満たない狭い面積に数百万、数千万個の電子部品が入っているのです。これがちょうど半導体とも呼ばれるもので話しもできて、文章も書けて、計算もできて、記憶もします。科学者たちがこの魔法の板に少し手を加えて機械の心臓部につなげてやると、その機械は急に賢くなって思考をするようになります。初めは主に電子計算機にだけ使われた半導体、しかし最近になってはほとんどすべての産業分野に使われて製品の機能を多様化し、高級化させて人間が必要とするすべてのもの、すべての対象に対して生命力と知恵を吹き込んでくれています。そのようになってもう世の中では人類がかつて経験したことがなかったものすごい変革が起きています。このすべてのものが魔法の石片、半導体が起こしている変化です。

1. この話の中心内容として正しいものを選びなさい。
① 半導体は人間の脳に代わる役割をする。
② 半導体は私たちの生活と不可分の関係にある。
③ 半導体が起こした変革は人類に大きな衝撃を与えた。
❹ 半導体はすべての産業分野に大きな変革をもたらしている。

2. 半導体に対する説明として正しいものを選びなさい。
① 半導体の原料は黒色のつやが出る石片だ。
❷ 半導体は砂を利用して作られる。
③ 半導体は数千万個の部品で作られる。
④ 半導体は魔法使いが命と知恵を吹き込んだ金属板だ。

[6] 次はドキュメンタリーです。よく聞いて問いに答えなさい。

男：みなさん、ここにクモの巣があります。このクモの巣に人をぶら下げることができるとしたら信じられますか。今日はそれを可能にするクモの巣の秘密を調べてみようかと思います。クモの巣は用途によって強度と伸びる程度が違います。クモの巣をよく見ると真ん中の部分を中心に放射状で伸びた縦糸と家全体を取り囲んだ枠の糸があります。このふたつは家の骨組みの役目をしているのでとても強いです。また縦糸をつなげながら円形に伸びた横糸はよく伸びる性質があってクモの巣にかかったえさを縛ったり捕まえたりすることができます。このように強いながらもよく伸びるクモの巣は人の髪の毛の太さの 16 分の 1 程度に過ぎませんが、人の重さに耐えることができます。とても細いクモの巣さえ想像以上の力を持っているように自然は人間の基準では判断することができない神秘な世界です。

1. この話の中心内容として正しいものを選びなさい。

① クモの巣は伸縮性が強いほど強い。
② クモの巣はえさを取るのに適するように進化された。
❸ クモの巣を通じて自然の神秘が分かる。
④ クモの巣の構造は家を建てるときに応用する価値がある。

2. クモの巣に対する説明として正しいものを選びなさい。

❶ 縦糸は家の骨組みの役目をする。
② 太さは髪の毛の 10 分の 1 ぐらいだ。
③ 横糸は放射状に伸びている。
④ 枠の糸が最もよく伸びる。

[7] 次はドキュメンタリーです。よく聞いて問いに答えなさい。

女：移動が自由な動物は交配も比較的自由です。しかし植物は事情が違います。動物と違い、地に根を下ろしているせいで動物のような自由な移動も交配も不可能です。その代わり植物は花粉を大気中に放出して雌しべに届くようにする方法を使って交配をします。雄しべが花粉を放出すると花粉が飛んで行って柱頭に安着して受精が行われます。このような方法は風という媒介体があるから可能ですが、このように風を利用して受精する植物を風媒花と言います。代表的な木としては松、銀杏、楢のようなものがあります。風媒花の花粉は微弱な風にもよく飛散することができるように小さくて軽いです。そして雌しべに届く確率を高めるためにできるだけ多くの量の花粉を大気中に放出しますが、いま後ろに見えているように白い花粉が飛び交うのもこうした理由からです。

1. この話の中心内容として正しいものを選びなさい。

① 植物は蜂がなければ受精が不可能だ。
❷ 植物は風の助けで受精が行われる。
③ 植物は花粉が軽いほど受精がよくできる。
④ 大気中に放出された花粉が花粉症を引き起こす。

2. 風媒花に対する説明として正しいものを選びなさい。

① 少量の花粉でも授精される確率が高い。
② 風が強い時花粉を多量で放出する。
③ 雌しべが花粉を大気中に放出する。
❹ 放出された花粉が多いほど受精確率が高くなる。

[8] 次はドキュメンタリーです。よく聞いて問いに答えなさい。

女：今ご覧になっている「日月五峰図」は空と山、海と森を描いた絵です。空には白い月と黄色い太陽が左右に昇っていて、その下に5つの峰が高くそびえています。そして山の下で波が波打ち、生い茂った松が両側に立っています。この絵で太陽と月は陰陽を象徴し、5つ峰は五行を象徴し、下の水は宇宙の流れを意味します。しかし「日月五峰図」はそのものだけでは完成された絵ではなく、王が一緒にいて初めて完成される絵です。宇宙の生成と変化、陰陽五行を代弁する象徴物で一杯のこの絵で国王は絵の真中に座ることで宇宙の主宰者の名代としての存在のような意味を与えてもらうことができました。この絵は誰でも、どんな所でも使ったものではなかったのです。礼と格式を重視した朝鮮時代に王が座る席の後ろに置かれた特別な絵として王が世を去った後には一緒に埋められたのです。

1．この話の中心内容として正しいものを選びなさい。
① 国王は礼と格式を整えるために絵を描いた。
② 国王は就任の時特別な絵を完成しなければならなかった。
③ 国王は陰陽五行と宇宙の変化に精通しなければならない。
❹ 国王は背景の絵を利用して特別な権威を表した。

2．「日月五峰図」に対する説明として正しいものを選びなさい。
① 日月五峰図は最終的に国王の手によって完成される。
❷ 日月五峰図は陰陽五行を象徴する素材を描いたものだ。
③ 日月五峰図は国王が座る椅子の背もたれに刻まれる。
④ 日月五峰図は国王の棺の中に入れるために描かれた絵だ。

❸ 文の内容把握問題（3） …………問題 p.148 / 台本 p.277

[1] 次は講演です。よく聞いて問いに答えなさい。

女：この前の大統領選挙で見せてくれた統計の力を皆さんも間接的に体験したと思いますが、現代社会で統計の必要性は非常に大きいです。短い時間の内に多くの人の意見を聞いてその結果を簡単に分析することができるし、どんな判断を下すのが有利かを推測することも可能です。統計的な方式が科学的で明確な結果を提供するという点については誰もが認めるところです。しかし統計には限界があるという事実を忘れてはいけません。まず統計は個人の心理や判断の根拠を把握するのが難しく、統計で聞かなかった内容は把握することができません。普通統計のアンケートは「全然そうではない、あまりそうではない、どちらともいえない、まあそうだ、全くそうだ」の５つの質問項目が与えられますが、ここに属していない他の意見を持った人たちはその意見を表明する方法がほとんどありません。また回答者が回答をする時、気が焦って大まかに回答する可能性もあり、心にもないことを言う可能性もあります。即ち、深く聞かないので深くわからないのが統計の盲点だとも言えます。

1. 聞いた内容と一致するもの選びなさい。
① 統計を通じて回答者の意見を深く知ることができる。
❷ 統計で個人の判断の根拠は把握しにくい。
③ 統計はアンケート以外の内容は類推して提示してくれる。
④ アンケートの様式によって結果が変わるのが統計の盲点だ。

2. 女性が話す方式として最も適切なものを選びなさい。
① 現代社会での統計の重要性を強調している。
② 統計の信頼性について疑問を提起している。
❸ 統計の限界と問題点について説明している。
④ アンケート調査方法の改善点を提案している。

［2］次は講演です。よく聞いて問いに答えなさい。

女：相対性理論を作った物理学者アインシュタインはみなさんもご存知の通り天才の代名詞のように呼ばれている人です。アインシュタインが死亡した後、今までアインシュタインの脳について多くの研究が行われました。彼がものすごい天才だったのでアインシュタインの脳は一般の人とは違うと思ったからです。ニューヨークタイムズが過去に彼の脳が普通の脳よりしわが多く、その面積を広げれば一般の人より広いというある研究者の研究結果を引用してアインシュタインの脳の構造が一般の人と大きく違って、彼の天才性は「生れ付きのもの」だったと報道しました。しかし現在脳神経科学者と医学専門家たちはアインシュタインの脳が大きく見れば普通の人の脳と別段違いがなく、彼の天才性が普通の人より特別な脳のためではないと言います。結局、アインシュタインの天才的発見の過程は同時代の科学者たちが理解できないほどに難解なものではなかったし、また一般の人たちと次元の違うすぐれた脳のおかげでもなかったと言えます。

1. 聞いた内容と一致するもの選びなさい。
① アインシュタインの脳は一般人のそれより面積が広かった。
② アインシュタインの天才性は特別な脳構造に起因したものだ。
③ アインシュタインの発見過程を同時代の科学者たちは理解できなかった。
❹ 医学専門家たちはアインシュタインの脳を特別なものとして見ていない。

2. 女性が話す方式として最も適切なものを選びなさい。
① アインシュタインの天才性の要因を分析している。
❷ アイシュタインの脳に対する研究結果を紹介している。
③ 普通の人とアイシュタインの脳を比較しながら説明している。
④ アインシュタインの先天的な天才性を強調している。

[3] 次は講演です。よく聞いて問いに答えなさい。

女：民主主義の精神と科学の精神はその土台に多くの共通点を持っています。科学者がある特定の学説を絶対的な真理だと固執しないのと同じく民主主義者もある特定の人の絶対的な権威を認めません。また科学者が他人の実験と他人の学説を尊重するように、民主主義者も自分と見解を異にする人々の話に耳を傾けて彼らの意見を尊重します。ニュートンという人は真理の世界を広くて深い海に例えて、自分の境遇は海岸で貝殻を拾っている子供と同じだと言いました。私はそれが正しく真正なる民主主義者の精神だと思います。みなさんもよくご存知のとおり社会は政治と経済、学問と芸術、その外のすべての分野において日々成長しなければなりません。私たちが着実な成長を続けるためには、科学者がするように新しい情報を尊重して常に自分を修正しなければならないし、民主主義者がするように独断と独善を捨てていろんな人の意見を尊重しなければならないと思います。

1. 聞いた内容と一致するもの選びなさい。
① 科学者は新しい学説を立てなければならない。
② 科学者は絶対的な真理を発見しようと思う。
❸ 民主主義者は多様な見解に耳を傾ける。
④ 民主主義者は時々独断と独善に陥りやすい。

2. 女性が話す方式として最も適切なものを選びなさい。
❶ 社会の成長のための望ましい姿勢を提示している。
② 民主主義と科学の精神の類似点について説明している。
③ 民主主義の精神について論理的に紹介している。
④ 科学と民主主義の精神の本質を究明している。

[4] 次は講演です。よく聞いて問いに答えなさい。

女：まもなく国会議員の選挙日です。全国で国会議員候補たちの遊説熱気が熱くなっていますが、候補者たちが掲げる公約によく耳を傾けなければなりません。実現の可能性がない選挙公約で有権者の心を動かしてから、当選すると当選前に掲げた公約を守らない政治家があまりにも多いです。彼らは有権者の信頼を失い、非難の世論を避けられないのですが、実現可能な公約で有権者から支持を得て、当選後にもこの公約を実践するために努力する人は皆に尊敬される政治家になるでしょう。空虚で価値のない選挙公約よりは現実的な公約で有権者の心を引く公正な選挙にならなければならないと思います。そうなるためには候補者の公約をきちんと読んでみて、現実的な政策を提示しているかどうかを正しく判断できる有権者の眼目が何よりも重要だと言えます。

1. 聞いた内容と一致するものを選びなさい。
① 有権者はバラ色の公約が多いほど熱狂する。
② 公約が現実的であればあるほど当選するのが難しい。
③ 守れない公約をする政治家は多くない。
❹ 候補者の公約をよく確認して判断しなければならない。

2. 女性が話す方式として最も適当なものを選びなさい。
① 実現の可能性のない選挙公約を批判している。
② 尊敬される政治家の姿勢を説明している。
❸ 公約に対する有権者の眼目の重要性を強調している。
④ 公正な選挙のための有権者の協力を要請している。

[5] 次は対談です。よく聞いて問いに答えなさい。

女：50 代になるとやがて訪れる引退後の生活について考える人たちが多いと思いますが、具体的にどのような心得や準備が必要なのか伺いたいです。
男：多くのサラリーマンは自分が勤めていた職場をやめた後に普通老後の準備をどうするか心配します。老後の準備と言えば普通お金や健康に対する準備を思う方がほとんどですが、しかし老後の準備は残っている人生をどのように生きるかと言う人生の態度の問題だと思います。職場をやめても仕事を一切やめるわけではありません。1 つの職場で退職しても二番目三番目の仕事をいくらでも見つけることができると思います。退職を第 2 の人生を始める出発点とし、再教育を通じて自分の能力を開発して新しい仕事を見つけることもできます。そして普段趣味生活をずっとやってきた人なら趣味生活をしながら人生のやりがいを求めたりその趣味を利用してまた仕事をしたりすることもできると思います。

1. 聞いた内容と一致するもの選びなさい。
① 老後の準備は引退する前から始めなければならない。
② 老後の準備で最も重要なことはお金と健康だ。
③ 退職後には趣味生活を通じて人生を楽しむのが良い。
❹ 引退をするからと言って仕事を一切やめるわけではない。

2. 男性が話す方式として最も適切なものを選びなさい。
❶ 老後の準備に必要な心得を紹介している。

② 退職後に直面する問題点を診断している。
③ 老後の準備の一般的な形態を説明している。
④ 引退前に老後の準備をすることを促している。

[6] 次は対談です。よく聞いて問いに答えなさい。

女：経済は発展したが、現在の生活に満足したり幸せを感じたりする人は減っているという調査結果が出ました。このような結果に対して先生はどのようにお考えなのかお話を伺いたいです。
男：経済が発展するにつれて人生の目標を富の蓄積に置く人が多くなりました。人より早く多くの富を蓄積するためには競争で勝たなければならないのです。それに最近は両極化が激しくなって一度落伍すると二度と巻き返すことができないという危機感が高まりました。私ではない他人に気を使う余裕がなくなったのです。しかし富や名誉が人生の基準にはなれないと思います。なぜならば誰と比較するかによって豊かに見えたり貧しく見えたりする相対的な価値だからです。調査結果のように経済が発展して当面の生活に心配のない人たちも自分より豊かな人と比べて自分の生活に満足できずに不幸を感じる場合が多いです。しかし本当の幸せは比較優位ではなく自分の仕事と人生を自ら楽しんで満足する時にだけ得られるものだと思います。

1. 聞いた内容と一致するもの選びなさい。
① 他人との比較と競争が経済発展に寄与した。
② 富や名誉が人生の目標である人は多くない。
❸ 本当の幸せは仕事と人生に満足することで得ることができる。
④ 経済力の両極化で生活が厳しい人が増えている。

2. 男性が話す方式として最も適切なものを選びなさい。
① 経済力の両極化の現象を憂慮している。
❷ 生活に対する不満足の背景を分析している。
③ 本当の幸せを得るための方法を提案している。
④ 人生の目標が富の蓄積である人たちを批判している。

[7] 次は対談です。よく聞いて問いに答えなさい。

女：今日は専門家をお招きして経済発展についてお話をしたいと思います。博士、一国の経済発展に必要な要素は何だと思われますか。
男：もう常識化した話ですが、一国の発展には天然資源と人的資源、そしてシステムという3つの要素が必須です。これと関連して世界のいくつかの国々の状況を調べてみると、天然資源よりは人的資源とシステムが一国の発展の根本的な動力であることが分かります。しかしシステムも人間が作って維持して発展させるものだから大きいフレームで見ると国の発展には人的資源が、最も重要だと言えます。このような点からみたとき、私たちは天然資源はほとんど持っていないので結局は人を持って発展の動力としなければなりません。過去に私たちが経済発展を成し遂げたのも、今日経済的に危機に遭ったのも国民によるものだと考えることもできます。

1．聞いた内容と一致するもの選びなさい。
① 天然資源なしには経済発展を遂げるのは難しい。
❷ 経済発展の成敗はすべて国民にかかっている。
③ 経済発展のために資源活用システムを構築しなければならない。
④ 国家の発展のために人的資源の発掘と教育が急がれる。

2．男性が話す方式として最も適切なものを選びなさい。
① 国の発展に障害になる要素を診断している。
② 資源の有無が経済発展に及ぼす影響を分析している。
③ 経済危機をもたらす要因を説明している。
❹ 国家発展において人的資源の大切さを強調している。

［8］次は対談です。よく聞いて問いに答えなさい。　〈既出 36 回〉

女：古書籍と言えば一般的に古くて何か内容も難しそうな昔の文献を思い浮かびます。博士は古書籍の中でも日常的な内容の本を主に研究していらっしゃいます。どうしてそのような本に関心を持たれたのか、またそれを研究することが現代にどのような意味があるのか伺いたいです。
男：私が研究する古書は当時の一般大衆がたくさん読んでいた本です。廉価版で作られたので現在は古くなってみすぼらしくて捨てられる本です。しかし多くの人々が読んだという点で重要度はどれにも負けません。分野もさまざまで恋愛小説や商業用文書、手紙の作成法を集めておいた実用書のようなものがあります。このような資料を通して昔の人々の生活を具体的でリアルに復元できます。これは古書研究だけではなく歴史研究という大きい枠においてもとても重要な部分だと思います。

1．聞いた内容と一致するもの選びなさい。
① 古書で分かる情報は限界がある。
② 出刊年代が古いほど価値あって貴重な本だ。
③ 昔の様々な日常を見せてくれる資料が足りない。
❹ 男性は人々が関心を持たない本を研究している。

2. 男性が話す方式として最も適切なものを選びなさい。

① 大衆が好んで読んでいた古書籍の発掘を促している。

② 古書籍の研究が進むべき新しい方向を提示している。

❸ 古書籍の価値を説明しながら研究の意義を強調している。

④ 古書籍の資料を根拠として研究の信頼性を証明している。

❹ 文の内容把握問題（4） ………… 問題 p.152 / 台本 p.281

[1] 次は講演です。よく聞いて問いに答えなさい。

男：私たちはうまく行かないのにアメリカでは起業家が多く、グーグル、フェイスブック、ウーバーのような「大当り」のベンチャーが続々と出現する理由は何でしょうか。それは起業生態系が生きて動いているからです。シリコンバレー銀行(SVB)はシリコンバレーで活躍する数多くのベンチャーキャピタルに資金と信用を支援して、ベンチャーキャピタルは数多くの草創期のベンチャー企業の事情を隅々まで確認しながら助けて投資をしますが、お金だけ出すのではなく経営システムとアイデアまで貸してあげて彼らが背負わなければならない危険までも共有します。失敗した時、家族と友人からですら遠ざけられる私たちとは違って、アメリカのベンチャー事業家は敗者復活の機会も持つことができます。失敗という結果より過程を評価するシステムが生きているからです。このように起業支援金融システムの支援を受けることができるので、シリコンバレーの若い創業者たちは「熱情と覇気」を早く抵当に入れたくないと言って、大型投資銀行の投資提案を断ってもっと大きい挑戦に出るほど堂々としています。私たちも我が国の若者たちに熱情と覇気がないと舌打ちする前に恐れずに挑戦できる環境から至急作ってあげなければならないと思います。

1. 聞いた内容と一致するもの選びなさい。

① アメリカのベンチャー企業は過程に対する評価が高ければ破産しない。

② アメリカでは銀行が直接ベンチャー企業に投資と経営指導をしてくれる。

③ アメリカの起業家は小さいベンチャーキャピタルより大型の投資銀行を好む。

❹ 韓国のベンチャー企業は一度失敗すれば再び再起しにくい。

2. 男性の態度として最も適切なものを選びなさい。

① アメリカのベンチャー企業の熱情と覇気の背景を説明している。

② アメリカの起業支援金融システムの早期導入を主張している。

❸ 若者たちが起業しやすい緊急の環境整備を促している。

④ 韓国の起業家とベンチャー企業の将来について憂慮している。

［2］次は講演です。よく聞いて問いに答えなさい。

女：歴史を見る目を史観だと言いますが、史観は時代精神を反映しているとも言えます。従って当代の時代精神に対する解釈を異にするとしたら同じ時代でも様々な史観が表れることがあります。すでに社会は多様性と多元化の方向に進んでいて1つの史観を強要することはできなくなりました。しかし同じ時代に多様な史観が表れるからと言って何でもすべてがその時代の史観になれるわけではありません。これにはいくつかの重要な原則がありますが、まず当代の多くの人が共感しなければならないということです。そして人類の普遍的な原則に符合しなければならないということです。どんな史観であってもこのような原則を根拠に当代の社会的な問題とこれから進まなければならない方向を客観的に分析することができなければなりません。歴史的な事実を歪曲したり脚色をしたりしてはいけません。そうしてこそ歴史はより良い未来のために健康な教訓を伝えることができます。

1．聞いた内容と一致するもの選びなさい。
❶ 史観は人類の普遍的な原則に符合しなければならない。
② 歴史的事実は時代によって解釈を異にする必要があある。
③ 多様な史観があってこそ歴史を客観的に把握することができる。
④ 歴史は未来に教訓を与えることができるように解釈されなければならない。

2．女性の態度として最も適切なものを選びなさい。
① 多様な史観が表れるようになる背景を分析している。
❷ 当代の史観になることができる条件を説明している。
③ 歴史的事実が歪曲される原因と過程を究明している。
④ 歴史が未来に正しく継承できるように促している。

［3］次は講演です。よく聞いて問いに答えなさい。

男：骨粗しょう症は主に中年以降の女性がなりやすいことで知られていますが、実は中年男性も見逃してはいけない疾患です。去年発表された慢性疾患統計によると、我が国の50歳以上の男性10人中1人は骨粗しょう症でした。骨粗しょう症の前段階を骨減少症と言いますが、50歳以上の男性の中でこれに該当する割合が40%を越えることがわかりました。男性の骨粗しょう症は女性に比べて病気に対する認知率が落ちて、それで自分が骨粗しょう症であることを知らないで放置しているうちに骨折を経験すると死亡にまで至るなどもっと病勢が悪い場合が多いです。また男性の場合には喫煙と飲酒のような骨密度に悪影響を及ぼす生活習慣をたくさん持っていますが、喫煙と飲酒は骨の原料となる体内のカルシウム濃度を落として骨粗しょう症を誘発しやすいです。したがって男性も骨健康を心配して骨密度検査を受けてみる必要があります。そして骨粗しょう症を予防しようとすればカルシウムとビタミンDを取って、骨が堅くなるように1週間に2回以上30分ずつ、ジョギングやウォーキングのような運動をしたほうが良いです。

1. 聞いた内容と一致するもの選びなさい。
① 女性の喫煙と飲酒は骨粗しょう症を誘発しやすい。
❷ 中年男性も骨粗しょう症になる危険性が高い。
③ 骨粗しょう症の次の段階を骨減少症だと言う。
④ 全体男性の1割が骨粗しょう症という統計がある。

2. 男性の態度として最も適切なものを選びなさい。
① 骨粗しょう症に対する男性の無知を指摘している。
② 男性の骨減少症に対する危険性を警告している。
❸ 男性の骨粗しょう症に対する注意と予防を促している。
④ 中年男女の骨粗しょう症検査の必要性を強調している。

[4] 次は講演です。よく聞いて問いに答えなさい。 〈既出41回〉

女：従来は同じ地域に住めば政治的な傾向が似ているはずだと思われました。それで地域中心の選挙運動が主流でした。しかし同じ地域に住んでいても個人の政治的な傾向が違うこともあるというのが明かになって、最近は個人別特性を反映する方向に選挙運動が変化しています。それで最近は候補者陣営で選挙運動用メールを作成する時も別々の内容でいくつかを作ります。そして有権者の性別や職業、関心事などを考慮してそれに合うメールを送ります。このようになれば有権者は好みに合う公約のみを伝えてもらうようになって一方に偏った情報に露出される可能性が大きくなります。そうなれば有権者は候補者を客観的に評価できる機会自体を奪われかねません。このような状況で果して有権者は正しい選択ができるでしょうか。

1. 聞いた内容と一致するもの選びなさい。
❶ 最近の選挙運動は個人の傾向を反映する。
② 同じ地域人々の政治的な傾向は似ている。
③ 候補者を評価できる機会が増えている。
④ 有権者は候補者の情報を多角的に得ることができる。

2. 女性の態度として最も適切なものを選びなさい。
① 今回の選挙運動の結果を楽観している。
② 選挙運動の肯定的な変化を期待している。
③ 選挙に対する有権者の態度にがっかりしている。
❹ 新しい選挙戦略の副作用について憂慮している。

第4章 作文編

合格資料20 「한다体」の練習 p.170

【正答】

1. 아프다
2. 나는, 좋아한다
3. 기른다
4. 만났다
5. 듣는다
6. 산다
7. 아름답다
8. 나는, 잔다
9. 불국사였다
10. 빠르다
11. 피우지 않는다
12. 시작된다
13. 몰랐다
14. 유행이다
15. 오신다

1 空所完成問題 (1) …………………………… 問題 p.196

[1] 次を読んで㋐と㋑に入る言葉を 1 文ずつ書きなさい。

旅行は楽しく、予約は速かに！

私どもハンナラ旅行社はさらに便利で速かに皆さんをお世話しようと光化門に新しくオープンしました。国内と海外旅行はもちろん航空券やホテルの予約など旅行に関するすべてのものを（ ㋐ 親切にご相談承ります)。旅行を計画中の方は今すぐお電話くださるか、当事務室にお寄りください。楽しい旅行ができるように（ ㋑ 最善を尽くしてお手伝いいたします)。

ハンナラ旅行社

【模範答案】

㋐ 친절하게 상담해 드리겠습니다 / 상담해 드리겠습니다 / 안내해 드리겠습니다

㋑ 최선을 다하여 도와 드리겠습니다 / 도와 드리겠습니다

[2] 次を読んで㋐と㋑に入ることばを 1 文ずつ書きなさい。

子犬を捜しています！

4月7日金曜日の午後 9 時頃アリランマートの近くで（ ㋐ 子犬がいなくなりました)。一歳の茶色のプードルですが、耳と尻尾を除いて毛はすべて剃っています。赤色の首輪を着用しています。もし（ ㋑ 子犬をご覧になったか保護していらっしゃる方がいればぜひご連絡願います)。見つけてくださった方には必ず謝礼をいたします。

連絡先 011-888-9999

【模範答案】

㉠ 강아지를 잃어 버렸습니다
㉡ 강아지를 보시거나 데리고 계신 분이 있으시면 꼭 연락해 주시기 바랍니다

[3] 次を読んで㉠と㉡に入ることばを 1 文ずつ書きなさい。

自転車サークルの新入会員募集
自転車サークル「二輪」です。
新学期を迎えて（ ㉠ 新たに新入会員を募集します）。新入会員は自転車に関心のある学生なら新入生でも在学生でもみんな歓迎します。活動は土曜日の午前 9 時～ 13 時程度でサイクリングのコースは毎月会員みなさんの意見を集めて決めます。関心のある方は（ ㉡ いつでもご連絡ください）。
連絡先 : yiheri@dubakwi.re.kr　010-1234-5678（募集担当イヘリ）

【模範答案】

㉠ 새로 신입 회원을 모집하려고 합니다 / 신입 회원을 모집합니다
㉡ 언제든지 연락 주십시오 / 다음 연락처로 연락 주십시오

[4] 次を読んで㉠と㉡に入ることばを 1 文ずつ書きなさい。

こんにちは。お元気ですか。
去年ミニョンさんのホテルでお会いした後、連絡（ ㉠ できなくてすみません）。来月の 8 日に 1 週間の予定でソウルに行こうと思っています。今回もミニョンさんが勤めているホテルで過ごしたくて連絡致しました。数日しか残っていませんが、予約が（ ㉡ できるか確認したいです）。お返事お待ちしています。
2016 年 11 月 23 日　ユウスケ

【模範答案】

㉠ 드려서 미안합니다 / 해서 미안합니다　㉡ 가능한지 알고 싶습니다

[5] 次を読んで㉠と㉡に入ることばを 1 文ずつ書きなさい。

眼鏡を無料で修理致します。
これまで私どもの「チャルボヨ」眼鏡店を利用してくださった皆様に感謝申し上げます。今年で店を始めてから 10 年になりました。そのため（ ㉠ 感謝の気持ちで）60 歳以上の方々に 9 月の 1 カ月間眼鏡を無料で修理いたします。当店で購入した眼鏡でなくてもかまいません。気軽に来店して（ ㉡ 眼鏡を直してください）。

【模範答案】

㉠ 감사의 마음으로 / 감사드리는 마음으로 / 10주년 기념으로
㉡ 안경을 고치시기 바랍니다 / 안경을 수리하시기 바랍니다

[6] 次を読んで㉠と㉡に入ることばを 1 文ずつ書きなさい。

留学生の皆さん。こんにちは。
「伝統文化体験」を申し込んでいただき、有難うございます。「伝統文化体験」は今週の土曜日の午前 10 時に開かれます。テコンドーを申し込んだ学生は運動靴を履いて体育館に（ ㉠ 来てください）。キムチ作りを申し込んだ学生は学生会館に来てください。それでは（ ㉡ 土曜日にお会いましょう）。　世界大学学生会

【模範答案】 ㉠ 오시기 바랍니다　㉡ 토요일에 뵙겠습니다

[7] 次を読んで㉠と㉡に入ることばを 1 文ずつ書きなさい。

国際ウォーキング大会参加者募集
コヤン市は国際ウォーキング大会の参加者を募集しています。この大会は毎年 10 月に開かれる国際大会です。国籍 , 年齢 , 性別に関係なく健康な人なら（ ㉠ 誰でも参加することができます)。参加費は無料です。大会は雨が降っても（ ㉡ 計画どおり行われます)。詳しいことはコヤン市国際ウォーキング大会のホームページをご参考ください。

【模範答案】 ㉠ 누구나 참여/참가할 수 있습니다　㉡ 계획대로 진행됩니다

[8] 次を読んで㉠と㉡に入ることばを 1 文ずつ書きなさい。

留学生のためのテコンドー授業案内
留学生のためのテコンドー授業が来週から始まります。
テコンドーを習いたい留学生の中でまだ申し込んでいない学生は（ ㉠ 早く申し込んでください)。インターネットでは（ ㉡ 申し込みを受けつけません)。申し込みは国際課事務室に来て直接してください。　国際課事務室

【模範答案】 ㉠ 빨리 신청하십시오　㉡ 신청을 받지 않습니다

[9] 次を読んで㉠と㉡に入ることばを 1 文ずつ書きなさい。

韓国語サポーターを募集します。
韓国語教育部では韓国語サポーターを募集します。韓国大学に在学中の学生なら（ ㉠ 誰でも志願することができます)。志願したい学生は来週金曜日までに事務室に申し込んでください。韓国語サポーターは外国人学生たちの韓国語の練習と韓国の生活を手助けする仕事です。関心ある学生の（ ㉡ 多くのご応募をお待ちしています)。
韓国語教育部

【模範答案】 ㉠ 누구나 지원할 수 있습니다　㉡ 많은 응모를 바랍니다

[10] 次を読んで㉠と㉡に入ることばを１文ずつ書きなさい。

受信：キム・ユミ
こんにちは。実は明日のサークルの会合に（ ㉠ 出席できなくなっので）ご連絡をします。今週の内に提出しなければならないレポートが終わらなくて明後日までは徹夜でレポートを書かなければならなくなりそうです。申し訳ありません。会合に参加する会員のみなさんにも（ ㉡ 出席できなくてすみませんと伝えてください）。
次の会合には必ず参加するようにします。
発信：イ・ナヨン

【模範答案】
㉠ 참석하지 못하게 되어서 / 참석할 수 없어서
㉡ 참석하지 못해 미안하다고 전해 주십시오

[11] 次を読んで㉠と㉡に入ることばを１文ずつ書きなさい。〈既出47回〉

E-mail タイトル：先輩、ビクトールです。
先輩、こんにちは。ビクトールです。
お願いしたいことがあってメールをしました。私はインターネットで（ ㉠ カメラを注文しました / カメラを購入しました / カメラを買いました）が、カメラは今週の金曜日に届くと言われました。私はその日故郷に帰るのでカメラを直接受け取ることができません。
すみませんが、私の代りに（ ㉡ カメラを受け取ってもらえませんか）。面倒なお願いをして申し訳ありません。それではご返事をお待ちしています。
ビクトール

【模範答案】
㉠ 카메라를 주문했습니다 / 카메라를 구입했습니다 / 카메라를 샀습니다
㉡ 카메라를 받아 주실 수 있으십니까

[12] 次を読んで㉠と㉡に入ることばを１文ずつ書きなさい。〈既出35回〉

無料で差し上げます！
私は留学生ですが、勉強を終えて来週国へ帰ります。
それで今（ ㉠ これまで使っていたものを片づけようと思っています）。机、椅子、コンピューター、経営学専門の本などがあります。今週の金曜日までに部屋を明け渡さなければなりません。（ ㉡ よってこれらのものが必要な方は金曜日以前にご連絡ください）。
私の電話番号は 010-1234-5678 です。

【模範答案】
㉠ 그동안 사용했던 제 물건들을 정리하려고 합니다
㉡ 그러니까 물건이 필요하신 분들은 금요일 전까지 연락해 주시기 바랍니다

2 空所完成問題 (2) ………………………… 問題 p.202

[1] 次を読んで㋐と㋑に入る言葉を 1 文ずつ書きなさい。

私たちは毎日新しい計画を立ててその計画に合わせて生きようと努力している。誰でも自分が立てた（㋐ 計画通りに生きることができれば）どんなに良いだろうか。人それぞれ自分が立てた計画を1カ月、または1年や一生に対する計画を立ててその計画通りに生きることができればこの世の中には（㋑ 何の困難もないだろう）。

【模範答案】 ㉠ 계획대로만 살 수 있다면　㉡ 아무 어려움도 없을 것이다

[2] 次を読んで㋐と㋑に入ることばを 1 文ずつ書きなさい。

「重要な仕事と急ぎの仕事がある時、どちらを先にしますか」。このような質問を受けた時、人々は大抵（㋐ 急ぎの仕事を先に処理する）と答える。しかし活動半径が広く、やるべきことが多い現代社会では急ぎの仕事だけ追っていれば本当に重要な仕事はできなくなる場合が多い。従って急ぎの仕事よりは（㋑ 重要な仕事を先に処理するのが望ましい）。

【模範答案】

㉠ 급한 일을 먼저 처리한다

㉡ 중요한 일을 먼저 처리하는 것이 바람직하다

[3] 次を読んで㋐と㋑に入ることばを 1 文ずつ書きなさい。

目は一度悪くなるとまたよくなりにくい。それで目が悪くなる前に（㋐ 目の健康を守らなければならない）。目に良い食べ物を食べたり目の運動をしたりすれば目の健康に良い。そして遠くにある山や木を見ることも良い。しかし目が疲れた時は目を（㋑ 閉じて休むのがいちばん良い）。

【模範答案】

㉠ 눈의 건강을 지켜야 한다

㉡ 감고 쉬는 것이 제일 좋다 / 쉬게 하는 것이 제일 좋다

[4] 次を読んで㋐と㋑に入ることばを 1 文ずつ書きなさい。

欲しいものをいくつかの中から1つだけ選ぶようにと言われたら誰でもいちばん良いものを（㋐ 選択するために悩む）。選択の悩みを減らすためには基準を決めて選択の範囲を狭めて行ったほうが良い。選択できるものをすべて広げておいて基準から外れたものから1つずつ外して行くのだ。そうすると最後に残るものが（㋑ 最も良い選択になるだろう）。

【模範答案】 ㉠ 선택하기 위해 고민한다 ㉡ 가장 좋은 선택이 될 것이다

[5] 次を読んで㉠と㉡に入ることばを１文ずつ書きなさい。

インターネットでものを買うとたまに（ ㉠ 後悔する時がある)。商品を直接確認できないので製品の長所と短所を把握するのが難しいからだ。しかしこのような問題は製品を購入する前にカスタマーレビューを確認すれば（ ㉡ ある程度解決することができる)。カスタマーレビューは消費者が商品を直接使った後に書いた評価なので製品の長所と短所を把握するのに有用だ。

【模範答案】 ㉠ 후회하게 될 때가 있다 ㉡ 어느 정도 해결할 수 있다

[6] 次を読んで㉠と㉡に入ることばを１文ずつ書きなさい。

私たちは生きて行く間他人の力を借りなければならない時がある。誰でも頼みごとを一度も（ ㉠ したことがないと言ったらそれは嘘になるだろう)。しかし頼みごとは（ ㉡ するのも難しいし、断るのも難しい)。無理なお願いをすれば人を困らせるし、上手に断わらないと誤解を招きかねないからだ。

【模範答案】
㉠ 해 본 일이 없다고 한다면 그것은 거짓말일 것이다
㉡ 하기도 어렵고 거절하기도 어렵다

[7] 次を読んで㉠と㉡に入ることばを１文ずつ書きなさい。

男性が泣いてはいけないということは間違ったことだ。面白ければ笑って感情を表すように悲しければ（ ㉠ 泣いてその感情を解消しなければならない)。そうすると心の負担を減らすことができる。恥ずかしがらないで悲しい時や泣きたい時は（ ㉡ 泣くのが健康に良い)。

【模範答案】 ㉠ 울어서 그 감정을 풀어야 한다 ㉡ 우는 것이 건강에 좋다

[8] 次を読んで㉠と㉡に入ることばを１文ずつ書きなさい。

民主主義社会ではすべての人が同等な人格と権利を持つので、自分が大切であれば（ ㉠ 他人も大切だ)。従って（ ㉡ 自分の意見だけが正しい）と主張して他人の意見は聞こうともしない態度は民主的な態度ではない。

【模範答案】 ㉠ 남도 소중한 것이다 ㉡ 자기의 의견만이 옳다

[9] 次を読んで㉠と㉡に入ることばを 1 文ずつ書きなさい。

ほとんどの商品開発者たちは「良いものがたくさん売れる」と考えるよりは「(㉠ たくさん売れるものが良いものだ)」と考える。ものの良し悪しを計算する以前にものが人々の性格に合うかどうかを優先的に考慮するという意味だ。このような立場ではどれだけよく作られたものでも (㉡ 求める人が少なければ価値のない製品になる)。

【模範答案】

㉠ 많이 팔리는 것이 좋은 물건이다

㉡ 찾는 사람이 적다면 가치 없는 제품이 된다

[10] 次を読んで㉠と㉡に入ることばを 1 文ずつ書きなさい。

体の各部分は老化するスピードが違う。普通 50 代になると眼鏡なしに新聞は読みにくい。しかし聞くことは何らの問題がない。これは目が耳より (㉠ 早く老化するからだ)。一方鼻のように年を取っても機能が全然 (㉡ 弱くならないところもある)。

【模範答案】 ㉠ 빨리 노화가 되기 때문이다　㉡ 약해지지 않는 곳도 있다

[11] 次を読んで㉠と㉡に入ることばを 1 文ずつ書きなさい。〈既出 36 回〉

チャンスはある人には名誉と富を与えてくれる。機会を通じて平凡な人が有名になったり (㉠ 金持ちになったりもする)。このような変化をみて人々は自分にもそのようなチャンスが訪れて来るのを待つ。しかし実際には (㉡ チャンスが訪れてもチャンスをうまく利用できない)。そのようにチャンスをうまく利用できないのはチャンスをつかもうとする準備をしなかったからだ。

【模範答案】

㉠ 가난한 사람이 부자가 되기도 한다 / 부자가 되기도 한다.

㉡ 기회가 와도 그 기회를 잘 이용하지 못한다 / 찾아온 기회를 놓치는 사람들이 많다 / 기회가 찾아오면 활용하지 못하는 사람들이 많다

[12] 次を読んで㉠と㉡に入ることばを 1 文ずつ書きなさい。〈既出 47 回〉

人の手には目に見えない細菌が多い。だから病気を予防するためにはよく (㉠ 手を洗わなければならない)。そして専門家は手を洗うときは必ず (㉡ 石けんを使うようにと言う。/ 石けんで洗うようにと言う)。石けんなしに水だけで洗うと手にある細菌を十分に除去するのが難しいからだ。

【模範答案】
㉠ 손을 씻어야 한다.
㉡ 비누를 사용하라고 한다. / 비누로 씻으라고 한다.

❸ 資料説明問題 ……………………………… 問題 p.208

[1]【模範答案】

전국혈액관리본부에서 국내 혈액 보유 현황에 대해 발표하였다. 그에 따르면 혈액 보유량은 2017년 8.5일분이었으나 2022년에는 3.2일분으로 대폭 감소하였다. 또한 헌혈자 수도 2017년 12만 명에서 2022년 5만 명으로 절반 이하로 줄어들었다. 이렇게 혈액 보유량과 헌혈자 수가 감소한 원인은 헌혈 가능 연령대의 인구 감소와 더불어 코로나 유행으로 인한 활동 제한으로 헌혈자 수가 줄어들었기 때문이다. 혈액 보유량의 감소로 긴급한 수술 이외의 수술이 지연되고, 정기적 수혈 환자의 치료에 어려움을 겪는 등의 문제가 발생하고 있다.

[2]【模範答案】

해외로 여행을 하려고 할 때 자유여행을 할 것인가 패키지여행을 고를 것인가 고민하게 된다. 해외여행에 익숙한 사람이라면 고민할 필요도 없겠지만 외국어도 못하고 자유여행에 자신이 없는 사람들에게는 대개 패키지여행이 선택지가 될 것이다. 패키지여행은 항공권이나 호텔 예약, 여행코스와 같은 계획을 모두 여행사에서 해 주기 때문에 번거롭지가 않은 것이 장점이다. 또한 비용도 비교적 싸고 현지에서 문제가 발생했을 때는 여행사가 대응해 주기 때문에 안심이 된다. 반면에 단체 여행이기 때문에 단체로 행동을 해야만 하고 정해진 코스대로 움직여야 하는 등 부자유스러운 점이 단점이다.

[3]【模範答案】

직장인 500명을 대상으로 한 달 용돈을 어떻게 사용하고 있는지에 대해서 설문조사를 실시했다. 직장인의 용돈은 결혼을 했는지 안 했는지에 따른 차이보다는 남녀 간의 차이가 더 컸는데, 여성보다는 남성이, 기혼자보다는 미혼자가 용돈을 더 많이 사용하고 있는 것으로 나타났다. 한편,지출 항목을 알아본 결과 문화 생활을 즐기는 데에 지출하는 비용이 자기 계발을 위해 지출하는 비용에 비해 더 높았다. 마지막으로 용돈 지출시의 계산 방식에서는 현금에 비해서 신용카드로 계산하는 경우가 더 많았다.

[4]【模範答案】

미혼 남녀를 대상으로 장래의 배우자를 선택할 때 고려하는 조건이 무엇인가에 대한 설문조사를 실시하였다. 조사 결과 남자의 경우, 성격이 36%로 가장 높게 나타났고 사랑이 27%로 그 뒤를 이었다. 반면에 여자의 경우, 성격은 경제력, 사랑에 이어 세 번째로, 배우자의 조건으로 성격보다도 경제력을 가장 중요시하고 있는 것으로 나타났다. 배우자의 조건으로 경제력을 든 남자는 8%에 지나지 않았다. 그 밖에 여자에 비해 남자가 두 배나 더 외모를 중요시하는 것으로 나타나, 중요시하는 배우자의 조건에 있어서 남녀 간에 차이가 큰 것을 알 수 있다.

[5]【模範答案】 〈既出 36 回〉

최근 한국 사회에서는 1인 가구가 계속 증가하고 있다. 2000년 전체 가구 수의 16%에 불과했던 1인 가구는 꾸준히 증가하여 2012년에는 26%에 도달했다. 12년 사이에 10%가 증가한 것이다. 이러한 증가의 원인은 다음과 같다. 첫째, 결혼관의 변화로 인한 독신자 수의 증가이다. 둘째, 노인 인구가 증가하면서 1인 가구도 증가하게 되었다. 셋째, 여성의 사회 진출도 1인 가구가 증가하는 데 영향을 주었다. 이러한 원인으로 1인 가구수는 앞으로도 지속적으로 증가할 전망이다.

[6]【模範答案】 〈既出 35 回〉

30대와 60대 성인 남녀를 대상으로 필요하다고 생각하는 공공시설에 대한 설문조사를 실시하였다. 조사 결과 30대의 경우 공연장·문화센터가 40%로 가장 높게 나타났으며 병원·약국이 28%로 그 뒤를 이었다. 반면에 60대는 병원·약국이 전체의 절반 수준인 50%로 가장 높게 나타났으며 공연장·문화센터가 23%로 조사되었다. 공원 시설의 필요성에 대한 견해는 30대와 60대가 22%로 동일하게 나타났다. 이상의 설문 조사 결과를 통해 자신의 나이와 직접적으로 관계가 있는 공공시설에 대한 요구가 상대적으로 크다는 사실을 알 수 있다.

4 テーマ作文問題 ································ 問題 p.214

※テーマ作文の答案は省略

第5章 模擬試験編

❶ 模擬試験「聞き取り」 ············ 問題 p.222 / 台本 p.283

※［1～3］次を聞いて適切なイラストを選びなさい。（各2点）

1.

> 女：久しぶりに山に登ったら足が痛いですね。
> 　　ここに座って少し休んでから登りましょう。
> 男：先に座って休んでください。僕はちょっと写真を撮ります。

【正答】❹

2.

> 男：喉も腫れて熱が出たので来ました。
> 女：最近流行の風邪ですね。薬を処方しますからできれば今日は家でゆっくり休んでください。

【正答】❸

3.

> 男：消費者を対象に健康機能食品の購入先を調べた結果、薬局を最も多く利用していることがわかりました。その次はインターネットとデパートが続きましたが、デパートを利用した購入は毎年減少していることがわかりました。

【正答】❶

※［4～8］次の対話をよく聞いてその続きとして適切なことばを選びなさい。（各2点）

4.

> 男：明日の引っ越し祝いは何時までに来られますか。
> 女：授業が5時に終わるから6時頃には行けると思います。
> 男：＿＿＿＿＿＿＿＿＿＿＿＿＿＿＿＿。

❶ わかりました。遅れそうだったら連絡下さい。
② 授業が終わって疲れているだろうから少し休んで下さい。
③ 引っ越し祝いが面倒だから早く終わらせます。
④ それでは着き次第、引っ越しの荷物を運んで下さい。

5.

> 女：ミヨンさんが誕生日パーティーをすると言っていましたが連絡来ましたか。
> 男：はい、連絡はありましたが、用事があるので行けそうにありません。
> 女：＿＿＿＿＿＿＿＿＿＿＿＿＿＿＿＿。

① では、行けなくて残念だと伝えて下さい。
❷ 一緒に行ったらミヨンさんも喜ぶと思うんですが。

③ 先に行って手伝いますから心配しないで下さい。
④ では、用事をすましてゆっくり来て下さい。

6.

女：これソウル駅行きで合ってますか。
男：あれ、なんで東大門が出てくるんだろう。どうも反対方向に行くバスに乗ったようですね。
女：＿＿＿＿＿＿＿＿＿＿＿＿＿＿＿＿＿＿＿＿。

❶ 次で降りて道を渡ってから乗らないといけませんね。
② どちらへ行くのかよくみて下さい。
③ 面白いじゃないですか。このまま乗って行きましょう。
④ 心配しないで下さい。話しているうちに乗り間違えたんだから…。

7.

男：まだ運転免許を取っていないんですか。
女：はい、早く取らないといけないんですが、仕事が忙しくて。
男：＿＿＿＿＿＿＿＿＿＿＿＿＿＿＿＿＿＿＿＿。

❶ 今年はどんなことがあってもぜひ取るようにして下さい。
② 仕事が忙しいから早く取って下さい。
③ 急ぎのことではないからゆっくりやって下さい。
④ 運転する機会があまりないから大丈夫です。

8.

男：交通カードは見つかりましたか。
女：はい、どこに行ったのかいくら捜しても見つからなかったのですが、かばんの横のポケットに入れたのを忘れて見当違いのところを捜していました。
男：＿＿＿＿＿＿＿＿＿＿＿＿＿＿＿＿＿＿＿＿。

① それはコンビニで簡単に買えます。
② そういう時は忘れ物センターに行かなければなりません。
③ だからこの機会に車を買ってください。
❹ だから灯台もと暗しと言うじゃないですか。

※［9～12］次の対話をよく聞いて女性が次に取る行動として適切なことばを選びなさい。（各2点）

9.

女：いま専攻を変えようか学校を止めようか考えているところです。
男：どうしてですか。何かあるんですか。
女：コンピュータ工学が面白そうだし、卒業したら就職もうまくいきそうで選びましたが、実際に勉強してみると難し過ぎて。私の適性にも合わないようだし…。
男：大変だったらいろんな選択肢があると思いますけど、次のあてもなくやめるより慎重に考えたほうがいいと思います。まず学科の先輩や教授を訪ねて話をしてみてはどうですか。
女：それが良さそうですね。ありがとうございます。

① 適性に合うものに専攻を変える。
② 就職がよくできるところに専攻を変える。
❸ 先輩や教授に相談に行く。
④ 学校をやめて就職の準備をする。

10.

男：ミンスはいつ軍隊に行くって言ったっけ？
女：15 日に行くって。あら、もう 10 日も残ってないわね。
男：それじゃ早く送別会でもしてやらないと。
女：そうしよう。ところでどこでやる？どこが良いか知ってる所ある？
男：それは心配しないで。僕が友だちに連絡して場所も調べておくから君はミンスにいつ時間があるか早く聞いてみて。軍隊に行く前で忙しいと思うから…。
女：そうね、わかったわ。

① ミンスに送別会の場所を知らせる。
② 友だちに送別会の連絡をする。
❸ いつがいいかミンスに聞いてみる。
④ 送別会の場所を調べる。

11.

男：どうしたんですか。元気がないように見えますが。
女：朝、電車にかばんを置いたまま降りたんですが、まだ見つかっていないんです。スマホに財布に全部かばんに入っているのに……。
男：それは大変ですね。遺失物センターには行ってみましたか。
女：いいえ。まず降りる時に駅に届けておきました。すぐ見つかったら連絡をくれると言われたので…。
男：スマホがなかったら連絡取るのも大変じゃないですか。ただ待っているより遺失物センターに直接行って確かめたほうが早くないですか。
女：そうしてみます。

① 駅に行って見つかったか聞いてみる。
❷ 遺失物センターに行って確認する。
③ 連絡できるようにスマホを借りる。
④ かばんを置いて降りた所に行って捜してみる。

12.

男：わ～、ここは本当に涼しいですね。外は暑くて息もできないくらいです。
女：私はずっと室内にいたから寒いんですよ。
男：そうでしょうね。気を付けてください。クーラー病（冷房病）にかかる人が多いそうですよ。
女：私も鼻水が少し出て、頭が痛いのがそれのようです。
男：エネルギーの節約も兼ねてこの機会に室内温度を少し上げたらどうですか。
女：実は外から入って来る人たちのために我慢していたのですが、そうしたいです。

① 風邪薬を買いに出かける。
② 窓を開けて室内の空気を循環させる。
❸ エアコンの温度を調節する。
④ 服を取り出して着る。

※［13～16］次を聞いて内容と一致するものを選びなさい。（各2点）

13.

女：週末の天気をお伝えします。この週末は少し寒くなって雪の便りもあるでしょう。日曜日に全国的に初雪が降る見込みです、初雪が降った後は気温が下がり寒くなるでしょう。外出する時は暖かい服を着てお出かけください。以上週末のお天気でした。

❶ 雪が降った後は気温が下がり寒くなる。
② 初雪が降ると寒さが始まる。
③ 地域によって雪が降るところもある。
④ 外出するときは服装に気を使わなければならない。

14.

女：最近風邪が流行っていますね。外出から帰ってきたら塩水で歯磨きをして、部屋の空気をあまり乾燥させないようにしたほうが良いと言います。加湿器をつけたり濡れた洗濯物を部屋の中に干して適度な湿度を保つようにすると良いでしょう。部屋の中の汚れた空気も良くないのでまめに換気をするのも風邪の予防に良いそうです。

① 塩水で歯磨きをすると風邪を引かない。
② 空気が乾燥すると風邪を引きやすい。
③ 湿度の維持には加湿器より濡れた洗濯物を干したほうが良い。
❹ 部屋の空気はまめに換気をしたほうが良い。

15.

男：現代社会は非常に忙しいです。周りには 1 年中朝早くから夜遅くまで仕事ばかりしていて、有給休暇も会社や仲間に気兼ねして取れない人がたくさんいます。まるで休むことは浪費だと思っているようです。しかし休みなしに仕事ばかりすると身体的、精神的に疲労が蓄積されるので能率的な結果は得にくいです。しばしば休みを取りながら仕事に対する新しいアイディアを得て集中力を高めた方が良いです。

① 有給休暇は必ず取らなければならない。
❷ 仕事の能率を高めるには適当に休みが必要だ。
③ 会社に気兼ねばかりして時間を浪費する人が多い。
④ 頻繁な休みは仕事の能率を落とす。

16.

男：1 時間前に江原道平昌のスキー場で雪崩が発生しました。ここ数日の間雪が多く降ったためですが、幸いスキー客は雪の塊が転がり落ちるのを見て避難したため被害はないそうです。しかし山から転がり落ちてきた雪がスキー場近くの道路を塞いでおり通行が不可能だということです。この地域の道路を利用するドライバーの方は雪崩に注意してください。

① 雪崩によるスキー客らの被害が大きかった。
❷ スキー場近くの道路は利用できない。
③ 最近雪崩が頻繁に発生している。
④ 平昌地域の道路は通行が不可能です。

※［17～20］次を聞いて男性の中心となる考えを選びなさい。（各２点）

17.

女：ミンスさんの子供はサッカーが得意ですって？幼いときから運動する習慣をつけたほうが良いと言われますけど、うちの子供は家でゲームばかりしているのが悩みです。
男：うちの子供も同じでした。子供たちはどうしても本を読むよりはゲームするのが好きですから。それではだめだという気がして週末ごとに子供を連れ出してサッカーを始めました。すると徐々に興味を持つようになって学校から帰って来ると１人ででもサッカーをしに出かけるようになったんです。今は学校のサッカー部で練習をしています。

❶ 子供が運動に興味を持つように親が助けてやらなければならない。
② 子供たちがゲームにはまらないように親は気を付けなければならない。
③ 子供がサッカーが得意になるように親が教えなければならない。
④ 子供が自ら運動をするようになるまで待たなければならない。

18.

女：何でこんなに安いんだろう。バンコク３泊４日が済州島の往復飛行機代にもならないね。一度行ってみようか？
男：それ行ってみたところであんまり楽しくないと思うな。一日中観光バスに乗せられて土産物屋ばかり連れていかれて……。見たいものを見て、食べたいものを食べて、休みたい時に休んで好きなようにしなきゃいけないのに団体観光はそれができないでしょう。だから僕はいくら安くても行きたいとは思わないな。

① 外国に行ってまで激安旅行はしたくない。
② いくら安くても海外旅行はあまり興味がない。
③ 済州道旅行は飛行機よりバスが安くて便利だ。
❹ 気ままに自由に行ける旅行が良い。

19.

女：前回実施した朝食と勉強の関係についての調査はどうでしたか。
男：はい。朝食をとるのが勉強にどの程度影響を及ぼしているか気になってやってみましたが、やはり効果があるという結果が出ました。朝食を十分にとる学生たちとほとんどとらない、または適当にとる学生たちに単語を覚えさせるテストを１カ月間実施しました。食事を十分にとる学生たちがそうでない学生たちに比べてはるかに多くの単語を覚えていました。予想はしていましたが、このようにはっきりとした結果が出るとは思いませんでした。

① 朝食が学習にどんな影響を及ぼすのか疑問だ。
② 単語をたくさん覚えるには朝食をとった方が良い。
❸ 朝食をとると学習能力が高まる。
④ 予想とは違い朝食と成績の関係ははっきりしない。

20.

男：あの歌手は歌がうまくないな。人数が多くて誰が誰だかもわからないし…。
女：それでも顔もかわいいし、踊りもうまいんじゃない。
男：踊りがうまいのが歌手じゃないでしょう。歌手はやっぱり歌がうまくなければ歌手とは言えないないな。 みんな同じ服を着ていて個性もなく、歌詞も何の意味か理解できない。歌は歌詞も重要なのに…。

❶ 歌手は歌が上手で個性がなければならない。
② 歌手は外見も良くて踊りもうまくなければならない。
③ 歌手は必ずしも歌がうまい必要はない。
④ 歌手は歌詞をわかりやすく歌わなければならない。

※［21～22］次を聞いて問いに答えなさい。（各2点）

女：最近変な犯罪がとても増えているということですが、処罰が弱いからだと思います。怖くて罪を犯すことができないように処罰を強化してほしいです。
男：私は処罰よりは罪を犯した人の心を変化させるのが重要だと思います。生まれた時から悪い人はいないと思います。
女：違うと思います。一度犯罪を犯した人がまた罪を犯すことが多いというのを知らないですか。
男：犯罪を犯すのがその人だけの過ちではないと思います。社会が一緒に責任を負って関心を持ってやると彼らも自分の過ちに気づくようになるはずです。
女：被害者の立場から考えてもそのように言えますかね。被害者たちのためにも処罰は強化されなければならないと思います。

21. 男性の中心となる考えとして正しいものを選びなさい。
❶ 犯罪を減らすためには社会がともに努力しなければならない。
② 犯罪を防止するためには罪を厳しく処罰しなければならない。
③ 社会全体が犯罪の増加に責任を負わなければならない。
④ 過ちを悟った犯罪者は処罰してはいけない。

22. 聞いた内容として正しいものを選びなさい。
① 男性は被害者の立場を考慮していない。

❷ 女性は犯罪を減らすためには処罰を強化しなければならないと考えている。
③ 男性は罪を犯した人を弁護して処罰を免れさせようとする。
④ 一度罪を犯した人がまた罪を犯す可能性は少ない。

※［23～24］次を聞いて問いに答えなさい。（各2点）

女：編集の経歴が豊富ですね。当社に志願された動機は何ですか。
男：私は編集企画分野の最高になりたいです。教材開発においては断然この会社が最高だと考えております。
女：それなら私たちがあなたを採用すべき理由は何だとお考えですか。
男：私は著者を渉外し、教材を企画することには自信があります。またチームの人たちが最高の結果を引き出せるように彼らをサポートできる能力もあります。それでこの仕事の適任者だと思っております。
女：分かりました。ではこれで終わりにしましょう。早いうちにご連絡致します。

23. 男性は何をしているのか正しいものを選びなさい。
① 編集社員の採用について調べている。
❷ 経歴社員の採用面接を受けている。
③ 教材開発能力を誇示している。
④ 自分の経歴と能力を紹介している。

24. 聞いた内容として正しいものを選びなさい。
❶ 男性は編集と企画分野に経験が多い。
② 女性は教材専門書店に勤めている。
③ 良い教材を作るためには企画をうまくしなければならない。
④ 女性はすぐ採用すると連絡する予定だ。

※［25～26］次を聞いて問いに答えなさい。（各2点）

女：最近外国語の実力を評価する際にスピーキングの重要性が大きくなって、スピーキングを中心に勉強する方が多いのですが、スピーキングの学習に役に立つ方法があればお話ししていただけますか。
男：このような方々を見ると文法の勉強に集中したり機械的なスピーキングの練習をたくさんしたりしていますが、これはちょっと間違った学習方法だと思います。外国語を勉強する時一番基礎になるのはヒアリングです。赤ちゃんも母国語を学ぶ時に一番先にすることはスピーキングやリーディング、ライティングではなくヒアリングです。外国に行ってその国の言葉を立派に学んだ人たちも最初の何カ月間は何も話さないでただヒアリングだけをしたと言います。私たちが実際の言語生活で一番多く使う機能もヒアリングだというのはもう少し考えてみれば誰でも分かる事実で、ヒアリングをたくさんしているとスピーキングは自然に付いて来るようになります。そして私たちがスピーキングを学ぶ理由は対話をするためです。ヒアリングができない状態で話だけができるからと言って外国人と対話がうまくできるわけがないじゃありませんか。

25. 男性の中心となる考えとして正しいものを選びなさい。

① 文法に重点を置いてはスピーキングはうまくならない。
❷ ヒアリングの練習をたくさんすればスピーキングもうまくできる。
③ スピーキングがうまくなるためには現地に行って学ばなければならない。
④ 外国語の勉強は赤ちゃんが母国語を覚えるようにしなければならない。

26. 聞いた内容として正しいものを選びなさい。

① 話がうまくできるのと対話がうまいのと違う。
② 赤ちゃんは母国語で話すことを最初に覚える。
③ ヒアリングがうまくなるためには人の話をよく聞かなければならない。
❹ ヒアリングがうまくできればスピーキングを別途学ぶ必要はない。

※［27～28］次を聞いて問いに答えなさい。（各２点）

男：最近「パパ、私１人はとてもさびしいよ」という出産奨励のスローガンを聞いたことがありますか。
女：はい。昔は子供をたくさん生んだから「２人だけ生んで大事に育てよう」というスローガンがあったが、世の中がだいぶ変わりました。
男：どうしても結婚年齢が高くなり、女性が仕事や経済的な問題のために子供を生むのをためらっているのが原因ではないですか。
女：それは女性だけではないですね。男性も教育費などの経済的理由で出産をためらっているのは同じではないですか。これからが大変です。
男：これは個人の問題である以前に国家的な問題だと思います。国が先頭に立って出産しやすい社会的な環境と支援策を用意してくれなければならないと思います。

27. 男性が女性に話す意図を選びなさい。

① 出産環境の変化に対する認識を共有するため
② 適齢期出産の重要性を説明するため
❸ 出産支援策作りの必要性を強調するため
④ 出産に対する具体的な支援策を提案するため

28. 聞いた内容として正しいものを選びなさい。

① 出産率は女性の就業率と比例する。
② 結婚年齢が高いほど子供を生むのをためらう。
③ さびしい子供たちに対する社会的な支援策が必要だ。
❹ 昔は出産制限を奨励したこともある。

※［29～30］次を聞いて問いに答えなさい。（各2点）

> 女：最近ヒマラヤ登頂を計画している山岳会が多いですが、徹底した準備と訓練なしでは頂上征服に失敗しやすいという指摘が多いです。今回ヒマラヤ登頂に成功なさった秘訣は何だったのかお話していただけますか。
> 男：実は私のように国内の山ばかりで訓練をした人間はヒマラヤのように険しく気候変化が激しい高い山に対しては経験と知識が足りないという弱点がありました。それでこのような環境に適応にできるように酷寒の時期に雪岳山の岩壁で徹底した訓練を繰り返したことが良かったようです。そして何より重要なのは気候とルートです。徹底した事前調査と準備をしたのも今回の登山を成功させるのに大きく役に立ったと考えています。

29. 男子は誰かを選びなさい。
❶ 登山家　② 山岳ガイド
③ 気象予報士　④ ロッククライミングの指導者

30. 聞いた内容として正しいものを選びなさい。
① 男性は経験と知識の不足で登頂に失敗した。
② 男性は徹底した訓練と準備で登頂に備えている。
③ 岩壁での適応訓練が雪岳山の登頂に役に立った。
❹ 徹底した事前準備と訓練が男性の登頂成功の要因だ。

※［31～32］次を聞いて問いに答えなさい。（各2点）

> 女：最近暴力（バイオレンス）映画や成人映画を青少年に開放する問題が議論になっていますが、私の周りの青少年たちの話を聞いてみると青少年たち自らが暴力映画や成人映画に対して拒否感をかなり抱いています。このような映画は青少年の情緒に合わない上に青少年の関心事とは異なる内容が多いからですが、あえて開放する必要があるのかという気がします。
> 男：もちろんこの問題は大人たちだけでなく青少年の間でもいろいろな見解がありうると思います。しかし、私は青少年自らが自分たちに何が有益なのか有害なのかを十分に判断できる年齢だと思います。そのため暴力映画や成人映画が青少年に開放されるとしても何ら問題はないと考えます。

31. 男性の考えとして正しいものを選びなさい。
❶ 映画は青少年たちの判断に任せるようにしたほうが良い。
② 暴力、成人映画の開放問題は慎重に扱わなければならない。
③ 青少年が見る価値のある映画を作ってやらなければばらない。
④ 青少年の情緒に合わない映画は見させる必要がない。

32. 男性の態度として正しいものを選びなさい。
① 青少年の考えを代弁している。
② 成人映画の開放について批判している。
❸ 青少年の判断能力を信頼している。
④ 相手の意見について妥協点を模索している。

※［33～34］次を聞いて問いに答えなさい。（各2点）

男：皆さんは「在宅勤務」という言葉を聞いたことがありますか。決められた出勤と退勤の時間がなく、自宅で一日の勤務時間を満たせば良いというものです。時間が効率的に使えて、ストレスがないのでオフィス勤務より生産性がもっと高いと言います。実際にある大学の研究所の研究によると、在宅勤務をする人のほうが一定時間にオフィスに出勤と退勤をする社員より週 19 時間も多く仕事をするという結果が出ました。オフィス勤務に比べて在宅勤務は仕事を選択的に柔軟にできるためストレスも少なく、より長く仕事ができると考えられるます。職種によっては在宅勤務が会社と社員の両方に利点が多いだけに今後はこのような形態の勤務がさらに増える可能性が高いです。

33. 何についての内容なのか正しいものを選びなさい。
① オフィス勤務の問題点と改善方案
❷ 在宅勤務の利点と研究結果の紹介
③ 理想的な勤務形態についての模索
④ 在宅勤務とオフィス勤務の比較

34. 聞いた内容として正しいものを選びなさい。
① 在宅勤務は出勤と退勤がないのでストレスが少ない。
② 在宅勤務は自己管理ができなければ能率が落ちる可能性がある。
③ 勤務の場所を選択的にすると生産性が向上できる。
❹ オフィス勤務に比べて在宅勤務のほうが働く時間が長い。

※［35～36］次を聞いて問いに答えなさい。（各2点）

男：卒業生の皆さんに最後にもう一言申し上げたいと思います。人が生きて行く中で難しいことの中の 1 つが自分の過ちを認めることです。生きていく中でよく不本意ながらケンカするときもありますが、ほとんどは自分の過ちを認めないことから起きます。したがって本当に勇気のある人は自分の過ちを正正堂堂と認める人だと思います。これから社会に第一歩を踏み出す卒業生の皆さん、自分の過ちを隠さない、良心を兼ね備えた知識人になってくれることを願います。

35. 男性は何をしているのか正しいものを選びなさい。

① 世の中のトラブルの原因を分析している。
❷ 本当の勇気の必要性を強調している。
③ 迅速な仲直りの重要性を主張している。
④ 過ちを認めることの難しさを力説している。

36. 聞いた内容として正しいものを選びなさい。

① 他人の過ちを指摘することは勇気が要る。
② 過ちを認めるより隠すのがもっと難しい。
❸ 自分の過ちを認めるのは簡単ではない。
④ 知識人は良心的でない人と争わなければならない。

※［37～38］次は教養プログラムです。よく聞いて問いに答えなさい。（各2点）

男：花のようにきれいな男たちを「コンミナム」と言い、男に負けず劣らず仕事に対する情熱を持ってバリバリ働く女性のことを「アルファガール」と言っていますが、このような単語が最近社会で流行っている理由は何でしょうか。

女：それはまさに今日伝統的な性別役割の固定観念が崩れるにつれて性別役割の区分が消えているからです。コンミナム、アルファガールのように男性でありながら女性性を持っている、女性でありながら男性性を持っている人たちにに両性性があると言います。両性性を持っている人は状況によって男性性、または女性性の二つの役割ができます。それで伝統的に男性だけがする仕事、女性だけがする仕事だと分けられてきた多くの分野で他人よりすぐれた能力を発揮しています。そして両性的な人は伝統的な性別役割を固守する人たちより自信と信頼感、成功への動機が高いという調査結果もあります。この人たちを否定的に見ている伝統社会とは違い、最近はかなり肯定的に見ている人たちが多くなりました。これからは男性と女性の特徴を区分するよりは個人の能力差で評価する時代が来たのです。

37. 女性の中心となる考えとして正しいものを選びなさい。

① コンミナムのような女性性を持った男が増えなければならない。
② 女性たちも性別役割の固定観念を変えるように努力しなければならない。
❸ 性別役割は性別ではなく個人の能力で評価されなければならない。
④ 幼い時から両性性が持てるように教育しなければならない。

38. 聞いた内容と一致するものを選びなさい。

① 自信のなさが伝統的な性別役割を固守させている。
❷ 性別による伝統的な枠割の区分が次第に消えている。
③ 現代社会では両性的な面がなければ成功を収められない。
④ 伝統的な性別役割を肯定的に見る人たちも多い。

※［39～40］次は対談です。よく聞いて問いに答えなさい。（各2点）

女：法廷に持ち込まなくても良さそうな些細な問題が絶えず法廷に集中する理由は何ですか。当事者同士で解決できる方法はないでしょうか。

男：もちろん些細な場合には自律的に解決するのがいちばん望ましいです。しかしさっきも申し上げたとおりに多くの方々が、少しでも自分が損になると思えばすぐ法律を通じて問題を解決しようとします。法律で公正な解決が可能だからです。しかし法律が特定の誰かの利益のみを保護する手段になったり、人々が法律を悪用する場合まで生じたりしますが、このような状況を阻もうとして法律の条項を直したり新しい法律を作ったりするようになります。この過程でかかる費用もまたますます増えるようになって、法的な処理手続きも複雑になります。法律は市民を守るために制定されたのですが、時には法律自体を守るために存在することもあります。これこそ法律が持っている矛盾だと言えます。

39. この談話の前の内容として適切なものを選びなさい。

① 些細な不法も許容してはいけないという人が多い。
❷ 損になると思えば直ちに法律を通じて解決しようと思う。
③ 法律を悪用しようとする人が少なくない。
④ 市民が法律を守りにくいことは矛盾だ。

40. 聞いた内容と一致するものを選びなさい。

① 現実と矛盾する法律は直したほうが良い。
② 新しい法律が作ると費用が減るようになる。
③ 問題が起きるとすぐ法律で解決したほうが良い。
❹ ただ法律を守るための法律になってはいけない。

※［41～42］次は講演です。よく聞いて問いに答えなさい。（各2点）

男：最近臍帯血と言う言葉をよく聞きますが、臍帯血とは何か調べてみたいと思います。臍帯血と言うものは出産のときに産婦と子供をつなげているへその緒から採取した血液のことを言います。この中に幹細胞が多量で含まれていて血液癌をはじめとした難治性疾患を治療する「第2の生命資源」として注目されています。組織的に6個の要素の中で最小限3～4個だけ合っても移植が可能だという点で一つだけ合わなくても移植が不可能な骨髄と比較になる側面があります。抽出しにくく、提供者を見つけにくい骨髄に比べて得られやすいということもやはり注目の理由になっています。問題は人々が臍帯血を一種の「万能薬」として認識しているということです。難治性疾患の治療剤としての可能性が高くなっていることは事実ですが、これはどこまでも「可能性」であるだけで実現されるまでは時間が必要だということを知ってもらいたいと思います。

41. 男性の中心となる考えとして正しいものを選びなさい。
① 臍帯血を利用した治療剤の開発を急がなければならない。
❷ 臍帯血が難病の治療剤として確立されたわけではない。
③ 難病のために臍帯血の治療を拡大しなければならない。
④ 難病治療剤の開発時間を短縮しなければならない。

42. 聞いた内容と一致するものを選びなさい。
① 臍帯血は子供の血液でのみ採取することができる。
② 骨髄は難病の治療に有効だが、抽出が難しい。
③ 臍帯血が万能薬ではないということはよく知られている。
❹ 骨髄に比べて臍帯血は確保しやすい。

※［43～44］次はドキュメンタリーです。よく聞いて問い問いに答えなさい。（各2点）

女：この絵をちょっとご覧になりますか。鮮明なしわと生気をを失った目、薄黒い目の下のくま、乾ききった肌…。この年寄り、誰でしょうか。これはその威風堂堂としていて傲慢だった画家、レンブラントの老年期の自画像です。先ほどお話ししたように華やかで成功した人生を享受した人だとは信じがたい格好です。レンブラントはこのように悲惨な晩年を送りました。ペストで家族を亡くし、鬱病にかかったまま破産者として生きました。しかし、この自画像は彼が最後まで画家としてのプライドを失わなかったということを見せてくれます。みすぼらいしことこの上ない自分の姿を隠そうともしないで万人の前にそのまま堂々と現しているんじゃないですか。当代最高の画家だった彼が自らを何でもないものとして描くことができるということは本当にすごいことだと思います。

43. この話の中心内容として正しいものを選びなさい。
① 画家がけれんみのない絵を描くのは簡単ではない。
② 偉大な画家は自分の姿をそのまま描けなければならない。
❸ みすぼらしい自画像を通じて画家としての自信が見られる。
④ 失敗した人生の経験が深みのある作品を描かせた。

44. この画家に対する説明として正しいものを選びなさい。
① 鬱病で晩年は絵を描くことができなかった。
② 有名画家として成功した人生を送った。
③ 自画像を通じて生の意味を追い求めようとした。
❹ 晩年のみすぼらしい格好を自画像に込めた。

※［45～46］次は講演です。よく聞いて問いに答えなさい。（各2点）

女：現代社会で消費は自分の感情的な問題を解決する１つの手段です。しかし自分の欲求をどうしても調節することができない時は、ものを買った後もっと大きな不安と憂鬱を感じたりします。このような状況から抜け出すためには自分がどうして衝動を調節できないのかを把握しなければなりません。子供の時は誰でも自分の欲求がすぐ満たされないと我慢できない「快楽原則」に従います。しかし成長するにつれて私がいくら望んでも満たされない欲求もあるという事実を学ぶようになります。だから見るものは全部買いたくなって我慢できずすべてを買ってしまう人は自分がまだ子供のように「快楽原則」に執着してはいないか確かめたほうが良いです。もしそうだとしたら乳児的な心理状態から抜け出して現実の原則に従うように自ら努力しなければなりません。ものを買いに出かける時、助言をしてもらえる人と同行して助けてもらうことも１つの方法だと思います。

45. 聞いた内容と一致するものを選びなさい。

① 不安を感じる時に衝動買いをしやすい。
② 憂鬱な時にものを買えば快楽を感じるようになる。
③ 幼い時から消費欲求を調節する方法を学ばなければならない。
❹ 乳児的な心理状態では快楽原則に従いやすい。

46. 女性の話し方として最も適切なものを選びなさい。

① 快楽原則に執着する原因を究明している。
❷ 快楽原則から抜け出すことができる方法を提示している。
③ 消費に対する感情調節の難しさを強調している。
④ 衝動買いの背景と問題点を説明している。

※［47～48］次は対談です。よく聞いて問いに答えなさい。（各2点）

男：ストレスのために小児精神科を訪れる子供患者が増えています。幼い時に受けたストレスは大きな心理的な傷を残し、その傷は一生続くこともあると言われますが、どのようにすればストレスから子供たちを保護することができるかお話を伺いたいと思います。

女：そうです。ストレスによって鬱病まで発症した子供もいます。一部の外国では早くから国レベルで対策を設けて実施しているところもありますが、良質の託児サービスを提供するとかストレス防止用教育プログラムの放送、無料相談と治療のようなことを支援しています。もちろんこのような国レベルの政策も重要ですが、根本的なことは子供に対する愛情と関心を持つことが重要だと思います。愛情のこもった観察と子供たち各自の特性に合う養育が子供のストレス解決の第一歩です。子供に対する愛情は量ではなく質が重要です。１～２時間でも子供と仲良く過ごし、関心を持って対話をすればあまり心配することではないと思います。

47. 聞いた内容と一致するものを選びなさい。

① 子供のストレスは親の無関心から始まる。
② 子供のストレスに対する国レベルの対策が急がれる。
❸ 愛情のこもった関心が子供のストレス解決のカギになる。
④ 子供に対する過度な関心がストレスの原因になる。

48. 女性の話し方として最も適切なものを選びなさい。

① 国レベルの対策と支援の必要性を提起している。
❷ 子供に対する愛情と関心の重要性を強調している。
③ 国家の過度な介入の副作用を説明している。
④ 子供に対する愛情欠乏に憂慮を表している。

※［49～50］次は講演です。よく聞いて問いに答えなさい。（各2点）

男：今日は広告の中に入っているうそと論理的弱点についてお話しします。広告を見ていると、ちょっと勘違いしただけでまんまとだまされやすい広告があります。みなさんが「平均月給500万ウォン」という広告をそのまま信じてある会社に就職したとしたらどうなるんでしょうか。十中八九は自分がもらう月給が200万ウォンにも及ばないことを知って後悔すると思います。「大部分の人がもらう月給」ではない「平均月給」で広告した数字の落とし穴に陥ったわけです。また「最も売れているビール」という広告を聞いて品質が良いと思ったらそれもやはり勘違いです。たくさん売れているということは品質が良いからではなく、値段が安いので売れている可能性もあるからです。広告の中の情報をそのまま信じないで、その中で事実だけを正確に分析して判断できる批判的な思考能力を持たなければならないと思います。

49. 聞いた内容と一致するものを選びなさい。

① 広告は誇張された表現を使うものだ。
❷ 広告の中の情報はだまされやすい表現が多い。
③ 額面通り広告を信用する人はいない。
④ 数字を使った広告は疑ったほうが良い。

50. 男性の態度として最も適切なものを選びなさい。

① だまされやすい広告の特徴を説明している。
② 広告の信頼性に対して批判している。
③ 誇張された広告の氾濫に対して憂慮している。
❹ 広告の中の情報に対する批判的な受容を勧めている。

❷ 模擬試験「作文」…………………………… 問題 p.233

※［51～52］次を読んで㉠と㉡に入ることばを1文ずつ書きなさい。（各10点）

51.

留学生バレーボール大会
バレーボール大会に参加申請を（㉠していただき、有難うございます）。
大会は今週の土曜日午前10時半から始まる予定です。
競技に参加する選手は10時までに学校のグラウンドに来てください。
雨が降れば体育館で（㉡競技をします）。では土曜日にお会いしましょう。
学生会長 チェミナ拝

【模範解答】 ㉠ 해 주셔서 감사합니다　㉡ 경기를 하겠습니다

52.

　いまだに休む時間を無駄だと思う人たちが多い。しかし休みなしに仕事ばかりすると考えてみよう。たくさん仕事ができそうに思われるが、肉体的、精神的に疲れているので（むしろ良い結果を得るのは難しい）。新しいアイディアを得て集中力を高めるには（休みほど良いことはない）。

【模範解答】 ㉠ 오히려 좋은 결과를 얻기 힘들다　㉡ 휴식만큼 좋은 게 없다

※［53］**【模範解答】**（各30点）

　'여성의 경제 활동' 에 대한 분석 결과에 따르면 40대 초반의 여성이 경제 활동에 가장 활발히 참여하고 있는 것으로 나타났으며 20대 후반이 그 뒤를 이었다. 여성의 경제 활동 참가율은 30대 초반에 가장 낮았으나 점차 증가해 30대 후반에 이르면 70%대로 높아진다. 이런 현상은 결혼, 출산 및 육아와 관련이 있다. 20대 후반의 주요 퇴직 사유가 결혼인 데 비해 30대 초반은 출산 및 육아로 나타났다. 20대 후반에서 30대 초반까지 결혼과 출산 및 육아를 이유로 회사를 그만두었다가 30대 후반부터 일을 다시 시작하는 여성이 많다는 것을 알 수 있다.

※［54］テーマ作文（50점）
解答は省略

答案用紙
サンプル

제××회 한국어능력시험
TOPIK Ⅱ
1 교시 (듣기)

성 명 (Name)	한 국 어 (Korean)	
	영 어 (English)	

수 험 번 호											
					8						
⓪	⓪	⓪	⓪	⓪		⓪	⓪	⓪	⓪	⓪	⓪
①	①	①	①	①		①	①	①	①	①	①
②	②	②	②	②		②	②	②	②	②	②
③	③	③	③	③		③	③	③	③	③	③
④	④	④	④	④		④	④	④	④	④	④
⑤	⑤	⑤	⑤	⑤		⑤	⑤	⑤	⑤	⑤	⑤
⑥	⑥	⑥	⑥	⑥		⑥	⑥	⑥	⑥	⑥	⑥
⑦	⑦	⑦	⑦	⑦		⑦	⑦	⑦	⑦	⑦	⑦
⑧	⑧	⑧	⑧	⑧	●	⑧	⑧	⑧	⑧	⑧	⑧
⑨	⑨	⑨	⑨	⑨		⑨	⑨	⑨	⑨	⑨	⑨

※결 시 확인란	결시자의 영어 성명 및 수험번호 기재 후 표기	○

※답안지 표기 방법(Marking examples)	
바른 방법(Correct)	바르지 못한 방법(Incorrect)
●	☑ ⊙ ◐ ⊗ ✖

※ 위 사항을 지키지 않아 발생하는 불이익은 응시자에게 있습니다.

※감독관 확 인	본인 및 수험번호 표기가 정확한지 확인	(인)

번호	답		란	
1	①	②	③	④
2	①	②	③	④
3	①	②	③	④
4	①	②	③	④
5	①	②	③	④
6	①	②	③	④
7	①	②	③	④
8	①	②	③	④
9	①	②	③	④
10	①	②	③	④
11	①	②	③	④
12	①	②	③	④
13	①	②	③	④
14	①	②	③	④
15	①	②	③	④
16	①	②	③	④
17	①	②	③	④
18	①	②	③	④
19	①	②	③	④
20	①	②	③	④

번호	답		란	
21	①	②	③	④
22	①	②	③	④
23	①	②	③	④
24	①	②	③	④
25	①	②	③	④
26	①	②	③	④
27	①	②	③	④
28	①	②	③	④
29	①	②	③	④
30	①	②	③	④
31	①	②	③	④
32	①	②	③	④
33	①	②	③	④
34	①	②	③	④
35	①	②	③	④
36	①	②	③	④
37	①	②	③	④
38	①	②	③	④
39	①	②	③	④
40	①	②	③	④

번호	답		란	
41	①	②	③	④
42	①	②	③	④
43	①	②	③	④
44	①	②	③	④
45	①	②	③	④
46	①	②	③	④
47	①	②	③	④
48	①	②	③	④
49	①	②	③	④
50	①	②	③	④

答案用紙
サンプル

제××회 한국어능력시험
TOPIK II
1 교시 (쓰기)

성 명 (Name)		
	한 국 어 (Korean)	
	영 어 (English)	

수				험		번			호		
					8						
0	0	0	0	0		0	0	0	0	0	0
1	1	1	1	1		1	1	1	1	1	1
2	2	2	2	2		2	2	2	2	2	2
3	3	3	3	3		3	3	3	3	3	3
4	4	4	4	4		4	4	4	4	4	4
5	5	5	5	5		5	5	5	5	5	5
6	6	6	6	6		6	6	6	6	6	6
7	7	7	7	7		7	7	7	7	7	7
8	8	8	8	8	●	8	8	8	8	8	8
9	9	9	9	9		9	9	9	9	9	9

※결 시 확인란	결시자의 영어 성명 및 수험번호 기재 후 표기	○

※답안지 표기 방법(Marking examples)	
바른 방법(Correct)	바르지 못한 방법(Incorrect)
●	✓ ⊙ ◐ ⊗ ✗

※ 위 사항을 지키지 않아 발생하는 불이익은 응시자에게 있습니다.

※감독관 확 인	본인 및 수험번호 표기가 정확한지 확인	(인)

주관식 답안은 정해진 답란을 벗어나거나 답란을 바꿔서 쓸 경우 점수를 받을 수 없습니다.
(Answers written outside the box or in the wrong box will not be graded.)

51	㉠	
	㉡	
52	㉠	
	㉡	
53	아래 빈칸에 200자에서 300자 이내로 작문하십시오 (띄어쓰기 포함). (Please write your answer below; your answer must be between 200 and 300 letters including spaces.)	

53

※ 54번은 뒷면에 작성하십시오. (Please write your answer for question number 54 at the back.)

答案用紙
サンプル

54	주 관 식 답 란 (Answer sheet for composition)
	아래 빈칸에 600자에서 700자 이내로 작문하십시오 (띄어쓰기 포함). (Please write your answer below; your answer must be between 600 and 700 letters including spaces.)

54

※ 주어진 답란의 방향을 바꿔서 답안을 쓰면 '0' 점 처리됩니다.
(Please do not turn the answer sheet horizontally. No points will be given.)

著者　李昌圭（イ チャンギュ）
武蔵野大学名誉教授

▷市販中の著書はネット書店で著者名から検索できます。

韓国語能力試験合格対策講座３
NEW TOPIK Ⅱ ［３級〜６級 聞き取り・作文編］ 改訂新版

2016年10月5日　初版発行
2022年10月3日　改訂新版1刷発行

著　者　　李昌圭
発行者　　佐藤和幸
発行所　　白帝社
〒171-0014　東京都豊島区池袋2-65-1
TEL：03-3986-3271　　FAX：03-3986-3272
E-mail：info@hakuteisha.co.jp
https://www.hakuteisha.co.jp/

デザイン・DTP　(株) アイ・ビーンズ
イラスト　　吉村時子
印刷・製本　　ティーケー出版印刷

Printed in Japan

ISBN 978-4-86398-538-4

◆本書の追加、訂正情報があれば掲載しています。
https://www.hakuteisha.co.jp/book/b610794.html